北京政法职业学院资助出版教材

法律素养与实务

主　编：颜九红　王淑萍
副主编：张小海　许晓峰
参　编：王月峰　陈文彬　陈　阳
　　　　秦宏宇　唐素林

北京大学出版社
PEKING UNIVERSITY PRESS

内 容 简 介

本书选取人们在社会生活中接触最多的、需求最迫切的法律内容，以别具一格的形式和巧妙的教学设计，带领学习者爱上法律、理解法律、应用法律。每章有思维导图帮助理清思路，有法律事例和沙场练兵构建生动鲜活的学习情境，有简洁概括的知识讲解呈现核心法律知识，有具有不同难度的习题引导学习者"边学边做""做中学，学中做"，帮助学习者以法律的视角、逻辑和方法分析解决简单法律问题，从而逐步发现法律之意义、法律之美。

本书既可以作为高职院校非法律专业的普法教材，也可以作为社会各界人士提高法治素养的参考用书。

图书在版编目(CIP)数据

法律素养与实务 / 颜九红，王淑萍主编．—北京：北京大学出版社，2024.1
ISBN 978-7-301-34832-1

Ⅰ.①法… Ⅱ.①颜…②王… Ⅲ.①法律—基本知识—中国 Ⅳ.①D920.4

中国国家版本馆 CIP 数据核字（2024）第 017684 号

书　　名	法律素养与实务 FALÜ SUYANG YU SHIWU
著作责任者	颜九红　王淑萍　主编
策划编辑	李彦红
责任编辑	李彦红
标准书号	ISBN 978-7-301-34832-1
出版发行	北京大学出版社
地　　址	北京市海淀区成府路 205 号　100871
网　　址	http://www.pup.cn　　新浪微博：@北京大学出版社
电子邮箱	编辑部 pup6@pup.cn　　总编室 zpup@pup.cn
电　　话	邮购部 010-62752015　　发行部 010-62750672　　编辑部 010-62750667
印 刷 者	北京鑫海金澳胶印有限公司
经 销 者	新华书店
	787 毫米 ×1092 毫米　16 开本　18.25 印张　472 千字 2024 年 1 月第 1 版　2024 年 1 月第 1 次印刷
定　　价	51.00 元

未经许可，不得以任何方式复制或抄袭本书之部分或全部内容。
版权所有，侵权必究
举报电话：010-62752024　电子邮箱：fd@pup.cn
图书如有印装质量问题，请与出版部联系，电话：010-62756370

前　言

随着我国经济的不断发展，我国的法治建设也有了巨大的发展。《中华人民共和国民法典》的颁布施行说明我国法治建设水平进入了一个新的阶段。北京政法职业学院作为具有政法特色的院校，肩负着培养法律人才，开展法律宣传的重任，为了让更多非法律专业的人士知法、守法、尚法，提高法治素养，学院组织编写了本教材。

本教材以习近平新时代中国特色社会主义思想为指导，宣传社会主义法治精神，培育法治观念和法律应用能力，是法律学习的简易地图。

编写组不拘于法律体系的严密宏大和内容的完整，选取了人们在生活工作中接触最多、需求最为迫切的内容，以别具一格的形式展现出来。每章有思维导图帮助读者理清思路，有法律事例和沙场练兵构建生动鲜活的学习情境，有简洁概括的知识讲解呈现相关知识内容，有难度不同的习题引导学习者"边学边做""做中学，学中做"。在学习本教材的同时，读者要关注社会法律事件，尝试用专业维度分析问题，不要轻易被他人观点裹挟；或者对自己生活中的法律关系和法律事件进行分析并尝试解决，延展应用法律的维度，开展立体化学习，这是学习法律最为有效的方法。

本教材编写组由北京政法职业学院一批常年从事法律教学的教师组成，希望以最有效、最生动的方式带动读者爱上法律，理解法律，应用法律。为了方便阅读，涉及的法律名称采用简称，如宪法、刑法、民法典、刑事诉讼法和民事诉讼法等。

本教材共七章，王淑萍负责内容定位和结构设计，唐素林、秦宏宇编写第一章，陈阳编写第二章，许晓峰编写第三章，王月峰编写第四章，颜九红编写第五章，张小海编写第六章，陈文彬编写第七章。

希望本教材是一把钥匙，打开学习法律的大门，激发读者对法律知识的求知欲望。

由于时间、经验有限，本教材在编写过程中难免有不妥之处，请多提宝贵意见，万分感谢。

编者
2023 年 12 月

目 录

第一章　法与法律素养　　1
 第一节　什么是法　　2
 第二节　为什么要培养法律素养　　7
 第三节　如何培养法律素养　　14
 习题　　20

第二章　宪法　　22
 第一节　宪法概述　　23
 第二节　国家制度　　26
 第三节　公民的基本权利和义务　　30
 第四节　国家机构　　35
 第五节　国家标志　　39
 习题　　40

第三章　民法　　42
 第一节　民法总则　　43
 第二节　物权　　56
 第三节　合同　　69
 第四节　人格权　　81
 第五节　婚姻家庭　　86
 第六节　继承　　94
 第七节　侵权责任　　100
 习题　　107

第四章　民事诉讼法　　108
 第一节　民事诉讼当事人与民事诉讼代理人　　109
 第二节　管辖法院　　115
 第三节　证据与举证责任　　122

第四节	诉讼保障	133
第五节	一审诉讼程序	139
第六节	上诉程序	148
习题		154

第五章 刑法 155

第一节	刑法概述	156
第二节	犯罪论	163
第三节	刑罚论	170
第四节	常见罪名	176
习题		184

第六章 刑事诉讼法 186

第一节	刑事诉讼的基本概念与制度	187
第二节	立案与侦查程序	203
第三节	起诉程序	209
第四节	审判程序	212
第五节	执行程序	224
第六节	特别程序	226
习题		230

第七章 行政法与行政诉讼法 231

第一节	行政法概述	232
第二节	行政法主体	236
第三节	行政行为	240
第四节	行政复议	256
第五节	行政诉讼的受案范围与管辖	260
第六节	行政诉讼当事人	263
第七节	行政诉讼程序	266
第八节	行政诉讼的证据、法律适用及其他制度	270
第九节	行政诉讼的裁判与执行	277
第十节	行政赔偿概述	281
习题		282

参考文献 285

第一章 法与法律素养

第一节 什么是法

【思维导图】

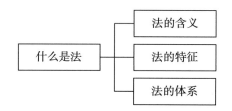

一、法的含义

关于法的含义,不同的时期,不同的学者和流派有不同的观点。在我国,一般认为:法是由国家制定或认可并由国家强制力保证实施的,以权利和义务为内容,反映由特定社会物质生活条件所决定的统治阶级意志的行为规范体系。

法是人类社会发展到一定历史阶段的产物,是随着私有制、阶级和国家的出现而逐步产生的。法的本质即为由一定的社会物质生活条件所决定的统治阶级意志的体现,是阶级意志性与物质制约性的统一。

《中华人民共和国宪法》(以下简称宪法)第1条的规定,反映出我国当代的法是社会主义法。

二、法的特征

【思维导图】

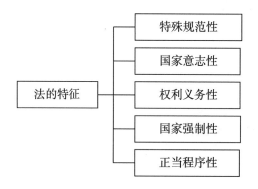

法律事例 1-1:

廖某,下岗工人。其妻患有尿毒症,每周需做两次血液透析,以维持生命。透析费每月

5000 余元，而这个三口之家的低保每月只有 1700 元。由于其妻没有工作，入不了北京医保体系，于是，他们决定自费透析，但巨额的医药费用让廖某无力承受。2007 年，他伪造了医院的收费公章，4 年间"骗"来了 17.2 万元的治疗费用。2012 年 2 月 21 日，廖某因涉嫌诈骗罪被羁押。

该案经媒体报道后引发社会高度关注。对于廖某的行为，舆论更多的不是谴责而是同情，妻子患重病，他不离不弃，在离婚率不断攀升的今天，他这份纯洁朴素的爱情感动了世人，纷纷为其捐款；2012 年 7 月 16 日，廖某通过网友捐助，退还全部赃款。北京市东城区人民法院对此案进行审理后认为，廖某的行为虽在动机上值得同情，但触犯了《中华人民共和国刑法》（以下简称刑法），其犯罪行为符合我国刑法所规定的诈骗罪的犯罪构成要件，应受到法律制裁，以诈骗罪判处廖某有期徒刑 3 年，缓刑 4 年，并处罚金 3000 元。

思考： 该案如何体现法的基本特征？

资料来源：http://news.jcrb.com/jxsw/201212/t20121207_1005294.html［2023-07-02］

法是维持社会秩序、调整社会关系的一种行为规范，是上层建筑的重要组成部分。与道德、习惯、宗教、政策等规范相比，法具有特殊规范性、国家意志性、权利义务性、国家强制性、正当程序性。

1. 法具有特殊规范性，是调整人们行为的社会规范

法规定人们行为的模式、标准和方向，不调整人们的思想和内心思考，其对象是一般的人和事，在同样的条件下，法的规范可以反复适用。人们通过法律规定有可能预见到国家对自己和他人的行为态度以及由此产生的法律后果，体现法的特殊规范性。

2. 法具有国家意志性，是由国家制定和认可的社会规范

法的制定，是国家根据社会生活发展的需要，通过相应的国家机关按照法定程序制定、修改和废止各种规范性文件以确立规则的活动。法的认可，是国家通过一定的方式承认道德、宗教、风俗、习惯等社会规范具有法律效力的活动。通过法的认可这一途径形成的法律，称为不成文法。无论制定还是认可，法都与国家有着不可分割的联系，体现国家意志。

3. 法具有权利义务性，是以权利和义务为主要内容的行为规范体系

法通过规定人们的权利和义务来指引人们的行为，调整社会关系。法的确认、保护和发展有利于统治阶级的社会关系和社会秩序。在我国，人民是国家的主人，国家、集体和个人的根本利益是一致的，公民的权利和义务是统一的。全体公民在法律面前一律平等，既平等地享有权利，也平等地履行义务。

4. 法具有国家强制性，是由国家强制力保证实施的规范

对于违法和犯罪行为，国家将通过一定程序对行为者进行法律制裁。国家的强制力是法的实施的最后保障手段。一般而言，在法律实施过程中，国家强制力常常是备而不用。当人们的行为符合法律规定时，法的强制力只是潜在的，不为人们所感知；只有当人们的行为触犯法律规范时，法的强制力才会显现出来。

5. 法具有正当程序性，是强调程序、规定程序和实行程序的规范

法是一个程序制度化的体系或制度化解决问题的程序。在现代社会，市场经济的有序发展，政治民主的建立，国家和法的权威的树立，公民权利和自由的界定与保障等，都离不开对各种法律程序（如选举程序、立法程序、审判程序、行政程序、监督程序等）的完善设计和人们对法律程序的严格遵守。

法律事例 1-1 分析：

夫妻之间患难与共是中华民族的传统美德，也是人们提倡和追求的家庭伦理，但廖某采用诈骗方式救妻的行为触犯了刑法关于诈骗罪的规定。从道德角度来看，廖某的行为值得同情；从法律角度来看，廖某的行为应受到法律的制裁。法与道德有如下不同：第一，法是调整人们行为的社会规范。就廖某诈骗救妻的行为而言，不管其诈骗行为是出于何种动机，只要违反了法律的规定，就应当受到法律的惩罚。不过，本案中廖某的犯罪动机可以作为减轻处罚的量刑情节加以考虑。第二，法是由国家制定和认可的行为规范。法律规范是国家创制的社会规范，具有国家性。这表现为法律是以国家的名义创制的，适用范围以国家主权为界。本案中，有关诈骗罪的法律规定是由我国立法机构进行制定并适用于我国的主权范围内。第三，法是规定权利和义务的社会规范。法是通过权利和义务来调整人们之间的关系的，而道德主要是借助规定人与人之间义务来调整彼此间的关系，因此，与道德相比较，法不仅仅要求人们履行义务，还注重保障人们应有的权利，这使得法提供了更加广泛的选择自由和机会。第四，法是由国家强制力来保障，依靠的是外在的强制手段；而道德主要是通过社会舆论来保障，依靠的是内心的约束，因此，法的保障手段强于道德。廖某因其诈骗行为受到法律的制裁，体现了法的强制性。但是，他的救妻行为得到社会舆论较多的同情。第五，法具有正当程序性，意指包括刑法在内的任何法律，其制定与适用都必须按照法律规定的程序进行，否则就是违法。

【沙场练兵】

2011年，王某与李某（女）登记结婚。2014年年初，王某与张某（女）相识并发展为情人关系，王某多次通过其个人账户向张某汇款合计1200万元；后此事被李某发现，王某与李某夫妻两人多次要求张某返还钱款，张某返还王某28万元，余款未返还。夫妻两人遂起诉要求张某返还财产1200余万元。张某辩称汇款中含有王某的婚前个人财产、王某个人举债所得，王某、李某无权就该部分款项要求返还；且夫妻双方对共同财产享有平等的处理权，王某有权处分属于自己的财产份额即诉争款项的一半，该部分款项王某、李某亦无权要求返还。对此，王某称其向张某的汇款即便为婚前个人财产，亦在婚后赠与其妻；王某和李某均认可举债所得的汇款为夫妻共同债务，由夫妻共同偿还，并确认所汇款项为夫妻共同财产。法院经审理认为，王某的汇款行为发生在夫妻关系存续期间，王某在案件审理中亦确认所汇款项为夫妻共同财产，张某并未举证证明王某的汇款系与其妻无关的个人财产，故王某支付给张某的款项应视为夫妻共同财产。王某单方将巨额夫妻共同财产赠与被告张某，超出日常生活需要对夫妻共同财产进行处分，是一种无权处分行为，王某对张某的赠与行为应属无效。扣除张某返还给王某的28万元后，遂判决余款1172万元由被告张某返还王某与李某。

思考：如何从法的基本特征分析本案？

资料来源：http://rmfyb.chinacourt.org/paper/html/2017-07/13/content_127700.htm?eqid=a25a411200128387000000026437f08[2023-11-26]

三、法的体系

【思维导图】

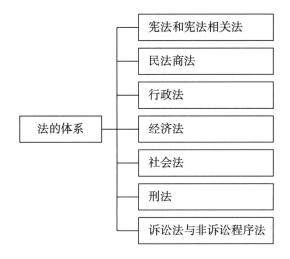

法律事例 1-2：

20世纪80—90年代，中国法学界围绕"经济法是否是一个独立的法律部门"曾展开激烈争论。在20世纪80年代之前，中国实行严格的计划经济，在法律领域基本没有经济法的存在，经济活动由国家统一调控。改革开放以来，随着市场经济的兴起和政府权力在经济领域的不断退出，国家开始制定大量调整经济活动的法律规范，在此背景下，法学家开始讨论经济法的地位问题。有的法学家主张经济法没有独立的法律地位，不能成为一个独立的法律部门，因为经济法没有自己的调整对象，也没有自己特有的调整方法，所谓经济法只不过是一部分民法内容和一部分行政法内容的简单拼凑；而有的法学家则认为经济法与民法及行政法存在本质区别，它利用市场和行政的独特手段，专门调整国民经济运行中出现的社会问题，具体包括市场主体、市场竞争、宏观调控、社会保障等方面，因此它具有自己的独立地位，是独立的法律部门。

思考：经济法能否成为法律体系中一个独立的法律部门？

（一）法的体系的含义

法的体系，即法律体系，是指一个国家的全部现行法律规范，按照一定的原则和要求，根据法律规范的调整对象和调整方法的不同，划分为若干法律门类，并由这些法律门类及其所包括的不同法律规范形成的有机联系的统一整体。

在我国，立足于国情和实际，中国特色社会主义法律体系已经形成。中国特色社会主义法律体系，以宪法为统帅，以宪法相关法、民法商法、行政法、经济法、社会法、刑法、诉讼法与非诉讼程序法等多个法律部门的法律为主干，由法律、行政法规、地方性法规等多层次的法律规范构成协调统一整体。

（二）当代中国主要法律部门

根据法律所调整的社会关系和调整方法的不同，将当代中国法律体系分为以下七个法律部门。

1. 宪法和宪法相关法

宪法是国家的根本法，是治国安邦的总章程，即我国现行宪法及其修正案。宪法相关法是与宪法相配套、直接保障宪法实施和国家政权运作等方面的法律规范。

2. 民法商法

民法商法是规定民事、商事活动的法律规范。民法是调整平等主体的自然人、法人和非法人组织之间的人身关系和财产关系的法律规范。商法是调整商事主体之间的商事关系和商事行为的法律规范的总称。

3. 行政法

行政法是关于行政权的授予、行政权的行使以及对行政权的监督的法律规范，包括行政组织法、行政行为法、行政监督法和行政救济法等。

4. 经济法

经济法是调整国家从整体利用出发，对经济活动实行干预、管理或调控所产生的社会经济关系的法律规范。

5. 社会法

社会法是调整劳动关系、社会保障、社会福利和特殊群体权益保障等方面的法律规范，包括劳动用工、工资福利、职业安全卫生、社会保障、社会救济等。

6. 刑法

刑法是规定犯罪与刑罚的法律规范。

7. 诉讼法与非诉讼程序法

诉讼法与非诉讼程序法是规范解决生活纠纷的诉讼活动与非诉讼活动的法律规范。

法律事例 1-2 分析：

判断某一门类的法律规范应否成为一个独立的法律部门，主要依据如下。

首先，有独特的调整对象，亦即其所调整的社会关系具有独特性；其次，调整方法不同。经济法与民法、行政法的关系比较复杂，在调整对象和调整方法上有交叉与重叠，既有共同点也有差异性。经济法的调整对象是国民经济运行中出现的社会关系，不是民法中纯粹的私法关系，也不是行政法中完全的公法关系，经济法的调整手段是结合了私法的自行调节和公法的强行干预而形成的独特调整方式，与民法、行政法的调整方法均有不同，因此它应当成为一个独立的法律部门。

【沙场练兵】

1994年9月，田某考取某大学，取得本科生学籍。1996年2月29日，田某在电磁学课程补考过程中，因随身携带写有电磁学公式的纸条被监考老师发现，学校按照管理规定给予田某退学处理，并填发了学籍变动通知。但该退学处理决定和变更学籍的通知未直接向田某宣布、送达，也未给田某办理退学手续，田某继续以该校大学生身份参加正常学习及学校组织的活动。1996年9月，该校为田某补办了学生证，之后每学年均收取田某交纳的教育费，并为田某进行注册、发放大学生补助津贴，安排田某参加了大学生毕业实习设计等。田某在该校的四年学习中成绩全部合格，通过毕业实习、毕业设计及论文答辩，获评优秀毕业论文。1998年6月在办理毕业手续过程中，田某被告知，其已按退学处理、不具备该大学学籍，不能颁发毕业证、学位证。几经沟通未果后，田某到法院起诉该大学。该案在当时受到社会高度关注，究竟应适用民事法律还是行政法律，引起学界争议。

思考：田某与该大学之间关于办理毕业证、学位证纠纷的法律关系属于哪个法律部门？

资料来源：https://www.court.gov.cn/shenpan-xiangqing-13222.html［2023-07-02］

第二节　为什么要培养法律素养

一、认识法的作用

【思维导图】

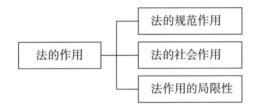

法律事例1-3：

随着互联网的发展，微信、QQ等社交媒体极大地方便了人们之间的交流，与此同时，QQ群、微信群也成为一些人实施违法犯罪的场所和工具。为了规范互联网行为，我国网络安全法规定，任何个人和组织都应当对其使用网络的行为负责，不得设立用于实施诈骗，传授犯罪方法，制作或者销售违禁物品、管制物品等违法犯罪活动的网站、通信群，不得利用网络发布涉及实施诈骗，制作或者销售违禁物品、管制物品以及其他违法犯罪活动的信息。2019年，广东省清远市中级人民法院对因监管不力放任群内成员上传淫秽视频200多部的3名QQ群主，以传播淫秽物品罪判处10个月到1年不等的有期徒刑。

思考：本案如何体现法的作用？

资料来源：https://finance.sina.com.cn/roll/2019-08-07/doc-ihytcerm9002899.shtml［2023-07-02］

法的作用是指法作为一种特殊的社会规范对人们的行为和社会生活所产生的影响和结果。

（一）法的规范作用

法具有规范主体行为的作用，即规范作用。法的规范作用表现为对人们行为的指引、评价、预测、教育等，对合法行为的保护和奖励等，对违法行为的谴责、警戒、预防、制裁等。

1. 法的指引作用

法的指引作用是指法律作为一种行为规范，为人们提供某种行为模式，指引人们可以这样行为，必须这样行为或不得这样行为，从而对行为者本人的行为产生影响。从另一个角度来看，法的指引作用是通过规定人们的权利和义务来实现的。

2. 法的评价作用

法的评价作用是指法律作为人们对他人行为的评价标准所起的作用。评价作用的对象是他人的行为。

3. 法的预测作用

法的预测作用是指根据法律的规定，人们可以预先知晓或估计到人们相互间如何行为以及行为的后果等，特别是国家机关及其工作人员将如何对待人们的行为，从而根据这种预知对自己的行为作出合理的安排和计划。预测作用的对象是人们相互之间的行为，包括国家机关的行为。

4. 法的教育作用

法的教育作用是指法律通过其本身的存在以及运作产生广泛的社会影响、教育人们实施正当行为。教育作用的对象是一般人的行为。

5. 法的强制作用

法的强制作用在于制裁、惩罚违法犯罪行为。强制作用的对象是违法者的行为。法的强制行为不仅在于制裁违法犯罪行为，而且还在于预防违法犯罪行为，增进社会成员的安全感。

（二）法的社会作用

法的社会作用，即社会调整作用，是法所执行的政治职能和社会职能。法的政治职能是指法维护一定阶级统治的作用。法的社会职能是指法管理一定社会公共事务的作用。法所执行的这两种职能体现在经济建设、政治建设、文化建设、社会建设和生态文明建设等领域中。

（三）法作用的局限性

在法律社会中，虽然法以其独特的方式对人类生活发生着重要的影响，但是，我们必须认识到法不是万能的，不能解决一切问题。法作用的局限性表现在：

（1）法作用的范围不是无限的。社会关系、社会生活领域的不少问题，不适宜采用法律手段来调整，如涉及人们的思想、信仰及一般私人生活方面的问题，只能由其他社会控制手段来调整，如道德、宗教、纪律、政策等。

（2）法律只是调整法律所能调整的社会关系的一种方法。即使在法律是主要调整和保障手段的某些领域中，如果没有其他社会控制手段和方式的配合，法律的作用也不能很好地发挥。

（3）法对千姿百态、不断变化的社会生活的涵盖性和适应性不可避免地存在一定的限度。法具有的抽象性、稳定性等特点，无法应对千姿百态、不断变化的社会生活，法律总是表现出一定的滞后性、僵硬性，乃至存在法律空白。

（4）"徒法不足以自行"。法作为国家制度或规范体系，必须依靠人来实施，只有具有良好法律素质和职业道德的法律专业人员，才能保证法起到预期的作用。

法律事例1-3分析：

从法的规范作用来看，该案体现了法的指引、教育和强制作用。由于微信、QQ等社交媒体属于新的社会产物，面对新事物所带来的社会问题，法律及时给予回应，对相关责任人进行了处罚，判处了10个月到1年不等的有期徒刑，体现了法的强制作用。这一判决对社交媒体群的管理者起到了教育作用，对他们未来的行为给予指引。

从法的社会作用来看，该案的判决有助于维护微信、QQ等社交媒体秩序，保持社交媒体环境的规范、有序，维护互联网秩序的稳定。

【沙场练兵】

《中华人民共和国道路交通安全法》（以下简称道路交通安全法）禁止人们酒后驾驶机动车。刘某和孙某各自开车参加同学聚会，遇见老同学分外高兴，两人都喝了酒。准备回家时，刘某准备找人代驾，孙某认为自己喝得不算多，离家也不远，就准备自己开车回家；刘某认为孙某的行为不对，劝孙某喝酒别开车，不然会受处罚的。孙某不听劝，开车回家路上被交警查出酒后驾车，给予其行政拘留15天、罚款5000元的处罚。

思考：本案体现了法的哪些作用？

二、知悉权利和义务

【思维导图】

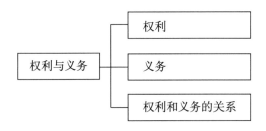

法律事例1-4：

崔某以销售土特产为业，为了赚更多的钱，崔某雇用张某帮忙收购土特产。一日，张某与崔某在收购土特产途中，崔某不慎从其所驾驶的摩托车上摔下，摩托车也翻倒在马路中央，张某赶紧上前救助崔某。这时身后突然驶来一辆农用拖拉机，拖拉机不仅将崔某的摩托车再次撞翻，而且还拖倒张某，并将张某甩了出去。由于两车相撞，摩托车的汽油燃烧起来。张某因被摔昏倒在汽油之中，烧成重伤。拖拉机司机肇事后逃逸，行动尚有自由的崔某也未及时扑灭张某身上的火导致张某烧伤。张某因治疗烧伤而支付巨额医疗费，背上了沉重的债务。由于拖拉机司机逃逸，张某要求崔某对其进行经济补偿。但崔某一再推脱，不肯给予补偿。

思考：请分析崔某是否应当对张某进行经济补偿？

权利和义务是法的核心内容与要素，贯穿于法的各个领域、环节、法律部门和整个法的运动过程。法律规定人们可以做什么、应当做什么和不得做什么，而这些内容就是人们的法律权利和法律义务。

权利是指公民为实现某种愿望或利益，依据宪法和法律规定可以作出某种行为或者要求他人作出某种行为，且受国家强制力保障的资格。我国宪法规定公民具有的权利和自由有：平等权、政治权利和自由（包括选举权和被选举权，言论、出版、结社和集会、游行、示威等自由）、宗教信仰自由、监督权与取得赔偿权、人身自由（包括人身自由不受侵犯、人格尊严不受侵犯、住宅不受侵犯、通信自由和通信秘密受法律保护）、人格权（包括姓名权、肖像权、荣誉权、隐私权等权利）、社会经济权利（包括财产权、劳动权、休息权、退休人员生活保障权、物质帮助权和继承权）、文化教育权等。

义务是国家要求公民必须履行的一种责任，基于这种责任，公民必须为或不为一定行为，否则会受到相应的制裁。我国宪法规定了公民应当承担的义务有：维护国家统一和民族团结，遵守宪法和法律，维护国家安全、荣誉和利益，保卫国家、依法服兵役和参加民兵组织，依法纳税及其他义务。

"没有无义务的权利，也没有无权利的义务。"权利和义务二者关系紧密，不可分割，一定权利的存在以一定的义务存在为条件，没有义务的履行就没有权利的实现。权利主体享有权利和自由的同时，一定要承担一定的义务。如我国宪法规定，公民在行使权利和自由时，不得损害国家的、社会的、集体的利益和其他公民的合法的自由和权利。

法律事例 1-4 分析：

首先，由于张某与崔某之间存在劳务关系，因而可以适用民法典的有关劳务的规定。根据民法典第1192条的规定，个人之间形成劳务关系，提供劳务一方因劳务受到损害的，根据双方各自的过错承担相应的责任。在本案中，张某与崔某是劳务关系，崔某不仅应当履行支付报酬等约定的义务，还应该对在收购土特产途中受伤的张某，根据其过错（崔某负有救助义务而没有尽力救助）承担相应责任。因而，崔某对张某所受到的损害应给予一定的补偿。其次，即使崔某当时已失去了自由行动的能力，无法履行救助义务，也应对张某的损失进行一定的补偿。因为张某毕竟是在救助崔某的时候受的伤，尽管崔某不是交通事故的肇事人，对张某的受伤没有过错，但根据法律规定，崔某仍应对张某进行一定的补偿。

【沙场练兵】

王某与胡某是好朋友，王某购买了一台2040万像素的"索尼"数码照相机。胡某因到外地旅游，借用了该相机。但因途中遭遇洪水，相机被损毁。归来时，胡某没有买到该款相机，于是购买了一台1820万像素的"佳能"数码相机作为赔偿,王某不接受,胡某也不愿意重新购买新相机。多次沟通未果,王某遂至法院起诉,要求胡某赔偿相同型号的相机。法院审理后对此予以支持。

思考: 请用权利与义务的相关知识分析该案。

三、把握法律规范

【思维导图】

法律事例 1-5:

黄某和蒋某(女)于1963年结婚,婚后一直未生育,后抱养了一个孩子。1994年,黄某认识了张某(女),并于次年同居。后黄某和张某公开租房同居,并以"夫妻"名义生活,依靠黄某的退休金及奖金生活,并有过共同经营行为。

2001年2月,黄某在医院检查确诊自己已是肝癌晚期。在黄某即将离世的日子里,张某面对旁人的嘲讽,坚持以妻子的身份在黄某的病床前照料。黄某于2001年4月18日立下遗嘱:"我决定,将依法所得的住房补贴金、公积金、抚恤金和卖A市B区一套住房售价的一半(4万元),以及手机一部遗留给我的朋友张某一人所有。我去世后骨灰盒由张某负责安葬。"后到公证处对该遗嘱进行了公证。4月22日黄某去世,张某根据遗嘱向蒋某索要遗嘱中涉及的财产和骨灰盒,遭到拒绝。张某遂向法院提起诉讼,请求判令蒋某按遗嘱履行交付义务。

思考: 黄某的公证遗嘱是否有效?对于本案,法官应如何判决?

(一)法律规则

1. 法律规范与法律规则

法律规范,是指国家制定或认可的关于人们的行为或活动的命令、允许和禁止的规范。法律规范包括法律规则和法律原则两种形式。

法律规则,是指以一定的逻辑结构形式具体规定人们的法律权利、法律义务及相应的法律后果的一种法律规范。法律规则是明确的、具体的准则和标准。

2. 法律规则的逻辑结构

法律规则由假定条件、行为模式和法律后果三个要素构成。

假定条件,是指法律规则中有关适用该规则的条件和情况,包含两个方面。

(1)法律规则的适用条件。即法律规则在什么时间、空间,对什么人适用以及在什么情况下对人的行为有约束力的问题。

(2)行为主体的行为条件。包括行为主体的资格构成和行为的情境条件。

行为模式，是指法律规则中规定人们如何具体行为之方式。根据行为要求的内容和性质不同，法律规则中的行为模式分为三种：

（1）可为模式，指在假定条件下，人们"可以如何行为"的模式。

（2）应为模式，指在假定条件下，人们"应当或必须如何行为"的模式。

（3）勿为模式，指在假定条件下，人们"禁止或不得如何行为"的模式。

从另一个角度来看，可为模式亦可称为权利行为模式，而应为模式和勿为模式又可称为义务行为模式。

法律后果，是指法律规则中规定人们在做出符合或者不符合行为模式要求的行为时应承担的结果。根据人们对行为模式所做出的实际行为的不同，法律后果又可分为：

（1）合法后果，是法律规则中规定人们按照行为模式的要求行为而在法律上予以肯定的后果，它表现为法律规则对人们行为的保护、许可或奖励。

（2）违法后果，是法律规则中规定人们不按照行为模式的要求行为而在法律上予以否定的后果，它表现为法律规则对人们行为的制裁、不予保护、撤销、停止，或要求恢复、补偿等。

3. 法律规则与法律条文

法律规则是法律条文的内容，法律条文是法律规则的表现形式。具体而言有以下几点。

（1）一个完整的法律规则由数个法律条文来表述。

（2）法律规则的内容分别由不同规范性法律文件的法律条文来表述。

（3）一个条文表述不同法律规则或其要素。

（4）法律条文仅规定法律规则的某个要素或若干要素。

（二）法律原则

1. 法律原则的概念

法律原则，是指可以为法律规则提供某种基础或本源的综合性的、指导性的原理和准则。法律原则通常反映出立法者以法的形式所选择确定的基本价值，体现了法律的主旨和精神品格。在许多法律部门中都有法律原则，如行政法中的行政应急性原则、刑法中的罪刑法定原则、民法中的诚实信用原则等。

2. 法律原则与法律规则的区别

（1）调整方式不同。法律规则具有严密的逻辑结构，其内容明确具体；法律原则并不具备法律规则所具有的结构要素，它不预先设定具体的假定条件，更没有设定明确的法律后果，只设定一些概括性的要求或标准。

（2）适用范围不同。法律规则由于内容具体明确，因此只适用于某一类型的行为。而法律原则对人们的行为及其条件有更大的覆盖面和抽象性，具有宏观的指导性，其适用范围比法律规则宽广。

（3）适用方式不同。法律规则是以"全有或者全无的方式"应用于个案，要么适用，要么不适用。而法律原则不是以"全有或者全无的方式"应用于个案，不同的法律原则具有不同的强度，这些不同强度的原则可能存在于一部法律当中，法官必须根据案件的具体情况在不同强度的原则间做出权衡。

3. 法律原则适用的条件

为了保障法律的客观性和确定性，必须对法律原则的适用设定严格的条件。具体来讲，法律原则的适用必须符合下列条件：

（1）穷尽法律规则，方得适用法律原则。在通常情况下，法律适用的基本要求是：有规则依规则。只有在出现无法律规则可以适用的情形下，法律原则才可以发挥作用。

（2）除非为了实现个案正义，否则不得舍弃法律规则而直接适用法律原则。如果适用法律规则可能导致个案的极端不公正，则需要适用法律原则。

法律事例 1-5 分析：

（1）法律规则的规定。

案件发生在我国民法典生效之前，当时适用的是《中华人民共和国民法通则》（以下简称民法通则）和《中华人民共和国继承法》（以下简称继承法）。我国继承法规定，公民可以立遗嘱将个人财产赠给国家、集体或者法定继承人以外的人，这一规定确认了遗赠行为的合法性。继承法还规定，"自书、代书、录音、口头遗嘱，不得撤销、变更公证遗嘱"，可见，在当时，公证遗嘱的法律效力是最高的。

（2）案件审理结果。

法院判决指出，本案中遗赠人黄某所立遗嘱时虽具完全行为能力，遗嘱也系其真实意思表示，且形式上合法，但遗嘱的内容却违反了法律和社会公共利益，属无效民事行为。驳回原告诉讼请求。

（3）案件启示。

尽管继承法有明确的规定，而且本案中的遗赠内容真实、形式合法，但如果适用法律规则，裁决结果会对正当婚姻关系造成冲击，与法律的基本精神相违背。

法院依据我国民法通则"民事活动应当尊重社会公德，不得损害社会公共利益，扰乱社会经济秩序"以及"违反法律和社会公共利益的民事行为无效"即公序良俗原则，驳回了张某的诉讼请求。这一结果是对社会公德和正当婚姻秩序的维护，符合人们对公平正义的期望。

因此，法官审理案件，要尽可能正确适用法律规则裁判，必要时也可以适用法律原则。

【沙场练兵】

赵某（女）与孙某系再婚夫妻。赵某称，孙某长期实施家庭暴力，多次对其进行威胁和殴打，使其感觉人身安全没有保障。为了证明自己的主张，赵某提交了 2021 年 9 月 26 日、11 月 10 日拍摄的照片 7 张，证明因遭受孙某家庭暴力致使身体多处受伤。同时，赵某提交了孙某发送的短信记录，证明孙某对其进行威胁、辱骂和骚扰。

思考： 查阅民法典第 1042 条第 3 款和反家庭暴力法相关规定，了解本案的裁判结果，并判断此案的审理依据主要是法律规则还是法律原则？

资料来源：http://legalinfo.moj.gov.cn/pub/sfbzhfx/zhfxzxxf/zxxfyasf/202103/t20210316_204693.html [2023-11-25]

第三节 如何培养法律素养

一、辨明法律关系

【思维导图】

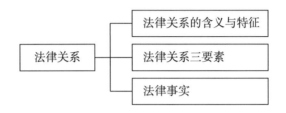

法律事例1-6：

在相关品牌"声明抵制新疆产品"被曝光后，先是黄轩、宋茜宣布与H&M解约，紧接着王一博、谭松韵也官宣与NIKE终止一切合作。

思考：在合同期内，明星可以单方面解约吗？

（一）法律关系的含义与特征

法律关系，是指在法律规范调整社会关系的过程中所形成的人与人之间的权利和义务关系。法律关系具有如下特征。

（1）合法性：法律关系是根据法律规范建立的一种社会关系，如果没有相应的法律规范存在，就不可能形成法律关系。

（2）意志性：法律关系是体现意志性的特殊社会关系。

（3）特定性：法律关系是特定法律关系主体之间的权利和义务关系。

（二）法律关系三要素

法律关系三要素是指法律关系的主体、内容和客体。

1. 法律关系的主体

法律关系的主体是法律关系的参加者，即在法律关系中一定权利的享有者和一定义务的承担者。在中国，根据法律规定，能够参与法律关系的主体包括公民（自然人）、机构和组织（法人）、国家。

公民和法人要能够成为法律关系的主体，享有权利和承担义务，就必须具有权利能力和行为能力。

权利能力，又称权义能力（权利义务能力），是指能够参与一定的法律关系，依法享有一定权利和承担一定义务的法律资格。它是法律关系主体实际取得权利、承担义务的前提条件。

法人的权利能力与公民（自然人）的权利能力不同。一般而言，法人的权利能力自法人成立时产生，至法人解体时消灭。其范围是由法人成立的宗旨和业务范围决定的。自然人从出生时起到死亡时止，具有民事权利能力，依法享有民事权利，承担民事义务。

行为能力，是指法律关系主体能够通过自己的行为实际取得权利和履行义务的能力。公民的行为能力是公民的意识能力在法律上的反映。确定公民有无行为能力，其标准有两个：一是能否认识自己行为的性质、意义和后果；二是能否控制自己的行为并对自己的行为负责。公民的行为能力，由法律予以规定，一般划分为完全行为能力人、限制行为能力人、无行为能力人。

法人的行为能力和权利能力是同时产生和同时消灭的。法人一经依法成立，就同时具有权利能力和行为能力，法人一经依法撤销，其权利能力和行为能力同时消灭。

2. 法律关系的内容

法律关系的内容就是法律关系主体之间的法律权利和法律义务。它是法律规范所规定的法律权利与法律义务在实际社会生活中的具体落实。

3. 法律关系的客体

法律关系的客体，是指法律关系主体之间权利与义务所指向的对象。包括物、人身、精神产品、行为结果。

物理意义上的物要成为法律关系客体，需具备以下条件：第一，应得到法律之认可。第二，应为人类所认识和控制。不可认识和无法控制之物（如地球以外的天体）不能成为法律关系客体。第三，能够给人们带来某种物质利益，具有经济价值和独立性。

以下几种物不得进入国内商品流通领域，不得成为私人法律关系的客体。

（1）人类公共之物或国家专有之物，如海洋、山川、水流、空气。

（2）军事设施、武器（枪支、弹药等）。

（3）危害人类之物（如毒品、假药、淫秽书籍等）。

人身是由各个生理器官组成的生理整体（有机体）。作为法律关系客体的"人身"应注意的是：第一，活人的（整个）身体，不得视为法律上的"物"，因此，贩卖或拐卖人口、买卖婚姻是法律所禁止的违法或犯罪行为。第二，权利人对自己的人身不得进行违法或有伤风化的活动，如卖淫、自杀、自残行为属于违法行为或至少是法律所不提倡的行为。第三，对人身行使权利时必须依法进行，不得超出法律授权的界限，如有监护权的父母不得虐待未成年子女的人身。

精神产品是人通过某种物体（如书本、纸张、磁盘）或大脑记载下来并加以流传的思维成果，属于非物质财富。

行为结果包括物化结果和非物化结果。物化结果，是指义务人的行为（劳动）凝结于一定的物体，如房屋、道路；非物化结果，是指义务人的行为没有转化为物化实体，仅表现为一定的行为（通常为服务行为）过程所产生的结果。

（三）法律事实

法律事实，是指具有法律关联性、能够引起法律关系产生、变更和消灭的客观情况或现象。依是否以人们的意志为转移，可以将法律事实大体分为两类，即法律事件和法律行为。

1. 法律事件

法律事件，是具有法律关联性、不以当事人的意志为转移而引起法律关系形成、变更或消灭的客观事实。法律事件分成社会事件和自然事件两种。

2. 法律行为

法律行为，是指以权利主体的意志为转移，能够引起法律关系形成、变更或消灭的法律事实。同一个法律事实（事件或者行为）既可以引起一种法律关系的产生、变更和消灭，也可以引起多种法律关系的产生、变更和消灭。例如，工伤致死，不仅导致劳动关系、婚姻关系的消灭，而且也导致劳动保险合同关系、继承关系的产生。

两个或两个以上的法律事实可能引起同一个法律关系的产生、变更或消灭。例如，男女结婚，除了双方自愿结合的意思表示，还须向结婚登记机关办理登记手续，登记机关颁发结婚证书，双方的婚姻关系才能够成立。其中，"自愿结合的意思表示""向结婚登记机关办理登记手续""登记机关颁发结婚证书"，都是婚姻法律关系形成的事实。在法学上，两个或两个以上的法律事实所构成的一个相关的整体，称为"事实构成"。

法律事例 1-6 分析：

（1）在明星代言这一法律关系中，一方主体是提供劳务的代言明星，另一方主体是品牌方。法律关系内容表现为代言明星向品牌方提供代言劳务，品牌方向代言明星支付报酬。法律关系客体是明星代言的行为。

（2）从法律关系产生、变更和消灭的条件角度分析，法律关系是可以解除的，品牌方必须尊重中国的历史和文化，否则，艺人可以单方面解约。

【沙场练兵】

拉面哥程某，因坚持卖3元一碗的拉面15年不涨价引发关注。程某与他人签署短视频账号运营协议，但很后悔，遂与签约方黄某、许某单方面解除合约。

思考：拉面哥与短视频账号运营平台之间的法律关系是否成立？拉面哥是否可以解除合约？

二、区分法律行为

【思维导图】

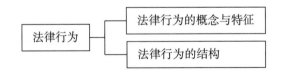

法律事例 1-7：

2020年6月13日，一位老人走进了家门口的超市，拿了两个鸡蛋放在自己口袋里，没有结账便要离开，超市员工与老人进行沟通，要求老人将未结账的物品拿出来，老人没有承认，两人在理论中发生了拉扯，这时老人突然倒地，身体发生抽搐，超市员工随即拨打了110、120，老人被送往最近的医院进行抢救，但最终因心肌梗死抢救无效而死亡。老人家属将超市告上了法庭，索赔38万余元。

思考：超市员工的行为是否是法律行为？

（一）法律行为的概念与特征

法律行为是人们所实施的、能够发生法律效力、产生一定法律效果的行为。它包括合法行为与违法行为、（意思）表示行为与非表示行为（事实行为）、积极行为（作为）与消极行为（不作为）。

非法律行为，是指那些不具有法律意义的行为，即不受法律调整、不发生法律效力、不产生法律效果的行为。

根据法律行为的定义，法律行为具有下列特征。

（1）法律行为是具有社会意义的行为。法律行为是社会指向的行为，而不是纯粹自我指向的行为。

（2）法律行为具有法律关联性。法律关联性是指法律行为由法律规定、受法律调整、能够发生法律效力或者产生法律效果。

（3）法律行为是能够为法律和人们的意志所控制的行为。

（4）法律行为具有价值性。

（二）法律行为的结构

1. 法律行为构成的客观要件

法律行为构成的客观要件，就是法律行为外在表现的一切方面。它包括外在的行动、行为方式和具有法律意义的结果等要素。

（1）外在的行动。外在的行为可分为身体行为和语言行为两类。身体行为，是指通过人的身体的任何部位所作出的为人所感知的外部举动。语言行为，是指通过语言表达对他人产生影响的行为。其包括两种：一是书面语言行为，诸如书面声明、书面通知、书面要约和承诺、签署文件等。二是言语行为，即通过口语表达而在"说者—语义—听者"之语言交流中完成的言语过程。

（2）行为方式。行为方式是指行为人为达到预设的目的而在实施行为过程中所采取的各种方式和方法。其中包括：行动的计划、方案和措施；行动的程序、步骤和阶段；行动的技术和技巧；行动所借助的工具和器械；等等。

（3）具有法律意义的结果。判断法律行为结果，主要有两个标准：一是行为造成一定的社会影响；二是该结果应当从法律角度进行评价。

2. 法律行为构成的主观要件

法律行为构成的主观要件，是指法律行为内在表现的一切方面，是行为主体在实施行为时的一切心理活动、精神状态及认知能力的总和。主要包括两个方面。

（1）行为意思。行为意思是指人们基于需要、受动机支配、为达到目的而实施行为的心理状态，包括需要、动机、目的。

（2）行为认知。行为认知是指行为人对自己行为的法律意义和后果的认识。

在法律活动中，行为人受主、客观多方面因素的影响，常常会发生主观认识与客观存在之间不相一致的情况,这就是认识错误。从法律角度来看,它包括事实错误和法律错误两个方面。事实错误是指行为人所认识的内容与所发生的客观事实相背离。例如,甲仇恨乙,某日,甲误将碱面当作毒药投入乙的水杯中,乙喝后安然无恙。此案中,甲的行为就属于事实错误中的行为手段错误。法律错误是指行为人对事实认识无误,但由于误解或不知法律而对该事实的法律意义和法律后果认识有误。认识错误,在一定程度上影响行为人动机和目的的形成,进而影响其对行为及行为方式的选择。在民法中,"重大误解"是可撤销的民事行为的类型之一。

法律事例1-7分析:

(1)超市员工的行为是法律行为。

第一,本案中,超市员工拉扯老人的行为涉及其他人,具有社会指向,不是自我指向,因此具有社会意义。第二,老人的家属认为超市员工拉扯的行为是导致老人死亡的原因,如果这个因果关系成立,就构成了法律上的侵权行为。双方对被拿的那两个鸡蛋是否已经付款产生了争议,这属于财产纠纷,因此具有法律关联性。第三,超市员工对老人的阻拦、拉扯行为受本人意志的支配和控制。因此,超市员工的行为是法律行为。

(2)法律行为的结构包括客观要件和主观要件。客观要件包括外在的行动、行为方式和具有法律意义的结果。主观要件包括行为意思和行为认知。

从客观要件看,超市员工有拉扯老人的衣袖,并与其交涉的外在动作;并且有老人倒地猝死的结果。从主观要件看,超市员工的行为意思,是想让老人把偷拿的鸡蛋放回原位,或者付款结账,其动机和目的是要维护超市正常的经营秩序,具有正当性。同时,超市员工的劝阻行为并没有超过必要限度,该行为与老人的死亡之间没有直接的因果关系,而且在老人倒地之后超市员工及时拨打了120,尽到了救助义务。因此,超市员工的行为没有过错,不是违法行为。

▶【沙场练兵】

2020年4月28日,74岁的王某与张某约好比赛羽毛球,张某打出去的一球击中王某右眼,造成眼球受伤。王某以张某侵害其健康权为由,要求张某赔偿经济损失。

思考:张某的行为是否是法律行为?

三、甄别法律责任

【思维导图】

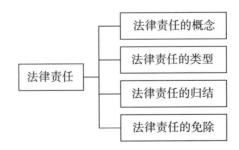

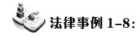 **法律事例 1-8：**

2020年12月28日，某高校男同学叶某（23岁）因矛盾纠纷，在课堂上向该校在读女生泼洒硫酸，致曾某（22岁）、戴某（22岁）、苏某（22岁）分别受重伤和轻伤。接报案后，辖区派出所立即到现场处置并控制犯罪嫌疑人。

思考： 叶某应当承担哪些责任？

（一）法律责任的概念

法律责任是由特定的法律事实所引起的、对损害予以赔偿、补偿或接受惩罚的特殊义务。其中，特定的法律事实是指违法行为、违约行为或者法律直接规定的应当承担责任的行为。

（二）法律责任的类型

以引起法律责任的行为性质为标准，可以将法律责任划分为以下类型。

（1）刑事责任。责任人因其犯罪行为所必须承受的，由司法机关代表国家所确定的否定性法律后果，是最严厉的制裁，针对的是犯罪行为。刑事法律是追究刑事责任的法律依据。

（2）民事责任。责任人由于违反民事法律、违约或者因民法规定而应承担的法律责任，主要是一种救济责任。在法律允许的条件下，多数民事责任可以由当事人协商解决。

（3）行政责任。行政责任，是指因违反行政法或因行政法规定而应承担的法律责任。

（4）违宪责任。违宪责任，是指由于有关国家机关制定的某种法律、法规、规章与宪法相抵触，或者有关国家机关、社会组织或公民从事的与宪法规定相抵触的活动而产生的法律责任。违宪责任产生的原因是违宪行为。

（5）国家赔偿责任。国家赔偿责任，是指国家对于国家机关及其工作人员执行职务、行使公共权力损害公民、法人和其他组织的法定权利与合法利益所应承担的赔偿责任。

（三）法律责任的归结

法律责任的归结，也称归责，是指由特定国家机关或国家授权的机关依法对行为人的法律责任进行判断和确认的活动。

在我国，归责应当遵循以下原则。

（1）责任法定原则。法律责任由法律规范预先设定；追究责任要符合法律的规定。

（2）公正原则。法律面前人人平等；责任的种类、性质、轻重与违法行为或造成的损害相适应；综合考虑主客观因素，做到合理区别对待；依据法律程序进行归责。

（3）效益原则。在追究行为人法律责任时，应当进行成本收益分析，讲求法律责任的效益。

（4）责任自负原则。法律责任的主体只能是做出了导致法律责任的行为人本人，禁止株连。

（四）法律责任的免除

法律责任的免除，也称免责，是指法律责任由于出现法定条件被部分或全部地免除。从我国的法律规定和法律实践来看，主要存在以下几种免责形式：

（1）时效免责。法律责任经过一定的期限后而免责。

（2）不诉及协议免责。受害人或有关当事人不向法院起诉要求追究行为人的法律责任，行为人的法律责任实际上就被免除。

（3）补救免责。实施了违法行为并造成了一定损害，在国家机关追究责任之前采取补救措施的人，免除其部分或全部责任。

（4）人道主义免责。在责任人没有能力履行全部或部分责任的情况下，有关国家机关或权利主体可以出于人道主义考虑免除责任人全部或部分法律责任。

法律事例 1-8 分析：

泼硫酸怎么判，具体要看被害人受伤的程度，需要先进行伤情鉴定。

（1）如果经鉴定为轻微伤的，则可由公安机关予以治安处罚。

（2）如果构成轻伤，则可能涉嫌故意伤害罪，应处 3 年以下有期徒刑、拘役或管制。

（3）如果构成重伤，则属于故意伤害罪的结果加重犯，应处 3 年以上 10 年以下有期徒刑。如果以特别残忍手段致人重伤造成严重残疾的，处 10 年以上有期徒刑、无期徒刑或者死刑。

（4）还要依法承担民事赔偿责任。

【沙场练兵】

近几年来，直播行业兴起，在直播带货中存在虚假宣传现象，个别主播夸大其词，对于产品是否符合资质丝毫不了解，甚至知法犯法，故意用虚假的言语去刺激消费者消费或是贩卖假货。

思考：（1）如果产品涉嫌构成虚假广告，虚假广告的广告主和广告经营者、广告发布者要承担哪些责任？

（2）具体的法律规定是什么？

习　题

多项选择题

1. 关于法的特征，下列选项正确的是（　　）。
   A. 法是调整人们行为的社会规范　　　　B. 法由国家制定或认可
   C. 法以权利和义务为内容　　　　　　　D. 法由国家强制力保证实施

2. 关于法律原则的适用，下列选项中错误的是（　　）。
   A. 案件审判中，先适用法律原则，后适用法律规则
   B. 案件审判中，法律原则必须无条件地适用
   C. 法律原则的适用可以弥补法律规则的漏洞

D. 法律原则的适用采取"全有或全无"的方式
3. 能够成为法律关系主体要求当事人必须具有的资格是（　　）。
A. 权利能力　　　　　　　　B. 行为能力
C. 责任能力　　　　　　　　D. 事实构成
4. 法律行为的内在方面包括（　　）。
A. 动机　　　　　　　　　　B. 目的
C. 认知能力　　　　　　　　D. 外在行为
5. 法律责任的种类有（　　）。
A. 民事法律责任　　　　　　B. 行政法律责任
C. 刑事法律责任　　　　　　D. 违宪责任

第二章

宪　法

第一节 宪法概述

【思维导图】

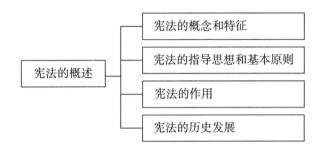

宪法故事 2-1：

2014年10月23日，党的十八届四中全会在《中共中央关于全面推进依法治国若干重大问题的决定》中首次明确规定："将每年12月4日定为国家宪法日"。2014年11月1日第十二届全国人民代表大会常务委员会第十一次会议通过的《全国人民代表大会常务委员会关于设立国家宪法日的决定》规定："将12月4日设立为国家宪法日。国家通过多种形式开展宪法宣传教育活动。"自此，12月4日正式成为中国的国家宪法日。

思考：为什么设立国家宪法日？

一、宪法的概念和特征

宪法是规定国家的根本制度和根本任务，集中表现各种政治力量的实际对比关系、保障公民权利的国家根本法。

一般认为，宪法具有以下特征。

（一）宪法规定的是国家的根本制度和任务

宪法的实质内容是对政府权力进行控制、规范和保障。它规定的是国家基本的政治权力架构、国家的根本任务以及公民的基本权利和义务。

（二）宪法的制定和修改程序更严格、更复杂

宪法的根本性决定了宪法具有相对稳定性和权威性，宪法的制定和修改程序相比一般法律更为严格。宪法第64条规定，宪法的修改，由全国人民代表大会常务委员会或者五分之一以上的全国人民代表大会代表提议，并由全国人民代表大会以全体代表的三分之二以上的多数通过。法律和其他议案由全国人民代表大会以全体代表的过半数通过。

（三）宪法具有最高效力

相对于我国其他法律而言，其他任何法律都不能与宪法相抵触。

一是一切规范性文件都要依据宪法制定，都不能和宪法相抵触。二是宪法是一切国家机关、政党、社会团体以及公民的最高行为准则。

二、宪法的指导思想和基本原则

我国现行宪法的指导思想，是四项基本原则，即坚持社会主义道路，坚持人民民主专政，坚持中国共产党领导，坚持马列主义、毛泽东思想。坚持四项基本原则是我国近代历史基本经验的总结，是被实践证实了的真理，反映了我国历史发展规律。在宪法序言中也有具体说明，即"中国各族人民将继续在中国共产党领导下，在马克思列宁主义、毛泽东思想、邓小平理论、'三个代表'重要思想、科学发展观、习近平新时代中国特色社会主义思想指引下，坚持人民民主专政，坚持社会主义道路，坚持改革开放，不断完善社会主义的各项制度，发展社会主义市场经济，发展社会主义民主，健全社会主义法治，贯彻新发展理念，自力更生，艰苦奋斗，逐步实现工业、农业、国防和科学技术的现代化，推动物质文明、政治文明、精神文明、社会文明、生态文明协调发展，把我国建设成为富强民主文明和谐美丽的社会主义现代化强国，实现中华民族伟大复兴。"

我国宪法的基本原则是国家一切权利属于人民原则，保障公民权利和义务、尊重和保障人权的原则，维护社会主义法制的统一和尊严的原则，民主集中制的原则。

三、宪法的作用

宪法作为国家根本大法，其作用主要表现在以下方面：

（一）打造宏伟蓝图，确立国家政治框架，组织和规范国家权力

宪法确认国家权力归属，以表明社会各阶级在国家中的地位。按照宪法规定国家权力的职责分工，权力有效运行机制，规范和制约国家权力。宪法赋予立法、行政、司法等国家机关公共权力，使国家权力在宪法的轨道上有效运行。

（二）确认和保障公民基本权利

我国宪法对公民的基本权利作出了具体的规定，为广大人民群众充分享有民主权利、广泛参与国家政治生活提供了法律保障。例如，我国宪法第33条第3款确立了"国家尊重和保障人权"的原则，并根据宪法制定了一系列保护公民基本权利的法律，签署了一批保护公民权利的国际公约，建立健全社会保障体系，推进了我国人权事业的发展。

（三）维护国家法制统一

法律法规调整国家最重要的社会关系，维护社会稳定和国家长治久安。在中国特色社会主义法治体系中，宪法居于核心地位，对于解决各种重大社会矛盾和冲突，保持社会稳定，维护国家长治久安，具有十分重要的意义。

四、宪法的历史发展

（一）《中国人民政治协商会议共同纲领》（以下简称共同纲领）

共同纲领除序言外，共7章60条，规定了新中国的国体和政体，人民的权利和自由以及国家在经济、文化、教育、军事、外交和民族等方面的基本政策。共同纲领虽不是宪法，但是从内容和形式上都体现了国家根本法的特征，具有临时宪法的作用。

（二）1954年宪法

1954年9月，第一届全国人民代表大会第一次会议通过了1954年宪法。这部宪法代表了人民利益、体现了人民民主原则和社会主义原则。

（三）1975年宪法

1975年1月，第四届全国人民代表大会第一次会议通过1975年宪法。1975年宪法，结构同于1954年宪法。条文大为减少，共有30条。

（四）1978年宪法

为适应新形势，1978年3月，第五届全国人民代表大会第一次会议通过了1978年宪法，这是中华人民共和国成立以来的第三部宪法。

（五）1982年宪法

1982年12月，第五届全国人民代表大会第五次会议通过了1982年宪法。与过去几部宪法相比，1982年宪法强调以经济建设为工作重点，坚持和完善社会主义经济制度，保障和扩大公民基本权利。

1982年宪法分别于1988年、1993年、1999年、2004年、2018年进行了修正，更加明确党和国家全面推进依法治国的治国方略。

第二节　国家制度

【思维导图】

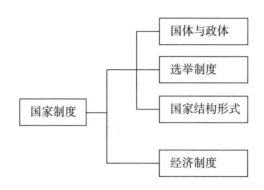

宪法故事 2-2：

某市某区举行人大换届选举，该区 55 选区的不少选民在选票"另选他人"一栏填上"邹某"的名字。选民邹某是以非正式候选人的身份自荐参加区人大代表选举的。

邹某在一次维权过程中，深感人大代表更有力量。他的小区也有十多位选民决定联名推举他为区人大代表候选人。

但当得知候选人的提名和推荐已结束后，邹某急忙向该区选举委员会咨询，获悉可以自荐方式竞选，他反复思量，终在选举前两天决定自荐。邹某自制了 50 份海报在小区张贴，海报写道：在人大代表选举中，请在"另选他人"一栏里直选：邹某！并称：根据选举法，公民有权在候选人以外另选他人。请投下您庄严一票，选择一位敢为百姓维权代言的人大代表。邹某坦言，如果能够当选，将更坚定地代表大众参政议政，他将关注公众消费，为弱势群体的维权作出努力。没当选也会理性对待。

思考：人民代表大会为什么对人民负责，受人民监督？

资料来源：https://www.chinacourt.org/article/detail/2003/05/id/57831.shtml［2023-07-02］

一、国体与政体

国体，是指社会各阶级在国家中的地位，即国家主权的阶级属性。具体而言，即国家由哪个阶级来统治，哪个阶级是统治阶级，哪个阶级是被统治阶级。政体，是指拥有国家主权的统治阶级，实现其国家主权的宏观体制。国体和政体是关于国家问题的一对紧密联系的概念，国体决定政体，即国体决定着一个国家由哪个阶级来统治，但是，如果没有适当的政体，统治阶级就无法体现和保持国家的性质。我国宪法第 1 条第 1 款明确规定："中华人民共和国是工人阶级领导的、以工农联盟为基础的人民民主专政的社会主义国家。"

我国的政体是人民代表大会制度。人民代表大会制度，是指国家一切权力属于人民，我国根据民主集中制原则，通过民主选举组成全国人民代表大会和地方各级人民代表大会，其他国家机构由人民代表大会产生，对它负责、受它监督，人民代表大会对人民负责，受人民监督，以实现人民当家作主。根据世界各国政体的发展，政体基本可以归结为君主制、民主制、共和制。社会主义国家的政体是共和制。人民代表大会制是中国的政权组织制度，是中国人民在中国共产党领导下，结合中国实际创立的新型的无产阶级国家政权组织形式。

二、选举制度

选举制度是关于选举国家代议机关的代表和其他国家公职人员的各项制度之总称。其内容包括选举的基本原则、选举权的确认与保障、选举的组织和程序、选民和代表的关系，以及选举争议、选举诉讼的解决等。选举制度是国家制度的重要组成部分，由国家宪法、选举法及其他法律予以规范，并包括一些长期形成的传统和惯例。

1. 选举的基本原则

（1）普遍性原则。中华人民共和国年满18周岁的公民，不分民族、种族、性别、职业、家庭出身、宗教信仰、教育程度、财产状况、居住期限，都有选举权和被选举权，但是依照法律被剥夺政治权利的人除外。

（2）平等性原则。一切选民具有同等法律地位，所投的选票具有同等的法律效力，每个选民在一次选举中，只有一个投票权。

（3）直接选举和间接选举相结合的原则。直接选举，是指由选民直接投票产生应选的国家代议机关的代表和国家公职人员的方法。间接选举，是指由选民选举产生的代表或机关再选举产生应选的代表和国家公职人员的方法。我国采取直接选举和间接选举并用的原则，全国人大代表及省、自治区、直辖市、设区的市、自治州人大代表的选举，采取间接选举原则，由下一级人民代表大会选举产生；不设区的市、市辖区、县、自治县、乡、民族乡、镇的人大代表由选民直接选举产生。国家机关的公职人员一律采用间接选举制。

（4）差额选举原则。正式候选人名额多于应选名额。

（5）无记名投票原则。选票上只有候选人，没有选举人。我国选举法规定，全国和地方各级人民代表大会代表的选举，一律采用无记名投票的方法。

2. 选举程序

（1）设立选举机构。根据我国宪法和选举法的有关规定，全国人民代表大会常务委员会主持全国人民代表大会的选举，省、自治区、直辖市、设区的市、自治州的人民代表大会常务委员会主持本级人民代表大会的选举；不设区的市、市辖区、县、自治县、乡、民族乡、镇设立选举委员会，主持本级人民代表大会代表的选举。不设区的市、市辖区、县、自治县的选举委员会受本级人民代表大会常务委员会的领导，乡、民族乡、镇的选举委员会受不设区的市、市辖区、县、自治县的人民代表大会常务委员会的领导。

由此可见，在我国，间接选举由同级人大常委会主持，而直接选举则设立选举委员会，主持选举工作。选举委员会的基本职权包括：划分选区，分配各选区应选代表的名额；选民登记；确定选举日期；核实并组织介绍代表候选人的情况公布正式代表候选人名单；主持投票选举；公布当选代表名单，法律规定的其他职责。

（2）选区划分与选民登记。选区是进行选举的基本单位，以一定的人口数为基础划分。我国选区既可以按照居住状况划分，也可以按照单位划分。选民的登记工作，是对选民资格的确认，选民登记按选区进行，直接选举中，选举委员会按选区对选民资格进行审查登记，将符合资格的公民列入选民名单。选民名单应在选举日的20日以前公布，并发给选民证，选民凭选民证参加选举。

（3）候选人提名。候选人提名是指从已登记的选民中提出并确定被选举人名单，供选民投票选举。全国和地方各级人大代表的代表候选人，按选区或选举单位提名产生。候选人提名程序包括：一是代表候选人推荐。二是正式代表候选人确定。三是介绍候选人。

（4）投票和选举结果确认。在选民直接选举人大代表时，各选区设立投票站或召开选举大会进行投票，由选举委员会主持；间接选举时，由各级人大主席团主持选举。

选举结果由选举委员会或者人民代表大会主席团根据选举法确定是否有效，并予以宣布。当选代表名单由选举委员会或者人民代表大会主席团予以公布。

三、国家结构形式

宪法故事 2-3：

2012年6月21日，中华人民共和国中央人民政府网站刊登《民政部关于国务院批准设立地级三沙市的公告》：国务院于近日批准，撤销海南省西沙群岛、南沙群岛、中沙群岛办事处，设立地级三沙市，管辖西沙群岛、中沙群岛、南沙群岛的岛礁及其海域。三沙市人民政府驻西沙永兴岛。

2020年4月18日，中华人民共和国中央人民政府网站刊登《民政部关于国务院批准海南省三沙市设立市辖区的公告》：国务院于近日批准，海南省三沙市设立西沙区、南沙区。三沙市西沙区管辖西沙群岛的岛礁及其海域，代管中沙群岛的岛礁及其海域，西沙区人民政府驻永兴岛。三沙市南沙区管辖南沙群岛的岛礁及其海域，南沙区人民政府驻永暑礁。

思考：为什么设立海南省三沙市由国务院批准？

资料来源：https://www.gov.cn/gzdt/2012-06-21/content_2167058.htm ［2023-07-02］

https://www.gov.cn/zhengce/zhengceku/2020-04/19/content_5504215.htm ［2023-07-02］

国家结构形式，是指国家采取何种原则和方式来划分国家内部区域。国家结构形式的内容主要包括：国家区域构成单位的划分；确认各层级区域单位的法律地位和权限划分；中央与地方之间的权限划分、管辖范围。

（一）单一制和联邦制

根据中央和地方的构成单位权力划分关系的不同，现代国家结构可以分为单一制和联邦制两种类型。单一制是指由若干不具有独立性的行政区域单位或自治单位组成的单一主权国家所采取的国家结构形式。单一制的主要特征：中央享有对地方的全面监督，地方的权力来源于中央的授权，地方服从中央的统一领导，单一制国家只有一部宪法，一个最高立法机关，一个中央政府，一套司法体系，只有中央政府享有外交权，公民只有统一的国籍。

联邦制由多个成员单位（邦、州、共和国）组成，是带有明显国家权力分享特征的复合型国家结构形式。联邦制的主要特征是：宪法关于权限划分的内容，往往是基于中央和成员单位的合意，不独取决于联邦中央的意志；联邦制国家既有联邦宪法，也有成员单位的邦、州宪法；存在联邦中央和成员单位两套立法、行政、司法系统；联邦国家虽是统一的国际法主体，但是有的联邦制国家允许成员国有一定的外交权。

我国采取单一制国家结构形式，国家机构实行民主集中制原则。中央和地方的国家机构职权的划分，遵循在中央的统一领导下，充分发挥地方的主动性、积极性的原则。中国有56个民族，呈现出"大杂居、小聚居"的分布状态，这样的民族关系、民族构成和分布状态决定了单一制国家结构形式，是维护国家统一和民族团结的需要，也是各国各民族共同繁荣发展的需要。实行单一制国家结构形式，有利于维护国家的统一和团结。

（二）民族区域自治制度

民族区域自治制度，是指在一个统一的国家内，以少数民族聚居区为基础，建立相应的自治地方，设立自治机关，行使自治权，实行自治区域自治的民族，实现当家作主、管理本民族内部的地方性事务的制度。在民族区域自治制度下，国家的民族政策主要是中华人民共和国各民族一律平等，国家保障各少数民族的合法权利和利益，维护和发展各民族平等、团结、互助、和谐的社会主义民族关系，禁止对任何民族歧视和压迫，禁止破坏民族团结和制造民族分裂的行为。

（三）特别行政区制度

特别行政区制度，是指按照"一国两制"方针，根据宪法和法律所设立的，直辖于中央政府，具有特殊的法律地位，实行特别的政治、社会、经济制度的行政区域行使高度自治权的制度。

四、经济制度

（一）经济制度的概念

经济制度，是指通过宪法、法律的确认与调整而形成的各种有关经济问题的规则和措施的总称，其核心是生产资料所有制形式。经济制度是宪法的基础，而宪法的主要任务之一就是确认和保护有利于统治阶级的经济制度。

我国确立社会主义经济制度，是由社会主义性质和初级阶段国情决定的。我国是社会主义国家，必须坚持公有制作为社会主义经济制度的基础，我国处在社会主义初级阶段，需要在公有制为主体的条件下发展多种所有制经济。按照宪法规定，国家在社会主义初级阶段，坚持公有制为主体、多种所有制经济共同发展的基本经济制度，坚持按劳分配为主体、多种分配方式并存的分配制度。

（二）所有制形式

1. 社会主义公有制

社会主义公有制，是指生产资料属于全体人民或者劳动者集体所有的形式。按照宪法规定，中华人民共和国的社会主义经济制度的基础是生产资料的社会主义公有制，即全民所有制和劳动群众集体所有制。

社会主义全民所有制，是指公有资产在社会总资产中占优势，国有经济控制国民经济命脉，对经济发展起主导作用。国有经济，即社会主义全民所有制经济，是国民经济中的主导力量。国家保障国有经济的巩固和发展。按照宪法规定，矿藏、水流、森林、山岭、草原、荒地、滩涂等自然资源，都属于国家所有，即全民所有；由法律规定属于集体所有的森林和山岭、草原、荒地、滩涂除外。城市的土地属于国家所有。

劳动群众集体所有制，是指由集体单位内的劳动群众共同占有生产资料的一种公有制经济形式。集体所有制经济是在土地改革的基础上，通过对农业和手工业的个体经济实行社会主义改造而建立起来的，集体所有制经济是公有制经济的重要组成部分。根据宪法的规定，农村和城市郊区的土地，除由法律规定属于国家所有的以外，属于集体所有；宅基地和自留地、自留山，也属于集体所有。

2. 非公有制

劳动者个体经济，是指城乡劳动者个人占有少量生产资料和产品，从事不剥削他人的个体劳动收益归自己所有的经济形式。私营经济，是指以雇工经营为特征，存在雇用劳动关系的经济形式。

按照宪法规定，在法律规定范围内的个体经济、私营经济等非公有制经济，是社会主义市场经济的重要组成部分。国家保护个体经济、私营经济等非公有制经济的合法的权利和利益。国家鼓励、支持和引导非公有制经济的发展，并对非公有制经济依法实行监督和管理。

按照宪法规定，中华人民共和国允许外国的企业和其他经济组织或者个人依照中华人民共和国法律的规定在中国投资，同中国的企业或者其他经济组织进行各种形式的经济合作。

第三节　公民的基本权利和义务

【思维导图】

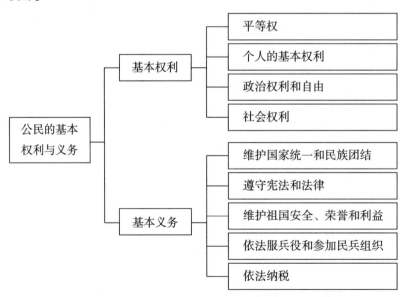

一、我国公民的基本权利

宪法故事 2-4：

企业文化首先要讲法治，恪守法律精神、严守法律红线，在法律的框架内营造积极向上的企业文化。

近段时间，网上出了个热词："996"。这是一群程序员用来描述自己工作时间的词汇——每天工作从早9点到晚9点，一周工作6天。2019年年初，有互联网公司公开宣布实施"996工作制"，结果被劳动监察部门及时制止。而近来，有媒体调查发现，强制加班实际上已经成为互联网行业的"习惯"。

"996工作制"意味着劳动者每周要工作72个小时，这超出了劳动法所规定的工作时间。劳动法规定："国家实行劳动者每日工作时间不超过八小时、平均每周工作时间不超过四十四小时的工时制度。"尽管社会公众对于程序员需要长时间加班早有耳闻，但如此高强度的劳动，还是让人惊讶。

在媒体的质疑声中，有些企业辩称这是一种企业文化，"提倡"员工加班、"鼓励"员工全情投入、高效产出。在法律上，这样的做法得不到支持。劳动法明确规定，用人单位可以延长工作时间，一般每日不得超过1小时，每月不得超过36小时。而"996工作制"的加班时间远远超过了这一规定。

思考："996"和"007"的工作制度，侵犯了哪一项公民的基本权利？

资料来源：http://opinion.people.com.cn/n1/2019/0411/c1003-3102347.html

凡具有中华人民共和国国籍的人都是中华人民共和国的公民。

（一）平等权

公民享有立法中的平等地位、平等权利；享有法律适用的平等；禁止歧视性对待公民权利，禁止或废除一切特权、贵族制度。我国现行宪法关于平等权规范系统中即有关于平等权的一般性规定，如"中华人民共和国公民在法律面前一律平等""国家尊重和保障人权"。

（二）个人的基本权利

1. 宗教信仰自由

公民的宗教信自由，是指公民有信仰与不信仰宗教的自由；公民有信仰任何宗教的自由；公民有参加宗教活动的自由；公民有进行宗教结社的自由也有不加入特定宗教团体活动的自由。同时，宗教信仰自由也包含不得强制公民信仰宗教、不得禁止公民信仰宗教、不得采用任何办法来鼓励公民信仰宗教。

2. 人身自由

人身自由包括人身自由不受侵犯，住宅不受侵犯，迁徙自由等权利。按照宪法规定，中华人民共和国公民的人身自由不受侵犯。任何公民，非经人民检察院批准或者决定或者人民法院决定，并由公安机关执行，不受逮捕。禁止非法拘禁和以其他方法非法剥夺或者限制公民的人身自由，禁止非法搜查公民的身体。

3. 人格尊严

人格尊严，是指与人身有密切联系的名誉、姓名、肖像等不容侵犯的权利。按照宪法规定，中华人民共和国公民的人格尊严不受侵犯。禁止用任何方法对公民进行侮辱、诽谤和诬告陷害。

4. 住宅不受侵犯

住宅是公民生活、学习的住所。住宅安全权，是指公民居住、生活的场所不受非法侵入和搜查。按照宪法规定，中华人民共和国公民的住宅不受侵犯。禁止非法搜查或者非法侵入公民的住宅。

5. 通信自由和通信秘密

通信自由，是指公民有根据自己的意愿自由进行通信，而不受他人干涉的自由。通信秘密，是指公民通信的内容，受国家法律保护，任何人不得非法私拆、毁弃、偷阅他人的信件。通信包括书信、电话、电报等进行通信的各种手段。按照宪法规定，中华人民共和国公民的通信自由和通信秘密受法律的保护。除因国家安全或者追查刑事犯罪的需要，由公安机关或者检察机关依照法律规定的程序对通信进行检查外，任何组织或者个人不得以任何理由侵犯公民的通信自由和通信秘密。

（三）政治权利和自由

政治权利，是指依照宪法规定，公民参加政治生活的民主权利，以及在政治上表达个人见解和意愿的自由权。

1. 选举权与被选举权

选举权，是指公民享有选举国家权力机关的代表和其他国家公职人员的权利。被选举权，是指公民享有被选举为国家权力机关代表或其他国家公职人员的权利。中华人民共和国年满18周岁的公民，不分民族、种族、性别、职业、家庭出身、宗教信仰、教育程度、财产状况、居住期限，都有选举权和被选举权；但是依照法律被剥夺政治权利的人除外。

2. 言论、出版、集会、结社、游行、示威的自由

言论自由，是指公民享有宪法赋予的，通过口头、书面及电影、戏剧、音乐、广播电视等方式发表自己意见的权利。

出版自由，是指公民在宪法法律规定范围内，通过出版物表达自己的意见和思想的权利，是言论自由的扩充。

集会、游行、示威自由，都是公民表达自己见解和意愿的自由，具有相当大的共性，但在表达方式和程度上稍有不同。

集会，是指聚集于露天公共场所发表意见、表示意愿的活动。

游行，是指在公共道路、露天场所列队进行表达共同意愿的活动。

示威，是指在露天公共场所或公共道路上以集会、游行、静坐等方式表达要求、抗议或者支持、声援等共同意思的活动。集会、游行、示威属于行为激烈的表达方式，客观上往往会给社会造成一定的消极影响，所以各国法律对集会、游行、示威的权利予以一定的限制。我国采用批准制，举行集会、游行、示威，必须依照法律规定向主管机关提出申请并获得许可。

结社自由，是指公民为了一定的宗旨而依照法律规定的手续组织某种社会团体的自由。结社可分为以营利为目的的结社和以不营利为目的的结社。

按照宪法规定，中华人民共和国公民有言论、出版、集会、结社、游行、示威的自由。

3. 监督权

中华人民共和国公民对于任何国家机关和国家工作人员，有提出批评和建议的权利；对于任何国家机关和国家工作人员的违法失职行为，有向有关国家机关提出申诉、控告或者检举的权利，但是不得捏造或者歪曲事实进行诬告陷害。对于公民的申诉、控告或者检举，有关国家机关必须查清事实，负责处理。任何人不得压制和打击报复。

由于国家机关和国家工作人员侵犯公民权利而受到损失的人，有依照法律规定取得赔偿的权利。

（四）社会权利

1. 财产权

按照宪法规定，公民的合法的私有财产不受侵犯。国家依照法律规定保护公民的私有财产权和继承权。国家为了公共利益的需要，可以依照法律规定对公民的私有财产实行征收或者征用并给予补偿。

2. 劳动权

劳动权，是指一切有劳动能力的公民，有获得工作和获取劳动报酬的权利。劳动权是公民赖以生存的基础，是行使其他权利的物质前提。按照宪法规定，中华人民共和国公民有劳动的权利和义务。国家通过各种途径，创造劳动就业条件，加强劳动保护，改善劳动条件，并在发展生产的基础上，提高劳动报酬和福利待遇。劳动是一切有劳动能力的公民的光荣职责。国有企业和城乡集体经济组织的劳动者都应当以国家主人翁的态度对待自己的劳动。国家提倡社会主义劳动竞赛，奖励劳动模范和先进工作者。国家提倡公民从事义务劳动。国家对就业前的公民进行必要的劳动就业训练。

3. 休息权

休息权，是指劳动者休息和休养的权利，它是劳动者获得生存的必要条件。休息权作为劳动者享有的基本权利与劳动权形成完整的统一体，没有休息权，劳动权就无法得以实现。按照宪法规定，中华人民共和国劳动者有休息的权利。国家发展劳动者休息和休养的设施，规定职工的工作时间和休假制度。

4. 社会保障权

社会保障权，是指公民不能以自己的劳动维持基本生活需要时，为了维持基本生活条件，向国家请求帮助的权利。其包括社会救助的权利、社会保险的权利、社会优抚的权利。国家根据经济水平的发展，不断完善和发展社会保障制度，为公民社会保障权的具体实现建立更坚实的制度支持。按照宪法规定，中华人民共和国公民在年老、疾病或者丧失劳动能力的情况下，有从国家和社会获得物质帮助的权利。国家发展为公民享受这些权利所需要的社会保险、社会救济和医疗卫生事业。国家和社会保障残废军人的生活，抚恤烈士家属，优待军人家属。国家和社会帮助安排盲、聋、哑和其他有残疾的公民的劳动、生活和教育。

5. 受教育权

受教育权是公民在教育领域享有的重要权利，是公民接受文化科学等教育训练的权利。受教育权是双重性的，既是公民的一项权利，也是公民的一项义务。按照宪法规定，中华人民共和国公民有受教育的权利和义务。国家培养青年、少年、儿童在品德、智力、体质等方面全面发展。

6. 科学研究、文学创作与其他文化活动的自由

按照宪法规定，中华人民共和国公民有进行科学研究、文学艺术创作和其他文化活动的自由。国家对于从事教育、科学、技术、文学、艺术和其他文化事业的公民的有益于人民的创造性工作，给以鼓励和帮助。

7. 特定主体的权利

（1）妇女权利。中华人民共和国妇女在政治、经济、文化、社会和家庭生活等各方面享有同男子平等的权利。国家保护妇女的权利和利益，实行男女同工同酬，培养和选拔妇女干部。

（2）老人、儿童权利。婚姻、家庭、母亲和儿童受国家的保护。父母有抚养教育未成年子女的义务，成年子女有赡养扶助父母的义务。禁止虐待老人、妇女和儿童。

（3）华侨权利。中华人民共和国保护华侨的正当的权利和利益，保护归侨和侨眷的合法的权利和利益。

（4）外国人权利。中华人民共和国保护在中国境内的外国人的合法权利和利益，在中国境内的外国人必须遵守中华人民共和国的法律。中华人民共和国对于因为政治原因要求避难的外国人，可以给予受庇护的权利。

二、我国公民的基本义务

 宪法故事 2-5：

吉林市 2017 年度征兵工作，在各级党委、政府和兵役机关的共同努力下，呈现良好发展势头，广大适龄青年踊跃报名参军，大学生征集比例明显提高，兵员质量有所提升，较好地完成年度兵役征集任务。

但 17 名人员因入伍意志不坚定，不能适应部队训练和生活，多次向部队提出离队申请，部队、兵役机关和家长反复作思想工作无效后，被部队按拒服兵役退回，并向社会公布了 17 人名单。

根据兵役法、国务院《关于建立完善守信联合激励和失信联合惩戒制度，加快推进社会诚信建设的指导意见》（国发〔2016〕33 号）、吉林省人民政府《关于进一步加强和改进征兵工作的意见》（吉政发〔2016〕25 号）等相关法规文件精神，拟对 17 名拒服兵役行为人员实施以下惩处：

一、不得录用为公务员或者参照公务员法管理的工作人员。

二、两年内不得升学，取消其报考高、中等院校和复学、复读资格。

三、纳入个人信用"黑名单"，并进行联合惩戒，实施限制出国（境）和限制购买不动产、乘坐飞机、乘坐高等级列车和席次、旅游度假入住星级以上宾馆及其他高消费行为等措施，限制提供贷款、保险等服务。

四、拒服兵役行为及惩处结果通过媒体向社会通报。

五、行为人所在县（市、区）政府可以按规定处以一定数额的罚款。

思考： 我国宪法规定了哪些公民必须履行的基本义务？

资料来源：https://credit.lanzhou.gov.cn/778/10902.html〔2023-07-02〕

我国公民应当履行如下基本义务：

（1）维护国家统一和民族团结。国家的统一和民族团结是中国革命和建设事业取得胜利的

基本保证,也是实现公民基本权利的重要保证。按照宪法规定,中华人民共和国公民有维护国家统一和全国各民族团结的义务。

(2)遵守宪法和法律。按照宪法规定,中华人民共和国公民必须遵守宪法和法律,保守国家秘密,爱护公共财产,遵守劳动纪律,遵守公共秩序,尊重社会公德。

(3)维护祖国的安全、荣誉和利益。按照宪法规定,中华人民共和国公民有维护祖国的安全、荣誉和利益的义务,不得有危害祖国的安全、荣誉和利益的行为。祖国安全是指维护国家领土、主权不受侵犯;保守国家各项机密、维护社会秩序不被破坏。祖国的荣誉是指国家的尊严不受侵犯、国家的信誉不受破坏、国家的荣誉不受玷污、国家的名誉不受侮辱。

祖国的利益范围很广,对外主要是指全民族的政治、经济、文化、荣誉等方面的权利与利益;对内主要是相对于个人利益、集体利益而言的国家利益。维护祖国的安全、荣誉和利益是全体公民的神圣义务,任何公民不得以任何方式侵犯、危及、损害国家的安全、荣誉和利益。在坚持对外开放政策的同时,必须继续在全国人民中进行维护国家荣誉和民族尊严的教育,进行深入的爱国主义和国际主义教育,提高民族自尊心和自信心,既要反对闭关自守、盲目排外,又要反对崇洋媚外、迷信西方的思想。

(4)依法服兵役和参加民兵组织。我国公民不分民族、种族、职业、家庭出身、宗教信仰和教育程度,凡年满18周岁的,都有义务依法服兵役。按照宪法规定,保卫祖国、抵抗侵略是中华人民共和国每一个公民的神圣职责。依照法律服兵役和参加民兵组织是中华人民共和国公民的光荣义务。

(5)依法纳税。税收是指国家依照法律规定向税收单位或个人无偿征收实物或者货币。我国的税收用于发展社会、巩固国防、不断提高的人民物质文化生活水平,属于取之于民、用之于民的社会主义分配和再分配关系。按照宪法规定,中华人民共和国公民有依照法律纳税的义务。

第四节　国家机构

【思维导图】

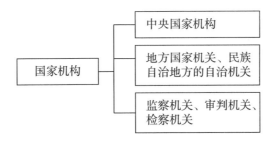

宪法故事 2-6:

2018年3月11日,第十三届全国人民代表大会第一次会议通过《中华人民共和国宪法修正案》,增设中华人民共和国国家监察委员会,国家监察委员会为最高监察机关。

2018年3月17日，第十三届全国人民代表大会第一次会议审议通过了国务院机构改革方案，将中华人民共和国监察部并入新组建的国家监察委员会。中华人民共和国国家预防腐败局并入国家监察委员会，不再保留监察部、国家预防腐败局。

2018年3月23日，中华人民共和国国家监察委员会在北京揭牌。

思考：全国人民代表大会与国家监察委员会成立有什么关系？

一、中央国家机构

（一）全国人民代表大会和全国人民代表大会常务委员会

中华人民共和国全国人民代表大会是最高国家权力机关。其常设机关是全国人民代表大会常务委员会。全国人民代表大会和全国人民代表大会常务委员会行使国家立法权。全国人民代表大会由省、自治区、直辖市、特别行政区和军队选出的代表组成。各少数民族都应当有适当名额的代表。全国人民代表大会每届任期五年。全国人民代表大会会议每年举行一次，由全国人民代表大会常务委员会召集。如果全国人民代表大会常务委员会认为必要，或者有五分之一以上的全国人民代表大会代表提议，可以临时召集全国人民代表大会会议。

全国人民代表大会行使下列职权：修改宪法和监督宪法的实施；制定和修改刑事、民事、国家机构的和其他的基本法律；选举中华人民共和国主席、副主席；根据中华人民共和国主席的提名，决定国务院总理的人选；根据国务院总理的提名，决定国务院副总理、国务委员、各部部长、各委员会主任、审计长、秘书长的人选；选举中央军事委员会主席；根据中央军事委员会主席的提名，决定中央军事委员会其他组成人员的人选；选举国家监察委员会主任；选举最高人民法院院长；选举最高人民检察院检察长；审查和批准国民经济和社会发展计划和计划执行情况的报告；审查和批准国家的预算和预算执行情况的报告；改变或者撤销全国人民代表大会常务委员会不适当的决定；批准省、自治区和直辖市的建置；决定特别行政区的设立及其制度；决定战争和和平的问题；应当由最高国家权力机关行使的其他职权。

全国人民代表大会常务委员会每届任期同全国人民代表大会每届任期相同，它行使职权到下届全国人民代表大会选出新的常务委员会为止。在全国人民代表大会闭会期间，各专门委员会受全国人民代表大会常务委员会的领导。各专门委员会在全国人民代表大会和全国人民代表大会常务委员会领导下，研究、审议和拟订有关议案。

（二）中华人民共和国主席

中华人民共和国主席、副主席由全国人民代表大会选举。有选举权和被选举权的年满45周岁的中华人民共和国公民可以被选为中华人民共和国主席、副主席。中华人民共和国主席、副主席每届任期同全国人民代表大会每届任期相同。

中华人民共和国主席根据全国人民代表大会的决定和全国人民代表大会常务委员会的决定，公布法律，任免国务院总理、副总理、国务委员、各部部长、各委员会主任、审计长、秘书长，授予国家的勋章和荣誉称号，发布特赦令，宣布进入紧急状态，宣布战争状态，发布动员令。中华人民共和国主席代表中华人民共和国，进行国事活动，接受外国使节；根据全国人民代表大会常务委员会的决定，派遣和召回驻外全权代表，批准和废除同外国缔结的条约和重要协定。

(三)国务院

中华人民共和国国务院,即中央人民政府,是最高国家权力机关的执行机关,是最高国家行政机关。国务院由下列人员组成:总理,副总理若干人,国务委员若干人,各部部长,各委员会主任,审计长,秘书长。国务院实行总理负责制。各部、各委员会实行部长、主任负责制。国务院的组织由法律规定。国务院每届任期同全国人民代表大会每届任期相同。总理、副总理、国务委员连续任职不得超过两届。

国务院对全国人民代表大会负责并报告工作;在全国人民代表大会闭会期间,对全国人民代表大会常务委员会负责并报告工作。

(四)中央军事委员会

中华人民共和国中央军事委员会领导全国武装力量。中央军事委员会由下列人员组成:主席,副主席若干人,委员若干人。中央军事委员会实行主席负责制。中央军事委员会每届任期同全国人民代表大会每届任期相同。

中央军事委员会主席对全国人民代表大会和全国人民代表大会常务委员会负责。

二、地方国家机关、民族自治地方的自治机关

(一)地方各级人民代表大会

地方各级人民代表大会是地方国家权力机关。县级以上的地方各级人民代表大会设立常务委员会。地方各级人民代表大会每届任期五年。

地方各级人民代表大会在本行政区域内,保证宪法、法律、行政法规的遵守和执行;依照法律规定的权限,通过和发布决议,审查和决定地方的经济建设、文化建设和公共事业建设的计划。县级以上的地方各级人民代表大会审查和批准本行政区域内的国民经济和社会发展计划、预算以及它们的执行情况的报告;有权改变或者撤销本级人民代表大会常务委员会不适当的决定。民族乡的人民代表大会可以依照法律规定的权限采取适合民族特点的具体措施。

(二)地方各级人民政府

地方各级人民政府是地方各级国家权力机关的执行机关,是地方各级国家行政机关。

地方各级人民政府实行省长、市长、县长、区长、乡长、镇长负责制。地方各级人民政府每届任期同本级人民代表大会每届任期相同。

地方各级人民政府对本级人民代表大会负责并报告工作。县级以上的地方各级人民政府在本级人民代表大会闭会期间,对本级人民代表大会常务委员会负责并报告工作。地方各级人民政府对上一级国家行政机关负责并报告工作。全国地方各级人民政府都是国务院统一领导下的国家行政机关,都服从国务院。

城市和农村按居民居住地区设立的居民委员会或者村民委员会是基层群众性自治组织。居民委员会、村民委员会的主任、副主任和委员由居民选举。居民委员会、村民委员会同基层政权的相互关系由法律规定。居民委员会、村民委员会设人民调解、治安保卫、公共卫生等委员

会，办理本居住地区的公共事务和公益事业，调解民间纠纷，协助维护社会治安，并且向人民政府反映群众的意见、要求和提出建议。

（三）民族自治地方的自治机关

民族自治地方的自治机关是自治区、自治州、自治县的人民代表大会和人民政府。

民族自治地方的人民代表大会有权依照当地民族的政治、经济和文化的特点，制定自治条例和单行条例。自治区的自治条例和单行条例，报全国人民代表大会常务委员会批准后生效。自治州、自治县的自治条例和单行条例，报省或者自治区的人民代表大会常务委员会批准后生效，并报全国人民代表大会常务委员会备案。

民族自治地方的自治机关在国家计划的指导下，自主地安排和管理地方性的经济建设事业，自主地管理本地方的教育、科学、文化、卫生、体育事业，保护和整理民族的文化遗产，发展和繁荣民族文化。

（四）特别行政区政权机关

特别行政区是直辖于中央政府的一级地方行政区域，其高度自治是在全国人民代表大会授权下的自治。香港特别行政区政权机关由行政长官、行政机关（特区政府）、立法机关（特别行政区立法会）、司法机关（法院）构成。澳门特别行政区政权机关与香港特别行政区政权机关基本相同，但是具体内容有所差异。

三、国家监察机关、国家审判机关和国家检察机关

（一）国家监察机关

中华人民共和国各级监察委员会是国家的监察机关。中华人民共和国设立国家监察委员会和地方各级监察委员会。监察委员会由下列人员组成：主任、副主任若干人、委员若干人。

监察委员会主任每届任期同本级人民代表大会每届任期相同。国家监察委员会主任连续任职不得超过两届。监察委员会的组织和职权由法律规定。国家监察委员会领导地方各级监察委员会的工作，上级监察委员会领导下级监察委员会的工作。

国家监察委员会对全国人民代表大会和全国人民代表大会常务委员会负责。地方各级监察委员会对产生它的国家权力机关和上一级监察委员会负责。

监察委员会依照法律规定独立行使监察权，不受行政机关、社会团体和个人的干涉。监察机关办理职务违法和职务犯罪案件，应当与审判机关、检察机关、执法部门互相配合，互相制约。

（二）国家审判机关

中华人民共和国人民法院是国家的审判机关。中华人民共和国设立最高人民法院、地方各级人民法院和军事法院等专门人民法院。最高人民法院院长每届任期同全国人民代表大会每届任期相同，连续任职不得超过两届。

人民法院审理案件，除了法律规定的特别情况，一律公开进行。被告人有权获得辩护。

人民法院依照法律规定独立行使审判权，不受行政机关、社会团体和个人的干涉。

最高人民法院是最高审判机关。最高人民法院监督地方各级人民法院和专门人民法院的审判工作，上级人民法院监督下级人民法院的审判工作。

最高人民法院对全国人民代表大会和全国人民代表大会常务委员会负责。地方各级人民法院对产生它的国家权力机关负责。

（三）国家检察机关

中华人民共和国人民检察院是国家的法律监督机关。中华人民共和国设立最高人民检察院、地方各级人民检察院和军事检察院等专门人民检察院。最高人民检察院检察长每届任期同全国人民代表大会每届任期相同，连续任职不得超过两届。人民检察院的组织由法律规定。人民检察院依照法律规定独立行使检察权，不受行政机关、社会团体和个人的干涉。

最高人民检察院是最高检察机关。最高人民检察院领导地方各级人民检察院和专门人民检察院的工作，上级人民检察院领导下级人民检察院的工作。

最高人民检察院对全国人民代表大会和全国人民代表大会常务委员会负责。地方各级人民检察院对产生它的国家权力机关和上级人民检察院负责。

各民族公民都有用本民族语言文字进行诉讼的权利。人民法院和人民检察院对于不通晓当地通用的语言文字的诉讼参与人，应当为他们翻译。在少数民族聚居或者多民族共同居住的地区，应当用当地通用的语言进行审理；起诉书、判决书、布告和其他文书应当根据实际需要使用当地通用的一种或者几种文字。

人民法院、人民检察院和公安机关办理刑事案件，应当分工负责，互相配合，互相制约，以保证准确有效地执行法律。

第五节　国家标志

【思维导图】

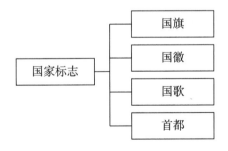

宪法故事 2-7：

吴某为发泄对社会的不满，携带剪刀至河西区两小区内，剪坏、损毁悬挂于各楼栋门前的中华人民共和国国旗，并将部分损毁的国旗、旗杆丢弃在小区道路及垃圾桶等处。后经统计，被损毁的国旗共计 66 面。法院经审理后认定，吴某在公共场合以剪刀剪坏、损毁中华人民共和国国旗，其行为已构成侮辱国旗罪，判处有期徒刑 2 年。

思考： 侮辱国旗、国歌、国徽，为什么会受到惩处？

资料来源：https://www.tjbhcaw.gov.cn/detail.html?id=16382183094582272〔2023-07-02〕

一、国旗

中华人民共和国国旗是五星红旗。中华人民共和国国旗是中华人民共和国的象征和标志。每个公民和组织，都应当尊重和爱护国旗。在公共场合故意以焚烧、毁损、涂划、玷污、践踏等方式侮辱中华人民共和国国旗的，依法追究刑事责任；情节较轻的，由公安机关处以 15 日以下拘留。

二、国徽

中华人民共和国国徽，中间是五星照耀下的天安门，周围是谷穗和齿轮。中华人民共和国国徽是中华人民共和国的象征和标志。一切组织和公民，都应当尊重和爱护国徽。国徽法规定了应当悬挂国徽的场所，应当印有国徽图案的文书、出版物等。在公共场合故意以焚烧、毁损、涂划、玷污、践踏等方式侮辱中华人民共和国国徽的，依法追究刑事责任；情节较轻的，由公安机关处以 15 日以下拘留。

三、国歌

中华人民共和国国歌是《义勇军进行曲》。中华人民共和国国歌是中华人民共和国的象征和标志。一切公民和组织都应当尊重国歌，维护国歌的尊严。国歌法规定了应当奏唱国歌的场合等。在公共场合，故意篡改国歌歌词、曲谱，以歪曲、贬损方式奏唱国歌，或者以其他方式侮辱国歌的，由公安机关处以警告或者 15 日以下拘留；构成犯罪的，依法追究刑事责任。

四、首都

中华人民共和国首都是北京，北京是中国的政治中心、文化中心、国际交往中心和科技创新中心。北京是世界著名古都和现代化国际城市，也是中国共产党中央委员会、中华人民共和国中央人民政府和全国人民代表大会常务委员会的办公所在地。

习　题

不定项选择题

1. 2018 年 3 月 11 日第（　　）届全国人民代表大会第一次会议通过 2018 年宪法修正案。
　A. 十三　　　　B. 十二　　　　C. 十四　　　　D. 十一

2. 2018年宪法修正案，序言部分第七自然段修改为："在马克思列宁主义、毛泽东思想、邓小平理论、'三个代表'重要思想、科学发展观、（　　）思想指引下"。
　　A. 新时代中国社会主义　　　　B. 中国特色社会主义
　　C. 新时代中国特色社会主义　　D. 习近平新时代中国特色社会主义

3. 宪法第89条"国务院行使下列职权"中第6项"（六）领导和管理经济工作和城乡建设"修改为（　　）。
　　A. "领导和管理经济工作和城乡建设、社会文明建设"
　　B. "领导和管理经济工作和城乡建设、生态文明建设"
　　C. "领导和管理经济工作和城乡建设、政治文明建设"
　　D. "领导和管理经济工作和城乡建设、精神文明建设"

4. 宪法序言第十二自然段中"中国坚持独立自主的对外政策，坚持互相尊重主权和领土完整、互不侵犯、互不干涉内政、平等互利、和平共处的五项原则"后增加（　　）。
　　A. "坚持和平发展道路，坚持互利共赢开放战略"
　　B. "坚持和平发展道路，坚持'一带一路'开放战略"
　　C. "坚持改革发展道路，坚持互利共赢开放战略"
　　D. "坚持改革发展道路，坚持互惠互利开放战略"

5. 宪法序言第十二自然段中"发展同各国的外交关系和经济、文化的交流"修改为（　　）。
　　A. "发展同各国的外交关系和经济、科技交流，推动构建人类命运共同体"
　　B. "发展同各国的外交关系和经济、政治交流，推动构建人类命运共同体"
　　C. "发展同各国的外交关系和经济、教育交流，推动构建人类命运共同体"
　　D. "发展同各国的外交关系和经济、文化交流，推动构建人类命运共同体"

6. （　　）依照法律规定独立行使监察权，不受行政机关、社会团体和个人的干涉。监察机关办理职务违法和职务犯罪案件，应当与审判机关、检察机关、执法部门互相配合，互相制约。
　　A. 纪检委员会　　　　B. 监察委员会
　　C. 检察委员会　　　　D. 审判委员会

7. 国家倡导社会主义核心价值观，提倡爱祖国、爱人民、爱劳动、爱科学、爱社会主义的公德，在人民中进行（　　）、（　　）和（　　）、（　　）的教育，进行辩证唯物主义和历史唯物主义的教育，反对资本主义的、封建主义的和其他的腐朽思想。
　　A. 爱国主义　　　　B. 集体主义
　　C. 国际主义　　　　D. 共产主义

8. 在宪法规定的中华人民共和国公民享有的权利义务中，（　　）既是公民享有的权利又是公民履行的义务。
　　A. 劳动权　　　　　B. 受教育权
　　C. 依照法律纳税　　D. 人身自由权

第三章

民　法

第一节 民法总则

一、民法概述

【思维导图】

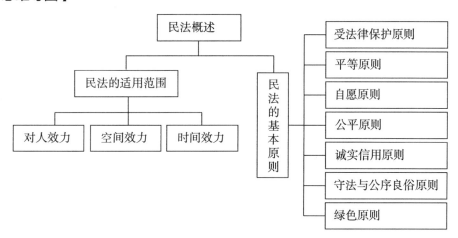

（一）民法的适用范围

法律事例 3-1：

阿卜杜拉，男，泰国人，32岁，系该国某公司职员，2021年7月14日因公司业务需要到中国采购货物，7月18日返回泰国曼谷，在乘坐中国某航空公司航班飞往曼谷的途中，因琐事与邻座的一位中国年轻人孙某发生争执，飞机即将降落在曼谷机场时，阿卜杜拉突然一拳打在孙某的嘴上，导致孙某口角流血，孙某遂用航班上的塑料餐叉将阿卜杜拉的左眼刺伤，导致阿卜杜拉左眼视力严重受损，几乎失明。阿卜杜拉要求孙某赔偿其因眼睛受伤而遭受的损失。

思考： 本案能否适用我国的民事法律？请说明理由。

民法的适用范围，即民法的效力，是指民法对什么人、在什么地方和在什么时间内具有适用的效力。民法的适用范围，包括民法对人的效力、空间上的效力和时间上的效力。

1. 民法对人的效力

民法对人的效力，是指民法适用于哪些人。民法上的"人"，包括自然人和法人。我国民法适用于在中华人民共和国领域内的有中国国籍的自然人、外国人、无国籍人，法律另有规定的除外。设立在中国境内的中国法人及其他组织和外国法人及其他组织，也应适用于我国民法。我国民法对享有外交特权和司法豁免权的外国人（如来访的政府首脑、外交使节及其家属和随从人员等）不具有法律效力。

2. 民法空间上的效力

民法在空间上的效力，是指民法在哪些地方发生效力。我国民法典第12条规定，中华人民共和国领域内的民事活动，适用中华人民共和国法律。法律另有规定的，依照其规定。这里所说的领域是指我国的领土、领海、领空，包括我国驻外使领馆以及航行或停泊于国境外的我国船舶、航空器等。我国民法的适用范围以属地主义原则为主，凡是在中国领域内发生的民事活动，原则上都适用中国民法。

3. 民法时间上的效力

民法在时间上的效力，即民法在时间上的适用范围，是指民法生效时间和失效时间，以及民事法律规范对其生效前发生的民事法律关系有无溯及力。

民法的生效时间是指民法在什么时间发生法律效力或施行。立法上通常的做法是从公布之日起生效或公布之后经过一段时间再施行。如我国民法典于2020年5月28日公布，自2021年1月1日起施行。

民法的失效时间是指民法在什么时间失去法律效力。民法的失效，通常有以下几种情形：

（1）新法直接规定废止旧法；

（2）旧法规定与新法相抵触的部分失效；

（3）由国家机关颁布专门的决议规定，宣布某些法律失效。

民法的溯及力，即溯及既往的效力，是指民法生效后，对于其生效之前发生的事件和行为是否具有追溯适用的效力，如果具有适用效力，就有溯及力；否则，就没有溯及力。我国的民事法律规范贯彻法律不溯及既往的原则，一般没有溯及力，但也有例外。通常，我国民法的追溯力主要体现为"有利追溯"原则，即如果新法有利于保护民事权益，就使该法律具有追溯力。如《最高人民法院关于适用〈中华人民共和国民法典〉时间效力的若干规定》第2条规定，民法典施行前的法律事实引起的民事纠纷案件，当时的法律、司法解释有规定的，适用当时的法律、司法解释的规定，但是适用民法典的规定更有利于保护民事主体合法权益，更有利于维护社会和经济秩序，更有利于弘扬社会主义核心价值观的除外。该规定第3条规定，民法典施行前的法律事实引起的民事纠纷案件，当时的法律、司法解释没有规定而民法典有规定的，可以适用民法典的规定，但是明显减损当事人合法权益、增加当事人法定义务或者背离当事人合理预期的除外。

 法律事例 3-1 分析：

本案根据属地管辖原则，应当由中国来行使民事管辖权，适用中国的民法进行审判。泰国人阿卜杜拉与中国人孙某在中国某航空公司的飞机上发生了纠纷，孙某把阿卜杜拉打伤。中国某航空公司的飞机是中国领土的自然延伸，属于中国的"领域"，根据属地主义原则，凡是在中国领域内发生的民事纠纷，原则上都适用中国民法，由中国的法院行使司法管辖权。所以，本案应当适用我国的民事法律，在我国法院进行审判。

【沙场练兵】

2017年1月10日，由刘某和尹某担保，杨某、王某向某农村商业银行股份有限公司贷款

50000元，期限2年。借款到期后，杨某、王某没有归还贷款本金，仅偿还部分利息。该银行于2019年8月23日提起诉讼，法院判决杨某、尹某对贷款本金50000元及利息承担连带保证责任。判决生效后，2019年11月10日，刘某按判决书向被告贷款账户转入57000元，代杨某、王某归还了贷款本金50000元及利息7000元，合计57000元。贷款还清后，刘某多次找杨某、王某催还未果。2021年7月8日，刘某向人民法院提出诉讼请求：（1）判令杨某、王某归还刘某代为偿还的贷款本金50000元、利息7000元及资金占用期间的利息4527元（从还款日起至起诉日按人民银行贷款基准利率计算）；（2）杨某、王某承担本案诉讼费用。

思考： 本案能否适用我国民法典的相关规定？为什么？

（二）民法的基本原则

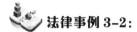

法律事例3-2：

王某与刘某系夫妻关系，于2002年1月21日登记结婚。婚后夫妻购买了两辆大车，在外跑运输，运费收入成了家庭全部收入。2021年，王某突然发现丈夫刘某有了外遇，并且刘某把家庭运输收入几乎全部赠送给了外遇对象——赵某，自2017年6月14日起至2021年3月12日，刘某在王某不知情的情况下向赵某多次微信转账共计555586元，由于该款项是王某和刘某的家庭收入，属于夫妻共同财产且数额巨大，王某认为刘某无权单方处分，于是王某向刘某索要，但刘某以无钱为由拒不返还。刘某与赵某保持不正当男女关系3年多，将婚姻期间家庭共有收入赠送给赵某行为违反法律和社会公德，损害了王某的合法权益，所以该行为应是无效行为。故王某诉至法院，请求判决撤销刘某对赵某的财产赠与行为，由赵某返还王某涉案的赠与款项。

思考： 本案的赠与行为是否有效？请说明理由。

民法的基本原则是指具有普遍法律约束力的一般原则，是指其效力贯穿于整个民事法律制度和规范之中的根本准则，是对民事立法、民事司法和民事活动具有普遍指导意义的基本行为准则。

根据民法典的规定，我国民法的基本原则主要包括民事权益受法律保护原则、平等原则、自愿原则、公平原则、诚实信用原则、守法与公序良俗原则以及绿色原则。

1. 民事权益受法律保护原则

民事权益受法律保护原则，是指私权应受到法律的充分保障，不受任何人或任何权利的侵犯，非依公正的法律程序，不得被限制或剥夺。民法典本质上是一部权利法典，它不仅赋予了民事主体合法权益，还要更加注重对民事主体合法权益的保护。

民法典第3条规定，民事主体的人身权利、财产权利以及其他合法权益受法律保护，任何组织或者个人不得侵犯。

2. 平等原则

平等原则，是指在民事活动中一切当事人的法律地位平等，当事人的人格完全平等，任何一方不得将自己的意志强加给对方，同时法律对当事人提供平等的法律保护。平等原则主要指自然人的权利能力平等、民事主体的法律地位平等和民事主体的合法权益平等地受法律保护。

民法典第4条规定，民事主体在民事活动中的法律地位一律平等。

3. 自愿原则

自愿原则又称意思自治原则，是指参加民事活动的当事人在法律允许的范围内享有自由的权利，按照自己的意思决定缔结民事法律关系，为自己设定权利或对他人承担义务，任何机关、组织和个人都不得非法干预。自愿原则是民法的核心原则。

民法典第5条规定，民事主体从事民事活动，应当遵循自愿原则，按照自己的意思设立、变更、终止民事法律关系。

4. 公平原则

公平原则，是指民事主体应本着公平的原则从事民事活动，合理设定民事法律关系，正当行使权利和履行义务，在民事活动中兼顾他人利益和社会公共利益。公平原则本质上属于道德规范，被民法吸收为法律原则，是道德规范的法律化，是民法所追求的民事活动的理想境界。

民法典第6条规定，民事主体从事民事活动，应当遵循公平原则，合理确定各方的权利和义务。

5. 诚实信用原则

诚实信用原则（简称诚信原则），是指要求人们在民事活动中应当诚实、守信用，正当行使权利和履行义务。诚实信用原则是市场经济活动的一项基本道德准则，是现代法治社会的一项基本法律规则，是一种具有道德内涵的法律规范。

民法典第7条规定，民事主体从事民事活动，应当遵循诚信原则，秉持诚实，恪守承诺。

6. 守法与公序良俗原则

守法与公序良俗原则，是指民事主体在从事民事活动时，不得违反各种法律的强制性规定，不得违背公共秩序和善良习俗。公共秩序和善良风俗，简称公序良俗。公共秩序是指政治、经济、文化等领域的基本秩序和根本理念，是与国家和社会整体利益相关的基础性原则、价值和秩序。善良风俗是基于社会主流道德观念的习俗，也被称为社会公共道德。

公序良俗原则要求民事主体遵守社会公共秩序，遵循社会主体成员所普遍认可的道德准则。违反公序良俗，成为现代决定法律行为无效的最重要的原因，因此，它可以弥补法律禁止性规定的不足。

民法典第8条规定，民事主体从事民事活动，不得违反法律，不得违背公序良俗。

7. 绿色原则

绿色原则要求民事主体在从事民事活动时，应当有利于节约资源、保护生态环境，是民事主体从事民事活动、生产活动和消费活动的行为准则。该原则既传承了天地人和、人与自然和谐相处的传统文化理念，又体现了新的发展思想，有利于缓解我国不断增长的人口与资源生态的矛盾。

民法典第9条规定，民事主体从事民事活动，应当有利于节约资源、保护生态环境。

 法律事例3-2分析：

刘某对赵某的财产赠与行为应当是无效行为。王某与刘某系夫妻关系，双方对夫妻共同财产并未作出特别约定，二人在婚姻关系存续期间取得的运输收入属于夫妻共有财产，二人具有平等处理权。赠与行为是赠与人将自己的财产无偿给予受赠人的行为，应当遵守法律、行政法规，不得违背公序良俗。刘某未征得王某同意，事后也未得到王某追认，为保持与赵某的婚外恋情，在夫妻关系存续期间向赵某多次大额转账，擅自处分夫妻共同财产，该赠与行为违背公序良俗原则，应属无效。

▶【沙场练兵】

2021年5月1日，苏某和李某各支付50元钱购买了某景区的门票后进入该景区游玩。当日13时许，苏某和李某翻越围栏进入飞龙马戏杂技团表演的观众席，后被杂技团的工作人员发现。工作人员询问是否购买了杂技表演的门票，苏某和李某承认没有购买门票，工作人员让苏某和李某补票，否则就让保安把二人带出观众席，苏某和李某无奈之下每人花100元购买了杂技表演的门票。事后，苏某和李某向法院起诉飞龙马戏杂技团，要求该杂技团返还二人各自支出的杂技表演门票费用100元，苏某和李某认为飞龙马戏杂技团工作人员要求其补票具有逼迫性，双方不存在合同关系，成立合同关系需要双方当事人达成合意。

思考：本案中，苏某和李某与飞龙马戏杂技团之间成立的合同是否自愿？为什么？

二、民事主体

【思维导图】

法律事例3-3：

夏某系儿童演员，年满7岁，片酬颇丰。夏某的叔叔家住山区，生活较困难，夏某的父亲在征得夏某口头同意后，将夏某的片酬1万元以夏某的名义赠与其叔叔。

思考：夏某之父可否将夏某的1万元片酬赠与夏某之叔叔？为什么？

民事主体即民事法律关系的主体，是指参加民事法律关系享受权利和承担义务的人。民事主体主要包括自然人、法人和非法人组织，国家在特殊情况下也可以作为民事主体。

（一）自然人

自然人是指按照生理规律出生并具有自然生物属性的人。

1. 民事权利能力和民事行为能力

自然人的民事权利能力是自然人依法享有民事权利和承担民事义务的资格。自然人的民事权利能力始于出生，终于死亡。自然人的出生时间和死亡时间，以出生证明、死亡证明记载的时间为准；没有出生证明、死亡证明的，以户籍登记或者其他有效身份登记记载的时间为准。有其他证据足以推翻以上记载时间的，以该证据证明的时间为准。自然人的民事权利能力一律平等。涉及遗产继承、接受赠与等胎儿利益保护的，胎儿视为具有民事权利能力。但是，胎儿娩出时为死体的，其民事权利能力自始不存在。

自然人的民事行为能力，是指自然人能够独立进行民事活动，享有民事权利和承担民事义务的资格。

根据自然人的年龄、智力、精神健康状况，将自然人的民事行为能力分为完全民事行为能力、限制民事行为能力和无民事行为能力三类，见表3-1。

表3-1 自然人的民事行为能力类型

自然人	民事行为能力	说明
18周岁以上的自然人	完全民事行为能力	可以独立进行一切民事活动
16周岁以上的未成年人，以自己的劳动收入为主要生活来源的人		
8周岁以上的未成年人	限制民事行为能力	可以独立实施纯获利益的民事法律行为或者与其年龄、智力、精神健康状况相适应的民事法律行为
不能完全辨认自己行为的成年人		
不满8周岁的未成年人	无民事行为能力	由其法定代理人代理其实施民事法律行为
不能辨认自己行为的自然人		

2. 监护

监护是指对无民事行为能力人和限制民事行为能力人的人身、财产及其他合法民事权益，进行监督和保护的法律制度。

父母是未成年子女的监护人。未成年人的父母已经死亡或者没有监护能力的，由下列有监护能力的人按顺序担任监护人。

（1）祖父母、外祖父母。

（2）兄、姐。

（3）其他愿意担任监护人的个人或者组织，但是须经未成年人住所地的居民委员会、村民委员会或者民政部门同意。

无民事行为能力或者限制民事行为能力的成年人，由下列有监护能力的人按顺序担任监护人。

（1）配偶。

（2）父母、子女。

（3）其他近亲属。

（4）其他愿意担任监护人的个人或者组织，但是须经被监护人住所地的居民委员会、村民委员会或者民政部门同意。

监护人具有以下职责：代理被监护人实施民事法律行为；保护被监护人的人身权利、财产权利以及其他合法权益等；监护人不履行监护职责或者侵害被监护人合法权益的，应当承担法律责任；监护人应当按照最有利于被监护人的原则履行监护职责；监护人除了为维护被监护人利益，不得处分被监护人的财产。

3. 宣告失踪和宣告死亡

宣告失踪，是自然人下落不明达到法定期间，经利害关系人申请，由人民法院宣告为失踪人并为其设立财产代管人的法律制度。

宣告失踪需要具备下列条件。

（1）须自然人下落不明持续满2年。

（2）须经利害关系人申请。

（3）须由人民法院依法定程序宣告。

宣告死亡，是指自然人离开住所，下落不明达到法定期限，经利害关系人申请，由人民法院宣告其死亡的法律制度。

宣告死亡需要具备下列条件。

（1）须自然人下落不明持续满4年，因意外事件下落不明须满2年。如因意外事件下落不明，经有关机关证明该自然人不可能生存的，申请宣告死亡不受2年时间的限制。

（2）须经利害关系人申请。

（3）须由人民法院依法定程序宣告。

（二）法人

法人，是具有民事权利能力和民事行为能力，依法独立享有民事权利和承担民事义务的组织。法人是民法将符合一定条件的社会组织拟制为法律上的人。

我国法人分为营利法人、非营利法人和特别法人。

法人的成立必须具备以下条件。

（1）依法成立。

（2）有必要的财产或经费。

（3）有自己的名称、组织机构和住所。

（4）能够独立承担民事责任。

法人的民事权利能力是指法律赋予法人享有民事权利、承担民事义务的资格。

法人的民事行为能力是指法人以自己的意思独立进行民事活动，取得民事权利和承担民事义务的资格。法人的民事权利能力和民事行为能力，从法人成立时产生，到法人终止时消灭。

（三）非法人组织

非法人组织，是指不具有法人资格，但是能够依法以自己的名义进行民事活动的组织，亦称非法人团体。非法人组织包括个人独资企业、合伙企业、不具有法人资格的专业服务机构等。

非法人组织应当依照法律的规定登记。设立非法人组织，法律法规规定须经有关机关批准的，依照其规定。

 法律事例3-3分析：

夏某之父不可以将夏某的1万元片酬赠与夏某之叔叔。父母是未成年子女的监护人，根据民法典第35条第1款的规定，监护人应当按照最有利于被监护人的原则履行监护职责。监护人除了为维护被监护人利益，不得处分被监护人的财产。夏某7岁，属于未成年人，夏某之父是夏某的法定监护人，应当履行监护职责，保护被监护人夏某的财产，夏某之父将夏某的1万元片酬赠与夏某之叔叔，并非为了维护被监护人夏某的利益，属于不当处分夏某财产的行为，该赠与行为因为违法而无效。因此，本案中，夏某之父不可以将夏某的1万元片酬赠与夏某之叔叔。

▶【沙场练兵】

钱某与王某于2012年结婚，婚后育有一女。王某自2015年外出打工，打工回来后，经常在外吃喝玩乐，甚至与其他女性发生不正当关系，对钱某母女不尽任何家庭义务。2018年2月，王某再次外出打工，但从此杳无音信，也从未跟家中有任何联系，钱某多次托人打听王某的下落，未果。2021年4月，钱某向法院提起诉讼，要求与王某离婚。人民法院在审理中发现王某已经失踪三年多了。

思考： 法院能否主动宣布王某为失踪人？为什么？

三、民事法律行为与代理

（一）民事法律行为

【思维导图】

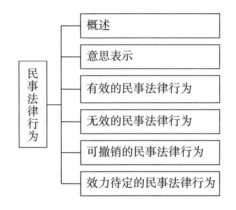

法律事例3-4：

陈某从商场购得一台原装进口摄像机，并未拆开包装。2020年1月30日，陈某将该摄像机转卖给吴某，吴某买回后发现该摄像机并非原装进口，而是由国内组装，吴某使用后发现摄像机录像效果太差。2021年5月12日，吴某以受欺骗为由向陈某提出退货，陈某不同意，双方发生争议，吴某将陈某诉至法院。

思考：该案件应如何处理？为什么？

1. 民事法律行为概述

民事法律行为是指民事主体通过意思表示设立、变更、终止民事法律关系的行为。

民事法律行为具有以下特征。

（1）民事法律行为以设立、变更、终止民事权利义务关系为目的，是人为的法律事实。

（2）民事法律行为以意思表示为其核心要素。

（3）民事法律行为按照意思表示的内容发生法律效果。

2. 意思表示

意思表示是民事法律行为的核心要素，是指行为人将其期望发生法律效果的内心意思以一定的方式表达于外部的行为。

意思表示的形式即民事法律行为的形式，主要包括口头形式、书面形式和默示形式（推定形式和沉默形式）。

3. 有效的民事法律行为

有效的民事法律行为是指民事行为因符合法律规定而能够引起民事法律关系的设立、变更或者终止的法律效力。

民事法律行为的一般有效要件有以下方面。

（1）行为人具有相应的民事行为能力。

（2）意思表示真实。

（3）不违反法律、行政法规的强制性规定，不违背公序良俗。

4. 无效的民事法律行为

无效的民事法律行为是指虽然成立但欠缺民事法律行为的根本性有效要件，不具有法律约束力的民事法律行为。

无效的民事法律行为有以下情形。

（1）无民事行为能力人实施的民事法律行为。

（2）限制民事行为能力人实施的民事法律行为。

（3）行为人与相对人恶意串通，损害他人合法权益的民事法律行为。

（4）行为人与相对人以虚假的意思表示实施的民事法律行为。

（5）违反法律、行政法规的强制性规定的民事法律行为。

（6）违背公序良俗的民事法律行为。

5. 可撤销的民事法律行为

可撤销的民事法律行为是指行为人实施民事法律行为时欠缺意思表示真实这一要件，法律赋予表意人撤销权的民事法律行为。

可撤销的民事法律行为有以下情形。

（1）一方以欺诈、胁迫的手段，使对方在违背真实意思的情况下实施的民事法律行为。

（2）因重大误解实施的民事法律行为。

（3）因显失公平实施的民事法律行为。

根据民法典第152条的规定，有下列情形之一的，撤销权消灭。

（1）当事人自知道或者应当知道撤销事由之日起1年内、重大误解的当事人自知道或者应当知道撤销事由之日起90日内没有行使撤销权。

（2）当事人受胁迫，自胁迫行为终止之日起1年内没有行使撤销权。

（3）当事人知道撤销事由后明确表示或者以自己的行为表明放弃撤销权。当事人自民事法律行为发生之日起5年内没有行使撤销权的，撤销权消灭。

民法典第155条规定，无效的或者被撤销的民事法律行为自始没有法律约束力。

6. 效力待定的民事法律行为

效力待定的民事法律行为是指由于行为人欠缺相应的民事行为能力或处分权、代理权等条件，行为虽成立，但效力尚不能确定，有待于追认权人作出追认或拒绝的意思表示后，才能确定其效力的民事法律行为。

效力待定的民事法律行为有以下情形。

（1）限制民事行为能力人依法不能独立实施的双方或者多方民事法律行为。

（2）无处分权人处分他人财产的行为。

（3）无权代理人实施的代理行为。

（4）未经债权人同意而转让债务的行为。

法律事例 3-4 分析：

陈某可以拒绝吴某提出的退货请求。陈某购买摄像机后，并未拆开包装就将该摄像机转卖给吴某，陈某并不知道该摄像机是国内组装的，因此，陈某不存在欺诈的故意。事实上，本案中陈某与吴某对摄像机的质量存在重大误解，吴某原本可以基于重大误解实施的民事法律行为请求人民法院撤销该行为。但是，根据民法典第 152 条的规定，当事人自知道或者应当知道撤销事由之日起 1 年内、重大误解的当事人自知道或者应当知道撤销事由之日起 90 日内没有行使撤销权的，该撤销权消灭。吴某于 2020 年 1 月 30 日买回该摄像机后就发现并非原装进口，此时吴某便可以行使撤销权，但是，直到 2021 年 5 月 12 日吴某才行使撤销权，提出退货请求，已经超过了法定的撤销权行使期限，该撤销权已经消灭，所以，陈某可以拒绝吴某提出的退货请求。

【沙场练兵】

警官张某因为急需用钱，将单位配备的一支手枪以 5000 元的价格出卖给王某，王某支付价款后，张某把该手枪交付给了王某。

思考：张某与王某之间的买卖合同效力如何？为什么？

（二）代理

【思维导图】

法律事例 3-5：

2021 年 5 月 4 日，张某听说李某去深圳，便委托李某代买一台深圳产的价值 1 万元的照相机，李某带着照相机回来后，得知张某刚刚去世，李某赶紧把照相机送到张某处，可是张某的儿子张小三却说照相机是其父亲所要，现在其父已死，他们又不需要照相机，让李某自己处理。

思考：本案应如何处理？请说明理由。

1. 代理概述

代理是指代理人在代理权限范围内，以被代理的名义与第三人进行民事法律行为，而该行为的法律后果由被代理人承担的法律制度。

代理具有以下特征。

（1）代理人必须以被代理人的名义实施代理行为。

（2）代理人必须在代理权限内独自为意思表示。

（3）代理行为必须是具有法律意义的行为，即是一种民事法律行为。

（4）代理行为的法律后果由被代理人承担。

代理包括委托代理和法定代理。委托代理人按照被代理人的委托行使代理权。法定代理人依照法律的规定行使代理权。

2. 无权代理

无权代理是指行为人没有代理权而以他人名义与第三人进行民事活动的行为，包括未经授权的代理、超越代理权的代理和代理权终止后的代理。

行为人没有代理权、超越代理权或者代理权终止后，仍然实施代理行为，未经被代理人追认的，对被代理人不发生效力。相对人可以催告被代理人自收到通知之日起30日内予以追认。被代理人未作表示的，视为拒绝追认。行为人实施的行为被追认前，善意相对人有撤销的权利。撤销应当以通知的方式作出。

3. 表见代理

表见代理是指行为人本无代理权，但因本人的行为造成了足以相信该人有代理权的表面特征，并基于此信赖与行为人进行了民事法律行为，本人须对该行为承担与有权代理相同的后果的代理。

表见代理具有以下构成要件。

（1）必须行为人没有代理权。

（2）必须存在使相对人相信行为人有代理权的客观理由。

（3）必须相对人为善意且无过失。

（4）行为人与相对人之间实施了符合民事法律行为有效要件的行为。

4. 代理终止

有下列情形之一的，委托代理终止。

（1）代理期限届满或者代理事务完成。

（2）被代理人取消委托或者代理人辞去委托。

（3）代理人丧失民事行为能力。

（4）代理人或者被代理人死亡。

（5）作为代理人或者被代理人的法人、非法人组织终止。

被代理人死亡后，有下列情形之一的，委托代理人实施的代理行为有效。

（1）代理人不知道且不应当知道被代理人死亡。

（2）被代理人的继承人予以承认。

（3）授权中明确代理权在代理事务完成时终止。

（4）被代理人死亡前已经实施，为了被代理人的继承人的利益继续代理。

有下列情形之一的，法定代理终止。

（1）被代理人取得或者恢复完全民事行为能力。

（2）代理人丧失民事行为能力。

（3）代理人或者被代理人死亡。

（4）法律规定的其他情形。

法律事例 3-5 分析：

根据民法典的规定，民事主体可以通过代理人实施民事法律行为。被代理人死亡后，代理人不知道且不应当知道被代理人死亡的，委托代理人实施的代理行为有效。李某帮助张某代购照相机属于委托代理行为，李某代购照相机时，并不知道被代理人张某死亡的事实，其实施的代购照相机的代理行为有效，代理的后果应当由张某承担。又根据民法典的规定，子女是父母遗产的第一顺序继承人，继承人以所得遗产实际价值为限清偿被继承人依法应当缴纳的税款和债务。超过遗产实际价值部分，继承人自愿偿还的不在此限。继承人放弃继承的，对被继承人依法应当缴纳的税款和债务可以不负清偿责任。张小三是张某的儿子，属于第一顺序的继承人，所以，如果张小三继承了父亲张某的遗产，应当在其继承遗产的范围内替其父亲张某清偿李某代买照相机的款项，如果张小三没有继承张某的遗产或者放弃继承张某的遗产，则可以拒绝代替其父亲清偿该款项。

【沙场练兵】

甲服装商城将盖有本公司公章的空白合同书和介绍信交给职工乙。介绍信上写明"委托乙为服装商城购买服装"。乙走前，商场经理告诉乙购买工作服。乙没有找到合适的厂家，但他发现丙厂的运动服质量好，价格也便宜，于是便与丙厂订立了50万元的运动服合同，货到后，甲商城却以乙越权代理并且现在的运动服很难销售为由拒绝付款。

思考：本案应如何处理？为什么？

四、诉讼时效

【思维导图】

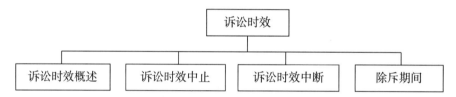

法律事例3-6：

蔡某与苏某系朋友关系，苏某在2014年10月26日因生意资金周转需要向蔡某借款1.15万元，双方约定借款期限1个月，当日苏某立下借据交蔡某存执。2021年7月8日，蔡某持苏某签名确认的借据向法院起诉，要求苏某归还本息。苏某辩称蔡某没有催讨本债务，本债务已经超过诉讼时效。

思考：本案应如何处理？请说明理由。

（一）诉讼时效概述

时效是指一定的事实状态持续地达到一定期间而发生一定法律后果的法律事实。

诉讼时效是指权利人在法定期间内不行使权利的事实持续至法定期间届满，便丧失请求人民法院予以保护的法律制度。

诉讼时效分为普通诉讼时效、特别诉讼时效和最长诉讼时效。普通诉讼时效期间为3年。特别诉讼时效是指法律规定的仅适用于某些特殊民事法律关系的诉讼时效。如民法典第594条规定，因国际货物买卖合同和技术进出口合同争议提起诉讼或者申请仲裁的时效期间为4年。民事诉讼的最长诉讼时效期间为20年。

诉讼时效期间自权利人知道或者应当知道权利受到损害以及义务人之日起计算。法律另有规定的，依照其规定。

下列请求权不适用诉讼时效的规定。

（1）请求停止侵害、排除妨碍、消除危险。

（2）不动产物权和登记的动产物权的权利人请求返还财产。

（3）请求支付抚养费、赡养费或者扶养费。

（4）依法不适用诉讼时效的其他请求权。

（二）诉讼时效中止

诉讼时效中止是指在诉讼时效期间进行过程中，出现了一定的法定事由，导致权利人不能行使请求权，法律规定暂时停止诉讼时效期间的计算，已经经过的时效期间仍然有效，待阻碍权利人行使权利的法定事由消失后，继续进行诉讼时效期间的计算。

在诉讼时效期间的最后6个月内，因下列障碍，不能行使请求权的，诉讼时效中止。

（1）不可抗力。

（2）无民事行为能力人或者限制民事行为能力人没有法定代理人，或者法定代理人死亡、丧失民事行为能力、丧失代理权。

（3）继承开始后未确定继承人或者遗产管理人。

（4）权利人被义务人或者其他人控制。

（5）其他导致权利人不能行使请求权的障碍。自中止时效的原因消除之日起满六个月，诉讼时效期间届满。

（三）诉讼时效中断

诉讼时效中断是指在诉讼时效期间内，由于法定事由的出现，导致已经进行的诉讼时效期间归于无效，待时效中断法定事由消除后，诉讼时效期间重新计算。

有下列情形之一的，诉讼时效中断，从中断、有关程序终结时起，诉讼时效期间重新计算。

（1）权利人向义务人提出履行请求。

（2）义务人同意履行义务。

（3）权利人提起诉讼或者申请仲裁。

（4）与提起诉讼或者申请仲裁具有同等效力的其他情形。

（四）除斥期间

除斥期间是指法律规定某种权利存在的预定期间，权利人在预定期间内不行使权利，期间届满便发生权利绝对消灭的后果。

除斥期间与诉讼时效有以下区别。

（1）性质不同。除斥期间是民事权利的存续期间；诉讼时效是受到侵害的民事权利的保护期间。

（2）法律后果不同。除斥期间届满，消灭的是实体权利本身，且多为形成权；诉讼时效届满，消灭的只是胜诉权，权利人仍有起诉权和受领权，即实体权利并未丧失。

（3）期间的弹性不同。除斥期间为不变期间，不能发生中止、中断和延长；诉讼时效为可变期间，可以中止、中断和延长。

（4）始期不同。除斥期间一般自权利成立时起算；诉讼时效一般自权利人知道或应当知道权利被侵害之时起算。

法律事例 3-6 分析：

苏某于 2014 年 10 月 26 日向蔡某借款 1.15 万元，双方约定借款期限 1 个月，2021 年 7 月 8 日，蔡某持苏某签名确认的借据向法院起诉，要求苏某归还本息。从借款期限届满到蔡某提出还款请求已经过了 6 年多，远远超过法律规定的诉讼时效，现苏某抗辩债务已经超过诉讼时效。蔡某有对本债务进行催讨而没有超过时效承担举证责任。如果蔡某不能提供证据证明该债务期间存在诉讼时效中止或中断的情形，则由蔡某承担不利后果，苏某可以拒绝清偿该债务。

【沙场练兵】

潘某曾经营啤酒业务，郝某在某啤酒公司工作期间与潘某有业务来往，郝某向潘某出具欠条一份，欠条约定欠潘某现金 1.9809 万元，由郝某签名，时间是 2005 年 7 月 30 日。之后，潘某向郝某讨要款项未果，故潘某于 2021 年 5 月 25 日依法具状起诉。郝某辩称，欠条时间已超过法律规定的诉讼时效期间，请求法院驳回原告诉请。

思考：本案中的欠款是否超过诉讼时效期间？为什么？

第二节　物权

一、物权通则

【思维导图】

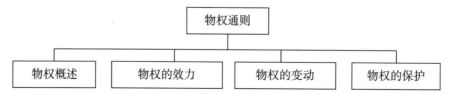

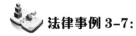**法律事例 3-7：**

张某向李某购买两根木料，双方约定价款 1000 元，张某当场向李某支付了 500 元，并说明等到第二天，将余款 500 元带来付清并将两根木料拉走。天有不测风云，当天晚上山洪暴发，将存放在李某院内的两根木料冲走。为此，李某认为，木料买卖已经成交，木料被洪水冲走所造成的损失应由张某承担，张某应补交余款 500 元。张某则认为木料自己没拉走，损失应由李某承担，李某应返还木料款 500 元。双方发生纠纷，诉至法院。

思考： 本案中，木料的所有权是否发生转移？为什么？

（一）物权概述

物权，是指民事主体在法律规定的范围内，直接支配特定的物而享受其利益，并排除他人干涉的权利。物权的类别见表 3-2。

物权的法律特征如下。

（1）物权是绝对权，其权利人特定，义务人不特定。

（2）物权以物为客体，人身、精神利益、劳动力等不能成为物权之客体。

（3）物权是通过对物的支配而享有的物的经济利益的权利。

（4）物权具有排他性。

表 3-2　物权的类别

物权的类别		具体内容
自物权	所有权	国家所有、集体所有和私人所有
		动产和不动产
他物权	用益物权	土地承包经营权
		建设用地使用权
		宅基地使用权
		居住权
		地役权
	担保物权	抵押权
		质权
		留置权

（二）物权的效力

物权的效力，是指物权所特有的功能和作用。物权的效力主要包括以下方面。

（1）物权的排他效力。一是同一物上不能成立两个以上的所有权，即一物不容二主；二是一物之上不允许同时设立两个以上相互矛盾的物权。

（2）物权的优先效力。一是先设定的物权优先于后设定的物权，但是特殊情况下有例外规定；二是物权一般优先于债权，但是特殊情况下有例外规定。

（3）物权的追及效力。物权的追及效力是指当物被他人不法转让之后，不论经过几次转手,物权人都有权予以追回,但物权的追及效力受到善意取得制度的限制。

(4)物上请求权。物权受到侵害时,权利人可以依法请求保护的权利。

(三)物权的变动

物权法定,是指物权只能依据法律设定,禁止当事人自由创设物权。物权法定包括物权的种类法定、内容法定、效力法定、公示方式法定。公示就是物权的设立、转移必须公开、透明。公示原则就是要求将物权设立、转移的事实通过一定的方式向社会公开,使其他人知道物权变动的状况,以利于保护第三人的利益,维护交易的安全和秩序。公信原则是指一旦物权的取得和变动经过公示,当事人就有理由产生合理信赖,相信以公示方法所表现出来的权利人和权利状态是正确的。

物权变动,是指物权的取得、变更、丧失、转让的运动形态。物权变动的原因有因法律行为发生的物权变动和因法律行为以外的法律事实或者公法上的行为而发生的物权变动。物权变动包括不动产物权的变动和动产物权的变动。

1. 不动产物权的变动

不动产物权的变动公示方式是登记,有两种模式:登记要件主义和登记对抗主义。

(1)登记要件主义,是指不动产物权依法律行为变动时,需要当事人具备物权变动的意思表示,并且必须将该意思表示予以登记,未经登记,不发生不动产物权变动的效力。登记要件主义是不动产物权变动的基本原则。民法典第209条规定,不动产物权的设立、变更、转让和消灭,经依法登记,发生效力;未经登记,不发生效力,但是法律另有规定的除外。

(2)登记对抗主义,是指未经登记,物权的变动在法律上也可有效成立,但只能在当事人之间产生效力,不能对抗善意第三人。民法典第335条规定,土地承包经营权互换、转让的,当事人可以向登记机构申请登记;未经登记,不得对抗善意第三人。

2. 动产物权的变动

动产物权的变动公示方式是交付。根据民法典第224条的规定,动产物权的设立和转让,自交付时发生效力,但是法律另有规定的除外。

动产交付具有以下几种形态。

(1)现实交付,就是让与人将其对动产的事实管领转移给受让人。

(2)简易交付,即动产物权设立和转让前,权利人已经依法占有该动产的,物权自法律行为生效时发生效力。

(3)指示交付,即让与动产物权时,如果让与人的动产由第三人占有,那么让与人可将对第三人的标的物返还请求权转移于受让人以代替实际交付。

(4)占有改定,即动产物权转让时,双方又约定由出让人继续占有该动产的,物权自该约定生效时发生效力。

(四)物权的保护

物权的保护,是指通过法律规定的方法和程序,保障所有人在法律许可的范围内,对其所有的财产行使占有、使用、收益、处分权利的制度。

物权的保护方法主要包括:请求确认物权、请求返还原物、请求排除妨碍和消除危险、请求物权复原、请求赔偿损失。

物权保护既可以单独适用，也可以根据权利被侵害的情形合并适用。

 法律事例3-7分析：

木料的所有权没有发生转移。根据民法典的规定，动产物权的设立和转让，自交付时发生效力。本案中，张某向李某购买的木料属于动产，该木料自交付给买受人张某时发生木料所有权转移的效力，但是张某与李某订立木料买卖合同的当天，张某并没有把木料拉走，李某没有把该木料交付给张某，所以，该木料的所有权没有发生转移，木料还归李某所有，洪水冲走的仍然是李某的木料。

▶【沙场练兵】

2021年5月4日，甲将自家的耕牛租与乙使用两个星期，5月10日乙提出要买下此耕牛，甲表示同意，约定价格为1000元，并约定一周后交付款项，但5月12日该耕牛意外被雷劈死。

思考：本案中耕牛被雷劈死时，谁拥有该耕牛的所有权？为什么？

二、所有权

【思维导图】

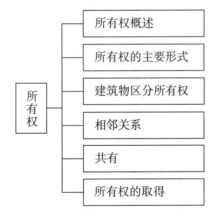

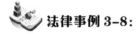 **法律事例3-8：**

李某的一头奶牛得了重病，李某怕该牛传染其他奶牛，将其抛弃野外，张某经过此地发现后把牛拉回家，经过精心喂养，该牛竟成为一头高产奶牛，并且还生了一头小牛。一年后，李某得知此事后，要求张某返还奶牛，或者返还小牛也可以，双方发生纠纷。

思考：本案应如何处理？为什么？

（一）所有权概述

所有权，是指财产所有人依法对自己的财产所享有的占有、使用、收益、处分的权利。所有权具有完全性、绝对权、排他性、原始物权性、弹力性、永久存续性等特征。

所有权主要包括占有、使用、收益和处分四项权能。

（二）所有权的主要形式

根据所有权的主体不同，可以把所有权分为国家所有权、集体所有权和私人所有权3种主要形式。

（1）国家所有权，是指国家代表全体人民的利益和意志对全民所有制下的财产进行占有、使用、收益和处分的权利。国家所有权的客体范围主要包括矿藏、水流、海域、无居民海岛、城市的土地等。

（2）集体所有权，是指集体组织对其财产享有的占有、使用、收益、处分的权利。集体所有权的客体范围主要包括法律规定属于集体所有的土地和森林、山岭、草原、荒地、滩涂等。

（3）私人所有权，是指私人对其所有的财产依法进行占有、使用、收益和处分的权利。私人所有权的主体除了自然人个人，还包括个体工商户、农村承包经营户、个人独资企业、外资企业、合伙企业等。

（三）建筑物区分所有权

建筑物区分所有权，是指业主依其应有部分对独自占有、使用的部分享有专有权，对共同使用的部分享有共有权，以及相互之间对建筑物的整体享有管理权，而构成的复合所有权。建筑物区分所有权包括专有权、共有权和管理权。

（四）相邻关系

相邻关系，是指不动产的相邻各方在行使所有权或使用权时，因相互应当给予方便或接受限制而发生的权利义务关系。

相邻关系具有以下法律特征。

（1）相邻关系的主体是两个以上的不动产的所有人或经营使用人。

（2）相邻关系是基于不同主体所有或使用的不动产相邻的事实发生的。

（3）相邻关系的客体是相邻各方在行使不动产所有权或使用权时，互相给予方便所追求的利益。

（4）相邻关系的基本内容是相邻一方要求他方为自己行使不动产所有权或使用权给予必要方便的权利和他方应当给予必要方便的义务。

不动产的相邻权利人应当按照有利于生产、方便生活、团结互助、公平合理的原则，正确处理相邻关系。法律法规对处理相邻关系有规定的，依照其规定；法律法规没有规定的，可以按照当地习惯。

（五）共有

共有，是指对一项财产由两个以上的权利主体共同享有所有权。对于共有，不是由各共有权人分别享有所有权，而是由共有人共同享有一个所有权。

共有关系具有以下特征。

(1)其权利主体为两人以上。
(2)其客体具有单一性,为特定物。
(3)其内容具有双重性。
(4)共有权具有意志或者目的的共同性。
共有包括按份共有和共同共有。

(六)所有权的取得

所有权取得,是指主体根据一定法律事实获得某物的所有权,从而在该特定主体与其他人之间发生以该物为客体的所有权法律关系。

所有权的取得分为原始取得和继受取得。所有权的原始取得,是指根据法律的规定,最初取得财产所有权或不依赖于原所有权人的意志而取得财产所有权。所有权的继受取得,是指财产所有人通过民事法律行为或法律事件,从原所有人那里取得财产所有权,也称传来取得。

所有权的原始取得的具体方式主要包括以下内容。

1. 善意取得

善意取得,是指无权处分他人财产的财产占有人,将其动产或不动产转让给受让人,受让人取得该财产时出于善意,则受让人依法取得对该财产的所有权或其他物权,原所有权人不得要求受让人返还财产的制度。善意取得需具备以下要件。

(1)无处分权人将不动产或者动产转让给受让人。
(2)受让人受让该财产时是善意的。
(3)以合理的价格有偿转让。
(4)转让的财产依照法律规定应当登记的已登记,不需要登记的已交付给受让人。
(5)不违反法律的禁止性规定。如被盗、被抢的财物不适用善意取得制度。

2. 拾得遗失物

拾得遗失物,是指发现他人遗失物而予以占有的一种法律事实。遗失物只能是动产,不动产不存在遗失的问题。拾得遗失物后,拾得人应当及时通知权利人领取,或者送交公安等有关部门。有关部门收到遗失物,知道权利人的,应当及时通知其领取;不知道权利人的,应当及时发布招领公告。遗失物自发布招领公告之日起1年内无人认领的,归国家所有。

3. 拾得漂流物、发现埋藏物或隐藏物

漂流物,是指漂浮在河流或海或洋上面的物。埋藏物,是指长期埋藏于地下或包藏于他物之中的物。隐藏物,是指隐藏于不动产或动产之中的物。民法典第319条规定,拾得漂流物、发现埋藏物或者隐藏物的,参照适用拾得遗失物的有关规定。法律另有规定的,依照其规定。

4. 收取孳息

孳息,是指由原物所产生的额外收益。孳息分为天然孳息和法定孳息。天然孳息,是指依据物的自然性能或者物的变化规律而取得的收益。例如,母鸡的蛋、果树的果子等。法定孳息,是指由法律规定产生了从属关系,物主因出让所属物一定期限内的使用权而得到的收益。例如,存款得到的利息、出租房屋得到的租金等。

5. 添附

添附，是指不同所有人的物结合在一起而形成不可分离的物或具有新物性质的物，如果要恢复原状在事实上不可能或者在经济上不合理，在此情况下，需要确认该新财产的归属问题。添附主要有混合、附合、加工3种方式。

6. 先占取得

先占，是指以所有的意思先于他人占有无主的动产而取得所有权的事实。依民法原理，对于动产可依先占而取得所有权。在我国，现行法律并未明确规定先占取得所有权，但也没有明确规定一切无主财产均归国家所有。

先占应当具备以下条件。

（1）先占的标的物须为动产。在我国，不动产不因先占而取得所有权。

（2）被占有的物品应当是法律不禁止占有的物品，违反法律规定而先占的，不能取得占有物的所有权。

（3）须以所有的意思占有，即先占人在占有物品时有客观上足以使他人认为先占人有据为己有的表示。

（4）须为无主物。抛弃物属于无主物，但发现的文物属于国家所有，不是无主物。遗失物、漂流物等亦不属于无主物。

继受取得的具体方式主要包括买卖、互易、赠与、继承、受遗赠和其他合法原因。

 法律事例 3-8 分析：

李某无权要求张某返还奶牛和小牛。根据民法原理，对于无主的动产可依先占而取得所有权。李某的奶牛得了重病，怕该牛传染其他奶牛，李某便将其抛弃野外，此时的奶牛是李某抛弃不要的财物，属于无主动产，无主动产可以按照先占原则取得所有权。张某拾得该奶牛后精心喂养，此时，张某已经按照先占原则取得了该奶牛的所有权，奶牛生下的小牛，属于奶牛的孳息，也应当归奶牛的所有人张某所有，因此，李某无权要求张某返还奶牛和小牛。

▶【沙场练兵】

甲、乙、丙三村分别按20%、30%、50%出资兴建一座水库，蓄水量10万立方米，约定用水量按投资比例分配。某年夏天，丙村与丁村约定丙村从自己的用水量中向丁村供应灌溉水1万立方米，丁村支付价款1万元。供水时，水渠流经戊村，戊村将水全部截流灌溉本村农田。丁村因未及时得到供水，致使损失价值5000元的秧苗。丁村以丙村故意不给供水为由，派村民将水库堤坝挖一缺口放水，堤坝受损，需2万元方可修复。因堤坝缺口过大，水下泄造成甲村损失价值2000元的鱼苗。由于发生了上述情形，乙村欲将其30%的份额转让给庚村。

思考：

（1）丁村秧苗的损失可向谁索赔？为什么？

（2）对于堤坝的损失谁可作为原告？为什么？

（3）甲村鱼苗的损失应由谁赔偿？为什么？

（4）乙村欲转让自己的份额，应履行何种义务？

三、用益物权

【思维导图】

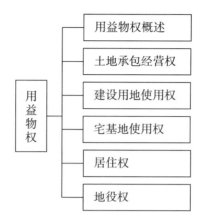

法律事例3-9：

张某与本村村委会签订了一份山林承包合同，约定张某承包本村的一片荒山种果树，承包期20年，承包期内每年向村委会交纳5000元承包费，盈亏自负。张某与儿子张小三辛勤劳作，3年后，果树开始产果，并当年收入2万多元，张某在出售当年最后一批水果时不幸因车祸身亡，村委会经研究决定收回张某的承包合同，并同时与一些村干部订立该山林承包合同。张某的儿子张小三不同意村委会的决定，于是向法院起诉要求继续承包该果园。

思考： 张小三能否取得该果园的承包权？为什么？

（一）用益物权概述

用益物权，是指非财产所有权人对他人财产在一定的范围内享有占有、使用、收益的他物权。

用益物权具有以下特征。
（1）用益物权为他物权、限制物权和有期限的物权。
（2）用益物权以对物的占有为前提，以对标的物的使用收益为主要内容。
（3）用益物权具有独立性，是独立的物权。
（4）用益物权的标的物主要是不动产，有时动产也可以产生用益物权。

（二）土地承包经营权

土地承包经营权，是指承包农户以从事农业生产为目的，对集体所有或者国家所有的由农民集体使用的土地进行占有、使用和收益的用益物权。

耕地的承包期为30年。草地的承包期为30年至50年。林地的承包期为30年至70年。

法律规定的承包期限届满，由土地承包经营权人依照农村土地承包的法律规定继续承包。承包期内发包人不得收回承包地。法律另有规定的，依照其规定。林地承包的承包人死亡，其继承人可以在承包期内继续承包。

（三）建设用地使用权

建设用地使用权，是指民事主体依法对国家所有的土地享有占有、使用和收益，并利用该土地建造建筑物、构筑物及其附属设施的用益物权。

设立建设用地使用权，可以采取出让或者划拨等方式。土地出让，是指国家以土地所有人身份将建设用地使用权在一定期限内让与土地使用者，并由土地使用者向国家支付建设用地使用权出让金的行为。土地划拨，是指土地使用人只需按照一定程序提出申请，经主管机关批准即可取得土地使用权，而不必向土地所有人支付租金及其他费用。

我国法律规定，建设用地使用权出让最高年限按下列用途确定：住宅用地年限为70年；工业用地年限为50年；教育、科技、文化、卫生、体育用地年限为50年；商业、旅游、娱乐用地年限为40年；仓储用地年限为50年；综合或者其他用地年限为50年。

住宅建设用地使用权期限届满的，自动续期。续期费用的缴纳或者减免，依照法律法规的规定办理。

（四）宅基地使用权

宅基地使用权，是指农村集体经济组织的成员依法享有的对农民集体所有的土地占有和使用，并利用该土地建造个人住宅及其附属设施的地上权。

宅基地使用权的取得、行使和转让，适用土地管理的法律和国家有关规定。宅基地因自然灾害等原因灭失的，宅基地使用权消灭。对失去宅基地的村民，应当依法重新分配宅基地。

农村村民一户只能拥有一处宅基地，其宅基地的面积不得超过省、自治区、直辖市规定的标准。农村村民出卖、出租、赠与住宅后，再申请宅基地的，不予批准。

（五）居住权

居住权，是指居住权人对他人所有房屋的全部或者部分及其附属设施，所享有的占有、使用的用益物权。

设立居住权，当事人应当采用书面形式订立居住权合同。居住权无偿设立，但是当事人另有约定的除外。设立居住权的，应当向登记机构申请居住权登记。居住权自登记时设立。居住权不得转让、继承。设立居住权的住宅不得出租，但是当事人另有约定的除外。

（六）地役权

地役权，是指为使用自己不动产的便利或提高其效益而按照合同约定利用他人不动产的用益物权。此处所称他人的不动产为供役地，自己的不动产为需役地。

地役权自地役权合同生效时设立。当事人要求登记的，可以向登记机构申请地役权登记；未经登记，不得对抗善意第三人。

法律事例 3-9 分析:

张小三可以取得该果园的承包权。根据我国民法典的规定,土地承包经营权自土地承包经营合同生效时设立。承包期内发包人不得收回承包地。法律另有规定的,依照其规定。林地承包的承包人死亡,其继承人可以在承包期内继续承包。张某与本村村委会签订了一份 20 年的山林承包合同,并且该合同已经成立生效,该承包合同执行 3 年后,张某意外死亡,村委会不能要求收回张某的承包合同,在承包期内,虽然承包人张某死亡,但是根据法律规定,张某的继承人张小三可以在承包期内继续承包。因此,张小三可以依法取得该果园的承包权。

▶ 【沙场练兵】

甲公司与乙公司约定:为了满足甲公司开发住宅小区观景的需要,甲公司向乙公司支付 100 万元,乙公司在 20 年内不在自己厂区建造 6 米以上的建筑物。甲公司将全部房屋售出后不久,乙公司在自己的厂区建造了一栋 8 米高的厂房。

思考:该小区业主是否有权请求乙公司拆除超过 6 米高的厂房?为什么?

四、担保物权

【思维导图】

 法律事例 3-10:

甲向乙借款 20 万元做生意,由丙提供价值 15 万元的房屋抵押,并订立了抵押合同,甲因办理登记手续费过高,经乙同意未办理登记手续。甲又将自己的一辆价值 6 万元的汽车质押给乙,双方订立了质押合同,乙认为把汽车放在自己家不安全,决定仍放在甲处,一年后,甲因亏损破产无力还债,乙诉到法院要求行使抵押权、质权。

思考:乙的权利能否实现?为什么?

(一)担保物权概述

担保物权,是指为确保债权的实现而在债务人或第三人之特定物或权利上设定的一种限定物权,当债务人未履行债务时或者发生当事人约定的实现担保物权的情形时,债权人依照法律规定的程序就该财产优先受偿的权利。担保物权包括抵押权、质权和留置权三种类型。

担保物权具有以下特征。

(1)担保物权以确保债务履行为目的。

(2)担保物权的标的是特定的,是在债务人或第三人的特定财产上设定的权利。

（3）担保物权限制了担保人对担保物的处分权。

（4）债权人享有对担保标的物的换价权。

（5）担保物权能够担保其债权享有优先受偿权。

（6）担保物权具有从属性和不可分性。

用益物权与担保物权的区别，见表3-3。

表3-3 用益物权与担保物权的区别

类别	不同点				
用益物权	物权的使用价值	独立性	有明确的存续期间	占有标的物	目的实现于现在	标的物灭失后无物上代位性
担保物权	物权的交换价值	从属性	以债权的存在为前提	质押和留置占有标的物，而抵押不占有	目的实现于将来	标的物灭失后有物上代位性

担保期间，担保财产毁损、灭失或者被征收等，担保物权人可以就获得的保险金、赔偿金或者补偿金等优先受偿。被担保债权的履行期限未届满的，也可以提存该保险金、赔偿金或者补偿金等。

（二）抵押权

抵押权，是指债权人对于债务人或者第三人不转移占有而提供担保的财产，在债务人不履行债务或者发生当事人约定的实现抵押权的情形时，依法享有的就担保的财产变价并优先受偿的权利。

抵押权的特征具体如下。

（1）抵押权是一种担保物权。

（2）抵押的标的物是债务人或第三人的不动产、动产或者权利。

（3）抵押权不转移标的物的占有。

（4）抵押权是以抵押财产的变价而优先受偿的权利。

我国民法典规定，债务人或者第三人有权处分的下列财产可以抵押。

（1）建筑物和其他土地附着物。

（2）建设用地使用权。

（3）海域使用权。

（4）生产设备、原材料、半成品、产品。

（5）正在建造的建筑物、船舶、航空器。

（6）交通运输工具。

（7）法律、行政法规未禁止抵押的其他财产。

我国民法典规定，下列财产不得抵押。

（1）土地所有权。

（2）宅基地、自留地、自留山等集体所有土地的使用权，但是法律规定可以抵押的除外。

（3）学校、幼儿园、医疗机构等为公益目的成立的非营利法人的教育设施、医疗卫生设施和其他公益设施。

（4）所有权、使用权不明或者有争议的财产。
（5）依法被查封、扣押、监管的财产。
（6）法律、行政法规规定不得抵押的其他财产。

我国抵押权生效采取登记生效要件主义与对抗要件主义两种方式。

（1）不动产抵押权采取登记生效要件主义。民法典第402条规定，建筑物和其他土地附着物、建设用地使用权、海域使用权或者正在建造的建筑物抵押的，应当办理抵押登记，并且抵押权自登记时设立。

（2）动产抵押权采取登记对抗要件主义。民法典第403条规定，以动产抵押的，抵押权自抵押合同生效时设立；未经登记，不得对抗善意第三人。

抵押人的行为足以使抵押财产价值减少的，抵押权人有权请求抵押人停止其行为；抵押财产价值减少的，抵押权人有权请求恢复抵押财产的价值，或者提供与减少的价值相应的担保。抵押人不恢复抵押财产的价值，也不提供担保的，抵押权人有权请求债务人提前清偿债务。

（三）质权

质权，是指为了担保债权的实现，债务人或第三人将其动产或权利移交给债权人占有，当债务人不履行债务时，债权人有就其占有财产的价值优先受偿的权利。

质权有以下特征。
（1）质权具有从属性。
（2）质物为动产和权利。
（3）质权成立须转移标的物的占有。
（4）质权人在债务履行前对质押的财产享有留置权。

质权分为动产质权和权利质权。动产质权，是指为担保债务的履行，债务人或者第三人将其动产出质给债权人占有的，债务人不履行到期债务或者发生当事人约定的实现质权的情形，债权人有权就该动产优先受偿。

设立质权，当事人应当采用书面形式订立质押合同。质权自出质人交付质押财产时设立。

权利质押，是指以可以转让的权利为标的物的质权。

质权与抵押权是有区别的，具体如下。

（1）担保标的不同。质权提供担保标的有动产和权利；抵押权提供担保标的有不动产、动产及权利。

（2）成立要件不同。质权以质物的转移占有为必要，质物的占有移转，既是质权的公示方法，也是其成立要件；抵押权的成立，一般须经登记才成立，不需要登记的是签订抵押合同，不需要抵押物的移转占有。

（3）担保范围有差别。抵押法定担保范围包括主债权及利息、违约金、损害赔偿金和实现抵押权的费用，而质押担保范围除此之外，还包括质物保管费用，为保管质物，质权人要支付必要的费用。

（4）二者同时设立在一个标的物上的优先效力不同。先设立的登记的抵押权优于后设立的质权；可不予登记的抵押权不得对抗在后设立的质权；先设立的质权优于后设立的抵押权。

（四）留置权

留置权，是指债权人按照合同约定占有债务人的动产，在债务人不按照合同约定的期限履行债务时，债权人有权留置该财产，以该财产折价或者以拍卖、变卖该财产的价款优先受偿的权利。

留置权的特征如下。
（1）留置权的性质为他物权。
（2）留置权是法定的担保物权。
（3）留置权是二次发生效力的物权。
（4）留置权是不可分性的物权。
（5）留置权为从权利。

留置权成立的条件如下。
（1）根据合同关系占有债务人的动产。
（2）债权的发生与该动产有牵连关系。
（3）债权已届清偿期限。
（4）经一定期限的催告后，方可实现留置权。

法律规定或者当事人约定不得留置的动产，不得留置。留置权人与债务人应当约定留置财产后的债务履行期限；没有约定或者约定不明确的，留置权人应当给债务人60日以上履行债务的期限，但是鲜活易腐等不易保管的动产除外。

法律事例3-10分析：

乙的抵押权和质权均不能实现。根据民法典的规定，以建筑物和其他土地附着物进行抵押的，应当办理抵押登记，抵押权自登记时设立。本案中，甲向乙借款，由丙提供房屋进行抵押，并订立了抵押合同，房屋属于建筑物，该房屋的抵押权应当自办理抵押登记时设立，因为该抵押没有办理抵押登记手续，所以，乙的抵押权不能实现。另据民法典规定，质权自出质人交付质押财产时设立。本案中，甲以自己汽车质押给乙，双方订立了质押合同，但是甲并没有把质押的汽车交付给乙，该质押不成立，所以，乙的质权不能实现。综上所述，乙的抵押权和质权均不能实现。

【沙场练兵】

甲把一台电视机送到维修部修理，约定修理费100元，一周后交费取货。一周之后，甲又送来一台电风扇要求维修部修理，双方约定修理费50元，三天后取货，甲当场支付了50元的电风扇修理费，同时甲要求把电视机带走，但其带的钱不够，经过协商，修理部允许甲把电视机带走，但是要求甲尽快把钱送来，三天后，甲要取回电风扇，修理部认为修理电视机的费用未交纳，便扣留了甲的电风扇，双方发生纠纷。

思考：维修部能否对电风扇行使留置权？为什么？

第三节 合同

一、合同通则

【思维导图】

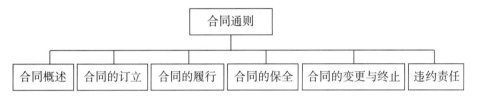

法律事例 3-11：

张某为购买汽车向朋友李某借款 2 万元，双方签订了书面借款合同，约定了利息及一年的还款期限。一年后，张某的经济状况恶化，无法偿还李四的借款，李某多次向张某催要未果，后李某听说张某的朋友王某曾欠张某的款项，到期未还。经过调查，李某获悉王某曾借张某 3 万元，已经到期半年多了，张某迟迟没有向王某请求还款，李某催促张某向王某索要欠款，以便清偿李某的借款，遭到张某的拒绝。

思考：李某能否向王某主张债权？行使债权的费用应由谁承担？请说明理由。

（一）合同概述

合同，是指两个以上的民事主体之间设立、变更、终止民事法律关系的协议。
合同的特征如下。
（1）合同是一种民事法律行为。
（2）合同是两个以上法律地位平等的当事人意思表示一致的协议。
（3）合同以产生、变更或终止债权债务关系为目的。
合同的类型如下。
（1）有名合同与无名合同：依据法律是否规定了一定的名称为标准。
（2）单务合同与双务合同：依据当事人双方是否互享权利、互负义务为标准。
（3）有偿合同与无偿合同：根据当事人是否为取得利益支付了对价。
（4）诺成合同与实践合同：依据成立时是否需要实际交付标的物为标准。
（5）要式合同与不要式合同：根据合同成立时是否以一定的法律形式为要件。
（6）主合同与从合同：依据合同之间是否存在主从关系为标准。
（7）格式合同与非格式合同：根据是否为了重复使用而预先拟定了合同。

（二）合同的订立

合同的订立，是指缔约当事人相互为意思表示并达成合意而成立了合同。当事人订立合同，可以采用书面形式、口头形式或者其他形式。

1. 合同的主要内容

合同的内容由当事人约定，一般包括下列条款。

（1）当事人的姓名或者名称和住所。
（2）标的。
（3）数量。
（4）质量。
（5）价款或者报酬。
（6）履行期限、地点和方式。
（7）违约责任。
（8）解决争议的方法。

2. 合同订立的程序

合同订立的程序主要包括要约和承诺两个阶段。

要约是希望与他人订立合同的意思表示，该意思表示应当符合的条件：一是内容具体确定；二是表明经受要约人承诺，要约人即受该意思表示约束。

要约邀请是希望他人向自己发出要约的表示。拍卖公告、招标公告、招股说明书、债券募集办法、基金招募说明书、商业广告和宣传、寄送的价目表等为要约邀请。商业广告和宣传的内容符合要约条件的，构成要约。

要约撤回，是指要约在发生法律效力之前，要约人欲使其不发生效力而取消要约的意思表示。要约撤销，是指要约在发生法律效力之后，要约人欲使其丧失法律效力而取消该项要约的意思表示。

要约可以撤销，但是有下列情形之一的除外。

（1）要约人以确定承诺期限或者其他形式明示要约不可撤销。
（2）受要约人有理由认为要约是不可撤销的，并已经为履行合同做了准备工作。

有下列情形之一的，要约失效。

（1）要约被拒绝。
（2）要约被依法撤销。
（3）承诺期限届满，受要约人未作出承诺。
（4）受要约人对要约的内容作出实质性变更。

承诺，是指受要约人同意要约的意思表示。承诺的有效要件包括以下内容。

（1）必须由受要约人向要约人作出承诺的意思表示。
（2）承诺须与要约的实质内容一致，受要约人对要约的内容作出实质性变更的，为新要约。
（3）承诺须在有效期内作出。
（4）承诺须在有效期内到达要约人。

受要约人超过承诺期限发出承诺，或者在承诺期限内发出承诺，按照通常情形不能及时到达要约人的，为新要约；但是，要约人及时通知受要约人该承诺有效的除外。

受要约人在承诺期限内发出承诺，按照通常情形能够及时到达要约人，但是因其他原因致使承诺到达要约人时超过承诺期限的，除了要约人及时通知受要约人因承诺超过期限不接受该承诺，该承诺有效。

依法成立的合同，自成立时生效，但是法律另有规定或者当事人另有约定的除外。合同中的下列免责条款无效。

（1）造成对方人身损害的。

（2）因故意或者重大过失造成对方财产损失的。

（三）合同的履行

1. 合同的履行概述

合同的履行，是指合同债务人按照合同的约定或法律的规定，全面、适当地完成合同义务，使债权人的债权得到完全实现。我国民法典第509条规定，当事人应当按照约定全面履行自己的义务。当事人应当遵循诚信原则，根据合同的性质、目的和交易习惯履行通知、协助、保密等义务。

合同履行的原则包括适当履行原则、协作履行原则、经济合理原则、情事（势）变更原则等。

2. 双务合同履行抗辩权

双务合同履行抗辩权，是指当事人一方在对方提出实现其合同权利的要求时，以法律规定和必要的事实条件对抗对方当事人的履行请求权，暂时中止履行其债务的权利。民法典规定了同时履行抗辩权、后履行抗辩权和不安抗辩权三种类型的抗辩权。

同时履行抗辩权，是指双务合同的当事人应同时履行义务的，一方在对方未履行前，有权拒绝对方请求自己履行合同的权利，一方在对方履行债务不符合约定时，有权拒绝其相应的履行请求。同时履行抗辩权的构成要件如下。

（1）须因同一双务合同互负债务。

（2）须双方互负的债务均已届清偿期。

（3）须对方未履行债务或未提出履行债务。

（4）须对方的对待给付是可能履行的债务。

后履行抗辩权，是指当事人互负债务，有先后履行顺序的，先履行一方未履行之前，后履行一方有权拒绝其履行请求，先履行一方履行债务不符合约定的，后履行一方有权拒绝其相应的履行请求。后履行抗辩权的构成要件如下。

（1）须双方当事人互负债务。

（2）两个债务须有先后履行顺序。

（3）先履行一方未履行或其履行不符合债的本旨。

不安抗辩权，是指在有先后履行顺序的双务合同中，在对方当事人未履行或未为合同履行提供担保之前，应先履行义务的一方有确切证据证明对方当事人难以给付之时，有暂时中止履行合同的权利。不安抗辩权的构成要件有如下。

（1）须双方当事人互负债务，且两债务间具有对价关系。

（2）两个债务须有先后履行顺序。

（3）先履行方债务已届清偿期。
（4）先履行方有确切证据证明后履行方于合同成立后丧失或可能丧失履行能力。
（5）后履行方未为履行提供担保。

民法典规定，应当先履行债务的当事人，有确切证据证明对方有下列情形之一的，可以中止履行。

（1）经营状况严重恶化。
（2）转移财产、抽逃资金，以逃避债务。
（3）丧失商业信誉。
（4）有丧失或者可能丧失履行债务能力的其他情形。

当事人没有确切证据证明可以中止履行的，应当承担违约责任。当事人依据民法典的规定中止履行的，应当及时通知对方。对方提供适当担保的，应当恢复履行。中止履行后，对方在合理期限内未恢复履行能力且未提供适当担保的，视为以自己的行为表明不履行主要债务，中止履行的一方可以解除合同并可以请求对方承担违约责任。

（四）合同的保全

合同的保全，是指法律为防止因债务人的财产不当减少或不增加而给债权人的债权带来损害，允许债权人行使撤销权或代位权，以保护其债权。具体包括债权人代位权和债权人撤销权。

1. 债权人代位权

债权人代位权，是指因债务人怠于行使其债权或者与该债权有关的从权利，影响债权人的到期债权实现的，债权人可以向人民法院请求以自己的名义代位行使债务人对相对人的权利，但是该权利专属于债务人自身的除外。

债权人的代位权的成立要件如下。

（1）债权人与债务人之间存在合法的债权债务关系。
（2）债务人享有对第三人的权利。
（3）债务人怠于行使其到期债权，对债权人造成损害。
（4）债务人已陷于迟延。
（5）债权人代位权的行使范围应当以债权人的到期债权为限。
（6）债务人的债权不是专属于债务人自身的债权。

债权人行使代位权的必要费用，由债务人负担。相对人对债务人的抗辩，可以向债权人主张。人民法院认定代位权成立的，由债务人的相对人向债权人履行义务，债权人接受履行后，债权人与债务人、债务人与相对人之间相应的权利义务终止。

2. 债权人撤销权

债权人撤销权，是指债权人对于债务人所实施的危害债权的行为，可请求法院予以撤销的权利。

债权人的撤销权的成立要件包括客观要件与主观要件。

客观要件，是指债务人做出侵害债权的行为，具体包括以下内容。

（1）存在债务人处分财产的行为。
（2）债务人的行为必须以财产为标的。

（3）债务人的行为须有害于债权。

主观要件，是指债务人和第三人进行处分财产的行为时，明知该行为会损害债权人债权而故意为之。对于无偿行为，则不以债务人和第三人的恶意为要件。

撤销权自债权人知道或者应当知道撤销事由之日起1年内行使。自债务人的行为发生之日起5年内没有行使撤销权的，该撤销权消灭。债务人影响债权人的债权实现的行为被撤销的，自始没有法律约束力。

（五）合同的变更与终止

1. 合同的变更

广义的合同变更包括合同内容的变更与合同主体的变更。合同内容的变更是指合同成立后，履行完毕前，由双方当事人依法对原合同的内容进行的修改。合同主体的变更是指合同权利义务的转让。

合同内容的变更的条件如下。

（1）变更的期间为合同成立后、完全履行完毕之前。
（2）原合同及变更后的合同都应为有效合同。
（3）合同内容的变更须双方当事人协商一致。
（4）合同内容的变更必须遵守法定程序和形式。

合同主体的变更包括债权让与、债务承担和债权债务的概括转移。

债权人转让债权，未通知债务人的，该转让对债务人不发生效力。债权转让的通知不得撤销，但是经受让人同意的除外。债务人将债务的全部或者部分转移给第三人的，应当经债权人同意。

2. 合同的终止

合同的终止，即合同的消灭，是指民事主体之间债权债务关系因一定的法律事实而不再存在的情况。

我国民法典规定，有下列情形之一的，债权债务终止。

（1）债务已经履行。
（2）债务相互抵销。
（3）债务人依法将标的物提存。
（4）债权人免除债务。
（5）债权债务同归于一人。
（6）法律规定或者当事人约定终止的其他情形。

债的履行即清偿，是指债务人依照法律规定或合同约定履行合同义务从而实现债权目的的行为。

债的抵销，是指二人互负债务时，各以其债权充当债务的清偿而使其债务与对方的债务在同等数额内互相抵销。抵销包括法定抵销和约定抵销。

法定抵销，是指当事人互负债务，该债务的标的物种类、品质相同的，任何一方可以将自己的债务与对方的到期债务抵销；但是，根据债务性质、按照当事人约定或者依照法律规定不得抵销的除外。

当事人主张抵销的，应当通知对方。自通知到达对方时生效。

约定抵销，是指当事人互负债务，标的物种类、品质不相同的，经协商一致，也可以抵销。

提存，是指由于债权人的原因无法向其交付标的物时，债务人将标的物交给提存机关，以此消灭合同的行为。

我国民法典规定，有下列情形之一，难以履行债务的，债务人可以将标的物提存。

（1）债权人无正当理由拒绝受领。

（2）债权人下落不明。

（3）债权人死亡未确定继承人、遗产管理人，或者丧失民事行为能力未确定监护人。

（4）法律规定的其他情形。

标的物不适于提存或者提存费用过高的，债务人依法可以拍卖或者变卖标的物，提存所得的价款。

债权人可以随时领取提存物。债权人领取提存物的权利，自提存之日起5年内不行使而消灭，提存物扣除提存费用后归国家所有。

免除，是指债权人抛弃债权，从而全部或部分消灭债的关系的单方行为。

混同，是指债权和债务同归一人，致使债的关系消灭的事实。

合同解除，是指合同当事人一方或者双方依照法律规定或者当事人的约定，依法解除合同效力的行为。合同解除分为约定解除和法定解除两种情况。

合同约定解除，是指当事人协商一致，可以解除合同。当事人可以约定一方解除合同的事由。解除合同的事由发生时，解除权人可以解除合同。

我国民法典规定，有下列情形之一的，当事人可以解除合同。

（1）因不可抗力致使不能实现合同目的。

（2）在履行期限届满前，当事人一方明确表示或者以自己的行为表明不履行主要债务。

（3）当事人一方迟延履行主要债务，经催告后在合理期限内仍未履行。

（4）当事人一方迟延履行债务或者有其他违约行为致使不能实现合同目的。

（5）法律规定的其他情形。

（六）违约责任

违约责任，是指当事人不履行合同义务或者履行合同义务不符合合同约定而依法应当承担的民事责任。

违约责任的构成要件如下。

（1）当事人一方有违约行为。

（2）违约人没有免责事由。

当事人一方不履行合同义务或者履行合同义务不符合约定的，应当承担继续履行、采取补救措施或者赔偿损失等违约责任。

违约责任的担保方式有违约金和定金。

违约金，是指按照当事人的约定或者法律直接规定，一方当事人违约的，应向另一方支付一定数额的金钱或者金钱以外的其他财产。

定金，是指合同当事人于合同订立时，或合同义务履行前，一方向另一方交付金钱或有价物，以确保合同有效履行的一种担保方式。

定金合同自实际交付定金时成立。定金的数额由当事人约定；但是，不得超过主合同标的额的20%，超过部分不产生定金的效力。债务人履行债务的，定金应当抵作价款或者收回。给付定金的一方不履行债务或者履行债务不符合约定，致使不能实现合同目的的，无权请求返还定金；收受定金的一方不履行债务或者履行债务不符合约定，致使不能实现合同目的的，应当双倍返还定金。

法律事例3-11分析：

李某可以向王某主张债权，但是不能直接向王某主张债权，需要通过诉讼程序行使债权。根据民法典的规定，因债务人怠于行使其债权或者与该债权有关的从权利，影响债权人的到期债权实现的，债权人可以向人民法院请求以自己的名义代位行使债务人对相对人的权利。张某怠于向王某主张到期的债权，从而影响到对李某借款的清偿，所以，李某可以向人民法院请求以自己的名义代替张某向王某行使其到期的债权。根据民法典规定，债权人行使代位权的必要费用，由债务人负担。李某代替张某向王某行使债权，所以，李某行使债权产生的费用应当由债务人张某承担。

▶【沙场练兵】

孙某与胡某签订了苹果买卖合同。合同订立后，孙某交付了苹果的货款6万元，约定一周后来取货。但是，一周之后，孙某没有取货。胡某找到孙某的家人，得知孙某已经离家出走，下落不明，胡某要求孙某的家人提货，遭到拒绝。于是，胡某找到当地的公证机关申请提存该批苹果。公证机关要求胡某把该批苹果出售提存价款，胡某先把苹果出售，扣除保管费后余款5.8万元，然后把该5.8万元向公证机关进行了提存。

思考：（1）提存期间的利息应当如何归属？为什么？
（2）如果孙某5年后仍未出现，提存的5.6万元现金的所有权人是谁？为什么？

二、典型合同

【思维导图】

法律事例3-12：

周某与郑某是老邻居，周某单位分了新房子准备搬家。搬家时，见郑某家因经济比较困难一直没有冰箱，自己搬新家准备买台新冰箱，就将原来使用的一台单门冰箱送给郑某，并对郑某说，这台冰箱用了12年，但一直都很好用，没出过毛病，如不嫌弃就留下使用。郑某说，旧的总比没有强，于是留下冰箱。半年后，这台冰箱在使用中突然因故障起火，烧毁了郑家的大部分财产。郑某向法院提起诉讼，认为周某没有告知冰箱存在质量问题，可能会引起火灾，导致他接受了冰箱，造成家庭财产的损失。要求周某对他家的经济损失承担损害赔偿责任。

思考：郑某的诉讼请求是否有法律依据？说明理由。

（一）买卖合同

1. 买卖合同概述

买卖合同，是指出卖人转移标的物的所有权于买受人，买受人支付价款的合同。

买卖合同有以下法律特征。

（1）买卖合同是出卖人转移财产所有权的合同。

（2）买卖合同是买受人支付价款的合同。

（3）买卖合同是诺成合同、有偿合同、双务合同、不要式合同。

2. 买卖合同当事人的权利和义务

买卖合同中当事人的权利和义务是相互对应的，买方的权利即为卖方的义务，卖方的权利即为买方的义务。

出卖人有以下主要义务。

（1）交付标的物。交付标的物是出卖人的首要义务，出卖人应当履行向买受人交付标的物或者交付提取标的物的单证的义务。

（2）转移标的物的所有权。买卖合同以转移标的物所有权为目的，因此出卖人负有转移标的物所有权归买受人的义务。为保证出卖人能够转移标的物的所有权归买受人，出卖人出卖的标的物应当属于出卖人所有或者出卖人有权处分之物。

（3）瑕疵担保义务。买卖合同中的瑕疵担保义务，是指出卖人一方移转财产给买受人时，有义务担保该财产无瑕疵，若移转的财产有瑕疵，则应向对方承担相当的责任。瑕疵担保义务分为物的瑕疵担保义务和权利瑕疵担保义务。

买受人有以下主要义务。

（1）支付价款。依合同的约定向出卖人支付价款，是买受人的主要义务。买受人须按合同约定的数额、时间、地点支付价款，并不得违反法律规定、公共秩序和善良风俗。

（2）受领并检验标的物。对于出卖人交付标的物及其有关权利和凭证，买受人有及时受领义务。买受人收到标的物时，有及时检验义务。

3. 特种买卖合同

特种买卖合同，是指特殊形态的买卖并具有特殊要件的买卖合同。我国民法典规定的特种买卖合同包括分期付款买卖合同、凭样品买卖合同、试用买卖合同、所有权保留买卖合同、招标投标买卖合同和拍卖合同等。

（二）赠与合同

1. 赠与合同概述

赠与合同，是指赠与人将自己的财产无偿给予受赠人，受赠人表示接受赠与的合同。

赠与合同有以下法律特征。

（1）赠与合同是转移财产所有权的合同。

（2）赠与合同是无偿合同。
（3）赠与合同是单务合同。
（4）赠与合同既有诺成合同的特点，又有实践合同的特点。

2. 赠与合同当事人的权利和义务

赠与人有以下主要义务。

（1）移转赠与标的物的义务。赠与的财产依法需要办理登记或者其他手续的，应当办理有关手续。

（2）瑕疵担保义务。赠与的财产有瑕疵的，赠与人不承担责任。附义务的赠与，赠与的财产有瑕疵的，赠与人在附义务的限度内承担与出卖人相同的责任。赠与人故意不告知瑕疵或者保证无瑕疵，造成受赠人损失的，应当承担赔偿责任。

受赠人的主要权利义务是：受赠人有无偿取得赠与物的权利，但赠与合同约定负担义务的，受赠人须按约定履行义务。

3. 赠与人的撤销权

赠与人的撤销权包括任意撤销权和法定撤销权。

（1）任意撤销权。赠与人在赠与财产的权利转移之前可以撤销赠与。经过公证的赠与合同或者依法不得撤销的具有救灾、扶贫、助残等公益、道德义务性质的赠与合同，不得任意撤销。

（2）法定撤销权。受赠人有下列情形之一的，赠与人可以撤销赠与：严重侵害赠与人或者赠与人近亲属的合法权益；对赠与人有扶养义务而不履行；不履行赠与合同约定的义务。赠与人的撤销权，自知道或者应当知道撤销事由之日起1年内行使。

（三）借款合同

借款合同，是指借款人向贷款人借款，到期返还借款并支付利息的合同。借款合同应当采用书面形式，但自然人之间借款另有约定的除外。

贷款人和借款人的主要义务见表3-4。

表3-4 贷款人和借款人的主要义务

贷款人的主要义务	借款人的主要义务
按期、足额提供贷款的义务	按照约定的日期和数额收取借款
保密义务	按照约定的用途使用借款
	按期返还借款并支付利息

（四）保证合同

保证合同，是指为保障债权的实现，保证人和债权人约定，当债务人不履行到期债务或者发生当事人约定的情形时，保证人履行债务或者承担责任的合同。

保证的方式包括一般保证和连带责任保证。当事人在保证合同中对保证方式没有约定或者约定不明确的，按照一般保证承担保证责任。

一般保证的保证人享有先诉抗辩权（检索抗辩权），即一般保证的保证人在主合同纠纷未经审判或者仲裁，并就债务人财产依法强制执行仍不能履行债务前，有权拒绝向债权人承担保证责任。

（五）租赁合同

租赁合同，是指出租人将租赁物交付承租人使用、收益，承租人支付租金的合同。
（1）出租人有以下主要义务。
①交付租赁物并在租赁期间保持租赁物使其符合约定用途。
②维修租赁物的义务。
③物的瑕疵担保义务。
④权利的瑕疵担保义务。
（2）承租人有以下主要义务。
①依约定方法或租赁物的性质使用租赁物的义务。
②妥善保管租赁物的义务。
③不得随意对租赁物进行改善或在租赁物上增设他物，也不得随意转租。
④支付租金的义务。
⑤返还租赁物的义务。

（六）承揽合同

承揽合同是承揽人按照定作人的要求完成工作，交付工作成果，定作人给付报酬的合同。因此承揽合同是有偿、诺成合同。承揽合同的内容包括承揽的标的、数量、质量、报酬，承揽方式，材料的提供，履行期限，验收标准和方法等条款。
（1）承揽人有以下主要义务。
①完成承揽工作的义务。
②接受定作人提供材料或依约提供材料的义务。
③交付工作成果的义务。
④承揽人的瑕疵担保义务。
⑤容忍义务。
⑥承揽人的保密义务和通知义务。
（2）定作人有以下主要义务。
①按照约定提供材料。
②支付报酬。
③协助义务。
④验收并受领工作成果。

法律事例 3-12 分析：

郑某的诉讼请求没有法律依据，其请求不能得到支持。根据民法典规定，赠与的财产有瑕疵的，赠与人不承担责任。附义务的赠与，赠与的财产有瑕疵的，赠与人在附义务的限度内承担与出卖人相同的责任。赠与人故意不告知瑕疵或者保证无瑕疵，造成受赠人损失的，应当承担赔偿责任。周某送郑某冰箱时没有要求郑某承担任何义务，所以周某赠与的财产即使有瑕疵也不需承担责任。况且，周某在送冰箱时告知郑某此冰箱已使用了12年，郑某在接受冰箱时对冰箱的现有品质是知悉的,并不存在赠与人故意不告知瑕疵的情况。所以,郑某的诉讼请求没有法律依据,无法得到支持。

> 【沙场练兵】

孙某与吴某约定,卖方孙某负责将所卖货物运送至买方吴某指定的仓库。孙某如约交付了货物,吴某也验收了货物,但是孙某没有把产品合格证和原产地证明文件交付给吴某,吴某支付了90%的货款。交货当晚,因为山洪暴发,吴某仓库里的货物全部毁损。

思考:1.孙某没有交付产品合格证和原产地证明是否构成违约?为什么?
2.本案货物的损失应当由谁承担?为什么?

三、准合同

【思维导图】

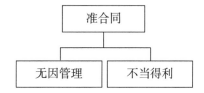

法律事例 3-13:

王某承包村里的鱼塘,经过精心经营,收成看好,就在鱼即将出塘上市之际,王某不幸溺水而亡,而其两个儿子都在外地工作,无力照管鱼塘。王某的同村好友李某主动担负起照管鱼塘的任务,并组织人员将鱼打捞上市出卖,获利4万元,其中,应向村里上缴1万元,李某组织人员打捞、卖鱼费用及其他必要费用共计2000元,现李某要求王某的继承人支付2000元费用,并要平分所剩的2.8万元款项。

思考:李某的行为属于什么性质?其要求是否合法?为什么?

(一)无因管理

无因管理,是指当事人没有法定或约定的义务,为避免他人利益受损失而自愿为他人管理事务或提供服务的事实行为。

(1)无因管理有以下构成要件。
①管理他人事务。
②没有法定或约定义务。
③有为他人利益管理的意思。
(2)管理人有以下主要义务。
①适当管理的义务。
②通知的义务。
③报告及交付的义务。

（3）受益人即本人有以下主要义务。
①偿还管理人因管理事务而支出的合理费用；无因管理是出于义举，管理人不得索要报酬。
②清偿管理人因管理事务负担的债务。
③赔偿管理人因管理事务所受的损失。

（二）不当得利

不当得利，是指没有法律上的依据，使他人受损而自己获得利益。

1.不当得利的构成要件

（1）须一方取得财产利益。
（2）须他方利益受损。
（3）一方受益和他方受损之间有因果关系。
（4）受益与受损均无合法依据。

2.不当得利的法律后果

得利人没有法律根据取得不当利益的，受损失的人可以请求得利人返还取得的利益。得利人不知道且不应当知道取得的利益没有法律根据，取得的利益已经不存在的，不承担返还该利益的义务。得利人知道或者应当知道取得的利益没有法律根据的，受损失的人可以请求得利人返还其取得的利益并依法赔偿损失。

法律事例 3-13 分析：

李某的行为属于无因管理，其请求不完全合法。根据民法典规定，管理人没有法定的或者约定的义务，为避免他人利益受损失而管理他人事务的，属于无因管理。李某在王某去世后，为避免王某的利益受损，主动帮助王某管理鱼塘事务，应属于无因管理。根据民法典规定，无因管理的管理人可以请求受益人偿还因管理事务而支出的必要费用；管理人因管理事务受到损失的，可以请求受益人给予适当补偿。管理人管理事务取得的财产，应当及时转交给受益人。李某帮助王某管理鱼塘事务支出的 2000 元可以请求王某的继承人偿还，但是李某要求与王某的继承人平分管理鱼塘取得的 2.8 万元，没有法律依据，其应当把该 2.8 万元及时转交给受益人即王某的继承人。综上所述，李某的行为属于无因管理，其请求不完全合法。

【沙场练兵】

一个深冬的傍晚，甲发现一头走失的牛，将其关进自己家的牛栏中，等待失主前来认领。当晚，狂降大雪，大雪压塌了牛栏，将牛压死。第二天，甲请人将牛屠宰，花去屠宰费 50 元，牛皮牛肉共卖得价款 500 元，该牛的价值 1000 元，后来牛主乙知道此事，要求甲返还牛款 1000 元，甲不愿返还任何牛款，为此发生纠纷。

思考：（1）甲乙之间是否形成不当得利之债？为什么？
（2）甲应向乙返还多少钱？为什么？

第四节 人格权

人格权,是指民事主体专属享有的、以人格利益为客体的、为维护主体的独立人格所必备的固有权利。人格权具有以下法律特征。
(1)是民事主体依法享有的与生俱来的固有权利。
(2)是民事主体平等享有的专属权利。
(3)是民事主体维护人格独立所必须具备的权利。
(4)是以人格利益为客体的权利。
(5)是一种绝对权。
人格权包括一般人格权和具体人格权。

一、一般人格权

【思维导图】

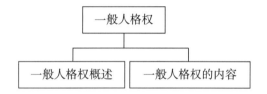

法律事例3-14:

某日,吴某,女,在某商店购物后离开时,店门口警报器鸣响,该店一女保安员上前阻拦吴某离店,并引导吴某穿行三处防盗门,警报器仍鸣响,吴某遂被保安人员带入该店办公室内。女保安用手提电子探测器对吴某女全身进行检查,确定在吴某的胸部带有磁信号。在女保安员及另一女文员在场的情况下,吴某解开上衣接受女保安的检查。未检查出吴某身上带有磁信号的商品,店方允许吴某离店。吴某遭受强行搜身,脱衣检查,导致心理受到极大伤害。于是,吴某起诉到法院,请求该商店赔偿精神损失费。

思考: 吴某的哪些权利受到了侵害?能否要求商店赔偿精神损失费?为什么?

(一)一般人格权概述

一般人格权,是指自然人享有的一般人格利益,概括了人格平等、人格独立、人格自由、人格尊严的全部内容,并由此产生和规定具体人格权的基本权利。

一般人格权具有以下法律特征。

(1)权利主体的普遍性。一般人格权的主体,是普遍主体,所有的自然人都依法享有一般人格权,且自然人之间的一般人格权一律平等。

（2）权利客体具有高度概括性。一般人格权的客体是一般人格利益，是对所有一般人格权客体的概括。

（3）权利内容具有广泛性。一般人格权范围极为广泛，既包括具体人格权的内容，也包括具体人格权不能包含的人格利益，在内容上是不可列举穷尽的。

（4）一般人格权是人的基本权利。一般人格权相对于具体人格权而言，是基本权利。具体人格权是由一般人格权派生出来的权利。

（二）一般人格权的内容

1. 人格独立
人格独立表明人人都有平等的权利，人人都有保护个人人格的权利，人人都有捍卫个人独立的权利。它包括民事主体的人格不受他人支配，民事主体的人格不受他人干涉，民事主体的人格不受他人控制。

2. 人格自由
人格自由，是权利主体自由参加社会活动、享有权利、行使权利的基本前提和基础。它包括保持人格的自由、发展人格的自由。

3. 人格尊严
人格尊严，是指民事主体作为一个"人"所应有的最起码的社会地位，并且应受到社会和他人最起码的尊重。人格尊严是一般人格权体系的核心，是一种主观认识与客观评价的结合。

民法典明确规定，自然人享有基于人身自由、人格尊严产生的人格权益。

法律事例 3-14 分析：

民法典规定，自然人享有基于人身自由、人格尊严产生的人格权益。民事主体的人格权受法律保护，任何组织或者个人不得侵害。以非法拘禁等方式剥夺、限制他人的行动自由，或者非法搜查他人身体的，受害人有权依法请求行为人承担民事责任。侵害自然人人身权益造成严重精神损害的，被侵权人有权请求精神损害赔偿。吴某被保安人员带入办公室，在女保安员及另一女文员在场的情况下，解脱衣扣接受检查后方被允许离开，这无疑侵害了吴某作为人的权利，是对其人格的侮辱，是对其人格尊严的严重侵害，同时也侵害了她的人身自由，造成其精神受到严重伤害。因此，吴某可以依法请求该商店承担精神损害赔偿责任。

【沙场练兵】

赵某面部被火烧伤，留有疤痕且面部畸形。某日，赵某与朋友一起去某酒吧聚会，酒吧保安把赵某拒之门外，并悄悄对赵某说，赵某长相太吓人，进酒吧会把其他客人吓走的。赵某非常气愤，于是，起诉至法院。

思考：赵某的什么权利受到侵害？请说明理由。

二、具体人格权

【思维导图】

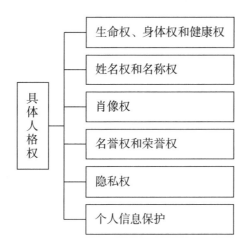

法律事例 3-15：

甲和乙同在一个公司打工，关系密切。不久，甲将其曾因盗窃 5000 元被判有期徒刑 2 年的秘密告诉乙，乙当时保证不泄露此事。后来两人关系恶化，乙便将此事宣扬出去，并暗自拍摄了甲单身放大照片，遇到不认识甲的打工仔，便指着照片说："这就是那个因盗窃 5000 元被判有期徒刑 2 年的甲！"此事传开后，甲因此受到孤立，精神万分痛苦，公司老板也将其辞退了。于是，甲起诉到法院。

思考：甲的哪些权利受到了侵害？为什么？

（一）生命权、身体权和健康权

生命权，是指自然人维持生命和维护生命安全利益的权利，是自然人最基本的人格权。其内容包括生命安全维护权和司法保护请求权。

身体权，是指自然人维护其身体完整并支配其肢体、器官和其他组织的具体人格权。其内容包括身体完整维护权、身体组织及器官的支配权。

健康权，是指自然人享有的以维护其生理机能正常运作和功能完善发挥的利益为内容的权利。其内容包括健康维护权和劳动能力保持权。

（二）姓名权和名称权

姓名权，是指自然人依法享有的决定、使用和改变自己的姓名，并排除他人干涉和侵害的权利。其内容包括姓名决定权、使用权、变更权。

名称权，是指法人及非法人组织依法享有的决定、使用、变更和转让其名称，并排除他人干涉和侵害的权利。其内容包括名称设定权、使用权、变更权、转让权。

民法典规定，任何组织或者个人不得以干涉、盗用、假冒等方式侵害他人的姓名权或者名称权。

（三）肖像权

肖像，是指通过影像、雕塑、绘画等方式在一定载体上所反映的，特定自然人可以被识别的外部形象。肖像权，是指自然人对自己的肖像享有制作、使用、公开或者许可他人使用，并排斥他人侵害的权利。它是以自然人的形象、特征利益为内容的人格权。

任何组织或者个人不得以丑化、污损，或者利用信息技术手段伪造等方式侵害他人的肖像权。未经肖像权人同意，不得制作、使用、公开肖像权人的肖像，但是法律另有规定的除外。未经肖像权人同意，肖像作品权利人不得以发表、复制、发行、出租、展览等方式使用或者公开肖像权人的肖像。

合理实施下列行为的，可以不经肖像权人同意。

（1）为个人学习、艺术欣赏、课堂教学或者科学研究，在必要范围内使用肖像权人已经公开的肖像。

（2）为实施新闻报道，不可避免地制作、使用、公开肖像权人的肖像。

（3）为依法履行职责，国家机关在必要范围内制作、使用、公开肖像权人的肖像。

（4）为展示特定公共环境，不可避免地制作、使用、公开肖像权人的肖像。

（5）为维护公共利益或者肖像权人合法权益，制作、使用、公开肖像权人的肖像的其他行为。

（四）名誉权和荣誉权

1. 名誉权

名誉，是指对民事主体的品德、声望、才能、信用等的社会评价。名誉权，是指民事主体就自己获得的社会评价享有利益并排斥他人干涉的权利。

（1）侵害名誉权须具备以下要件。

①行为人实施了侮辱、诽谤等行为。

②侵害名誉的行为须指向特定的人。

③行为人的行为须为第三人所知悉。

④行为人有过错。

（2）侵害名誉权的主要方式如下。

①捏造、歪曲事实。

②对他人提供的严重失实内容未尽到合理核实义务。

③使用侮辱性言辞等贬损他人名誉。

2. 荣誉权

荣誉是特定人从特定组织处依法获得的积极评价。荣誉权是指民事主体对自己的荣誉享有利益并排除他人非法侵害的权利。其内容包括荣誉保持权、荣誉利益支配权、荣誉维护权。

3. 名誉权与荣誉权的区别

名誉权和荣誉权是有区别的，见表3-5。

表 3-5　名誉权和荣誉权的区别

类别	主体范围	评价来源	评价范围	评价内容	取得方式	消灭方式
名誉权	自然人、法人普遍享有	社会对个人或法人的评价	名誉是综合评价	名誉包括积极评价和消极评价	不需要实施行为便可取得	无法剥夺或限制
荣誉权	某些特定的自然人、法人享有	有关组织授予民事主体的一种殊荣或嘉奖	荣誉是某个方面的评价	荣誉只是积极性评价	需有一定的积极行为才可取得	可依法剥夺或撤销

（五）隐私权

隐私，是指自然人的私人生活安宁和不愿为他人知晓的私密空间、私密活动、私密信息。隐私权，是指自然人享有的私人生活安宁与私人生活信息依法受到保护，不被他人非法侵扰、知悉、搜集、利用和公开等的一种人格权。其内容包括隐瞒权、隐私利用权、隐私支配权、隐私维护权。

任何组织或者个人不得以刺探、侵扰、泄露、公开等方式侵害他人的隐私权。除法律另有规定或者权利人明确同意外，任何组织或者个人不得实施下列行为。

（1）以电话、短信、即时通信工具、电子邮件、传单等方式侵扰他人的私人生活安宁。
（2）进入、拍摄、窥视他人的住宅、宾馆房间等私密空间。
（3）拍摄、窥视、窃听、公开他人的私密活动。
（4）拍摄、窥视他人身体的私密部位。
（5）处理他人的私密信息。
（6）以其他方式侵害他人的隐私权。

（六）个人信息保护

个人信息，是指以电子或者其他方式记录的能够单独或者与其他信息结合识别特定自然人的各种信息，包括自然人的姓名、出生日期、身份证件号码、生物识别信息、住址、电话号码、电子邮箱、健康信息、行踪信息等。个人信息中的私密信息，适用有关隐私权的规定；没有规定的，适用有关个人信息保护的规定。

1. 处理个人信息应当符合下列条件
（1）征得该自然人或者其监护人同意，但是法律、行政法规另有规定的除外。
（2）符合公开处理信息的规则。
（3）明示处理信息的目的、方式和范围。
（4）不违反法律、行政法规的规定和双方的约定。

2. 处理个人信息的免责事由
（1）在该自然人或者其监护人同意的范围内合理实施的行为。
（2）合理处理该自然人自行公开的或者其他已经合法公开的信息，但是该自然人明确拒绝或者处理该信息侵害其重大利益的除外。
（3）为维护公共利益或者该自然人合法权益，合理实施的其他行为。

法律事例 3-15 分析：

甲的肖像权和隐私权受到了侵害。根据民法典的规定，未经肖像权人同意，不得制作、使用、公开肖像权人的肖像。乙未经甲的同意，暗自拍摄了甲的单身照片，并公开使用该照片，所以，乙的行为侵害了甲的肖像权。隐私是自然人的私人生活安宁和不愿为他人知晓的私密空间、私密活动、私密信息。任何组织或者个人不得以刺探、侵扰、泄露、公开等方式侵害他人的隐私权。甲曾因盗窃 5000 元被判有期徒刑 2 年，是甲的私密信息，属于甲的隐私，乙获悉后保证不泄露此事，后因甲乙二人关系恶化，乙便将此事宣扬出去，所以，乙的行为侵害了甲的隐私权。故本案中甲的肖像权和隐私权受到了侵害。

【沙场练兵】

2021 年 8 月，某市展览馆与某科研单位和计生部门联合举办"优生优育展览"。为办好展览，他们将某妇产医院提供的该医院给青年妇女刘某拍摄的一张裸体照片，在未取得患者及其亲属同意的情况下，在展览会上公开展出。展出期间，刘某的父母看到其女儿的裸照被公开展出，其母气得当场昏倒在地。其父多次与主办单位交涉未果。刘的丈夫得知其妻的裸照被公开展出，愤然与其妻离婚。刘的父亲也因此奔走劳累和气愤，心脏病复发含恨而死。因此，刘某起诉到法院。

思考：刘某的何种权利受到侵害？为什么？

第五节　婚姻家庭

婚姻家庭受国家保护。我国实行婚姻自由、一夫一妻、男女平等的婚姻制度。法律规定保护妇女、未成年人、老年人、残疾人的合法权益。禁止包办、买卖婚姻和其他干涉婚姻自由的行为，禁止借婚姻索取财物，禁止重婚，禁止有配偶者与他人同居，禁止家庭暴力，禁止家庭成员间的虐待和遗弃。家庭应当树立优良家风，弘扬家庭美德，重视家庭文明建设。夫妻应当互相忠实，互相尊重，互相关爱；家庭成员应当敬老爱幼，互相帮助，维护平等、和睦、文明的婚姻家庭关系。

一、结婚

【思维导图】

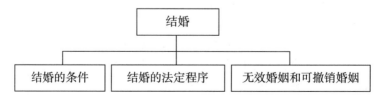

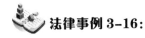**法律事例 3-16：**

王某（女）与杨某（男）于 2019 年 10 月 1 日登记结婚，登记时，王某与杨某均刚年满 21 岁。2021 年 8 月 20 日，杨某因公意外死亡，杨某死亡时留有遗产 150 万元，由于遗产的分割问题，杨某的父母和王某发生纠纷。杨某的父母起诉至法院，认为杨某结婚时 21 岁，不符合法定婚龄，杨某与王某的婚姻应当属于无效婚姻，因此，王某不能继承杨某男的遗产。

思考： 杨某父母的主张是否正确？为什么？

（一）结婚的条件

结婚又称婚姻成立，是指男女双方依照法律规定的条件和程序确立夫妻关系的民事法律行为。结婚的条件一般包括结婚的必备条件和结婚的禁止条件。

结婚的必备条件如下。

（1）必须男女双方完全自愿。结婚应当男女双方完全自愿，禁止任何一方对另一方加以强迫，禁止任何组织或者个人加以干涉。

（2）必须达到法定婚龄。结婚年龄，男不得早于 22 周岁，女不得早于 20 周岁。

（3）必须符合一夫一妻制。我国实行一夫一妻的婚姻制度，禁止重婚。

结婚的禁止条件是：直系血亲或者三代以内的旁系血亲禁止结婚。

（二）结婚的法定程序

结婚登记是我国法定的结婚程序。要求结婚的男女双方应当亲自到婚姻登记机关申请结婚登记。符合民法典规定的，予以登记，发给结婚证。完成结婚登记，即确立婚姻关系。未办理结婚登记的，应当补办登记。

结婚登记的具体程序可以分为申请、审查和登记三个环节。

1. 申请

办理结婚登记的当事人应当出具下列证件和证明材料。

（1）本人的户口簿、身份证。

（2）本人无配偶以及与对方当事人没有直系血亲和三代以内旁系血亲关系的签字声明。

2. 审查

审查是结婚登记工作的中心环节。婚姻登记机关对当事人的申请应当进行审查，查明结婚申请是否符合结婚条件，不明之处，应当向当事人询问，必要时，可要求当事人提供有关证明材料。

3. 登记

婚姻登记机关对当事人符合结婚条件的，应当当场予以登记，发给结婚证。对当事人不符合结婚条件不予登记的，应当向当事人说明理由。

办理结婚登记的当事人有下列情形之一的，婚姻登记机关不予登记。

（1）未到法定结婚年龄的。

（2）非双方自愿的。

（3）一方或者双方已有配偶的。

（4）属于直系血亲或者三代以内旁系血亲的。

（三）无效婚姻和可撤销婚姻

1. 无效婚姻

无效婚姻，是指因欠缺婚姻成立的有效要件，自始不产生法律效力的婚姻关系。

无效婚姻的法定情形是民法典规定，有下列情形之一的，婚姻无效。

（1）重婚。

（2）有禁止结婚的亲属关系。

（3）未到法定婚龄。

2. 可撤销婚姻

可撤销婚姻，是指因胁迫结婚的，受胁迫的一方可以向人民法院请求撤销婚姻；一方患有重大疾病的，应当在结婚登记前如实告知另一方，不如实告知的，另一方可以向人民法院请求撤销婚姻。

民法典规定，因胁迫结婚的，受胁迫的一方可以向人民法院请求撤销婚姻。请求撤销婚姻的，应当自胁迫行为终止之日起1年内提出。被非法限制人身自由的当事人请求撤销婚姻的，应当自恢复人身自由之日起1年内提出。一方患有重大疾病的，应当在结婚登记前如实告知另一方；不如实告知的，另一方可以向人民法院请求撤销婚姻。请求撤销婚姻的，应当自知道或者应当知道撤销事由之日起1年内提出。

无效的或者被撤销的婚姻自始没有法律约束力，当事人不具有夫妻的权利和义务。同居期间所得的财产，由当事人协议处理；协议不成的，由人民法院根据照顾无过错方的原则判决。

法律事例 3-16 分析：

杨某父母的主张不正确。根据《最高人民法院关于适用〈中华人民共和国民法典〉婚姻家庭编的解释（一）》第10条的规定，当事人可依据民法典第1051条规定向人民法院请求确认婚姻无效，法定的无效婚姻情形在提起诉讼时已经消失的，人民法院不予支持。王某与杨某于2019年10月1日登记结婚时，王某与杨某均刚年满21岁。2021年8月20日，杨某死亡时，杨某已经超过22岁，达到了结婚的法定年龄，此时法定的无效婚姻情形已经消失，王某应当作为杨某的合法配偶继承杨某的遗产。所以，杨某的父母以杨某未达到法定婚龄而婚姻无效，王某不能继承杨某的遗产的主张不正确。

【沙场练兵】

范某（女）2019年5月被拐卖，被迫与郭某（男）结婚，在打拐行动中，范某被解救，两年后，范某以受胁迫为由，申请撤销与郭某的婚姻。

思考：（1）对于范某的申请，法院能否予以支持？为什么？

（2）本案中若范某的母亲代范某申请撤销婚姻，可不可以？为什么？

二、离婚

【思维导图】

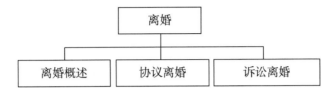

法律事例 3-17：

张某（男）与李某（女）于 2010 年结婚，婚后二人感情不和，经常吵架。李某多次与张某协商离婚，均因财产处理问题无法达成一致而未果。2015 年 5 月张某离家出走，下落不明。2019 年，经李某申请，人民法院依法宣告张某失踪。2021 年 8 月李某向法院提起诉讼，要求解除与张某的婚姻关系。

思考： 法院能否判决李某与张某离婚？为什么？

（一）离婚概述

离婚，是指夫妻双方通过协议或诉讼的方式解除婚姻关系，终止夫妻间权利和义务的法律行为。按照民法典的规定，如感情确已破裂，调解无效，应准予离婚。夫妻感情确已破裂是诉讼离婚的法定条件。

离婚有以下法律特征。
（1）离婚主体只能是夫妻双方本人。
（2）离婚必须在双方生存期间方可进行。
（3）离婚必须符合法定条件，经过法定程序。
（4）离婚的前提是存在合法的婚姻关系。
（5）离婚将产生一系列人身、财产的法律后果。
离婚包括协议离婚和诉讼离婚两种途径。

（二）协议离婚

协议离婚又称登记离婚，是指婚姻双方当事人自愿离婚的，须到婚姻登记机关进行离婚登记，经婚姻登记机关确认批准，发给离婚证，合法有效地解除婚姻关系。

1. 协议离婚的法定条件
（1）双方当事人自愿离婚。
（2）双方当事人须办理过结婚登记，持有结婚登记证明。
（3）双方当事人须具有完全民事行为能力。
（4）对子女抚养和财产问题达成协议。

2. 协议离婚的程序

（1）申请。双方当事人自愿离婚的，应当签订书面离婚协议，共同到有管辖权的婚姻登记机关提出申请，并提供相关证件和证明材料。

（2）受理。婚姻登记员按照《婚姻登记工作规范》的有关规定对当事人提交的材料进行初审，对当事人提交的证件和证明材料初审无误后，发给《离婚登记申请受理回执单》。不符合离婚登记申请条件的，不予受理。

（3）冷静期。自婚姻登记机关收到离婚登记申请并向当事人发放《离婚登记申请受理回执单》之日起30日内，任何一方不愿意离婚的，可以持本人有效身份证件和《离婚登记申请受理回执单》（遗失的可不提供，但需书面说明情况），向受理离婚登记申请的婚姻登记机关撤回离婚登记申请，并亲自填写《撤回离婚登记申请书》。经婚姻登记机关核实无误后，发给《撤回离婚登记申请确认单》，并将《离婚登记申请书》《撤回离婚登记申请书》《撤回离婚登记申请确认单（存根联）》一并存档。

自离婚冷静期届满后30日内，双方未共同到婚姻登记机关申请发给离婚证的，视为撤回离婚登记申请。

（4）审查。自离婚冷静期届满后30日内（期限届满的最后一日是节假日的，以节假日后的第一日为期限届满的日期），双方当事人应当持法律规定的相关证件和材料，共同到婚姻登记机关申请发给离婚证。

婚姻登记机关按照《婚姻登记工作规范》规定的程序和条件执行与审查。婚姻登记机关对不符合离婚登记条件的，不予办理。

（5）登记（发证）。婚姻登记机关查明双方确实是自愿离婚，并已经对子女抚养、财产以及债务处理等事项协商一致的，予以登记，发给离婚证。

（三）诉讼离婚

诉讼离婚，是指婚姻当事人一方向人民法院提起离婚的诉讼请求，经人民法院调解或判决而解除婚姻关系的制度。

1. 诉讼离婚的法定条件

人民法院审理离婚案件，应当进行调解；如果感情确已破裂，调解无效的，应当准予离婚。有下列情形之一，调解无效的，应当准予离婚。

（1）重婚或者与他人同居。

（2）实施家庭暴力或者虐待、遗弃家庭成员。

（3）有赌博、吸毒等恶习屡教不改。

（4）因感情不和分居满2年。

（5）其他导致夫妻感情破裂的情形。

一方被宣告失踪，另一方提起离婚诉讼的，应当准予离婚。经人民法院判决不准离婚后，双方又分居满1年，一方再次提起离婚诉讼的，应当准予离婚。

2. 诉讼离婚的特别规定

现役军人的配偶要求离婚，应当征得军人同意，但是军人一方有重大过错的除外。

女方在怀孕期间、分娩后1年内或者终止妊娠后6个月内，男方不得提出离婚；但是，女方提出离婚或者人民法院认为确有必要受理男方离婚请求的除外。

3. 诉讼离婚的法律后果

父母与子女间的关系，不因父母离婚而消除。离婚后，不满两周岁的子女，以由母亲直接抚养为原则。已满2周岁的子女，父母双方对抚养问题协议不成的，由人民法院根据双方的具体情况，按照最有利于未成年子女的原则判决。子女已满8周岁的，应当尊重其真实意愿。

离婚后，子女由一方直接抚养的，另一方应当负担部分或者全部抚养费。

离婚后，不直接抚养子女的父或者母，有探望子女的权利，另一方有协助的义务。

离婚时，夫妻的共同财产由双方协议处理；协议不成的，由人民法院根据财产的具体情况，按照照顾子女、女方和无过错方权益的原则判决。

夫妻一方因抚育子女、照料老年人、协助另一方工作等负担较多义务的，离婚时有权向另一方请求补偿，另一方应当给予补偿。具体办法由双方协议；协议不成的，由人民法院判决。

有下列情形之一，导致离婚的，无过错方有权请求损害赔偿。

（1）重婚。

（2）与他人同居。

（3）实施家庭暴力。

（4）虐待、遗弃家庭成员。

（5）有其他重大过错。

法律事例3-17分析：

人民法院应当判决李某与张某离婚。根据民法典规定，一方被宣告失踪，另一方提起离婚诉讼的，应当准予离婚。2015年5月张某离家出走，下落不明。2019年，经李某申请，人民法院依法宣告张某失踪。2021年8月李某向法院提起离婚诉讼请求，符合法律规定，应当准予离婚。所以，人民法院应当判决李某与张某离婚。

▶【沙场练兵】

王某（男）与李某（女）于2015年结婚，两人结婚用房是王某在2013年为结婚购置的，现价值380万元。2016年夫妇两人生育一女，孩子由王某的父母代为照顾。2019年王某的父亲去世，王某继承了10万元的遗产。2020年李某的父亲去世，去世之前李某的父亲留下遗嘱，让李某继承其一批字画，估价100万元。王某平时爱好写作，出版了一部小说，稿酬6000元。2020年结婚五周年纪念日，两人用存款购买一辆价值30万元的汽车，一直由李某使用。2021年元旦同学聚会，李某遇到了初恋情人刘某，李某为了与刘某在一起，辞去了工作，准备双双远走高飞，并向法院起诉离婚。王某同意离婚，但双方对孩子的抚养权、财产分割等问题不能达成协议。

思考：（1）本案的财产如何分割？为什么？

（2）孩子由谁抚养？为什么？

三、家庭关系

【思维导图】

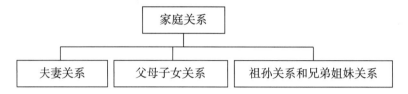

法律事例 3-18：

曹某（男）和纪某（女）是一对非常要好的中学同学。2015年曹某考上大学，而纪某不幸落榜。曹某自幼丧父，只有母子二人相依为命。现曹母又患病在身，家境困难。为帮助曹某顺利读完大学，纪某放弃复习再考的机会，在村办工厂就业，照顾曹母。2019年，曹某毕业回到家乡并与纪某领了结婚证，举办了婚礼。一次，纪某进城探望丈夫，不幸被车撞伤，右腿截肢。开始曹某还能悉心照顾，可后来慢慢变了。这时曹母病故，曹某办完母亲丧事，回到单位以后，常常整月不回家，也不给纪某生活费。纪某右腿截肢，无法工作又要花钱治病，还需要人照顾，生活陷入困境，暂时住到娘家。后纪某得知曹某与其单位一女工谈上了恋爱。纪某好言相劝，但曹某依然如故，拒付生活费。2021年8月纪某向法院起诉，要求曹某付给生活费。

思考：纪某的要求能否得到法院的支持？为什么？

（一）夫妻关系

夫妻关系，是指夫妻在家庭中的地位以及相互间的权利义务关系，其中包括夫妻人身关系和夫妻财产关系。

1. 夫妻人身关系

夫妻人身关系，是指与夫妻双方的人格、身份相联系而不具有直接财产内容的权利和义务关系。

我国法律规定的夫妻人身关系主要有如下内容。

（1）夫妻各有独立姓名权。
（2）夫妻人身自由权。
（3）夫妻住所决定权。
（4）夫妻抚养、教育和保护子女权。
（5）夫妻扶养权。
（6）日常家事代理权。
（7）夫妻继承权。

2. 夫妻财产关系

夫妻财产关系，是指夫妻在家庭财产方面的权利义务关系。

夫妻在婚姻关系存续期间所得的下列财产，为夫妻的共同财产，归夫妻共同所有，有平等的处理权。

（1）工资、奖金、劳务报酬。
（2）生产、经营、投资的收益。
（3）知识产权的收益。
（4）继承或者受赠的财产，但是遗嘱或者赠与合同中确定只归一方的财产除外。
（5）其他应当归共同所有的财产。

下列财产为夫妻一方的个人财产。
（1）一方的婚前财产。
（2）一方因受到人身损害获得的赔偿或者补偿。
（3）遗嘱或者赠与合同中确定只归一方的财产。
（4）一方专用的生活用品。
（5）其他应当归一方的财产。

男女双方可以约定婚姻关系存续期间所得的财产以及婚前财产归各自所有、共同所有或者部分各自所有、部分共同所有。约定应当采用书面形式。没有约定或者约定不明确的，适用民法典的相关规定。夫妻对婚姻关系存续期间所得的财产以及婚前财产的约定，对双方具有法律约束力。夫妻对婚姻关系存续期间所得的财产约定归各自所有，夫或者妻一方对外所负的债务，相对人知道该约定的，以夫或者妻一方的个人财产清偿。

婚姻关系存续期间，有下列情形之一的，夫妻一方可以向人民法院请求分割共同财产。
（1）一方有隐藏、转移、变卖、毁损、挥霍夫妻共同财产或者伪造夫妻共同债务等严重损害夫妻共同财产利益的行为。
（2）一方负有法定扶养义务的人患重大疾病需要医治，另一方不同意支付相关医疗费用。

（二）父母子女关系

父母子女关系，又称亲子关系，亲是指父母，子指子女，它是指基于子女出生的事实或法律拟制而形成的父母子女间的权利义务关系。

父母子女关系分为自然血亲的父母子女关系（包括婚生和非婚生的父母子女关系）和法律拟制的父母子女关系（包括养父母子女关系和继父母子女关系）。

婚生子女，是指有合法婚姻关系的男女所生育的子女。

非婚生子女，是指男女没有缔结合法婚姻关系时所生的子女。非婚生子女享有与婚生子女同等的权利，任何组织或者个人不得加以危害和歧视。

养父母子女关系，是指通过收养的法律行为在收养人与被收养之间形成的权利义务关系。自收养关系成立之日起，养父母与养子女间的权利义务关系，适用民法典关于父母子女关系的规定。

继父母子女关系，是指由于生父母一方死亡，另一方带子女再婚或生父母离婚后另行再婚形成的权利义务关系。继父或者继母和受其抚养教育的继子女间的权利义务关系，适用民法典关于父母子女关系的规定。

父母不履行抚养义务的，未成年子女或者不能独立生活的成年子女，有要求父母给付抚养费的权利。成年子女不履行赡养义务的，缺乏劳动能力或者生活困难的父母，有要求成年子女给付赡养费的权利。

父母有教育、保护未成年子女的权利和义务。未成年子女造成他人损害的，父母应当依法承担民事责任。子女应当尊重父母的婚姻权利，不得干涉父母离婚、再婚以及婚后的生活。子女对父母的赡养义务，不因父母的婚姻关系变化而终止。父母和子女有相互继承遗产的权利。

（三）祖孙关系和兄弟姐妹关系

祖孙关系，是指祖父母、外祖父母与孙子女、外孙子女之间的权利义务关系。有负担能力的祖父母、外祖父母，对于父母已经死亡或者父母无力抚养的未成年孙子女、外孙子女，有抚养的义务。有负担能力的孙子女、外孙子女，对于子女已经死亡或者子女无力赡养的祖父母、外祖父母，有赡养的义务。

兄弟姐妹关系，是指兄弟姐妹之间在特定条件下依法形成的扶养关系和财产继承关系。有负担能力的兄、姐，对于父母已经死亡或者父母无力抚养的未成年弟、妹，有扶养的义务。由兄、姐扶养长大的有负担能力的弟、妹，对于缺乏劳动能力又缺乏生活来源的兄、姐，有扶养的义务。

  法律事例3-18分析：

根据民法典的规定，夫妻有相互扶养的义务。需要扶养的一方，在另一方不履行扶养义务时，有要求其给付扶养费的权利。本案中，曹某和纪某是合法夫妻，纪某因身体残疾需要扶养，曹某不履行扶养义务，纪某有权要求曹某给付扶养费。所以，纪某要求曹某给付生活费应当得到法院的支持。

▶【沙场练兵】

刘某（女）与王某（男）于2019年结婚，之后，酷爱运动的王某在运动会上多次获奖，先后得到金牌1枚、银牌3枚、铜牌2枚，同时还有30万元奖金。2021年3月，刘某起诉离婚。分割财产时，刘某提出要奖牌及奖金的一半，理由是如果没有自己的支持和付出，王某是不可能取得这些奖牌和奖金的。对此，王某认为，奖牌和奖金不是夫妻共同财产，不同意分割。

思考：本案的奖牌和奖金应如何分割？为什么？

第六节 继承

继承，是指将死者生前所有的于死亡时遗留的个人合法财产依法转移给他人所有的制度。被继承人死亡时遗留的合法个人财产为遗产。

继承从被继承人死亡时开始。相互有继承关系的数人在同一事件中死亡，难以确定死亡时间的，推定没有其他继承人的人先死亡。都有其他继承人，辈分不同的，推定长辈先死亡；辈分相同的，推定同时死亡，相互不发生继承。

继承开始后，按照法定继承办理；有遗嘱的，按照遗嘱继承或者遗赠办理；有遗赠扶养协议的，按照协议办理。继承开始后，继承人放弃继承的，应当在遗产处理前，以书面形式作出放弃继承的表示；没有表示的，视为接受继承。受遗赠人应当在知道受遗赠后60日内，作出接受或者放弃受遗赠的表示；到期没有表示的，视为放弃受遗赠。

继承人有下列行为之一，继承权丧失。

（1）故意杀害被继承人。

（2）为争夺遗产而杀害其他继承人。

（3）遗弃被继承人，或者虐待被继承人，情节严重。

（4）伪造、篡改、隐匿或者销毁遗嘱，情节严重。

（5）以欺诈、胁迫手段迫使或者妨碍被继承人设立、变更或者撤回遗嘱，情节严重。

继承人有上述第（3）项至第（5）项行为，确有悔改表现，被继承人表示宽恕或者事后在遗嘱中将其列为继承人的，该继承人不丧失继承权。

一、法定继承

【思维导图】

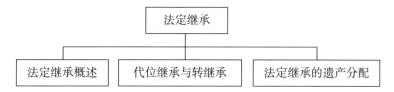

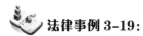 **法律事例3-19：**

张某（男）75岁与王某（女）70岁均系再婚，二人再婚前各有一女。再婚时，张某的女儿和王某的女儿均已经结婚，并分别生有两个儿子，均未与二人共同生活。二人结婚后，共同积蓄60万元人民币。张某之女于2018年先于张某死亡。2020年12月，张某死亡，遗产未分割。2021年2月，王某病故。王某之女于2021年8月死亡。对张某与王某所遗的60万元如何分配，双方的外孙发生纠纷。

思考：本案应如何处理？

（一）法定继承概述

法定继承，是指根据法律直接规定的继承人的范围、继承人继承的顺序、继承人继承遗产的份额及遗产的分配原则继承被继承人的遗产。

1. 法定继承人的范围

配偶，子女（包括婚生子女、非婚生子女、养子女和有扶养关系的继子女），父母（包括生父母、养父母和有扶养关系的继父母），兄弟姐妹（包括同父母的兄弟姐妹、同父异母或者同母异父的兄弟姐妹、养兄弟姐妹、有扶养关系的继兄弟姐妹），祖父母，外祖父母。

2. 法定继承人的继承顺序

（1）第一顺序：配偶、子女、父母。

（2）第二顺序：兄弟姐妹、祖父母、外祖父母。

继承开始后，由第一顺序继承人继承，第二顺序继承人不继承；没有第一顺序继承人继承的，由第二顺序继承人继承。

丧偶儿媳对公婆，丧偶女婿对岳父母，尽了主要赡养义务的，作为第一顺序继承人。

（二）代位继承与转继承

1. 代位继承

代位继承，是指被继承人的子女先于被继承人死亡的，由被继承人的子女的直系晚辈血亲代位继承；被继承人的兄弟姐妹先于被继承人死亡的，由被继承人的兄弟姐妹的子女代位继承。

被继承人的子女的直系晚辈血亲代位继承具备的条件。

（1）被代位人必须先于被继承人死亡。

（2）被代位人须为先于被继承人死亡的子女。

（3）代位人须是被继承人的晚辈直系血亲，代位继承人不受辈数的限制。

（4）被代位人与代位人均未丧失继承权。

（5）代位继承只适用于法定继承。

被继承人的兄弟姐妹的子女代位继承具备的条件。

（1）被继承人死亡前已无第一顺序继承人，且无被继承人子女的晚辈直系血亲代位继承。

（2）被继承人的兄弟姐妹先于被继承人死亡，且兄弟姐妹的子女在世。

（3）被继承人的兄弟姐妹及其子女均未丧失继承权。

（4）只适用于法定继承。

代位继承人一般只能继承被代位继承人有权继承的遗产份额。

2. 转继承

转继承，又称转归继承、连续继承、再继承，是指继承人在继承开始后遗产分割前死亡时，其有权接受的遗产转由其法定继承人继承的制度。

适用转继承应当具备以下条件。

（1）继承人于继承开始后，遗产分割前死亡。

（2）须被转继承人生前未丧失或者放弃继承权。

（3）被转继承人有合法继承人。

（三）法定继承的遗产分配

同一顺序继承人继承遗产的份额，一般应当均等。

特殊情形下继承人继承的份额可以不均等，主要包括以下情形。

（1）对生活有特殊困难又缺乏劳动能力的继承人，分配遗产时，应当予以照顾。

（2）对被继承人尽了主要扶养义务或者与被继承人共同生活的继承人，分配遗产时，可以多分。

（3）有扶养能力和有扶养条件的继承人，不尽扶养义务的，分配遗产时，应当不分或者少分。

（4）继承人协商同意的，也可以不均等。

对继承人以外的依靠被继承人扶养的人，或者继承人以外的对被继承人扶养较多的人，可以分给适当的遗产。

法律事例 3-19 分析：

根据民法典的规定，遗产第一顺序继承为：配偶、子女、父母。被继承人的子女先于被继承人死亡的，由被继承人的子女的直系晚辈血亲代位继承。代位继承人一般只能继承被代位继承人有权继承的遗产份额。继承开始后，继承人于遗产分割前死亡，并没有放弃继承的，该继承人应当继承的遗产转给其继承人。本案中，60 万元属于张某与王某的共同财产，应当各自一半。张某的遗产为 30 万元，张某死亡后，其第一顺序的继承人为配偶王某和张某的女儿，所以 30 万元遗产应当分给王某 15 万元和张某的女儿 15 万元。张某的女儿先于张某死亡，其应当继承的 15 万元的份额由其两个儿子即张某的外孙子代位继承。王某拥有遗产 45 万元（即分割的共同财产 30 万元和继承的 15 万元），王某的女儿是其唯一的第一顺序继承人，王某死亡后遗产分割之前，王某之女死亡，所以王某的女儿继承的 45 万元遗产应当转给其两个儿子即王某的外孙子及王某的女儿的其他第一顺序继承人继承。

【沙场练兵】

李某丧妻，独生子李二于 2015 年结婚，婚后与父亲分开居住。2018 年 1 月李某与丧偶的刘某（女）登记结婚，婚后刘某与李某同住。刘某无子女，只有一个妹妹刘花，刘花已经离婚，无子女，暂时与李某、刘某一起居住。2021 年 1 月 6 日，刘花发现李某、刘某煤气中毒，此时，李某已死，而刘某在送往医院的途中死亡。李某、刘某留有遗产 6 万元，李二与刘花为继承遗产发生纠纷。

思考：本案应如何处理？为什么？

二、遗嘱继承与遗赠

【思维导图】

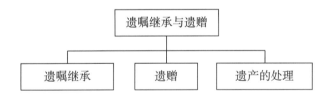

 法律事例 3-20：

2005 年，吴某与李某结婚，次年他们生有一子，取名吴二。后来，吴某与李某离婚，儿子吴二由吴某抚养。李某每月支付抚养费 300 元，离婚后吴某的妹妹吴花常来照顾吴二，二人感情较深，吴花把吴二当作自己的孩子一样看待。2018 年 9 月，吴某去世，吴花把吴二带到自己家生活，并代管了吴二继承的遗产。2021 年年初，吴二患癌症并于当年 5 月去世。吴二在去世之前自书遗嘱，把其全部财产 20 万元全部留给小姑吴花。李某与吴花为遗产发生纠纷。

思考：吴二所立遗嘱是否有效？为什么？

（一）遗嘱继承

1. 遗嘱继承概述

遗嘱继承，是指继承开始后，按照被继承人所立的合法有效遗嘱继承被继承人遗产的继承制度。遗嘱继承是由设立遗嘱和遗嘱人死亡两个法律事实所构成。

遗嘱继承具有以下特征。

（1）遗嘱继承直接体现着被继承人的意思。

（2）发生遗嘱继承须有被继承人死亡和合法有效的遗嘱两个法律事实。

（3）遗嘱继承人和法定继承人的范围相同，但遗嘱继承不受法定继承顺序和应继份额的限制。

（4）遗嘱继承的效力优于法定继承的效力。

遗嘱继承适用以下条件。

（1）被继承人生前立有遗嘱，并且遗嘱合法有效。

（2）立遗嘱人死亡。

（3）被继承人生前没有签订遗赠扶养协议。

（4）遗嘱中指定的继承人未丧失继承权，也未放弃继承权，同时也未先于被继承人死亡。

2. 遗嘱

遗嘱，是指遗嘱人生前在法律允许的范围内，按照法律规定的方式对其遗产或其他事务所作的个人处分，并于遗嘱人死亡时发生效力的单方民事法律行为。我国法律规定，自然人可以立遗嘱将个人财产指定由法定继承人中的一人或者数人继承。

遗嘱具有以下法律特征。

（1）遗嘱是一种单方、要式的民事法律行为。

（2）遗嘱是于遗嘱人死亡后才发生法律效力的民事法律行为。

（3）遗嘱是遗嘱人亲为的民事法律行为。

（4）遗嘱人必须具备完全民事行为能力。

（5）紧急情况下，才能采用口头形式。

3. 遗嘱的形式

遗嘱的形式包括自书遗嘱、代书遗嘱、打印遗嘱、录音录像遗嘱、口头遗嘱和公证遗嘱六种。

（1）自书遗嘱须由遗嘱人亲笔书写遗嘱的全部内容，由遗嘱人签名，并注明年、月、日。

（2）代书遗嘱须由两个以上见证人在场见证，由其中一人代书，并由遗嘱人、代书人和其他见证人签名，注明年、月、日。

（3）打印遗嘱须有两个以上见证人在场见证。遗嘱人和见证人应当在遗嘱每一页签名，并注明年、月、日。

（4）录音录像遗嘱，应当有两个以上见证人在场见证。遗嘱人和见证人应当在录音录像中记录其姓名或者肖像，以及年、月、日。

（5）遗嘱人在危急情况下，可以立口头遗嘱。口头遗嘱应当有两个以上见证人在场见证。危急情况消除后，遗嘱人能够以书面或者录音录像形式立遗嘱的，所立的口头遗嘱无效。

（6）公证遗嘱由遗嘱人经公证机构办理的遗嘱。

我国民法典规定，下列人员不能作为遗嘱见证人。

（1）无民事行为能力人、限制民事行为能力人及其他不具有见证能力的人。

（2）继承人、受遗赠人。
（3）与继承人、受遗赠人有利害关系的人。

4. 遗嘱的有效要件

遗嘱的有效要件包括形式要件和实质要件。遗嘱有效的形式要件，是指遗嘱的形式符合法律的规定。遗嘱的形式若不符合法律的要求，遗嘱也就无效。这里所说的遗嘱有效要件，仅指遗嘱有效的实质要件。

遗嘱具有以下有效要件。

（1）遗嘱人须具有完全民事行为能力。
（2）遗嘱须是遗嘱人的真实意思表示（受欺诈、胁迫所立的遗嘱无效，伪造的遗嘱无效，遗嘱被篡改的，篡改的内容无效）。
（3）遗嘱不得取消缺乏劳动能力又没有生活来源的继承人的继承权。
（4）遗嘱中所处分的财产须为遗嘱人的个人财产。
（5）遗嘱应当符合法定的形式，且须不违反社会公共利益和社会公德。

5. 遗嘱的撤回、变更以及遗嘱效力顺位

遗嘱人可以撤回、变更自己所立的遗嘱。立遗嘱后，遗嘱人实施与遗嘱内容相反的民事法律行为的，视为对遗嘱相关内容的撤回。立有数份遗嘱，内容相抵触的，以最后的遗嘱为准。

（二）遗赠

遗赠，是指自然人以遗嘱的方式将其个人财产赠与国家、集体或者法定继承人以外的组织、个人，而于其死亡后发生效力的民事法律行为。

遗赠的特征如下。

（1）遗赠是一种单方、无偿的民事法律行为。
（2）遗赠是于遗赠人死亡后生效的民事法律行为。
（3）受遗赠人是法定继承人以外的组织、个人。
（4）遗赠具有不可替代性，只能由受遗赠人接受的行为。

（三）遗产的处理

1. 遗产的保护

继承开始后，知道被继承人死亡的继承人应当及时通知其他继承人和遗嘱执行人。继承人中无人知道被继承人死亡或者知道被继承人死亡而不能通知的，由被继承人生前所在单位或者住所地的居民委员会、村民委员会负责通知。存有遗产的人，应当妥善保管遗产，任何组织或者个人不得侵吞或者争抢。

有下列情形之一的，遗产中的有关部分按照法定继承办理。

（1）遗嘱继承人放弃继承或者受遗赠人放弃受遗赠。
（2）遗嘱继承人丧失继承权或者受遗赠人丧失受遗赠权。
（3）遗嘱继承人、受遗赠人先于遗嘱人死亡或者终止。
（4）遗嘱无效部分所涉及的遗产。
（5）遗嘱未处分的遗产。

2. 遗产的分割

夫妻共同所有的财产，除有约定的，遗产分割时，应当先将共同所有的财产的一半分出为

配偶所有,其余的为被继承人的遗产。遗产在家庭共有财产之中的,遗产分割时,应当先分出他人的财产。

遗产分割时,应当保留胎儿的继承份额。胎儿娩出时是死体的,保留的份额按照法定继承办理。

自然人可以与继承人以外的组织或者个人签订遗赠扶养协议。按照协议,该组织或者个人承担该自然人生养死葬的义务,享有受遗赠的权利。

分割遗产,应当清偿被继承人依法应当缴纳的税款和债务;但是,应当为缺乏劳动能力又没有生活来源的继承人保留必要的遗产。

无人继承又无人受遗赠的遗产,归国家所有,用于公益事业;死者生前是集体所有制组织成员的,归所在集体所有制组织所有。

3. 遗产的清偿

继承人以所得遗产实际价值为限清偿被继承人依法应当缴纳的税款和债务。超过遗产实际价值部分,继承人自愿偿还的不在此限。继承人放弃继承的,对被继承人依法应当缴纳的税款和债务可以不负清偿责任。

执行遗赠不得妨碍清偿遗赠人依法应当缴纳的税款和债务。既有法定继承又有遗嘱继承、遗赠的,由法定继承人清偿被继承人依法应当缴纳的税款和债务;超过法定继承遗产实际价值部分,由遗嘱继承人和受遗赠人按比例以所得遗产清偿。

法律事例 3-20 分析:

吴二所立遗嘱无效。根据民法典的规定,无民事行为能力人或者限制民事行为能力人所立的遗嘱无效。本案中,吴二 2006 年出生,2021 年才 15 岁,其 2021 年去世之前所立的遗嘱,属于限制民事行为能力人所立遗嘱,所以,吴二所立遗嘱无效。

▶【沙场练兵】

甲有房屋 5 间,其妻早亡,有乙、丙二子及女儿丁,甲单独生活。2020 年,甲得病住院,因大儿子乙精心伺候,甲得以康复,于是甲自书遗嘱,由乙继承 5 间房屋中的 3 间,并继承其存款 1 万元。甲病愈后到其女丁家休养。2021 年,甲旧病复发,住院期间,甲当着乙、丙、丁的面又口述立下遗嘱,要求 5 间房屋由乙、丙各继承 2 间,丁继承 1 间。甲死后,共留下遗产房屋 5 间及存款 22 万元。现在乙、丙、丁为争夺遗产发生纠纷。

思考:本案应如何处理?

第七节 侵权责任

侵权责任,是指侵权行为人因实施了侵害他人财产权利或人身权利而依法承担的民事法律责任。其法律特征如下。

(1)一种强制性的民事责任,是以国家强制力保障其实施的法律责任。

(2）民事主体违反了法定义务而应承担的法律后果。
(3）以侵权行为的存在为前提的。
(4）侵权责任的形式具有多样性。

一、一般侵权

【思维导图】

法律事例 3-21：

2021年3月2日，公交车司机甲驾车正常拐弯时，突然乙驾车违章迎面驶来，眼看一场车祸就要发生，甲眼疾手快，急忙往右一拐，驶进人行道。结果把行走的丙撞伤，甲承担了医疗费2万元。

思考：本案应如何处理？

（一）归责原则

侵权责任的归责原则，是确定侵权人承担民事责任的根据和标准。归责原则包括过错责任原则、过错推定原则、无过错责任原则和公平责任原则。

过错责任原则，是指以行为人主观上的过错为承担民事责任根据的准则，即"无过错，则无责任"。过错责任原则适用于一般的侵权责任。

过错推定原则，是指加害人如果不能证明其没有过错，则推定其有过错。过错责任原则和过错推定原则都是以加害人有过错作为承担民事责任的根据，不同之处在于举证责任的承担。

无过错责任原则，是指没有过错造成他人损害的，依照法律的特别规定，应由与造成损害结果有关的人承担民事责任的原则。

公平责任原则，是指当事人对造成损害都无过错，又不能适用无过错责任原则要求加害人承担赔偿责任，致使受害人遭受的重大损害得不到补偿，显失公平的情况下，由人民法院根据实际情况，由双方当事人公平合理地分担损失的一种归责原则。

（二）构成要件

一般侵权责任具有以下构成要件。
（1）违法行为。包括作为和不作为两种形式。
（2）损害事实。包括人身权益损害和财产权利损害。
（3）因果关系。违法行为与损害结果之间要有因果关系。
（4）主观过错。过错分为故意和过失两种形式，故意和过失又分为故意、重大过失、一般过失和轻微过失四个等级。

（三）数人侵权行为与责任

二人以上共同实施侵权行为，造成他人损害的，应当承担连带责任。教唆、帮助他人实施侵权行为的，应当与行为人承担连带责任。教唆、帮助无民事行为能力人、限制民事行为能力人实施侵权行为的，应当承担侵权责任；该无民事行为能力人、限制民事行为能力人的监护人未尽到监护职责的，应当承担相应的责任。

二人以上实施危及他人人身、财产安全的行为，其中一人或者数人的行为造成他人损害，能够确定具体侵权人的，由侵权人承担责任；不能确定具体侵权人的，行为人承担连带责任。二人以上分别实施侵权行为造成同一损害，每个人的侵权行为都足以造成全部损害的，行为人承担连带责任。二人以上分别实施侵权行为造成同一损害，能够确定责任大小的，各自承担相应的责任；难以确定责任大小的，平均承担责任。被侵权人对同一损害的发生或者扩大有过错的，可以减轻侵权人的责任。

（四）免责事由

侵权责任的免责事由又称抗辩事由，是指在民事诉讼中，被告针对原告所提出的诉讼请求，而提出的主张对方当事人之诉讼请求不成立或者不完全成立的事实依据。

侵权责任的免责事由主要包括受害人故意、第三人过错、不可抗力、正当防卫、紧急避险、职务授权行为、受害人承诺、自助行为、意外事件、自甘风险。

（五）损害赔偿

侵害他人造成人身损害的，应当赔偿医疗费、护理费、交通费、营养费、住院伙食补助费等为治疗和康复支出的合理费用，以及因误工减少的收入。造成残疾的，还应当赔偿辅助器具费和残疾赔偿金；造成死亡的，还应当赔偿丧葬费和死亡赔偿金。因同一侵权行为造成多人死亡的，可以以相同数额确定死亡赔偿金。

侵害他人人身权益造成财产损失，按照被侵权人因此受到的损失或者侵权人因此获得的利益赔偿。

侵害自然人人身权益造成严重精神损害的，被侵权人有权请求精神损害赔偿。因故意或者重大过失侵害自然人具有人身意义的特定物造成严重精神损害的，被侵权人有权请求精神损害赔偿。

法律事例3-21分析：

丙受伤花费2万元应当由乙承担。根据民法典第182条的规定，因紧急避险造成损害的，由引起险情发生的人承担民事责任。司机甲为避免更大的车祸发生驾车驶入人行道撞伤丙的行为属于紧急避险，而险情是乙驾车违章行驶引起的，所以甲撞伤丙造成的损失应当由乙承担。

【沙场练兵】

张某在某市的十字街头附近看到对面大楼外墙上的电子屏幕上正在播放广告，被广告里的美女吸引，忘了脚下。因某饭店把油腻的污水洒在人行道上，张某踩在上面滑倒，摔成重伤。

思考：张某的损失由谁承担？为什么？

二、特殊侵权责任

【思维导图】

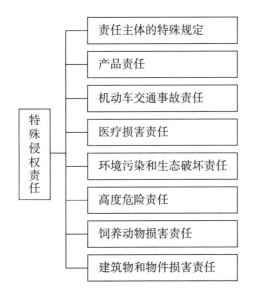

特殊侵权责任，是指当事人基于自己有关的行为、物件、事件或者其他特别原因致人损害，依照民法上的特别责任条款或者民事特别法的规定，仍应对他人的人身、财产损失承担民事责任。

法律事例 3-22：

2021年夏天，甲在乙商场买了几瓶啤酒与朋友一起聚餐，甲开酒瓶时，"砰"的一声，瓶子爆炸了，甲的胳膊被玻璃划破，缝了5针，花去医疗费5000多元。经查，甲开瓶没有过错，而是啤酒瓶质量不合格所致。

思考：该案应如何处理？为什么？

（一）责任主体的特殊规定

1. 监护人责任

无民事行为能力人、限制民事行为能力人造成他人损害的，由监护人承担侵权责任。监护人尽到监护职责的，可以减轻其侵权责任。

2. 暂时丧失心智损害责任

完全民事行为能力人对自己的行为暂时没有意识或者失去控制造成他人损害有过错的，应当承担侵权责任；没有过错的，根据行为人的经济状况对受害人适当补偿。完全民事行为能力人因醉酒、滥用麻醉药品或者精神药品对自己的行为暂时没有意识或者失去控制造成他人损害的，应当承担侵权责任。

3. 用人者责任

工作人员因执行工作任务造成他人损害的，由用人单位承担侵权责任。用人单位承担侵权责任后，可以向有故意或者重大过失的工作人员追偿。劳务派遣期间，被派遣的工作人员因执行工作任务造成他人损害的，由接受劳务派遣的用工单位承担侵权责任；劳务派遣单位有过错的，承担相应的责任。

个人之间形成劳务关系，提供劳务一方因劳务造成他人损害的，由接受劳务一方承担侵权责任。接受劳务一方承担侵权责任后，可以向有故意或者重大过失的提供劳务一方追偿。提供劳务一方因劳务受到损害的，根据双方各自的过错承担相应的责任。

提供劳务期间，因第三人的行为造成提供劳务一方损害的，提供劳务一方有权请求第三人承担侵权责任，也有权请求接受劳务一方给予补偿。接受劳务一方补偿后，可以向第三人追偿。

4. 网络侵权责任

网络用户、网络服务提供者利用网络侵害他人民事权益的，应当承担侵权责任。法律另有规定的，依照其规定。

网络用户利用网络服务实施侵权行为的，权利人有权通知网络服务提供者采取删除、屏蔽、断开链接等必要措施。通知应当包括构成侵权的初步证据及权利人的真实身份信息。网络服务提供者接到通知后，应当及时将该通知转送相关网络用户，并根据构成侵权的初步证据和服务类型采取必要措施；未及时采取必要措施的，对损害的扩大部分与该网络用户承担连带责任。

权利人因错误通知造成网络用户或者网络服务提供者损害的，应当承担侵权责任。法律另有规定的，依照其规定。

5. 安全保障义务人责任

宾馆、商场、银行、车站、机场、体育场馆、娱乐场所等经营场所、公共场所的经营者、管理者或者群众性活动的组织者，未尽到安全保障义务，造成他人损害的，应当承担侵权责任。

因第三人的行为造成他人损害的，由第三人承担侵权责任；经营者、管理者或者组织者未尽到安全保障义务的，承担相应的补充责任。经营者、管理者或者组织者承担补充责任后，可以向第三人追偿。

6. 教育机构责任

无民事行为能力人在幼儿园、学校或者其他教育机构学习、生活期间受到人身损害的，幼儿园、学校或者其他教育机构应当承担侵权责任；但是，能够证明尽到教育、管理职责的，不承担侵权责任。

限制民事行为能力人在学校或者其他教育机构学习、生活期间受到人身损害，学校或者其他教育机构未尽到教育、管理职责的，应当承担侵权责任。

无民事行为能力人或者限制民事行为能力人在幼儿园、学校或者其他教育机构学习、生活期间，受到幼儿园、学校或者其他教育机构以外的第三人人身损害的，由第三人承担侵权责任；幼儿园、学校或者其他教育机构未尽到管理职责的，承担相应的补充责任。幼儿园、学校或者其他教育机构承担补充责任后，可以向第三人追偿。

（二）产品责任

产品责任，是指由于产品有缺陷，造成了产品的消费者、使用者或其他第三者的人身伤害或财产损失，依法应由生产者或销售者分别或共同负责赔偿的一种法律责任。

因产品存在缺陷造成他人损害的，被侵权人可以向产品的生产者请求赔偿，也可以向产品的销售者请求赔偿。

产品缺陷由生产者造成的，销售者赔偿后，有权向生产者追偿。因销售者的过错使产品存在缺陷的，生产者赔偿后，有权向销售者追偿。

（三）机动车交通事故责任

机动车交通事故责任，是指机动车的所有人或者使用人在机动车发生交通事故造成他人人身伤害或者财产损失时所应承担的侵权损害赔偿责任。

因租赁、借用等情形机动车所有人、管理人与使用人不是同一人时，发生交通事故造成损害，属于该机动车一方责任的，由机动车使用人承担赔偿责任；机动车所有人、管理人对损害的发生有过错的，承担相应的赔偿责任。

当事人之间已经以买卖或者其他方式转让并交付机动车但是未办理登记，发生交通事故造成损害，属于该机动车一方责任的，由受让人承担赔偿责任。

非营运机动车发生交通事故造成无偿搭乘人损害，属于该机动车一方责任的，应当减轻其赔偿责任，但是机动车使用人有故意或者重大过失的除外。

（四）医疗损害责任

医疗损害责任，是指医疗机构及医务人员在医疗过程中因过失，或者在法律规定的情况下无论有无过失，造成患者人身损害或者其他损害应当承担的侵权责任。

患者在诊疗活动中受到损害，医疗机构或者其医务人员有过错的，由医疗机构承担赔偿责任。

患者在诊疗活动中受到损害，有下列情形之一的，推定医疗机构有过错。
（1）违反法律、行政法规、规章以及其他有关诊疗规范的规定。
（2）隐匿或者拒绝提供与纠纷有关的病历资料。
（3）遗失、伪造、篡改或者违法销毁病历资料。

患者在诊疗活动中受到损害，有下列情形之一的，医疗机构不承担赔偿责任。
（1）患者或者其近亲属不配合医疗机构进行符合诊疗规范的诊疗。
（2）医务人员在抢救生命垂危的患者等紧急情况下已经尽到合理诊疗义务。
（3）限于当时的医疗水平难以诊疗。在第（1）项情形中，医疗机构或者其医务人员也有过错的，应当承担相应的赔偿责任。

（五）环境污染和生态破坏责任

因污染环境、破坏生态发生纠纷，行为人应当就法律规定的不承担责任或者减轻责任的情形及其行为与损害之间不存在因果关系承担举证责任。

两个以上侵权人污染环境、破坏生态的，承担责任的大小，根据污染物的种类、浓度、排放量，破坏生态的方式、范围、程度，以及行为对损害后果所起的作用等因素确定。

因第三人的过错污染环境、破坏生态的，被侵权人可以向侵权人请求赔偿，也可以向第三人请求赔偿。侵权人赔偿后，有权向第三人追偿。

（六）高度危险责任

高度危险责任，是指从事高度危险作业给他人造成损害所应承担的责任。高度危险作业，是指对周围环境有着较高危险的作业，例如高空、高压、易燃、易爆、剧毒、放射性、高速运输工具等。

占有或者使用易燃、易爆、剧毒、高放射性、强腐蚀性、高致病性等高度危险物造成他人损害的，占有人或者使用人应当承担侵权责任；但是，能够证明损害是因受害人故意或者不可抗力造成的，不承担责任。被侵权人对损害的发生有重大过失的，可以减轻占有人或者使用人的责任。

从事高空、高压、地下挖掘活动或者使用高速轨道运输工具造成他人损害的，经营者应当承担侵权责任；但是，能够证明损害是因受害人故意或者不可抗力造成的，不承担责任。被侵权人对损害的发生有重大过失的，可以减轻经营者的责任。

未经许可进入高度危险活动区域或者高度危险物存放区域受到损害，管理人能够证明已经采取足够安全措施并尽到充分警示义务的，可以减轻或者不承担责任。

（七）饲养动物损害责任

饲养动物损害责任，是指饲养的动物造成他人损害的，动物饲养人或者管理人应当承担侵权责任；但是，能够证明损害是因被侵权人故意或者重大过失造成的，可以不承担或者减轻责任。

违反管理规定，未对动物采取安全措施造成他人损害的，动物饲养人或者管理人应当承担侵权责任；但是，能够证明损害是因被侵权人故意造成的，可以减轻责任。

禁止饲养的烈性犬等危险动物造成他人损害的，动物饲养人或者管理人应当承担侵权责任。

动物园的动物造成他人损害的，动物园应当承担侵权责任；但是，能够证明尽到管理职责的，不承担侵权责任。

因第三人的过错致使动物造成他人损害的，被侵权人可以向动物饲养人或者管理人请求赔偿，也可以向第三人请求赔偿。动物饲养人或者管理人赔偿后，有权向第三人追偿。

（八）建筑物和物件损害责任

建筑物和物件损害责任，是指建筑物或者其他设施以及建筑物上的闲置物、悬挂物发生倒塌、坠落造成他人损害的，它的所有人或者管理人应当承担的民事责任。

建筑物、构筑物或者其他设施倒塌、塌陷造成他人损害的，由建设单位与施工单位承担连带责任，但是建设单位与施工单位能够证明不存在质量缺陷的除外。建设单位、施工单位赔偿后，有其他责任人的，有权向其他责任人追偿。

因所有人、管理人、使用人或者第三人的原因，建筑物、构筑物或者其他设施倒塌、塌陷造成他人损害的，由所有人、管理人、使用人或者第三人承担侵权责任。

建筑物、构筑物或者其他设施及其搁置物、悬挂物发生脱落、坠落造成他人损害，所有人、管理人或者使用人不能证明自己没有过错的，应当承担侵权责任。所有人、管理人或者使用人赔偿后，有其他责任人的，有权向其他责任人追偿。

在公共场所或者道路上挖掘、修缮安装地下设施等造成他人损害，施工人不能证明已经设置明显标志和采取安全措施的，应当承担侵权责任。窨井等地下设施造成他人损害，管理人不能证明尽到管理职责的，应当承担侵权责任。

 法律事例 3-22 分析：

甲花费的医疗费可以向乙商场请求赔偿，也可以请求啤酒的生产厂家赔偿。根据民法典第1203条规定，因产品存在缺陷造成他人损害的，被侵权人可以向产品的生产者请求赔偿，也可以向产品的销售者请求赔偿。甲在乙商场买了啤酒，开瓶时因为啤酒瓶质量不合格发生爆炸，导致甲受伤，所以，甲既可以要求啤酒的销售者乙商场赔偿，也可以请求啤酒的生产者赔偿。

▶【沙场练兵】

甲在一家旅馆住宿，睡梦中天花板上的吊灯突然脱落，正好砸在甲的身上，致其受伤，花去医疗费3000多元。于是，甲要求该旅馆赔偿损失，但旅馆老板不同意，老板认为是装修工安装的责任，旅馆无过错，因此，甲诉至法院。

思考： 本案应如何处理？为什么？

习 题

单项选择题

1. 根据我国民法典的规定，不满（　　）的未成年人为无民事行为能力人。
   A. 8周岁　　　　　　　　B. 10周岁
   C. 12周岁　　　　　　　 D. 16周岁

2. 下列权利中，属于用益物权范围的是（　　）。
   A. 地役权　　　　　　　 B. 抵押权
   C. 留置权　　　　　　　 D. 质权

3. 行为人没有约定或法定的义务，为避免他人利益受损失而进行管理或服务所实施的行为是（　　）。
   A. 不当得利　　　　　　 B. 侵权行为
   C. 无因管理　　　　　　 D. 违法行为

4. 根据我国民法典的规定，请求撤销婚姻的，应当自知道或者应当知道撤销事由之日起（　　）内提出。
   A. 半年　　　　　　　　 B. 1年
   C. 两年　　　　　　　　 D. 3年

5. 患者在诊疗活动中受到损害，医疗机构及其医务人员有过错的，由（　　）承担赔偿责任。
   A. 医务人员　　　　　　 B. 医疗机构
   C. 医疗机构负责人　　　 D. 医务人员和医疗机构

第四章

民事诉讼法

第一节　民事诉讼当事人与民事诉讼代理人

一、民事诉讼当事人

【思维导图】

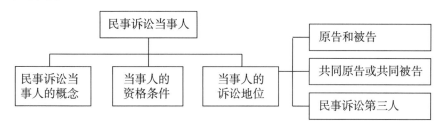

法律事例 4-1：

2005年11月，某石化公司车间发生爆炸，造成6人死亡，70人受伤。爆炸发生后，约100吨苯类物质流入松花江，造成了松花江水的严重污染，沿岸数百万居民生活受到影响。北京某大学法学院6名师生认为该污染事故影响了自己旅游、欣赏美景和对美好的想象，侵犯了鲟鳇鱼的生存权利，侵犯了松花江和太阳岛的环境清洁权利，遂以6人和鲟鳇鱼、松花江、太阳岛为共同原告向法院提起环境公益诉讼，要求判决该石化公司赔偿100亿元松花江流域污染治理基金，以恢复松花江领域的生态平衡，保障原告的权利。

思考： 该6名师生及鲟鳇鱼、松花江、太阳岛可以作为本案的原告吗？

（一）民事诉讼当事人的概念

民事诉讼当事人，是指因民事上的财产权利义务关系或者人身权利义务关系发生纠纷，以自己的名义参与民事诉讼，并受人民法院裁判拘束的利害关系人。狭义的当事人仅是指民事诉讼的原告和被告，广义的当事人还包括民事诉讼中的第三人。

根据《中华人民共和国诉讼法》（以下简称民事诉讼法）的规定，公民、法人和其他组织可以作为民事诉讼的当事人。公民通常是指具有一个国家国籍，并根据该国的宪法和法律规定享有权利并承担义务的人。法人，是指具有民事权利能力和民事行为能力，依法独立享有民事权利和承担民事义务的组织。根据《最高人民法院关于适用〈中华人民共和国民事诉讼法〉的解释》（以下简称民事诉讼法解释）的规定，其他组织是指合法成立、有一定的组织机构和财产，但又不具备法人资格的组织，其主要包括：依法登记领取营业执照的个人独资企业；依法登记领取营业执照的合伙企业；依法登记领取我国营业执照的中外合作经营企业、外资企业；

依法成立的社会团体的分支机构、代表机构；依法设立并领取营业执照的法人的分支机构；依法设立并领取营业执照的商业银行、政策性和非银行金融机构的分支机构；经依法登记领取营业执照的乡镇企业、街道企业等。

外国人、无国籍人、外国企业和组织在人民法院起诉、应诉，可以作为民事诉讼的当事人，同中华人民共和国公民、法人和其他组织有同等的诉讼权利义务。但如果外国法院对我国公民、法人和其他组织的民事诉讼权利加以限制的，我国人民法院对该国公民、企业和组织的民事诉讼权利也按照对等原则加以限制。

（二）当事人的资格条件

1. 有民事诉讼权利能力

当事人的民事诉讼权利能力，又称当事人能力，是指享有民事诉讼权利、承担民事诉讼义务的能力。享有民事诉讼权利能力，是作为民事诉讼当事人的必要前提。自然人的民事诉讼权利能力始于出生，终于死亡；法人和其他组织的民事诉讼权利能力始于依法成立，终于终止。

2. 与民事案件有利害关系

（1）有直接利害关系。与民事案件有直接利害关系的人，是指与本案诉讼标的有直接利害关系的人，通常就是指本案民事实体法律关系的直接双方。如买卖合同纠纷中的买卖双方、一般侵权损害赔偿纠纷中的致害人与受害人。

（2）有法律上的利害关系。虽与本案无直接的利害关系，但在有法律特别规定的情况下，也可作为当事人。其主要包括财产管理人、遗产执行人、财产清算人及有权提起公益诉讼的国家机关和社会组织。

3. 以自己的名义进行诉讼并受裁判约束

当事人必须以自己的名义参与诉讼活动，这是与诉讼代理人的区别。人民法院经审理作出的裁判或调解协议发生法律效力后，对当事人有拘束力，当事人应自觉遵守或履行生效的裁判，否则人民法院可以采取强制措施。这是当事人与证人、诉讼代理人、翻译人员等其他诉讼参与人的不同。

（三）当事人的诉讼地位

当事人的诉讼地位，是指当事人在诉讼过程中的角色，即原告、被告和民事诉讼第三人。

1. 原告和被告

原告，是指为了保护自己的民事权益，以自己的名义向人民法院提起诉讼，引起民事诉讼程序发生的人，是民事诉讼的发起者。

被告，是指原告诉称侵犯了其民事权益或者与其民事权益发生争执，依法被人民法院通知参加应诉的人。

在民事诉讼中，多数情况下原告、被告双方都是一个人，即单一的原告和被告。但有时原告、被告双方或一方有两人以上，就会产生共同诉讼，此时会有共同原告或共同被告。

2. 共同原告或共同被告

根据民事诉讼法解释的规定，必须共同诉讼的必要共同诉讼人主要有以下情况。

（1）共有财产权受到他人侵害，部分共有权人起诉的，其他共有权人应当列为共同诉讼人。

（2）在遗产继承纠纷中，部分继承人起诉，不是被告的其他继承人如果未明确表示放弃继承权，人民法院应将其列为共同原告。

（3）代理人与被代理人为代理行为承担连带责任的，应列为共同被告。

（4）借用业务介绍信、合同专用章、盖章的空白介绍信或者银行账户的，出借单位与借用人为共同诉讼人。

（5）企业法人分立后，因分立前的民事活动发生纠纷的，以分立后的各企业为共同诉讼人。

（6）个人合伙与他人发生纠纷的，个人合伙的全体合伙人在诉讼中为共同诉讼人。

（7）个体工商户营业执照上登记的经营者与实际经营者不一致的，以登记的经营者和实际经营者为共同诉讼人。

（8）个体工商户、个人合伙或者私营企业挂靠集体企业并以集体企业的名义从事生产经营活动的，挂靠人与被挂靠企业为共同诉讼人。

（9）无民事行为能力人、限制民事行为能力人造成他人损害的，无民事行为能力人、限制民事行为能力人和其监护人为共同被告。

（10）其他必要共同诉讼的共同诉讼人。

以上情形为必要共同诉讼，人民法院对以上多个当事人的纠纷必须合并审理、合一判决。

此外，有些案件中，纠纷的多个当事人与对方有争议的法律关系是同一种类，人民法院认为可以合并审理的，经当事人同意，也可以共同诉讼，此种共同诉讼称为普通共同诉讼，此时也会产生共同原告或共同被告。如某小区物业公司起诉5名拒不交付物业费的业主的违约纠纷，该纠纷可以作为5个案件分别审理，因为每个业主跟物业公司都有单独的物业服务合同。但由于5名业主与物业公司的争议是同一种类的物业服务合同纠纷，为节约诉讼资源、避免同案不同判，在取得当事人同意后，法院可以作为共同诉讼合并审理，5名业主为共同被告，但人民法院应分别作出判决。

3. 民事诉讼第三人

民事诉讼第三人，是指对原告、被告之间的诉讼标的具有独立的请求权，或虽无独立的请求权但案件的处理结果与其有法律上的利害关系，因而参与到原告、被告已经开始的诉讼中的人。其包括有独立请求权第三人和无独立请求权第三人。

（1）有独立请求权第三人，是指对他人之间的诉讼标的的全部或部分，提出既不同于原告的诉讼请求也不同于被告的诉讼主张，而主张原告、被告争议的标的全部或部分归自己所有的独立的诉讼请求，因而参与到原告、被告已经开始的诉讼中的人。如王丽将房屋4间卖给刘三，但刘三迟迟不付款。为此，王丽诉至法院要求刘三付款并付违约金。在诉讼中，王丽之弟王晨得知此事后，向法院说明这4间房屋中有两间是他的，要求确认王丽与刘三的房屋买卖合同无效并请求返还两间房屋。该案中王晨即为有独立请求权第三人。

（2）无独立请求权第三人，是指对原告、被告的诉讼虽无独立的请求权，但原告、被告案件的处理结果与其有法律上的利害关系，因而参与到原告、被告已经开始的诉讼中的人。如苏某出国访问前将自己的一台纯平大彩电委托刘某保管，后该彩电被刘某的邻居小朱借用，不慎损坏。苏某回国后起诉刘某，要求赔偿损失。开庭时法院追加小朱参加诉讼。小朱在本案中即为无独立请求权第三人。原告、被告案件的审理结果与其有法律上的利害关系，原告若胜诉小朱则可能承受法律上不利的后果；原告若败诉，小朱则维护了自身的权益。因此，在诉讼中，无独立请求权第三人只是提供案件事实和进行法庭辩论以支持所辅助的当事人的诉讼主张，以所辅助的当事人的胜诉来摆脱对己不利的法律后果。

法律事例 4-1 分析：

本案中，鲟鳇鱼、松花江、太阳岛 3 个自然物既不是自然人，也不是法人和其他组织，不具有民事诉讼权利能力，不具备民事诉讼当事人的资格，不能作为原告提起民事诉讼。6 名师生虽然具有民事诉讼权利能力，但与本案没有利害关系，既不能作为受害人原告提起民事诉讼，也不能作为原告提起公益诉讼。可以作为本案原告的是爆炸污染事件的受害居民，以及依法可以提起公益诉讼的最高人民检察院和符合条件的环保组织。

【沙场练兵】

王某有三子一女，长子王甲，次子王乙，均在外地工作，女儿王丙已定居加拿大。王某虽与小儿子王丁住在同一城市，但王某的生活长期由侄女王庚照料。王某病逝后，王丁将其父王某留下的 4 幅祖传名画卖给张某，张某按约定交付了定金。画交付前，王甲与王乙得知这一情况后，来不及与王丙商量，便向法院提起诉讼，要求继承这 4 幅名画。诉讼提起后，王庚向法院提交了王某亲笔所写的遗嘱，要求依据该遗嘱将这 4 幅名画中的两幅判归自己所有。

思考：在该案中，王甲、王乙、王丙、王丁、张某、王庚各是什么诉讼地位？

二、民事诉讼代理人

【思维导图】

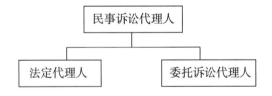

法律事例 4-2：

2020 年，某区人民法院受理了郭某与李某的离婚诉讼，郭某委托黄律师作为诉讼代理人，授权委托书没有列明哪些代理事项，但写明代理范围为全权代理。开庭时，郭某没有出庭参加诉讼，黄律师最后决定与对方当事人达成了和解。

思考：关于本案，郭某可以不出庭吗？黄律师可以替当事人决定和解吗？

民事诉讼一般由当事人亲自进行，但当事人因为民事诉讼行为能力欠缺或其他原因不能亲自进行诉讼时，就需要有人帮助或代替其进行诉讼，当事人可以根据法律的规定或基于自己的意思委托 1～2 名代理人，代理实施诉讼行为。根据法律的规定或当事人（或其监护人）的委托，以当事人的名义实施诉讼行为、参加诉讼活动的人，称为诉讼代理人。其包括法定代理人和委托代理人。

（一）法定代理人

1. 法宝代理人的概念

法定代理人，是指基于法律的直接规定取得诉讼代理权，代理无民事诉讼行为能力的当事人进行民事诉讼活动的人，是基于代理人与被代理人之间具有特定的身份关系而产生的。

民事诉讼行为能力，又称诉讼能力，是指以自己的行为行使诉讼权利义务的能力，即当事人亲自进行诉讼活动的资格。具有民事诉讼权利能力即具有当事人资格，就可以成为民事诉讼中的当事人，但具有民事诉讼行为能力才有亲自进行诉讼活动的资格。只有完全民事行为能力人才具有民事诉讼行为能力；无民事行为能力人和限制民事行为能力人没有民事诉讼行为能力，不能亲自进行诉讼活动，而必须由法定代理人或法定代理人委托的人代其参加诉讼。

2. 法定代理人的范围

法定代理人的范围，是指哪些人可以担任民事诉讼的法定代理人。根据民事诉讼法的规定，无诉讼行为能力人由他的监护人作为法定代理人代为诉讼；法定代理人之间互相推诿代理责任的，由人民法院指定其中一人代为诉讼。

3. 法定代理人的权限

为了充分保护被代理人的合法权益，法定诉讼代理人可以代替当事人实施一切诉讼行为，包括对被代理人程序权利和实体权利的处分。

（二）委托诉讼代理人

1. 委托诉讼代理人的概念

委托诉讼代理人，是指接受当事人或法定代理人的委托，在被代理人的授权范围内，为被代理人的利益进行民事诉讼活动的人，是基于被代理人的授权委托而产生的。

根据民事诉讼法的规定，当事人、法定代理人可以委托1～2人作为诉讼代理人，代为进行民事诉讼。委托诉讼代理权的取得，必须由委托人向人民法院提交其亲自签名或盖章的授权委托书，经人民法院审查同意后，委托代理权即认为取得。

2. 委托诉讼代理人的范围

根据民事诉讼法的规定，下列人员可以被委托为诉讼代理人。

（1）律师、基层法律服务工作者。

（2）当事人的近亲属（与当事人有夫妻、直系血亲、三代以内旁系血亲、近姻亲关系，以及其他有抚养、赡养关系的亲属）。

（3）法人或其他组织当事人的有合法劳动人事关系的工作人员。

（4）当事人所在社区、单位以及有关社会团体推荐的公民。

无民事行为能力人、限制民事行为能力人以及其他依法不能作为诉讼代理人的，当事人不得委托其作为诉讼代理人。

3. 委托诉讼代理人的权限

委托诉讼代理人的代理权产生于当事人或法定代理人的授权行为，委托诉讼代理人的权限通常由委托人决定。委托人对委托诉讼代理人授予的权限可以是一般授权，也可以是特别授权。

（1）一般授权，是指委托诉讼代理人可以实施不涉及处分当事人利益的一般程序性诉讼行为，如申请回避、提出管辖权异议、收集证据、签收法律文书、出庭进行辩论等。

（2）特别授权，是指经委托人特别声明后，委托诉讼代理人才能实施的行为权限，如代为承认、放弃、变更诉讼请求，进行和解，提起反诉或者上诉。授权委托书仅写全权代理而无具体授权的，委托诉讼代理人的权限仍为一般代理，诉讼代理人无权代为进行以上事项。

在民事诉讼中，基于各种原因，委托人可以变更代理权的范围或者解除委托。诉讼代理人的权限如果变更或解除，当事人应书面告知人民法院，并由人民法院通知对方当事人。

4. 授权委托的形式

授权委托应当采用书面形式，即必须在开庭审理前向人民法院提交由委托人签名或盖章的授权委托书。侨居国外的中国公民从国外寄交或者托交的授权委托书，还必须经中华人民共和国驻该国的使领馆证明；没有使领馆的，由与中华人民共和国有外交关系的第三国驻该国使领馆证明，再转由中华人民共和国驻该第三国使领馆证明，或者由当地的爱国华侨团体证明，以保证授权委托书的真实性。

适用简易程序审理的案件，双方当事人同时到庭并径行开庭审理的，可以当场口头委托诉讼代理人，由人民法院记入笔录。

5. 委托诉讼代理人的诉讼地位

委托诉讼代理人以被代理的当事人的名义参加民事诉讼，运用自己的经验、学识、技巧等，最大限度地维护被代理人的合法权益。在授权范围内的诉讼行为，对被代理人产生法律效力。

当事人委托诉讼代理人后，可以自己出庭，也可以不出庭。但对于离婚案件，除本人不能表达意思的，仍应出庭；确因特殊情况无法出庭的，必须向人民法院提交书面意见。

法律事例 4-2 分析：

当事人委托诉讼代理人后，其他案件可不出庭。但根据民事诉讼法的规定，离婚诉讼除当事人不能正确表达意思，仍应出庭；确因特殊情况无法出庭的，必须向人民法院提交书面意见。如果本案中郭某确有特殊原因无法出庭，向人民法院提交书面意见并得到了允许，可以不出庭；否则即使委托了诉讼代理人也要出庭。

黄律师不能代为和解。根据民事诉讼法解释第89条的规定，授权委托书仅写全权代理而无具体授权的，委托诉讼代理人的权限仍为一般代理，只能代理一些程序性事项，不能代为承认、放弃、变更诉讼请求，进行和解，提起反诉或者上诉等涉及当事人实体权利的事项。

【沙场练兵】

某日放学后，8岁的王某与同班同学9岁的田某结伴在楼下空地上踢球，后因为小事发生争吵，田某将王某推倒，致使王某的头部碰在一块大石头上，经医院诊断为轻度脑震荡。关于王某的医疗费及营养费的承担问题，双方父母发生争执。

思考：如果向人民法院起诉，王某、王某父母、田某、田某父母各处于何种诉讼地位？

第二节 管辖法院

一、管辖法院的概述

【思维导图】

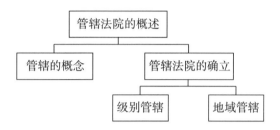

法律事例4-3：

2018年3月,户籍在A省乙县的张某与陈某来到某市朝阳区,在某建筑公司打工并一直住在朝阳区。2019年12月,张某因父亲生病在某市住院治疗,向陈某借款1万元。2020年3月,张某辞职回到A省乙县。因在老家找工作不顺利,2020年10月,张某再次回到某市,在东城区某传媒公司打工并住在该公司集体宿舍。2021年8月,陈某开始催促张某归还所借的1万元,但张某迟迟不还。2021年9月5日,陈某决定向人民法院起诉。

思考： 该案如果按照被告住所地人民法院管辖,哪个人民法院有管辖权？

(一)管辖的概念

民事诉讼中的管辖,是指确定各级人民法院之间和同级人民法院之间受理第一审民事案件的分工和权限。

我国的人民法院分为四级,即基层人民法院、中级人民法院、高级人民法院和最高人民法院,此外还设有专门人民法院。除最高人民法院,每一级别都有数个法院,发生民事纠纷时应向哪一级的哪个法院起诉,是当事人提起民事诉讼首先要解决的问题。

(二)管辖法院的确立

管辖法院的确立首先需要从纵向角度确定案件管辖法院的级别,在确定级别的基础上再从横向角度确定案件划归本级别的哪个具体法院。决定某一案件属于某个人民法院管辖的因素,即为确定管辖的因素。确定管辖的因素主要有两个方面:一是人民法院的级别,二是与纠纷有关的因素（当事人住所地、争议财产所在地、纠纷发生地等）在法院辖区内。前者决定着案件的级别管辖,后者决定着案件的地域管辖。

1.级别管辖

在上级、下级人民法院之间确定第一审民事案件的分工和权限,即级别管辖。根据民事诉讼法和民事诉讼法解释的规定，民事诉讼案件的级别管辖如下。

（1）最高人民法院管辖的第一审民事案件。

① 在全国有重大影响的案件。

② 最高人民法院认为应当由本院审理的案件。

（2）高级人民法院管辖的第一审民事案件。

高级人民法院管辖在本辖区有重大影响的第一审民事案件。这是指影响已经超出中级人民法院的辖区，而在高级人民法院辖区有重大影响的案件。

（3）中级人民法院管辖的第一审民事案件。

① 重大涉外案件。涉外案件，是指具有涉外因素的民事案件。重大涉外案件包括争议标的额大的案件、案情复杂的案件，或者一方当事人人数众多等具有重大影响的案件。对于非重大的涉外案件，仍然由基层人民法院管辖。

② 在本辖区有重大影响的案件。这是指影响已经超出基层人民法院的辖区，而在中级人民法院辖区有重大影响的案件。

③ 海事、海商案件。海事、海商案件由海事法院管辖，我国共有11个海事法院，在级别上属于中级人民法院。

④ 最高人民法院确定由中级人民法院管辖的案件。主要包括部分专利纠纷案件。

（4）基层人民法院管辖的第一审民事案件。

除以上各级人民法院管辖的第一审民事案件，其他第一审民事案件都由基层人民法院管辖。

大多数民事案件都归基层人民法院管辖。这是由于基层人民法院是我国法院系统中最低一级的法院，不承担审理上诉案件、监督下级法院等职能；且数量多、分布广、遍布各个基层行政区域，当事人的住所地、争议财产所在地、纠纷发生地等与案件相关的因素一般都处在基层人民法院的辖区之内。由基层人民法院管辖第一审民事案件，既便于当事人参与诉讼，又便于法院审理案件。

2. 地域管辖

级别管辖解决的是第一审民事案件在四级法院中的分配，但仍然不能确定某一诉讼案件具体由哪个法院受理，这一任务就由地域管辖来完成。

地域管辖，是指同级人民法院之间受理第一审民事案件的分工和权限。这是从横向角度确定民事纠纷的管辖法院。地域管辖主要根据当事人的住所地、诉讼标的物所在地或者法律事实所在地来确定，当事人的住所地、诉讼标的或者法律事实的发生地、结果地在哪个法院辖区，案件就由该地人民法院管辖。

地域管辖的普通管辖是以当事人的住所地在哪个法院的辖区为依据来确定的，其原则是"原告就被告"，即由被告住所地的人民法院管辖。

（1）普通管辖的基本原则：被告住所地人民法院管辖。

① 对公民提起的民事诉讼，由被告住所地人民法院管辖；被告住所地与经常居住地不一致的，由经常居住地人民法院管辖。经常居住地是指公民离开住所地至起诉时已连续居住1年以上的地方，但公民住院就医的地方除外。

双方当事人都被监禁或者被采取强制性教育措施的，由被告原住所在地人民法院管辖。被告被监禁或者被采取强制性教育措施1年以上的，由被告被监禁地或者被采取强制性教育措施地人民法院管辖。

夫妻双方离开住所地超过1年，一方起诉离婚的案件，由被告经常居住地人民法院管辖；没有经常居住地的，由原告起诉时被告居住地人民法院管辖。

② 对法人或其他组织提起的民事诉讼，由被告住所地人民法院管辖。

法人或者其他组织的住所地是指法人或者其他组织的主要办事机构所在地。法人或者其他组织的主要办事机构所在地不能确定的，法人或者其他组织的注册地或者登记地为住所地。

③ 对没有办事机构的个人合伙、合伙型联营体提起的诉讼，由被告注册登记地人民法院管辖。没有注册登记，几个被告又不在同一辖区的，被告住所地的人民法院都有管辖权。

同一诉讼的几个被告住所地、经常居住地在两个以上人民法院辖区的，各地人民法院都有管辖权，当事人可选择其中任何一个法院提起诉讼。

（2）普通管辖的例外。

① 民事诉讼法第23条规定，下列民事诉讼，由原告住所地人民法院管辖；原告住所地与经常居住地不一致的，由原告经常居住地人民法院管辖。

A. 对不在中华人民共和国领域内居住的人提起的有关身份关系的诉讼。

B. 对下落不明或者宣告失踪的人提起的有关身份关系的诉讼。

C. 对被采取强制性教育措施的人提起的诉讼。

D. 对被监禁的人提起的诉讼。

② 下列民事诉讼，被告住所地和原告住所地人民法院都可以管辖。

A. 追索赡养费、抚养费、扶养费案件的几个被告住所地不在同一辖区的。

B. 夫妻一方离开住所地超过1年，另一方起诉离婚的案件。

C. 中国公民双方在国外但未定居，一方向人民法院起诉离婚的。

D. 在国内结婚并定居国外的华侨，如定居国法院以离婚诉讼须由婚姻缔结地法院管辖为由不予受理，当事人向人民法院提出离婚诉讼的，由婚姻缔结地或者一方在国内的最后居住地人民法院管辖。

E. 在国外结婚并定居国外的华侨，如定居国法院以离婚诉讼须由国籍所属国法院管辖为由不予受理，当事人向人民法院提出离婚诉讼的，由一方原户籍所在地或者在国内的最后居住地人民法院管辖。

法律事例4-3分析：

该案A省乙县人民法院有管辖权。在本案中，被告张某虽然曾经在某市朝阳区居住1年以上，但是起诉时，张某并未居住在朝阳区，而是居住在东城区，而其在东城区居住又未达到1年以上，因此在本案中，张某事实上并没有经常居住地。没有经常居住地的，以户籍所在地为住所地。

【沙场练兵】

户口在北京市甲区的李老太太早年丧夫，含辛茹苦将其三个儿子抚养长大。目前，老大落户广州市乙区，老二落户上海市丙区，老三落户成都市丁区。然而，三个儿子却不对老人尽赡养义务。2020年4月，李老太太因无生活来源无钱看病，决定向人民法院起诉，要求其三个儿子支付赡养费。

思考：李老太太可以向哪些人民法院起诉？

二、特殊纠纷的地域管辖

【思维导图】

法律事例 4-4：

家住 A 市鼓楼区的张某与家住 A 市白下区的王某在 A 市江宁区与雨花区交界处为停车发生口角，王某欲动手打张某，张某见势不妙撒腿就跑。王某等三人一边追一边用砖头砸张某，王某等人仍在雨花区，张某已跑到江宁区地界，此时，一块砖头砸中张某腹部，张某忍痛继续跑，终于摆脱了王某等人。当天张某到医院就诊查出脾脏受伤，花费医疗费近万元。后来，张某通过熟人找到王某，在熟人的调解下王某答应赔偿，双方当即签订协议，约定赔偿的医药费以 2 万元为限，王某先付 5000 元，余款 15 日内付清。协议中还约定，若因为履行该协议发生纠纷，双方可以向 A 市中级人民法院提起诉讼解决。后来张某的治疗费接近 3 万元，王某付了 5000 元后也未再付款。

思考： 现张某准备向法院起诉，可以向哪些人民法院提起诉讼？

根据民事诉讼法和民事诉讼法解释的规定，以下纠纷不再适用普通管辖，而分别适用专属管辖、协议管辖、特殊地域管辖的规定确立管辖法院。

（一）专属管辖

（1）因不动产的权利确认、分割、相邻关系等引起的物权纠纷，以及农村土地承包经营合同纠纷、房屋租赁合同纠纷、建设工程施工合同纠纷、政策性房屋买卖合同纠纷，由不动产所在地人民法院管辖。

不动产已登记的，以不动产登记簿记载的所在地为不动产所在地；不动产未登记的，以不动产实际所在地为不动产所在地。

（2）因港口作业中发生纠纷提起的诉讼，由港口所在地人民法院管辖。

（3）因继承遗产纠纷提起的诉讼，由被继承人死亡时住所地或者主要遗产所在地人民法院管辖。

（二）协议管辖

根据民事诉讼法规定，除了以上专属管辖的纠纷，合同纠纷以及其他财产纠纷的当事人在不违反级别管辖的前提下，可以书面协议选择被告住所地、合同履行地、合同签订地、原告住所地、标的物所在地等与争议有实际联系的地点的人民法院管辖。书面协议，包括书面合同中的管辖条款或者诉讼前以书面形式达成的选择管辖的协议。

（三）特殊地域管辖

不能依照以上专属管辖和协议管辖确定地域管辖法院的，依照以下法律规定确定。

（1）合同纠纷诉讼，由被告住所地或者合同履行地人民法院管辖。合同履行地按照以下规定确定。

① 以约定的履行地点为合同履行地。

② 合同对履行地点没有约定或者约定不明确的。

A. 争议标的为给付货币的，接收货币一方所在地为合同履行地；交付不动产的，不动产所在地为合同履行地；其他标的，履行义务一方所在地为合同履行地。

B. 即时结清的合同，交易行为地为合同履行地。

C. 财产租赁合同、融资租赁合同以租赁物使用地为合同履行地。合同对履行地有约定的，从其约定。

D. 以信息网络方式订立的合同，通过信息网络交付标的的，以买受人住所地为合同履行地；通过其他方式交付标的的，收货地为合同履行地。合同对履行地有约定的，从其约定。

以上是确定合同已经实际履行的合同履行地的规定。如果合同没有实际履行，合同中约定的履行地又不是任何一方当事人的住所地，则由被告住所地人民法院管辖。

（2）保险合同纠纷诉讼，由被告住所地或者保险标的物所在地人民法院管辖。因财产保险合同纠纷提起的诉讼，如果保险标的物是运输工具或者运输中的货物，可以由运输工具登记注册地、运输目的地、保险事故发生地人民法院管辖。因人身保险合同纠纷提起的诉讼，可以由被保险人住所地人民法院管辖。

（3）运输合同纠纷诉讼由运输始发地、目的地或者被告住所地人民法院管辖。

（4）公司设立、确认股东资格、分配利润、公司解散、股东名册记载、请求变更公司登记、股东知情权、公司决议、公司合并、公司分立、公司减资、公司增资等纠纷诉讼，由公司住所地人民法院管辖。

（5）侵权诉讼由侵权行为地或者被告住所地人民法院管辖。侵权行为地，包括侵权行为实施地、侵权结果发生地。

信息网络侵权行为实施地包括实施被诉侵权行为的计算机等信息设备所在地，侵权结果发生地包括被侵权人住所地。

（6）交通事故诉讼由事故发生地或者车辆、船舶最先到达地、航空器最先降落地或者被告住所地人民法院管辖。

（7）因产品、服务质量不合格造成他人财产、人身损害提起的诉讼，由产品制造地、产品销售地、服务提供地、侵权行为地或被告住所地人民法院管辖。

（8）票据纠纷诉讼，由票据支付地或者被告住所地人民法院管辖。

（9）海难救助费用诉讼，由救助地或者被救助船舶最先到达地人民法院管辖。

（10）共同海损诉讼，由船舶最先到达地、共同海损理算地或者航程终止地的人民法院管辖。

（11）诉前保全给被申请人、利害关系人造成损失引起的诉讼，保全措施后申请人若没有在法定期间起诉或者申请仲裁，由采取保全措施的人民法院管辖；如果申请人已经依法起诉或者申请仲裁，由受理起诉的人民法院或者采取保全措施的人民法院管辖。

（12）已经离婚的中国公民，双方均定居国外，仅就国内财产分割提起诉讼的，由主要财产所在地人民法院管辖。

法律事例 4-4 分析：

张某可以向雨花区、江宁区、白下区人民法院提起诉讼，但不能向 A 市中级人民法院提起诉讼。本案属于侵权诉讼，应当由侵权行为地或者被告所在地的法院管辖，侵权行为地包括行为实施地和结果发生地。本案的行为实施地在雨花区，而结果发生地在江宁区，白下区为被告住所地。所以，雨花区、江宁区、白下区的人民法院都有管辖权。对多个法院都有管辖权的案件，原告张某有选择管辖的权利。虽然民事诉讼法规定合同纠纷和其他财产权益类纠纷，当事人可以协议约定与案件有实际联系地点的法院管辖，但不得违反专属管辖和级别管辖的规定。本案从案件的性质和诉讼标的金额来看，应当属于基层人民法院管辖，当事人约定由中级人民法院管辖是无效的。

【沙场练兵】

某县化工厂委托某市汽车运输公司运送 2 吨化学原料，由该县运至丙县。途经乙县时，因驾驶员未采取适当措施而致使化学原料外溢，污染了乙县红星生产队的稻田，化学原料也受到重大损失。现乙县的红星生产队和某县化工厂均要求某市汽车运输公司赔偿损失。

思考：化工厂起诉运输公司，哪些法院有管辖权？红星生产队起诉运输公司，哪些法院有管辖权？

三、管辖权异议

【思维导图】

法律事例 4-5：

原告姚某于 2020 年 7 月 26 日向某市雨花区人民法院起诉被告张某合伙合同纠纷，雨花区人民法院立案受理。在提交答辩状期间，被告张某对管辖权提出异议，认为雨花区既不是被告住所地，也不是合同履行地即 A 县跳马镇，本案应移送到合同履行地法院即 A 县人民法院审理。

雨花区人民法院对被告的管辖权异议进行了审查，查明本案的合同履行地 A 县跳马镇已于 2019 年 1 月 13 日正式划归某市雨花区。

思考：雨花区人民法院应该如何处理此案的管辖权异议？

管辖权异议，是指人民法院受理民事诉讼案件以后，被告向受诉人民法院提出的不服该法院对本案行使管辖权的意见或主张。

（一）管辖权异议的条件

当事人提出管辖权异议，必须符合以下4个条件。

（1）只能由被告提起管辖权异议。原告不能提出管辖权异议，第三人也无权提出管辖权异议。

（2）只能对第一审民事案件的管辖权提出异议。管辖权异议只能针对第一审民事案件提出，第二审民事案件的管辖法院就是第一审民事案件的上级法院，不存在管辖权异议问题。

（3）提出管辖权异议的时间须在提交答辩状期间。民事诉讼法规定，人民法院受理案件后，被告对管辖权有异议的，应当在提交答辩状期间提出。

（4）管辖权异议一般应当以书面方式提出。被告对受诉法院管辖权有异议的，应在提交答辩状期间通过书面形式提出。

（二）管辖权异议的处理

（1）管辖权异议符合以上条件的，人民法院应当审查。审查后确定异议成立、受诉法院无管辖权的，裁定将案件移送有管辖权的人民法院。审查后确定受诉法院有管辖权的，裁定驳回被告的管辖权异议，且不因当事人提起反诉、增加或者变更诉讼请求等改变管辖，但违反级别管辖、专属管辖规定的除外。

（2）人民法院发回重审或者按第一审程序再审的案件，当事人提出管辖异议的，人民法院不予审查。

（三）对未提出管辖权异议的处理

（1）被告未提出管辖异议，并应诉答辩的，视为受诉人民法院有管辖权，但违反级别管辖和专属管辖规定的除外。

（2）被告在答辩期间届满后未应诉答辩，人民法院在一审开庭前，发现案件不属于本院管辖的，应当裁定移送有管辖权的人民法院。

（四）管辖恒定

管辖恒定，是指原告起诉时，受诉法院依法具有管辖权，此后不论确定管辖的事实发生何种变化，均不影响受诉法院对本案原有的管辖权。

法律事例4-5分析：

本案中，A县跳马镇在案件受理前已经正式划归某市雨花区，因此起诉时原告、被告双方的合伙经营地即合同履行地应为某市雨花区，某市雨花区法院作为本案的合同履行地法院对本案有管辖权，被告张某提出的管辖异议不成立，应裁定驳回被告张某的管辖权异议。

【沙场练兵】

原告甲公司与被告乙公司，就工程款纠纷一案诉至 N 市中级人民法院。法院立案受理后，在提交答辩状期间，被告向法院提出管辖权异议，认为在原告起诉后被告又给付了一部分工程款，目前所欠工程款的数额远低于中级人民法院的级别管辖范围，因此请求 N 市中级人民法院将本案移送该市的某基层人民法院管辖。

思考：N 市中级人民法院应当支持被告提出的移送管辖的请求吗？

第三节　证据与举证责任

在民事诉讼中，当事人及其诉讼代理人的中心任务就是按照证据规则要求全面调查、收集、提供能够证明案件事实的证明材料，用以支持自己的诉讼请求或者反驳对方的诉讼请求。只有证据证明的事实才是法律事实，只有法律事实才是人民法院定案的根据。"以事实为根据，以法律为准绳"是民事诉讼的基本原则，此处的"事实"指的就是法律事实。因此，证据既是当事人维护自身合法权益的关键，也是人民法院对案件做出裁判的关键。民事诉讼证据制度是民事诉讼制度的核心。

一、民事诉讼证据的种类

【思维导图】

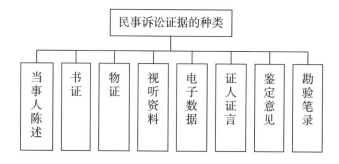

法律事例 4-6：

甲在自家厨房外搭建了一间小屋，遮挡了邻居乙一间书房的光线，致使本来光线就较暗的书房更暗了。乙多次与甲协商，请其拆除该小屋，但甲不同意。乙向法院提起诉讼，认为甲家的小屋不仅遮挡了自己书房的光线，而且阻碍了通风，请求法院判决甲拆除其小屋。甲否定了乙所主张的事实，并请求法院驳回乙的诉讼请求。甲和乙都提供了证据，但是法院仍然无法判定甲和乙各自提出的事实的真伪，于是法院决定到现场进行勘验。勘验笔录没有经过当事人的质证，法院就根据该勘验笔录判决甲拆除其小屋。

思考：本案中，法院有无违法行为？

民事诉讼证据，是指在民事诉讼中用以证明案件事实的各种证明材料。根据民事诉讼法规定，证据包括当事人陈述、书证、物证、视听资料、电子数据、证人证言、鉴定意见、勘验笔录。

（一）当事人陈述

1. 当事人陈述的概念

当事人陈述，是指当事人在民事诉讼中所作的对特定案件事实有证明意义的叙述。当事人陈述的形式有起诉状、答辩状、庭审口头陈述、委托代理人的代理词以及有专门知识人的意见等。

2. 当事人陈述的证明力

（1）当事人陈述通常需要借助其他证据与之相互印证才能有证明效力。

对当事人的陈述，人民法院应当既予以重视又不轻信，需结合其他证据，进行综合分析判断才能确定是否作为认定案件事实的依据。根据证据法的规定，当事人对自己的主张，只有本人陈述而不能提出相关证据的，法院对其主张不予支持，除非对方当事人认可。当事人拒绝陈述的，不影响人民法院根据其他证据认定案件事实。

（2）当事人发表于己不利的陈述，可以产生免除对方当事人证明责任的效力。

根据民事诉讼法解释的规定，一方当事人在法庭审理中，或者在起诉状、答辩状、代理词等书面材料中，对己不利的事实明确表示承认的，另一方当事人无需举证证明。对于涉及身份关系、国家利益、社会公共利益等应当由人民法院依职权调查的事实，不适用前款自认的规定，根据法院查明的事实情况认定。

（二）书证

1. 书证的概念

书证，是以文字、符号、图表等形式记载的内容所表达的意思来证明案件事实的证据。书证最常见、最典型的载体是各种各样的纸张，书证也由此而得名。此外，石头、竹、木、陶瓷、金属、塑料、砖块、墙壁及其他物质等也可作为书证的载体。

书证用其记载内容表达的意思而非物的形态来证明案件事实。这是书证与物证的根本区别。如在某案件中，当事人刘某在法庭上出示了一本书作为证据，用这本书的硬角损伤证明被告用此书打伤自己的事实，则此书不是书证，而是物证。在另一案件中，当事人王某在法庭上也出示了一本书作为证据，用本书证明被告抄袭其著作内容、侵犯其知识产权的事实，此书则为书证。

2. 书证的证明力

公文书证的证明力强于非公文书证。公文书证，是指国家机关、社会团体行使自己职权制作的各种文书。如人民法院的调解书、判决书，公证机关制作的公证书，婚姻登记机关颁发的结婚证、离婚证，等等。非公文书证，是指除公文书证以外的书证，包括私人制作的文书和国家机关、企事业单位、社会团体制作的职权范围之外的文书。国家机关或者其他依法具有社会管理职能的组织，在其职权范围内制作的文书所记载的事项推定为真实，除非有相反证据足以推翻。

处分性书证的证明力强于报道性书证。处分性书证，是指以设立、变更或者消灭一定法律关系为内容的书证，如遗嘱、合同书等。报道性书证，是指仅记载一定事实的书证，如备忘录、会议记录等。

原件的证明力强于复制品、照片、副本、节录本。书证应当提交原件。提交原件确有困难的，可以提交复制品、照片、副本、节录本。提交外文书证，必须附有中文译本。

提交书证原件确有困难的情形包括以下内容。

（1）书证原件遗失、灭失或者毁损的。

（2）原件在对方当事人控制之下，经合法通知提交而拒不提交的。

（3）原件在他人控制之下，而其有权不提交的。

（4）原件因篇幅或者体积过大而不便提交的。

（5）承担举证证明责任的当事人，通过申请人民法院调查收集或者其他方式无法获得书证原件的。

以上情形，人民法院应当结合其他证据和案件具体情况，审查判断书证复制品等能否作为认定案件事实的根据。

（三）物证

1. 物证的概念

物证，是以自身存在的外形、质量、规格等外部特征和内在属性来证明事实的物品或痕迹。如发生质量争议的商品，被侵权行为侵害的财物和侵权工具等。

2. 物证的证明力

物证具有较强的客观性、可靠性，只要判明物证本身是真实的，就具有很大的可靠性和较强的证明力。故古今中外都把物证作为最有价值的证据，有人还称之为"哑巴证人"。

对物证的认定和采信，遵循提交原物的原则。民事诉讼法规定，物证应当提交原物；提交原物确有困难的，可以提交复制品、照片等。

（四）视听资料

1. 视听资料的概念

视听资料，是以录音带、录像带等设备所存储的信息证明案件事实，包括录音资料和影像资料。

2. 视听资料的证明力

大多数视听资料能够通过画面、音响、文字等综合、全面、动态地证明案件事实，真实地再现案件发生时的全面情景或部分情景。但视听资料也易于被变造或伪造，因此应当注意加强对视听资料的辨别。人民法院对视听资料，应当辨别真伪，并结合本案的其他证据，审查确定能否作为认定事实的根据。

（五）电子数据

1. 电子数据的概念

电子数据，是通过电子邮件、电子数据交换、网上聊天记录、博客、微博、手机短信、电子签名、域名等形成或者存储在电子介质中的信息。存储在电子介质中的录音资料和影像资料，适用电子数据的规定。电子签名法对于数据电文的形式要求、保存要求、审查认定的规则作了详细规定。

2. 电子数据的证明力

判断被采纳的电子数据的证明力大小，主要看它在实质上的可靠程度，以及与待证事实的关联程度。存有疑点的电子数据不能单独作为定案依据，应当结合其他证据形成证据链才能作为定案依据。

（六）证人证言

证人证言，是了解案件情况的人向人民法院提供的有关案件事实的陈述。

1. 证人的资格

本案的审判人员、检察人员、翻译人员，为保持公正和中立，不允许作为本案证人；本案的诉讼代理人，因与证人的地位相互冲突，按我国法律规定一般不能作为证人；不能正确表达意思的人，因难以做出客观真实的陈述，不能作为证人。

证人的资格限制较少，除了法律明确规定的以上不能作为证人的，其他了解案件情况的人通常都有资格作证。与案件有利害关系的人、当事人的亲属，以及待证事实与其年龄、智力状况或者精神健康状况相适应、能够正确表达意思的无民事行为能力人和限制民事行为能力人，都可以作为证人。

具备作证资格的证人，必须经法院通知才可以出庭作证。当事人申请证人出庭作证的，应当在举证期限届满前提出申请，并经人民法院许可；符合依职权调查取证条件的，人民法院可以在当事人未申请时依职权通知证人出庭作证。人民法院对当事人的申请予以准许的，应当在开庭审理前通知证人出庭作证。未经人民法院通知，证人不得出庭作证，但双方当事人同意并经人民法院准许的除外。

2. 证人费用的承担

证人因履行出庭作证义务而支出的交通、住宿、就餐等必要费用以及误工损失，由败诉一方当事人负担。当事人申请证人作证的，由该当事人先行垫付；当事人没有申请，人民法院通知证人作证的，由人民法院先行垫付。

证人因履行出庭作证义务而支出的交通、住宿、就餐等必要费用，按照机关事业单位工作人员差旅费用和补贴标准计算；误工损失按照国家上年度职工日平均工资标准计算。

除了无民事行为能力人和限制民事行为能力人的证人，证人出庭作证应签署如实作证保证书，证人拒绝签署保证书的，不得作证，并自行承担相关费用。

3. 证人证言的形式

证人证言主要通过口头方式在法庭上直接表达，也可在法庭上用口头和书面两种形式同时表达。证人确有因健康原因不能出庭的；因路途遥远、交通不便不能出庭的；因自然灾害等不可抗力不能出庭的；其他有正当理由不能出庭的四种情形之一的，经人民法院许可，可以通过书面证言、视听传输技术或者视听资料等方式作证；聋哑人可以用手语或书面方式表达。

证人作证时不得使用猜测、推断或者评论性的语言；证人不得旁听法庭审理；询问证人时其他证人不得在场；人民法院认为有必要时可以让证人对质。

4. 证人证言的证明力

证人证言具有一定的主观性，是对其知道或者经历的事情所作的回忆性表述，其表述是否客观，受其观察力、记忆力、表达力以及其他因素的影响很大。人民法院认定证人证言，可以通过对证人的智力状况、品德、知识、经验、法律意识和专业技能等综合分析做出判断。

（1）证人出庭作证，是为了接受审判人员和当事人的质询，未经质证的证人证言，不能作为定案根据。

（2）下列证言不能单独作为认定案件事实的依据，须与其他证据形成证据链才能作为定案的依据：未成年人所作的与其年龄和智力状况不相当的证言；与一方当事人或其代理人有利害关系的证人出具的证言；无正当理由未出庭作证的证人证言。

（七）鉴定意见

1. 鉴定意见的概念

鉴定意见，是鉴定人就案件中争议的专门技术性问题，运用自己的专门知识进行科学分析研究后所做出的证明案件事实的意见。如医学鉴定、文书鉴定、审计鉴定、物证鉴定等。

2. 鉴定程序的启动

鉴定的提起以当事人申请鉴定为主，当事人可以在举证期限届满前提出鉴定申请。人民法院准许当事人鉴定申请的，应当组织双方当事人协商确定具备相应资格的鉴定人；当事人协商不成的，由人民法院指定。

当事人未申请鉴定，人民法院对专门性问题认为需要鉴定的，人民法院应当依职权委托具备资格的鉴定人进行鉴定。

3. 鉴定意见异议的处理

当事人对鉴定意见有异议的，有权向人民法院申请重新鉴定。人民法院委托的部门做出的鉴定意见，有鉴定机构或者鉴定人员不具备相关鉴定资格、鉴定程序严重违法、鉴定意见依据不足、经过质证认定不能作为证据使用四种情形之一，当事人有异议申请重新鉴定的，人民法院应予准许。一方当事人自行委托有关部门做出的鉴定意见，另一方当事人有证据足以反驳并申请重新鉴定的，人民法院应予准许。

4. 鉴定意见的证明力

鉴定意见具有很强的权威性，决定了鉴定意见具有较强的证明力，其证明力强于其他证据，既是当事人证明案件事实的重要证据，也是人民法院认定案件事实的重要证据。人民法院对鉴定意见通常不作实质审查，通过法庭质证和形式审查便可以作为定案的证据。

当事人虽然可以对鉴定意见提出不同意见，但是其意见往往因不具有专业水准而难以被法院接受。当事人可以在举证期限届满前申请一至二名具有专门知识的人出庭，代表当事人对鉴定意见进行质证，或者对案件事实所涉及的专业问题提出意见。具有专门知识的人在法庭上就专业问题提出的意见，视为当事人的陈述。

（八）勘验笔录

1. 勘验笔录的概念

勘验笔录，是审判人员亲自或指定有关人员，对民事案件涉案现场或物证进行实地或实物勘验时所作的记录，包括笔录、照片、示意图等。勘验可由当事人申请进行，也可由法院依职权进行。

勘验是一种由人民法院收集证据的活动，是对证据的固定和保全。在民事诉讼中，双方当事人争执的标的物、用以证明案件事实的物证，有许多是不便或根本无法提交法庭的，如相邻关系纠纷的现场、交通事故的现场等。人民法院为查明案件事实，通常委派人员亲临现场进行勘查、检验、丈量或测试并予以记录，从而形成勘验笔录。

2. 勘验的程序

勘验必须由人民法院的审判人员和其他工作人员严格按照法定程序进行：勘验人必须出示人民法院的证件；勘验必须邀请当地基层组织或者当事人所在单位派人参加；勘验时，当事人或者当事人的成年家属应当到场，拒不到场的，不影响勘验的进行；勘验情况和结果应当当场制作笔录，由勘验人、当事人和被邀请参加人签名或者盖章。

勘验笔录，应当由法院工作人员准确地制作。勘验笔录是对物证或者现场的真实反映，必须客观，不能掺杂主观的推测。勘验时应当保护他人的隐私和尊严。有关单位和个人根据人民法院的通知，有义务保护现场，协助勘验工作。

3. 勘验笔录的证明力

通常情况下，人民法院制作的勘验笔录具有较强的证明力。勘验笔录的证明力取决于其程序是否合法，以及是否如实地反映了物证或者现场的真实情况。

勘验笔录须经过质证才能作为定案的依据。经过法庭许可，勘验人应接受当事人的询问。当事人对勘验笔录有不同意见的，可以要求重新勘验，法庭认为当事人的要求有充分理由的，应当重新勘验。人民法院可以要求鉴定人参与勘验。必要时，可以要求鉴定人在勘验中进行鉴定。

法律事例4-6分析：

勘验是一种由人民法院收集证据的活动，勘验可由当事人申请进行，也可由法院依职权进行。本案中，由于无法判定原告、被告各自提出的事实的真伪，人民法院为查明案件事实，委派人员亲临现场进行勘验是必要的。但勘验必须严格按照法定的程序进行，勘验人必须出示人民法院的证件，勘验必须邀请当地基层组织或者当事人所在单位派人参加，勘验时当事人或者当事人的成年家属应当到场，拒不到场的，不影响勘验的进行，勘验笔录由勘验人、当事人和被邀请参加人签名或者盖章。勘验笔录必须经过质证才能作为定案的根据。本案中，勘验笔录没有经过当事人的质证，法院就根据该勘验笔录判决甲拆除其小屋，这是违法的，违反了民事诉讼法的规定，违反了辩论原则。

【沙场练兵】

吴某（17岁）所在学校班主任刘某来到吴某家为吴某、秦某和王某3人复习功课，因王某尚未到来，刘某在客厅准备教案，吴某和秦某在阳台观望王某何时到来，吴某跟秦某打赌说他敢把阳台上的花盆扔到楼下去，秦某告诫吴某这样做有可能砸伤楼下的行人，吴某不听告诫，举起一盆君子兰就扔了下去。恰巧楼下有位老人赵某（66岁）经过，花盆正砸中赵某头部，致赵某当场死亡。楼下有一个10岁的小女孩陈某正在玩耍，她目睹了吴某将花盆扔下来砸死赵某的经过，陈某立即跑回家把这一经过告诉母亲，后来陈某在母亲的陪同下将所见情况向公安人员做了叙述。

思考： 陈某在本案中能否作为证人？陈某所言能否作为本案的证据？

二、证据的特征

【思维导图】

法律事例 4-7：

杨某和刘某是亲戚。某年 6 月,双方约定共同出资,由刘某出面从事饭店经营。之后刘某开办了一家饭店,但不到一年因经营不善刘某将饭店转让给他人经营。杨某为此要求刘某返还他的投资款 20 万元,刘某予以拒绝。杨某起诉到了法院。

刘某辩称自己确曾与杨某协商过筹建饭店,但杨某一直未出资,而且杨某并非自己开办饭店的股东,故不存在返还杨某投资款之事。

杨某为此向法庭举证了一盘录音带,录音中有杨某问刘某:"我投入的资金你打算怎样还给我",刘某回答:"现在没有办法,我没有钱"等对话。经当庭质证,当事人对录音中的身份及对话内容没有异议,但刘某否认曾实际收到杨某交付的钱款。

合议庭认为,杨某提供的录音资料未侵害他人合法权益或违反法律禁止性规定,系合法取得。根据日常生活经验,若刘某确实未收到杨某提及的出资钱款,一般应立即否认。刘某当时未予否认的陈述的证明力大于刘某在庭审中否认收款的证明力,应推定刘某收到杨某提供的钱款,杨某诉请的事实成立。判决刘某返还杨某人民币 20 万元。

思考: 民事诉讼中证据合法性如何判断?

作为民事诉讼的证据,须具备以下 3 个特征。

(一)真实性

证据的真实性,是指证据能够真实反映客观事实并能够达到令人确信的真实程度。证据能够真实反映客观事实,是指证据本身是客观的或者反映的事实是客观的。前者主要是指未经过任何加工的原始证明材料,如原始的文书、物件原件等。后者是指对客观发生的事实进行真实再现的证明材料,如真实可靠的鉴定、录音、录像、证人证言等。为了保证诉讼证据的真实性,法律规定,在诉讼中故意提供不真实的证据,要承担相应的伪证责任。

(二)关联性

证据的关联性,是指证据与本案待证事实须密切相关,并且证据所证明的事实属于本案需要证明的事实。在现实世界里,不是每一个真实存在的事实材料都能够成为证据,只有那些与所要证明的案件事实有内在的必然联系的材料,才可以列入本案证据材料的范围。如某民事诉讼案件的原告起诉被告故意伤害侵权，要求被告承担其医疗费、误工费，在庭审中出示了几张医疗费发票，其中一张是割双眼皮的美容单据，此证明材料就不符合证据关联性的要求，被法院当庭予以排除，不作为本案的证据。

（三）合法性

证据的合法性，是指作为民事案件定案依据的证据必须符合法律规定的形式，必须按照法定程序收集和提供。概括起来，证据的合法性包括以下三个方面。

1. 证据的形式合法

民事诉讼法明确规定了证据的八种形式，即当事人陈述、书证、物证、视听资料、电子数据、证人证言、鉴定意见和勘验笔录。证据材料只有具备这八种形式之一，才能成为民事诉讼证据。民事诉讼法对每一种证据的具体形式也有一定的要求。比如，勘验笔录必须采用书面形式，并由勘验人、当事人和被邀请参加人签名或者盖章。证明材料不具备这些形式，不符合这些要求，便不能作为民事诉讼的定案根据。

2. 证据的取得合法

证据必须合法取得，才可以用作证明案件事实的证据。当事人、代理人、人民法院应当按照法定程序收集、调查、提供证据，以侵害他人合法权益或者违反法律禁止性规定的方法取得的证据，不能作为认定案件事实的依据。如在他人住所安装摄像头取得的证据材料，侵害了他人的隐私权，不能作为认定案件事实的依据。

3. 证据提交、认定的程序合法

作为定案根据的证据，都应当在法庭上出示，由双方当事人进行质证，非经双方当事人质证的证据材料不能作为认定案件事实的依据。对技术性较强的专门性问题需要鉴定的，应当委托具备资格的鉴定人进行鉴定。未经法定程序取得、认定的证据材料，不能作为认定案件事实的依据。如勘验笔录，勘验人必须出示人民法院的证件，必须邀请当地基层组织或者当事人所在单位派人参加，勘验时当事人或者当事人的成年家属应当到场，拒不到场的，不影响勘验的进行，勘验情况和结果应当当场制作笔录并由勘验人、当事人和被邀请参加人签名或者盖章。欠缺任何一步，都会导致证据因取得程序不合法而丧失证明力。

 法律事例 4-7 分析：

民事诉讼中证据的合法性从证据的形式、证据的取得方式、证据的提交认定程序三方面判断。民事诉讼法明确规定了证据的八种形式，即当事人陈述、书证、物证、视听资料、电子数据、证人证言、鉴定意见和勘验笔录。证据材料只有具备这八种形式之一，才能成为民事诉讼证据；证据必须合法取得，以侵害他人合法权益或者违反法律禁止性规定的方法取得的证据，不能作为认定案件事实的依据；证据提交、认定的程序也要合法，否则会导致证据因取得程序不合法而丧失证明力。

本案中，杨某提供的录音资料属于民事诉讼法规定的视听资料，其取得方式也未侵害他人合法权益或违反法律禁止性规定，合议庭对原告当庭提交的证据组织双方当事人进行了质证，并运用逻辑推理及日常生活经验对该证据的证明力进行了认定，证据提交和认定的程序合法。

> **【沙场练兵】**

李某因在王某的饭馆里吃了不洁食物,发生食物中毒,造成身体、经济上的损害。双方就赔偿数额发生争执,诉至法院。庭审过程中,李某出示了三张医药费单据。王某对其中一张单据无异议,但对另两张单据分别提出异议,认为其中一张单据属于美容性质的单据,与治疗食物中毒无关;另一张单据数额过高,不真实。法院当庭认定了无异议的医药费单据为本案证据;有异议的高额医药费单据待调查后决定是否认定;美容单据不属于本案证据,予以排除。

思考:法院的做法是否正确?

三、举证责任

【思维导图】

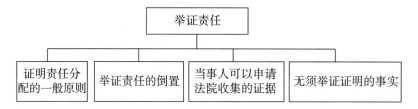

法律事例 4-8:

某化工厂附近的居民以该化工厂为被告向法院提起民事诉讼,声称自己的损害是由该化工厂的生产污水造成的,请求法院判决该化工厂承担损害赔偿责任。在诉讼中,该化工厂提出了抗辩事实,即自己通过专用地下管道将生产污水储放在工厂外的专用除污池中,某建筑公司在施工时将该专用地下管道损坏,致使生产污水大量泄漏,所以自己并无过错,不应承担损害赔偿责任。

思考:本案中谁应承担举证不能的不利后果?

举证责任,又称证明责任,是指诉讼当事人在诉讼中应当承担的举出证据证明其所主张事实的义务,以及不能证明所要承担的不利后果。

证明责任分为行为责任与结果责任。行为责任,是指当事人对自己的主张有责任提供证据加以证明。结果责任,是指没有证据或者证据不足以证明当事人的事实主张,案件事实处于真伪不明时,由负有举证责任的当事人承担不利后果。

(一)证明责任分配的一般原则

证明责任分配的一般原则是"谁主张,谁举证",即当事人对自己提出的诉讼请求所依据的事实,或者反驳对方诉讼请求所依据的事实,除了法律另有规定不需要举证、由人民法院取证或由对方举证的情形,应当提供证据加以证明。在作出判决前,当事人未能提供证据或者证据不足以证明其事实主张,案件事实真伪不明时,则由该负有举证证明责任的当事人承担不利的后果。

具体而言，人民法院应当依照下列规则确定举证责任的承担，但法律另有规定的除外。

（1）主张法律关系存在的当事人，应当对产生该法律关系的基本事实承担举证证明责任。

（2）主张法律关系变更、消灭或者权利受到妨害的当事人，应当对该法律关系变更、消灭或者权利受到妨害的基本事实承担举证证明责任。

（3）合同纠纷诉讼中，主张合同关系成立并生效的一方当事人对合同订立和生效的事实承担证明责任；主张合同关系变更、解除、终止、撤销的一方当事人对引起合同关系变动的事实承担证明责任；对合同是否履行发生争议的，由负有履行义务的当事人承担证明责任。

（4）代理权发生争议的，由主张有代理权的一方当事人承担证明责任。

（5）一般侵权诉讼案件中，主张损害赔偿的权利人应当对损害赔偿请求权产生的事实加以证明。损害赔偿法律关系产生的法律要件事实，包括侵害事实、侵害行为与侵害事实之间的因果关系、行为具有违法性以及行为人的过错。特殊侵权诉讼案件，适用举证责任倒置的规定。

（6）劳动争议纠纷案件中，因用人单位做出开除、除名、辞退、解除劳动合同、减少劳动报酬、计算劳动者工作年限等劳动争议的，由用人单位负证明责任。

（二）举证责任的倒置

举证责任的倒置又称证明责任分配的特殊规则。下列情形属于证明责任分配的特殊规则。

（1）因新产品制造方法引起的专利侵权诉讼，由制造同样产品的单位或者个人对其产品制造方法不同于专利方法承担举证责任。此类案件不是由主张侵权的人证明对方侵权，而是举证责任倒置，由被主张侵权的人证明自己不侵权，证明自己的产品制造方法不同于专利方法，若证明不了，就承担侵权的不利后果。

（2）因环境污染引起的损害赔偿诉讼，由加害人就其行为与损害结果之间不存在因果关系承担举证责任。加害行为与损害结果之间的因果关系是侵权行为的构成要件之一，本应该由主张对方侵权的受害人举证，但司法解释规定此类侵权行为的因果关系不由受害人举证证明，而由加害人就其行为与损害结果之间不存在因果关系进行举证，证明不了，即承担赔偿的不利后果。

（3）因共同危险行为致人损害的侵权诉讼，由实施危险行为的人就其行为与损害结果之间不存在因果关系承担举证责任。危险行为与损害结果之间存在因果关系本应由提出侵权主张的人承担举证责任，此处倒置为由实施危险行为的人承担，若证明不了，就承担侵权的不利后果。

（4）因医疗行为引起的侵权诉讼，由医疗机构就医疗行为与损害结果之间不存在因果关系和不存在医疗过错承担举证责任。行为与损害结果之间的因果关系和行为人有过错都是侵权行为的构成要件，正置时该因果关系和过错应由主张侵权的人举证，此处倒置为实施医疗行为的医疗机构承担举证责任。

（三）当事人可以申请法院收集的证据

当事人对自己提出的主张，有责任提供证据。但以下当事人及其诉讼代理人因客观原因不能自行收集的证据，可以在举证期限届满前书面申请人民法院调查收集，人民法院应当调查收集。

（1）证据由国家有关部门保存，当事人及其诉讼代理人无权查阅调取的。
（2）涉及国家秘密、商业秘密或者个人隐私的。
（3）当事人及其诉讼代理人因客观原因不能自行收集的其他证据。

人民法院调查收集证据，应当由两人以上共同进行。调查材料要由调查人、被调查人、记录人签名、捺印或者盖章。

（四）无须举证证明的事实

下列事实，当事人无须举证证明，即可被法院确认作为认定案件事实的依据。

（1）一方当事人在法庭审理中，或者在起诉状、答辩状、代理词等书面材料中，对己不利的事实明确表示承认的，另一方当事人无须举证证明。

但对于涉及身份关系、国家利益、社会公共利益等应当由人民法院依职权调查的事实，不适用以上自认的规定。自认的事实与查明的事实不符的，人民法院不予确认。

（2）自然规律以及定理、定律（当事人有相反证据足以反驳的除外）。
（3）众所周知的事实（当事人有相反证据足以反驳的除外）。
（4）根据法律规定推定的事实（当事人有相反证据足以反驳的除外）。
（5）根据已知的事实和日常生活经验法则推定出的另一事实（当事人有相反证据足以推翻的除外）。
（6）已为人民法院发生法律效力的裁判所确认的事实（当事人有相反证据足以推翻的除外）。
（7）已为仲裁机构生效裁决所确认的事实（当事人有相反证据足以推翻的除外）。
（8）已为有效公证文书所证明的事实。

法律事例 4-8 分析：

因环境污染引起的损害赔偿诉讼实行无过错责任，且举证责任倒置，由加害人就其行为与损害结果之间不存在因果关系承担举证责任，即由加害人某化工厂就其生产污水行为与损害结果之间不存在因果关系进行举证，证明不了即承担赔偿的不利后果，无论其是否有过错。本案中，某化工厂没有就此举证，没有完成民事诉讼法规定的举证责任，应承担举证不能的不利后果，向原告赔偿损失。根据民法典规定，某化工厂赔偿后可以向有过错的第三人某建筑公司追偿。

【沙场练兵】

某养鸡场场主请生产疫苗的某公司给其鸡注射预防鸡病的疫苗。不料数月后，仍暴发鸡病，导致该养鸡场的鸡全部死亡。该养鸡场场主认为，发生鸡病的原因是疫苗免疫性不充分，于是以该公司为被告提起产品质量损害赔偿诉讼。被告在答辩中主张，突发鸡病与本公司生产的疫苗无关，而是由于鸡场消毒不充分所致。

思考：本案中，原告应对哪些事实承担证明责任？被告应对哪些事实承担证明责任？

第四节 诉讼保障

诉讼保障制度是为保障民事诉讼程序的顺利进行而设置的制度，本节主要阐述保全制度和先予执行制度。

一、保全

【思维导图】

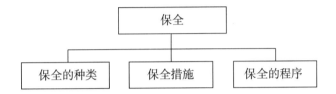

法律事例 4-9：

S 公司与 Y 市水果批发公司在三门峡市订立了一份购销合同。合同约定 S 公司于 7 月底前供给水果批发公司一批苹果，总货款 6 万元。S 公司如期将苹果运至水果批发公司所在的 Y 市火车站，并将苹果卸在该火车站货场里。Y 市水果批发公司以苹果不符合合同规定的质量为由，拒绝提货和支付货款。因天气炎热，在货场里的苹果开始腐烂。S 公司在来不及起诉的情况下，申请法院对苹果采取措施。法院在接到申请后，在 5 日后裁定变卖这批苹果。

思考： S 公司是否有权申请法院处理苹果？法院在接受申请时，应要求 S 公司履行什么义务？法院在 5 日后作出裁定，是否正确？

（一）保全的种类

依据民事诉讼法的规定，保全依照不同的标准可以作不同的分类。以保全对象为标准，可以分为财产保全和行为保全；以当事人申请保全的时间为标准，可以分为诉前保全和诉讼保全。

1. 财产保全和行为保全

财产保全，是指为了保障将来的生效判决能够得到执行，或者避免当事人或者利害关系人的合法权益受到难以弥补的损害，人民法院根据利害关系人、当事人的申请或依职权，裁定对相关财产采取的限制当事人处分的强制性保护措施。

行为保全，是指为了保障将来的生效判决能够得以执行或者为了避免利害关系人、当事人的利益受到不应有的损害或进一步的损害，人民法院根据利害关系人、当事人的申请或依职权，裁定被申请人作出一定行为或者禁止其作出一定行为的强制性措施。

2. 诉前保全和诉讼保全

诉前保全，是指起诉前因情况紧急，可能给利害关系人造成难以弥补的损失，人民法院依利害关系人的申请，对与案件有关的财产、行为采取的临时性强制措施。进行诉前保全应同时具备以下条件：

（1）必须是情况紧急。如果等到法院受理案件以后才采取保全措施，将会使申请人的合法权益受到难以弥补的损害。如果情况并不紧急，利害关系人就没有必要申请诉前保全，而可以在起诉后申请诉讼保全。

（2）必须由利害关系人提出保全申请。利害关系人是指与被申请一方存在民事权益争议的人。诉前保全必须由利害关系人申请，人民法院不能依职权主动进行。

（3）申请人必须提供担保。利害关系人申请诉前财产保全的，应当提供相当于请求保全数额的担保；情况特殊的，人民法院可以酌情处理。申请诉前行为保全的，担保的数额由人民法院根据案件的具体情况来决定。这与诉讼保全不同，诉讼保全不是必须提供担保，只有在人民法院责令提供担保的时候，提供担保才成为必要条件。因为诉前保全是发生在诉讼开始之前，申请人是否提起诉讼、是否真正享有其所主张的实体权利，都还处于不确定状态，为了防止诉前保全可能出现错误，法律要求申请人必须提供担保。申请人不提供担保的，人民法院应当驳回申请。

诉讼保全，是指在诉讼过程中，为了避免因当事人一方的行为或者其他原因，使判决难以执行或者造成当事人的损害，人民法院根据对方当事人的申请或者依职权对有关财产采取强制性保护措施，或者责令其作出或禁止作出一定行为的制度。

诉讼保全与诉前保全既有相同之处，又有明显的区别。相同之处：二者都是保全法律制度，适用的目的、措施、程序基本相同，适用保全的情形都必须属于给付之诉，即一方要求另一方给付一定数量货币、财物或行为（作为和不作为）的诉讼，单纯的确认之诉、变更之诉不会出现保全问题。

二者不同之处：

（1）保全提起的主体不同。诉前保全只能由利害关系人向人民法院提出申请，诉讼保全提起的主体可以是诉讼当事人也可以是人民法院。

（2）保全提起的时间不同。诉前保全在原告提起诉讼之前向人民法院提出申请，诉讼保全在提起诉讼之后、判决生效前申请。

（3）提供担保的要求不同。诉前保全申请人应当提供担保，而诉讼保全是否责令申请人提供担保，由人民法院根据案件具体情况自由裁量。

（4）人民法院作出保全裁定的期间不同。诉前保全人民法院必须在接受申请后的 48 小时内作出裁定；诉讼保全人民法院对情况紧急的必须在 48 小时内作出裁定，对情况不紧急的也应及时作出裁定。

此外，法律文书生效后，进入执行程序前，债权人因对方当事人转移财产等紧急情况，不申请保全将可能导致生效法律文书不能执行或者难以执行的，可以向执行法院申请采取保全措施。债权人在法律文书指定的履行期间届满后 5 日内不申请执行的，人民法院应当解除保全。

（二）保全措施

保全措施，是指人民法院保全的具体方法和手段。根据民事诉讼法的规定，财产保全可以采取查封、扣押、冻结或法律规定的其他方法。

1. 查封

查封，是指人民法院将被保全的财物清点后加贴封条，就地封存的一种措施，查封的本意是检查以后，贴上封条，禁止动用。法院对财产查封后，当事人、负责保管的有关单位和个人以及人民法院都不得动用该项财产。被查封的财物所有权不变，但是所有权人在查封期间不得对该财物行使处分权。对于已查封的财产，人民法院不得重复查封。人民法院的查封只是防止债务人转移财产，对于其所有权的其他权能是不能限制的。

2. 扣押

扣押，是指人民法院将需要保全的财物或财产权证书予以扣留，使被申请人在一定期限内不得占有和动用的一种措施。人民法院扣押财物后应当妥善保管。根据实际需要，人民法院可以派人保管。对不动产和特定的动产（如车辆、船舶等）可以采取扣押有关财产权证照并通知有关产权登记部门不予办理该项财产的转移手续，也能达到财产保全的目的。

3. 冻结

冻结，是指人民法院责令有关银行、其他金融机构对被申请人的存款或其他款项不得提取、动用的一种措施。人民法院冻结财产后，应当立即通知被冻结财产的权利人，以免因被冻结财产的权利人到银行提取存款而发生顶账。对已冻结的存款，人民法院不得重复冻结。冻结单位存款的期限不得超过 6 个月，逾期不办理继续冻结手续的，视为撤销冻结。

4. 其他方法

除了上述措施，人民法院还可以采取法律规定的其他方法。如责令被申请人提供担保；扣留提取被申请人收入；对季节性商品，鲜活、易腐烂变质、不宜长期保存的物品，可以责令当事人及时处理，由人民法院保存价款，必要时，人民法院也可以予以变卖保存价款；人民法院对债务人到期应得的收益，可以采取保全措施限制其支取，通知有关单位协助执行；债务人的财产不能满足保全请求，但对第三人有到期债权的，人民法院可以依债权人的申请裁定该第三人不得对本案债务人清偿，该第三人要求偿付的，由人民法院提存物或价款等。

行为保全是责令被申请人作出一定行为或者制止被申请人作出一定行为。因此，行为保全的方法不同于财产保全。在行为保全裁定中，法官对行为保全方法有一定的自由裁量权。对于制止被申请人作出一定行为的保全案件，人民法院可以根据案件的具体情况作出责令被申请人不作为、对其不当行为进行警告、短时间内限制人身自由、罚金等措施。如停止排放有害气体的行为保全、停止排放污水的行为保全、禁止乱砍树木的行为保全、停止制造噪声的行为保全等。

（三）保全的程序

1. 诉前保全的程序

（1）利害关系人申请。诉前保全必须由利害关系人在起诉前向有管辖权的人民法院提出申请。利害关系人，是指认为自己的民事权益正受他人侵犯或与他人发生了争议，即将提起诉讼的人。

（2）申请人提供担保。申请诉前保全的，申请人应当提供担保，未提供担保的，人民法院应当驳回申请。这是因为诉前保全是在起诉前进行的，利害关系人是否起诉、起诉后是否能胜诉尚处于不可预料之中，而保全措施是一项十分严厉的措施，一旦适用就可能会给被申请方造成经济损失和精神损失。为了平等地保护双方当事人的利益，法律明确规定申请诉前保全申请人应当提供担保。

（3）人民法院对诉前保全申请进行审查和处理。经审查认为不符合保全条件的，应当裁定驳回申请；认为符合保全条件且提供了担保的，应当裁定采取保全措施。人民法院接受诉前保全申请后，必须在48小时内作出裁定。

（4）诉前保全的执行。保全裁定一经作出即发生法律效力，保全裁定作出后应立即交付执行。如果当事人不服，可以向作出保全的人民法院申请复议一次，复议期间不停止裁定的执行。保全申请有错误的，申请人应当赔偿被申请人因保全所遭受的损失。

2. 诉讼保全的程序

（1）诉讼保全申请。应当由案件当事人在诉讼程序开始后、作出生效判决前向人民法院提出。当事人没有提出申请的，人民法院在必要的时候也可以自行裁定采取保全措施。申请诉讼保全或人民法院依职权采取保全措施的前提，必须是可能因一方当事人的行为或者其他原因，使判决难以执行或者造成当事人损害。

（2）人民法院对保全申请进行审查和处理。人民法院接到利害关系人或当事人申请采取保全措施的，应进行审查，根据案件具体情况分别作出处理：一是法院可责令申请人提供担保，担保主要采用财物担保的形式，提供担保的财物数额应相当于请求保全的金额。当事人拒不提供担保的，人民法院驳回申请；二是人民法院没有责令申请人提供担保或者申请人按要求提供了担保，人民法院应作出保全的裁定。

人民法院接受诉讼保全申请后，对情况紧急的必须在48小时内作出裁定。对于情况非紧急的，由人民法院酌定，可适当延长。

（3）保全裁定的执行。人民法院裁定采取诉讼保全措施的，应当立即开始执行。

  法律事例4-9分析：

S公司应当为此提供担保，诉前财产保全，申请人应当为此提供担保，不提供担保的，法院驳回申请；法院5日后作出裁定是错误的，对诉前财产保全人民法院应当在接受申请后48小时内作出裁定。

【沙场练兵】

原告刘某诉被告韩某借款纠纷一案，人民法院依法受理。在审理中，原告向法院提出了保全申请，人民法院经过审查，认为原告没有充分的证据证明被告欠其钱的事实，应当提供担保。但原告在人民法院责令提供担保时认为法院有偏向性，拒绝提供担保。于是，人民法院作出裁定，驳回原告的保全申请。

思考：人民法院的裁定是否正确？

二、先予执行

【思维导图】

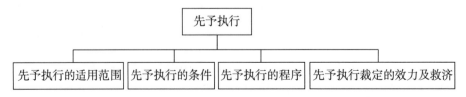

法律事例 4-10：

乔大爷与慈大娘膝下共有四子一女。子女均已成家，家庭经济条件较好，却从未向父母履行过赡养义务。乔大爷现今已满81岁，体弱多病，已丧失劳动能力，且无经济来源，其多次要求子女履行赡养义务，但均遭拒绝。2019年年底的一个下午，乔大爷不慎摔伤住院治疗，子女得知父亲住院后均未露面。乔大爷实在无力支付与日俱增的医疗费用，遂于入院后的第三天诉至法院，请求判令五个子女承担赡养义务，每人每月支付其赡养费1000元及承担实际产生的医疗护理等费用；并同时向法院申请先予执行，请求五个子女每人立即支付医疗费2000元。

思考：对于案件尚未审理之前原告就请求被告每人立即支付2000元医疗费的申请，法院应否支持？

先予执行，是指人民法院在受理案件后终审判决作出前，为解决一方当事人生活、工作或者生产经营上的急需，根据此当事人的申请，裁定对方当事人预先给付一定数额的金钱或其他财产，或者裁定对方当事人实施或停止某种行为，并立即付诸执行的法律制度。先予执行应当限于当事人诉讼请求的范围，并以当事人的生活、生产经营的急需为限。

通常情况下，法院执行须以生效判决为基础，须等到判决生效后进行。但有些民事诉讼案件如果等到判决生效后执行，当事人的正常生活将难以维持，或者当事人的医疗将难以保证，或者当事人的生产、经营将会受到严重影响；有些民事诉讼案件原告起诉不是要求被告给付财物，而是要求人民法院禁止被告实施某行为，原告的请求往往具有紧迫性，法院若等到判决后再采取禁止性措施，被告的行为早已实施，给原告造成的损失将难以挽回。这些案件的当事人都可以向人民法院申请先予执行。

（一）先予执行的适用范围

根据民事诉讼法的规定，人民法院对下列案件，根据当事人的申请可以裁定先予执行。
（1）追索赡养费、扶养费、抚育费、抚恤金、医疗费用的案件。
（2）追索劳动报酬的案件。
（3）因情况紧急需要先予执行的其他案件。

情况紧急包括：需要立即停止侵害、排除妨碍的；需要立即制止某项行为的；追索恢复生产、经营急需的保险理赔费的；需要立即返还社会保险金、社会救助资金的；不立即返还款项，将严重影响权利人生活和生产经营的。

（二）先予执行的条件

人民法院裁定先予执行的，应当符合以下条件。
（1）当事人提出申请。先予执行是因当事人一方的生产生活急需而采取的措施，而是否急需，只有当事人自己最清楚。因此只有在当事人提出申请的情况下，人民法院才能裁定先予执行。
（2）当事人之间权利义务关系明确。先予执行的实质是预先实现未来判决中的部分权利。因此，裁定先予执行必须以当事人之间权利义务关系明确为前提，即在民事法律关系中谁应当享有权利、谁应当承担义务，以及各自享有什么样的权利、承担什么样的义务都是明确的。如原告、被告是父子关系，原告因无生活来源请求被告给付赡养费，此案中的权利义务关系很明确。

（3）不先予执行将严重影响申请人的生活或者生产经营。严重影响，是指申请人难以甚至无法维持其基本的生产生活需要。如果对申请人没有产生这种影响不能采取先予执行的措施。

（4）被申请人有履行能力。先予执行要求义务人履行一定民事义务，客观上以被申请人有履行能力为基础。如果被申请人没有履行义务的能力，比如被申请人即将破产，或者被申请人身无分文又无任何有价值的财物，即便他明显地负有给付义务，也不能裁定先予执行。即使裁定先予执行，也没有实际意义。

以上4个条件同时具备，人民法院才能裁定先予执行。

（三）先予执行的程序

先予执行是人民法院根据申请人的申请在判决前所作的保护性措施。它是在推定申请人可能胜诉的情况下作出的，如果适用不当，就可能给被申请人造成一定的损失。因此，裁定先予执行必须严格遵守法定的程序。

1. 先予执行的申请

当事人申请先予执行，人民法院认为有必要让申请人提供担保的，会责令申请人提供担保，当事人不提供担保的驳回申请。追索赡养费、扶养费、抚养费、抚恤金和劳动报酬的案件，当事人之间权利义务关系十分明确，发生执行回转的可能性极小，加之申请人本身生活困难，往往无力提供担保，所以人民法院不会责令申请人提供担保。

2. 人民法院对申请审查和处理

人民法院接到先予执行的申请后，应当进行审查。经过审查认为符合先予执行条件和适用范围的，裁定先予执行；不符合先予执行条件和适用范围的，裁定驳回申请。

3. 先予执行裁定的执行

先予执行的裁定生效后，被裁定给付财产的一方当事人应当自行履行给付义务。拒不履行的，人民法院强制执行。

4. 判决生效后被申请人所受损失的赔偿

申请先予执行是诉讼过程中的行为，人民法院经过审理，查清事实后的判决可能有两种情况。

（1）申请人胜诉。人民法院在判决书或调解书中，应记明先予执行的款项、特定物，并在被申请人应付的款项总额中予以扣除。申请人提供担保的返还担保物。双方结算清楚。

（2）申请人败诉。如果案件审结后申请人败诉的，人民法院判决时一同撤销先予执行裁定，返还已执行的款物，并赔偿被申请人由此造成的经济损失。

（四）先予执行裁定的效力及救济

1. 先予执行裁定的效力

先予执行裁定书一经送达当事人，即发生法律效力，立即执行。当事人对先予执行的裁定不服的，可以自收到裁定书之日起5日内向作出裁定的人民法院申请复议一次。复议期间不停止裁定的执行。人民法院应当在收到复议申请后10日内审查。裁定正确的，驳回当事人的申请。裁定不当的，变更或者撤销原先予执行的裁定。

2. 先予执行裁定错误的救济

先予执行毕竟是在判决作出前对将来判决的预先执行，因此不排除存在裁定错误的情况。人民法院裁定先予执行后，如果经被执行人申请复议、人民法院撤销了先予执行裁定，或者经审理判决申请人败诉，或者虽未败诉但判决给付的金额小于先予执行的数额，或者在诉讼过程中申请人撤诉等，都意味着申请人因先予执行取得的利益失去了法律依据。依照民事诉讼法规定，对已被执行的财产，人民法院应当作出裁定，责令取得财产的人返还；拒不返还的，强制执行。如果上述返还不足以弥补被申请人因先予执行而遭受的财产损失，应当赔偿被申请人因先予执行遭受的财产损失。

法律事例 4-10 分析：

依据我国民事诉讼法的规定，老年人向法院提起民事诉讼追索赡养费用的，在符合一定条件的情形下，法院可以裁决先予执行。民事诉讼法第 110 条规定，人民法院裁定先予执行的，应当符合下列条件：当事人之间权利义务关系明确，不先予执行将严重影响申请人的生活或者生产经营的；被申请人有履行能力。乔大爷的申请符合法律规定，法院应当予以支持，裁定先予执行。

▶【沙场练兵】

C 市某发电公司承接该市重点能源项目，该公司欲修建一条到达厂区的运煤铁路专线，在桥墩的修建中，居民黄某以该桥墩离其住宅过近、噪声太大影响其居住，以及房屋的通风采光受到影响为由在工地上闹事，导致工地停工，社区、街道以及派出所等部门给黄某作了大量思想工作，还是没有任何进展。

该公司向法院起诉，同时申请先予执行，要求黄某立即停止侵害并排除妨碍。某区法院受理该案后，下达了先予执行裁定书，并强制执行。桥墩顺利修建，运煤铁路专线按时通车。

思考： 该法院的处理符合先予执行的法律规定吗？

第五节 一审诉讼程序

一审诉讼程序是民事审判程序的基本程序，包括一审普通程序和简易程序。一审普通程序适用于审理一般民事案件，简易程序适用于审理简单的民事案件。一审普通程序是人民法院审理民事案件的基础程序，与其他审判程序相比，具有程序基础性、程序完整性、适用广泛性和相对独立性等特点。

一、一审普通程序

【思维导图】

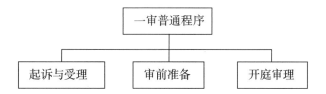

法律事例 4-11：

王某自 2019 年起在 Y 市经营一家快餐店，领有营业执照。2020 年，王某将店转让给张某经营，但未到工商局办理营业执照的变更手续。某日，煤气罐爆炸致使高某受伤，高某起诉张某，请求赔偿医药费等费用。在诉讼中，原告又要求把王某作为被告，让两被告共同赔偿。

思考：（1）本案对于原告又要求把王某作为被告，法院应如何处理呢？

（2）法院受理案件后，在审理前的准备阶段应当做哪些准备工作？

（一）起诉与受理

1. 起诉

根据民事诉讼法的规定，起诉必须符合下列条件。

（1）原告是与本案有直接利害关系的公民、法人和其他组织。

（2）有明确的被告。

（3）有具体的诉讼请求和事实、理由。

（4）属于人民法院受理民事诉讼的范围和受诉人民法院管辖。

起诉应当向人民法院递交起诉状，并按照被告人数提出副本。书写起诉状确有困难的，可以口头起诉，由人民法院记入笔录，并告知对方当事人。

起诉状应当记明下列事项：原告的姓名、性别、年龄、民族、职业、工作单位、住所、联系方式，作为原告的法人或者其他组织的名称、住所和法定代表人或者主要负责人的姓名、职务、联系方式；被告的姓名、性别、工作单位、住所等信息，作为被告的法人或者其他组织的名称、住所等信息；诉讼请求和所根据的事实与理由；证据和证据来源，证人姓名和住所。

2. 审查与受理

人民法院接到当事人提交的民事起诉状时，对符合以上起诉条件的，应当在 7 日内立案，并通知当事人。对当场不能判定是否符合起诉条件的，应当接收起诉材料，并出具注明收到日期的书面凭证。需要补充必要相关材料的，人民法院应当及时告知当事人。在补齐相关材料后，应当在 7 日内决定是否立案。

人民法院对下列起诉，分别情形，予以处理。

（1）依照《中华人民共和国行政诉讼法》（以下简称行政诉讼法）的规定，属于行政诉讼受案范围的，告知原告提起行政诉讼。

（2）依照法律规定，双方当事人达成书面仲裁协议申请仲裁的，告知原告向仲裁机构申请仲裁。

（3）依照法律规定，应当由其他机关处理的争议，告知原告向有关机关申请解决。

（4）对不属于本院管辖的案件，告知原告向有管辖权的人民法院起诉。

（5）对判决、裁定、调解书已经发生法律效力的案件，当事人又起诉的，告知原告申请再审，但人民法院准许撤诉的裁定除外。

（6）依照法律规定，在一定期限内不得起诉的案件，在不得起诉的期限内起诉的，不予受理。

（7）判决不准离婚和调解和好的离婚案件，判决、调解维持收养关系的案件，没有新情况、新理由，原告在 6 个月内又起诉的，不予受理。

人民法院对案件立案后发现不符合起诉条件或者属于以上不予立案情形的，应裁定驳回起诉。

（二）审前准备

民事诉讼审前准备，是指在民事案件立案之后、开庭审理之前，人民法院、诉讼当事人及其代理人和其他诉讼参与人为开庭审理所进行的一系列的诉讼活动和诉讼行为。

1. 原告在审前准备中的主要事项

原告作为诉讼程序提起的一方及在诉讼中请求法院保障实体权利的一方，在审前准备中应当做好以下主要事项。

（1）按期预交诉讼费。原告在接到受理案件通知书后的次日起7日内预交案件受理费，否则，按自动撤回起诉处理。

（2）明确自己的诉讼请求以及相关的法律依据，明确主张的事实和证据支持材料。

（3）仔细研究被告的答辩状，明确了解双方的分歧焦点，包括诉讼请求、事实与理由、证据材料等，从而采取相应的对策。

（4）决定是否委托诉讼代理人。根据案件实际和自身诉讼能力等情况，可以委托一至二名诉讼代理人。

（5）在举证期限内提交证据材料。遇有特殊情况时，可提出延期举证申请。

（6）根据案件情况，提出证据交换申请，以及参加法院组织的证据交换诉讼活动。

2. 被告在审前准备中的主要事项

被告作为被诉称侵犯原告民事权益或与原告发生民事权益争议、被人民法院传唤应诉的一方，其在审前准备中应当做好以下主要事项。

（1）决定是否提管辖异议。被告在接到人民法院送达的起诉状副本和应诉通知书后，明确受诉法院是否有管辖权，以及决定是否提管辖异议。决定提管辖异议的，在答辩期内提交管辖权异议书。

（2）提交答辩状。被告在答辩期内提交答辩状，对原告诉状中的诉讼请求、事实主张及相应证据加以了解，针对原告的主张提出抗辩。被告不答辩的，不影响案件的审理。

（3）确认自己的受送达人和送达详细地址、联系电话、邮政编码。被告不确认受送达人和送达地址的，承担因送达不能而产生的法律后果。

（4）决定是否委托诉讼代理人。根据案件实际和自身诉讼能力等情况，可以委托一至二名诉讼代理人。

（5）决定是否提出反诉请求。提出反诉的，应提交反诉书。

（6）在举证期限内提交证据材料及进行证据交换诉讼活动。当事人在该期限内提供证据确有困难的，可以向人民法院申请延长期限。

3. 人民法院在审前准备中的主要事项

根据民事诉讼法的规定和司法实践，人民法院在审前会进行以下准备活动。

（1）送达民事起诉状和民事答辩状等诉讼文书。人民法院应当在立案之日起5日内将起诉状副本和应诉通知书送达被告，被告应当在收到之日起15日内提出答辩状。人民法院应当在收到答辩状之日起5日内将答辩状副本送达原告。

（2）审查管辖权异议及案件移送。人民法院受理案件后，当事人对管辖权有异议的，应当在提交答辩状期间提出。人民法院对当事人提出的异议,应当审查。异议成立的,裁定将案件移送有管辖权的人民法院;异议不成立的,裁定驳回。

(3)确定当事人的举证期限。第一审普通程序案件不得少于15日,举证期限届满后当事人对已经提供的证据申请提供反驳证据或者对证据来源、形式等方面的瑕疵进行补正的,人民法院可以酌情再次确定举证期限。举证期限可以由当事人协商,并经人民法院准许。

(4)成立审判组确定审判人员及告知当事人诉讼权利。人民法院对决定受理的案件,应当在受理案件通知书和应诉通知书中向当事人告知有关的诉讼权利义务,或者口头告知。审判人员确定后,应当在三日内告知当事人。

(5)审核原告、被告提交的有关起诉状、答辩状、反诉材料等,以及他们提供的各种证据材料。

(6)依法进行调查收集必要的证据。人民法院在必要时可以委托外地人民法院调查。委托调查,必须提出明确的项目和要求。受委托人民法院可以主动补充调查。受委托人民法院收到委托书后,应当在30日内完成调查。因故不能完成的,应当在上述期限内函告委托人民法院。

(7)处理追加当事人事宜。如必须共同进行诉讼的当事人没有参加诉讼的,人民法院应当通知其参加诉讼。

(8)召集庭前会议。根据案件具体情况,庭前会议明确原告的诉讼请求和被告的答辩意见;审查处理当事人增加、变更诉讼请求的申请和提出的反诉,以及第三人提出的与本案有关的诉讼请求;根据当事人的申请,决定调查收集证据、委托鉴定、要求当事人提供证据、进行勘验、进行证据保全;组织交换证据;归纳争议焦点,并就归纳的争议焦点征求当事人的意见;进行调解等。

(三)开庭审理

人民法院审理第一审民事案件,都必须开庭审理。开庭审理有公开审理和不公开审理两种方式,开庭审理原则上以公开审理为主,以不公开审理为例外。开庭审理主要有开庭准备、法庭调查、法庭辩论、案件评议和宣告判决等环节,人民法院根据案件具体情况并征得当事人同意,可以将法庭调查和法庭辩论合并进行。

1. 开庭准备

人民法院在正式对案件进行实体审理之前,为保证案件审理的顺利进行会开展各项准备工作。庭审准备包括以下内容。

(1)告知当事人和其他诉讼参与人出庭日期。人民法院审理民事案件,应当在开庭3日前用开庭传票传唤当事人。对诉讼代理人、证人、鉴定人、勘验人、翻译人员应当用出庭通知书通知其到庭。当事人或者其他诉讼参与人在外地的,应当留有必要的在途时间。

(2)张贴开庭公告。对公开审理的案件,人民法院应当公告当事人的姓名、案由和开庭的时间、地点。公告可以在法院的公告栏张贴,巡回审理的可以在案发地或其他相关的地点张贴。

(3)开庭审理前,书记员应当查明当事人和其他诉讼参与人是否到庭,宣布法庭纪律。

(4)核对当事人,宣布案由,宣布审判人员、书记员名单,告知当事人有关的诉讼权利义务,询问当事人是否提出回避申请。审判长或独任审判员核对当事人,核对的顺序是原告、被告、第三人,核对的内容包括姓名、性别、年龄、民族、籍贯、工作单位、职业和住所。

2. 法庭调查

人民法院在法庭上会依照法定程序向当事人和其他诉讼参与人调查案件，审查各种证据及当事人的举证、质证，该活动即为法庭调查。法庭调查按下列顺序进行。

（1）当事人陈述。首先由原告陈述事实或宣读起诉状，其次由被告陈述事实或宣读答辩状。案件有第三人的，再由第三人陈述或答辩。

（2）告知证人的权利义务，证人作证，宣读未到庭的证人证言。

（3）出示书证、物证、视听资料和电子数据。既包括当事人提供的证据，也包括人民法院调查收集的证据。

（4）宣读鉴定意见。当事人出庭时，由鉴定人或审判人员当庭宣读鉴定结论，并接受当事人质询。

（5）宣读勘验笔录。勘验笔录由勘验人或审判人员当庭宣读。经法庭许可，当事人可以向勘验人发问。

证据应当在法庭审理中予以质证，未经质证的证据不能作为认定案件事实的依据。因此，质证也是开庭审理中法庭调查的一项重要事项，是法庭调查阶段的中心任务。

3. 法庭辩论

当事人及其诉讼代理人在合议庭的主持下，根据法庭调查阶段查明的事实和证据，阐明自己的观点和意见，相互进行言词辩驳，该诉讼活动即为法庭辩论。法庭辩论按照下列顺序进行。

（1）原告及其诉讼代理人发言。发言主要是论证自己的观点和主张，驳斥被告在法庭调查中提出的事实和理由，而不是重复自己在法庭调查阶段所作的陈述内容。

（2）被告及其诉讼代理人答辩。被告及其诉讼代理人的答辩不是对自己在法庭调查阶段陈述和答辩的简单重复，而是针对原告及其诉讼代理人的发言发表意见和辩解，以证明原告的诉讼请求不应得到法院的支持。

（3）第三人及其诉讼代理人发言或者答辩。有独立请求权第三人认为原告和被告都侵犯了自己的合法权益，因此其发言或答辩是对原告和被告所主张的事实、理由和请求进行辩驳，从而证明自己的合法权益应受到保护。无独立请求权第三人则辅助一方当事人对另一方当事人主张的事实和请求进行回答与辩驳。

（4）相互辩论。各方当事人及其诉讼代理人主要应围绕争议焦点进行辩论。

法庭辩论终结，由审判长或独任审判员按照原告、被告、第三人的先后顺序征询各方最后意见。法庭辩论结束后，如果案件事实清楚，审判长或独任审判员会询问当事人是否愿意调解。经过调解当事人达成协议的，应当在调解协议上签字盖章。人民法院会根据当事人达成的调解协议制作调解书送达当事人。当事人达成协议后当即履行完毕，不要求发给调解书的，法院会记入笔录，在当事人、审判人员、书记员签名或盖章后即具有法律效力。如果调解不成的，审判人员会及时判决。

4. 案件评议和宣告判决

宣告判决有两种方式：一是当庭宣判，宣判后法院会在10日内向有关人员发送判决书；二是定期宣判，即不能当庭宣判的另定日期宣判，定期宣判后法院会立即发给判决书。

一审普通程序的审限为6个月。6个月审限是指从立案之日起至裁判宣告、调解书送达之日止的期间，但公告期间、鉴定期间、双方当事人和解期间、审理当事人提出的管辖异议以及处理人民法院之间的管辖争议期间不计算在内。有特殊情况需要延长的经本院院长批准，可以延长6个月；还需要延长的，报请上级人民法院批准。

法律事例4-11分析：

本案中，法院应当追加王某为共同被告，通知王某参加诉讼。营业执照上登记的业主与实际经营者不一致的，以业主和实际经营者为共同诉讼人，且是必要共同诉讼人，法院应当追加王某作为共同被告。必须共同进行诉讼的当事人没有参加诉讼的，法院应通知其参加诉讼。因此，本案中原告提出追加王某作为被告参加诉讼的申请后，法院应当予以接受。即使当事人不提出申请，法院也应当依职权予以追加。

案件受理后，在审理前的准备阶段人民法院主要应做好以下工作：将起诉状副本发送被告；限期被告提交答辩状并将答辩状副本发送原告；在受理案件通知书和应诉通知书中告知当事人有关的诉讼权利和义务，或者口头告知；确定审判人员并在3日内告知当事人；合议庭或独任审判员审核诉讼资料，调查收集必要的证据；召开庭前会议组织当事人进行证据交换等。

▶【沙场练兵】

甲男与乙女经人介绍相识，恋爱3个月后结婚。婚后，甲男母亲丙与乙女互相看不惯，婆媳之间经常发生摩擦。甲男觉得妻子对老人不孝，小两口为此经常吵架，后来发展到大打出手。丙来到人民法院，向法院递交了一份起诉状，要求人民法院判决其儿子与儿媳离婚。法院没有受理丙的起诉。

思考：法院的做法是否正确呢？

二、简易程序

【思维导图】

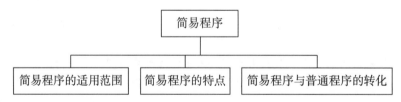

法律事例4-12：

原告李某向某基层人民法院起诉，要求被告张某夫妇返还欠款1万元及利息，并向法院提交了证明原告、被告之间存在债权债务关系的借条一份。该法院受理案件后，确定由某审判员独任审理，并通知被告应诉答辩，被告没有提交答辩状。独任审判员按照简易程序进行了开庭审理。开庭审理中被告坚决否认与原告之间存在债务关系，并辩称自己一家人根本不认识原告，借条是半年前自己装有房产证的手袋被冯某抢走，其后冯某又带原告李某到被告张某家用刀胁迫其一家人签订的，并威胁如报案就杀死其全家，事发后张某一家人没敢报案，被告实际上根本不存在向原告借款的事实。法院作出一审判决，判令被告于判决生效后10日内清偿原告借款 1 万元及利息。被告收到判决书后表示不服,但在上诉期间内没有提出上诉,一审判决生效。在人民法院决定强制执行生效判决时,被告张某夫妇在法院门口服毒自杀。

思考:法院是否应当适用简易程序审理此案呢?

简易程序,是基层人民法院及其派出的法庭,审理简单的民事案件所适用的民事诉讼程序。适用简易程序,可以不受普通程序某些规定的约束,可以用简便方式传唤当事人和证人、送达诉讼文书、审理案件,从而减少了程序,缩短了办案时间,使司法资源得到合理分配。

(一)简易程序的适用范围

1. 简易程序的适用案件

(1)简单民事案件,是指事实清楚、权利义务关系明确、争议不大的民事案件。事实清楚,是指当事人对争议的事实陈述基本一致,并能提供相应的证据,无须人民法院调查收集证据即可查明事实;权利义务关系明确,是指能明确区分谁是责任的承担者,谁是权利的享有者;争议不大,是指当事人对案件的是非、责任承担以及诉讼标的争执无原则分歧。

(2)对简单民事案件以外的民事案件,当事人双方也可以约定适用简易程序。约定适用简易程序的,应当在开庭前提出。口头提出的,记入笔录,由双方当事人签名或者捺印确认。

下列案件不适用简易程序:起诉时被告下落不明的;发回重审的;当事人一方人数众多的;适用审判监督程序的;涉及国家利益、社会公共利益的;第三人起诉请求改变或者撤销生效判决、裁定、调解书的;其他不宜适用简易程序的案件。

2. 适用简易程序的法院

只有基层人民法院及其派出的法庭才能适用简易程序审理民事案件。人民法庭制作的判决书、裁定书、调解书,必须加盖基层人民法院印章,不得用人民法庭的印章代替基层人民法院的印章。

(二)简易程序的特点

1. 起诉、举证、答辩的方式简便

适用简易程序的案件,可以口头起诉。

适用简易程序案件的举证期限由人民法院确定,也可以由当事人协商一致并经人民法院准许,但不得超过 15 日。被告要求书面答辩的,人民法院可在征得其同意的基础上,合理确定答辩期间。当事人双方均表示不需要举证期限和答辩期间的,人民法院可以立即开庭审理或者确定开庭日期。

2. 传唤和通知方式简便

适用简易程序审理案件,人民法院可以采取捎口信、电话、短信、传真、电子邮件等简便方式传唤双方当事人、通知证人和送达诉讼文书。

以简便方式送达的开庭通知,未经当事人确认或者没有其他证据证明当事人已经收到的,人民法院不得缺席判决。

3. 庭审方式灵活

适用简易程序须开庭审理,当事人双方可就开庭方式向人民法院提出申请,由人民法院决定是否准许。经当事人双方同意,可以采用视听传输技术等方式开庭。

4. 实行独任审理

适用简易程序审理的民事案件采用独任制，由审判员独任审判，书记员担任记录。

5. 审理期限短

适用简易程序案件审理期限为3个月。特殊情况需要延长的，经本院院长批准，可以延长1个月。

6. 更加注重调解

基层人民法院适用简易程序审理案件，应当根据自愿原则进行调解，但对下列案件在开庭审理时应当先行调解：婚姻家庭和继承纠纷；劳务合同纠纷；交通事故和工伤事故引起的权利义务关系较为明确的损害赔偿纠纷；宅基地和相邻关系纠纷；合伙协议纠纷；诉讼标的额较小的纠纷。

7. 裁判文书可以适当简化

适用简易程序审理的案件，有下列情形之一的，人民法院在制作判决书、裁定书、调解书时，对认定事实或者裁判理由部分可以适当简化。

（1）当事人达成调解协议并需要制作民事调解书的。

（2）一方当事人明确表示承认对方全部或者部分诉讼请求的。

（3）涉及商业秘密、个人隐私的案件，当事人一方要求简化裁判文书中的相关内容，人民法院认为理由正当的。

（4）当事人双方同意简化的。

（三）简易程序与普通程序的转化

适用简易程序审理的案件，人民法院发现不宜适用简易程序，需要转为普通程序审理的，应当在审理期限届满前作出裁定转为普通程序，并将审判人员及相关事项书面通知双方当事人。案件转为普通程序审理的，审理期限自人民法院立案之日计算。

已经按照普通程序审理的案件，在开庭后不得转为简易程序审理。

  法律事例4-12分析：

基层人民法院及其派出的法庭审理简单的民事案件可以适用简易程序。本案的管辖法院是基层人民法院，符合适用简易程序的法定要求。同时，本案所涉及的争议数额不大，仅有1万元，法院受理案件后，通知被告应诉并进行答辩，被告没有及时应诉答辩。在这种情况下，根据原告的起诉状和提交的有关证据，法院初步认定该案为简单的民事案件并决定适用简易程序进行审理是可以的。

但本案在开庭审理中，被告方坚决否认与原告一方存在债权债务关系，说明了被告与原告之间对案件事实存在很大的争议，同时从被告在法庭调查中向法庭所讲述的借据产生的情况来看，法官应该可以感到案件的背后甚至可能隐藏着刑事犯罪。说明本案不符合适用简易程序的案件所要求的"事实清楚、权利义务关系明确、争议不大"的要求。在此种情况下，案件不宜继续适用简易程序进行审理，法院应当及时转为普通程序审理。

▶【沙场练兵】

原告李某向其所在地的人民法庭起诉其子李小某，要求李小某承担赡养义务。人民法庭受理案件后,认为此案法律关系简单,事实清楚,遂决定适用简易程序,由陪审员王某独任审理此案。王某审阅了一下案卷,分别询问了当事人一些情况,就做出了判决,并在判决书上加盖了该人民法庭的公章。

思考: 该案在审理中有何不妥之处?正确的做法应该是什么?

三、小额诉讼程序

【思维导图】

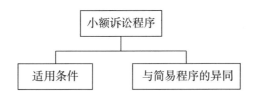

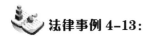**法律事例 4-13:**

2019年11月,刘某承租了一个广场内的店铺,招商合同已经签完,正在他准备开门营业时,却被出租方赶了出来,多次协商没有结果,便决定走诉讼程序。刘某和其他六名有相同遭遇的商铺经营者于2020年1月17日向北京市某区人民法院提起诉讼。原告以为春节后能开庭审理就不错了,没想到该人民法院当天立案,并告知他们该案适用小额诉讼程序当日开庭。短短10分钟的庭审过后,七名商铺经营者就从该人民法院的法官那里拿到了当庭出具的生效判决书。

思考: 什么是小额诉讼程序?本案体现了小额诉讼程序的哪些优点?

基层人民法院及其派出的法庭审理简单的民事案件,标的额为各省、自治区、直辖市上年度就业人员年平均工资50%以下的,实行一审终审,即小额诉讼程序。小额诉讼程序在我国正式确立,对及时化解小额纠纷、减轻当事人的经济负担、提高诉讼效率等具有极为重要的意义。

(一)小额诉讼程序的适用条件

1. 案情简单

小额诉讼程序是简易程序的一种,仅适用于事实清楚、权利义务关系明确、争议不大的简单金钱给付案件。

2. 标的额低

借鉴各国的立法经验,我国也以案件标的额作为小额诉讼程序的适用条件。立法机关考虑到我国目前各地区经济社会发展仍不均衡,城乡之间、东西部地区之间仍存在差异,故而现行民事诉讼法并未采用全国"一刀切"的方式,而是以标的额为各省、自治区、直辖市上年度就业人员年平均工资50%以下作为参考。在上年度就业人员年平均工资公布前,以已经公布的最近年度就业人员年平均工资为准。

案件标的额超过各省、自治区、直辖市上年度就业人员年平均工资50%但在2倍以下的,当事人也可以约定适用小额诉讼程序。

（二）小额诉讼程序与简易程序的异同

小额诉讼程序是简易程序中的一种，除非特殊规定，小额诉讼程序适用简易程序的有关规定。小额诉讼程序与简易程序的不同如下。

（1）举证期限不同。简易程序和小额诉讼的举证期限均既可由人民法院确定，也可由当事人协商一致并经人民法院准许。但小额诉讼的举证期限最长不超过7日，而简易程序的举证期限最长不超过15日。

（2）审制不同。小额诉讼实行一审终审，即一审判决一经送达，即生效，当事人不能上诉。而简易程序实行两审终审。

（3）审理期限不同。小额诉讼程序审理期限为2个月；特殊情况需要延长的，经本院院长批准，可以延长1个月。而简易程序审理期限为3个月；特殊情况需要延长的，经本院院长批准，可以延长1个月。

（4）可转化程序不同。小额诉讼因当事人申请增加或者变更诉讼请求、提出反诉、追加当事人等，致使案件不符合小额诉讼案件条件的，或者当事人就案件适用小额诉讼程序提出异议，人民法院经审查异议成立的，应当适用简易程序的其他规定审理或者裁定转为普通程序。简易程序当事人就案件适用简易程序提出异议，人民法院经审查，异议成立的，裁定转为普通程序。

法律事例4-13分析：

基层人民法院及其派出的法庭审理简单的民事案件，标的额为各省、自治区、直辖市上年度就业人员年平均工资50%以下的，实行一审终审，此即小额诉讼程序。从本案中看到，对于简单的、标的额不大的民事案件适用小额诉讼程序，能够极大地降低当事人维护自身合法权益的时间成本，对于及时化解小额纠纷，减轻当事人的经济负担，提高诉讼效率、节约司法资源等都具有积极的意义。

【沙场练兵】

白某在杨某承包的某县小学教学楼工地做基础工程，工程完工后，杨某当时没有给白某结账，后给白某出具了一份1.8万元的欠条。白某多次向杨某催要，杨某还款5000元，剩余1.3万元一直未付款，白某起诉至法院。

思考：该案可否适用小额诉讼程序审理？

第六节　上诉程序

上诉程序即第二审程序，是指当事人不服第一审人民法院作出的尚未生效的判决或裁定，依法向上一级人民法院提起上诉，要求撤销或变更原判决或裁定，上一级人民法院据此对案件进行审理和作出裁判所适用的诉讼程序。

一、上诉流程

【思维导图】

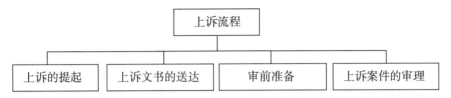

法律事例 4-14：

某公司作为原告起诉，要求确认与被告之间签订的买卖合同无效，法院一审判决驳回其诉讼请求后，原告不服提起上诉。二审法院在数月后对该上诉案件进行了开庭审理，开庭审理时上诉人又向法庭递交了第二份上诉状，并提出了新的请求和主张。

思考：（1）上诉应当符合哪些条件？

（2）对当事人在开庭审理时提交的第二份上诉状和提出的新请求和主张，法院应如何处理？

（一）上诉的提起

当事人提起上诉必须同时符合以下四个条件。

1. 必须针对依法可以上诉的裁判提出

对于地方各级人民法院按照普通程序、简易程序（除小额诉讼程序）审理作出的第一审判决，以及不予受理、驳回起诉和驳回管辖权异议的裁定，当事人不服的在法定期间内可以提出上诉。

2. 必须有合格的上诉人与被上诉人

当事人提起上诉，必须具有合格的主体，即具有合格的上诉人与被上诉人。上诉人与被上诉人必须是第一审程序中的当事人，包括原告、被告、共同诉讼人、诉讼代表人及被代表成员、有独立请求权第三人、一审判决承担责任的无独立请求权第三人。限制行为能力和无民事行为能力人的法定代理人可以代理当事人提起上诉。

3. 必须在法定期间内提出

当事人不服地方各级人民法院第一审判决的，有权在判决书送达之日起 15 日内向上一级人民法院提起上诉；当事人不服地方各级人民法院第一审裁定的，有权在裁定书送达之日起 10 日内向上一级人民法院提起上诉。

4. 必须递交上诉状

上诉人提起上诉，应当向原审人民法院递交上诉状，并按对方当事人或者代表人的人数提交副本，上诉于原审人民法院的上一级人民法院。上诉状的内容应当包括：当事人的姓名、法人的名称及其法定代表人的姓名或者其他组织的名称及其主要负责人的姓名；原审人民法院名称、案件编号和案由；上诉的请求和理由。

（二）上诉文书的送达

原审人民法院审查后认为符合条件上诉的，应在收到上诉状5日内将上诉状副本送达对方当事人。对方当事人在收到上诉状副本之日起15日内提出答辩状。人民法院收到答辩状之日起5日内将副本送达上诉人，对方当事人不提出答辩状的，不影响人民法院的审理。原审人民法院收到答辩状或者答辩期间届满之日起5日内连同全部案卷和证据，报送第二审人民法院。

（三）审前准备

第二审人民法院收到第一审人民法院报送的上诉案件后，在开庭审理前，应做好以下准备工作。

1. 确定审判人员

人民法院审理第二审民事案件，由审判员组成合议庭。中级人民法院对第一审适用简易程序审结或者不服裁定提起上诉的第二审民事案件，事实清楚、权利义务关系明确的，经双方当事人同意，可以由审判员一人独任审理。但下列案件不得由审判员一人独任审理。

（1）涉及国家利益、社会公共利益的案件。
（2）涉及群体性纠纷，可能影响社会稳定的案件。
（3）人民群众广泛关注或者其他社会影响较大的案件。
（4）属于新类型或者疑难复杂的案件。
（5）法律规定应当组成合议庭审理的案件。
（6）其他不宜由审判员一人独任审理的案件。

2. 审阅案卷、熟悉案情

第二审人民法院的审判人员在开庭审理前应当熟悉案情，审阅案卷。审查案卷的任务：一是进一步审查上诉人与被上诉人的资格，以及上诉是否超过上诉期间，如发现上诉主体不符合法定条件或超过上诉期的，应裁定驳回其上诉。对于上诉状有欠缺的，应通知其补正。二是审查上诉请求、答辩主张以及案卷的其他材料。审查的重点是与上诉请求有关的事实是否清楚、证据是否充分、确凿，适用法律是否正确。通过审阅案卷，以明确哪些案件事实是清楚的，哪些问题需要进行调查和询问当事人后才能查清楚。人民法院根据案情的需要，进行必要的调查和询问当事人，以进一步查明案情，明确争议的焦点。

3. 确定审理方式和地点

确定是否采用开庭审理方式。需要开庭审理的，可以通过要求当事人交换证据等方式，进一步明确争议焦点。还应确定审理地点，可以在本院进行，也可以在案件发生地、原审人民法院所在地进行。

4. 完成传唤当事人、通知诉讼代理人等准备性工作

（四）上诉案件的审理

1. 审理程序

上诉案件的审理，从基本过程来看，与第一审案件的审理大致相同，其中开庭审理包括开

庭准备、法庭调查、法庭辩论、合议庭评议与宣判等环节。

2. 审理范围

第二审人民法院应当围绕当事人上诉请求的有关事实和适用法律进行审查。当事人没有提出请求的,不予审理;但一审判决违反法律禁止性规定,或者损害国家利益、社会公共利益、他人合法权益的除外。

3. 审理方式

第二审人民法院对上诉案件,应当开庭审理。经过阅卷、调查和询问当事人,对没有提出新的事实、证据或者理由,人民法院认为不需要开庭审理的,可以不开庭审理。根据民事诉讼法解释的规定,对下列上诉案件人民法院可以不开庭审理。

(1)不服不予受理、管辖权异议和驳回起诉裁定的。

(2)当事人提出的上诉请求明显不能成立的。

(3)原判决、裁定认定事实清楚,但适用法律错误的。

(4)原判决严重违反法定程序,需要发回重审的。

4. 审理期限

人民法院审理对判决的上诉案件应当在第二审立案之日起3个月内审结;有特殊情况需要延长的,由本院院长批准。人民法院审理对裁定的上诉案件,应当在第二审立案之日起30日内作出终审裁定。

法律事例4-14分析:

根据法律的规定,提起上诉必须符合下列条件:上诉人与被上诉人必须是法院第一审裁判中的当事人;上诉必须针对第一审法院作出的尚未发生法律效力的依法可以上诉的裁判而提起;上诉须在法定的期限内提起;上诉人须提交上诉状。

本案中,上诉人在二审法院开庭审理时又提交新的上诉状是不符合法律规定的上诉期限的。法律还明确规定了上诉审的范围,即对上诉请求的有关事实和适用法律进行审理,本案开庭时上诉人又提出新的请求和主张,超出了上诉审的范围。因此,对于本案开庭审理中上诉人提出的上诉状及新的请求和主张,法院应不予接受和审理。第二审人民法院可以根据当事人自愿的原则,就新增加的诉讼请求进行调解;调解不成的告知当事人可另行起诉。

【沙场练兵】

王某与李某是好朋友,二人于2020年1月1日签订合伙协议,约定合伙经营一家商铺。协议约定,双方不得进行与本店有利害冲突的各种私下交易,若违反须支付10万元违约金给对方。商铺成立后,李某与他人发生了交易行为,王某要求李某支付违约金10万元。李某认为,自身的交易行为与合伙店铺经营无关,双方协商无效,王某向法院起诉。王某请求人民法院判决李某承担违约金10万元,并退还其获得的销售款5万元;李某则要求判决解除双方的合伙关系。某区人民法院适用普通程序审理后认为王某证据不足,作出了支持李某的判决。王某不服,向某市中级人民法院提起上诉。二审人民法院指定审判员沈某处理此案。沈某经过调查审理,判决维持原判。

思考:二审人民法院对此案的处理在程序上是否正确?

二、上诉的裁判与调解

【思维导图】

法律事例 4-15：

倪某与孙某原系夫妻关系，育有一子孙小某和一女倪小某，后因感情不和双方分居，女儿倪小某随孙某共同生活，儿子孙小某随倪某共同生活。2021年8月孙某向法院起诉与倪某离婚，并请求判决儿子孙小某、女儿倪小某随孙某共同生活。倪某辩称同意离婚，但请求判决两个孩子随自己共同生活。

一审法院判决准许双方离婚，女儿倪小某由孙某抚养，儿子孙小某由倪某抚养，双方互不给付抚养费。倪某不服一审判决，提出上诉，请求二审法院改判儿子孙小某、女儿倪小某均随自己共同生活。

二审法院经审理后认为，一审法院根据两个孩子生活现状判决孙某、倪某各抚养一个孩子并无不当，有利于维护两个孩子相对稳定的生活环境，但考虑到本案中两个孩子年龄相仿，正是相伴成长的年龄，如果未兼顾考虑两个孩子的相处时间，将对孩子相互之间的手足感情培养造成不利的影响，况且自夫妻二人分居起两个孩子彼此间就未再见面。于是，二审主审法官多次跟孙某、倪某谈话，引导两位当事人多多从有利于孩子共同健康成长的角度着想，共同努力为孩子们创造一个和谐稳定的成长环境。最终，双方当事人接受主审法官的建议，就抚养、探望和财产分割达成调解协议。其中就孩子探望问题，倪某于每单周周末把儿子孙小某送到孙某处，孙某于每双周周末把女儿倪小某送到倪某处，保证两个孩子每个周末都有相处的时间。本案上诉以调解结案。

思考：二审法院的做法符合法律的规定吗？

（一）上诉案件的裁判

二审人民法院对当事人不服一审判决上诉的处理依然使用判决，对不服一审裁定上诉的处理依然使用裁定。二审人民法院对上诉案件的裁判结果有三种：维持原判决、裁定；改判、撤销或变更原判决、裁定；将案件发回原审法院重审。

1. 维持原判决、裁定

对原判决、裁定认定事实清楚、适用法律正确的，第二审人民法院以判决、裁定方式驳回上诉，维持原判决、裁定。原判决、裁定认定事实或者适用法律虽有瑕疵，但裁判结果正确的，第二审人民法院可以在判决、裁定中纠正瑕疵后，依照民事诉讼法规定予以维持。

2. 依法改判、撤销或者变更

二审人民法院对原一审法院的判决、裁定依法改判、撤销或者变更的情形有以下两种。

（1）原判决、裁定认定事实错误或者认定基本事实不清的。认定事实错误，主要是指以虚假的事实或者伪造的事实作为定案依据。基本事实，是指对原判决、裁定的结果有实质性影响的事实。二审人民法院只能在查清事实的基础上，依法对原判决、裁定予以改判、撤销或者变更。

（2）原判决、裁定适用法律错误的。主要表现为适用了已失效的法律、应适用此法但却适用了彼法、适用的法条不正确等。对于适用法律错误的，二审法院可直接以一审法院认定的事实为根据，直接作出撤销、变更原审判决、裁定的处理。

3. 撤销原判、发回重审

撤销原判、发回重审的情形主要有两种情形。

（1）原审判决认定基本事实不清楚的。对于此种情形，二审人民法院也可以在查清事实的基础上进行改判。是直接改判还是发回重审，由二审人民法院根据案件情况综合评判后自由裁量。

（2）原审判决严重违反法定程序的。严重违反法定程序，是指原判决遗漏当事人、违法缺席判决、审判组织的组成不合法、应当回避的审判人员未回避、无民事诉讼行为能力人未经法定代理人代为诉讼、违法剥夺当事人辩论权利的情形。

（二）上诉案件的调解

法院调解原则是我国民事诉讼法的一项基本原则，它贯穿民事诉讼活动的始终，因此第二审人民法院审理上诉案件，也可以进行调解。

1. 二审调解的效力

第二审人民法院调解达成协议的，制作调解书，由审判人员、书记员署名，加盖人民法院印章。调解书送达当事人后即发生法律效力，一审判决视为撤销而失去效力。

2. 二审调解不受诉讼请求范围的限制

上诉案件的调解应当遵循自愿、合法的原则。在第二审程序中，是否进行调解，是仅就上诉请求的事项进行调解，还是就原审全部诉讼请求事项进行调解，是否作出让步以及作出怎样的让步，都由当事人自主决定。

上诉案件调解的范围不受上诉请求范围的限制，也不受第一审诉讼请求范围的限制。第二审人民法院可以对当事人在第一审程序中的全部诉讼请求，以及在第二审程序中提出的新请求一并进行调解。必须参加诉讼的当事人或者有独立请求权的第三人，在第一审程序中未参加诉讼，第二审人民法院可以根据当事人自愿的原则予以调解；调解不成的，发回重审。在第二审程序中，原审原告增加独立的诉讼请求或者原审被告提出反诉的，第二审人民法院可以根据当事人自愿的原则，就新增加的诉讼请求或者反诉进行调解；调解不成的，告知当事人另行起诉。

法律事例 4-15 分析：

根据民事诉讼法及民事诉讼法解释的规定，二审人民法院审理上诉案件，可以进行调解。上诉案件的调解应当遵循自愿、合法的原则，上诉案件调解的范围不受上诉请求范围的限制，也不受第一审诉讼请求范围的限制。因此，虽然本案上诉人的上诉请求是仅主张二审法院改判儿子孙小某、女儿倪小某都随自己生活，但二审法院超出上诉人诉讼请求的范围，就抚养、探望和财产分割均进行了调解，灵活安排探望权的行使方式，让原本处于对立状态的离婚双方共同为孩子营造有利于其健康成长的生活环境，保证两个孩子每个周末都拥有相处的机会，努力降低父母离婚对孩子的成长造成的负面影响，在当事人自愿的情况下达成了调解协议。二审法院的做法符合法律的规定。

【沙场练兵】

甲公司与乙公司之间买卖合同纠纷案件,经A区人民法院审理后,判决甲公司败诉。判决送达后,甲公司不服,提起上诉。市中级人民法院在审理该上诉案件过程中,发现一审判决认定基本事实不清。

思考:二审人民法院该如何裁判?

习　题

不定项选择题

1. 王平将房屋租赁给陈洪,陈洪擅自将房屋卖给不知情的杜莲。因办理过户手续问题,杜莲与陈洪发生争议,杜莲诉至法院要求陈洪及时办理房屋过户手续。在诉讼中,王平得知此事后,赶到法院,向法院主张自己是房屋的所有权人。王平在本案中是(　　)。

　　A. 共同被告　　　　　　　　B. 无独立请求权第三人
　　C. 有独立请求权第三人　　　D. 共同原告

2. 户口在北京市甲区的李老太太早年丧夫,育有三子。老大落户于广州市乙区,老二落户于上海市丙区,老三落户于成都市丁区。然而,三个儿子却都不对李老太太尽赡养义务。2022年4月,李老太太因无生活来源,决定向人民法院起诉,要求其三个儿子支付赡养费。对于该案,哪些人民法院有管辖权?(　　)

　　A. 北京市甲区人民法院　　　B. 广州市乙区人民法院
　　C. 上海市丙区人民法院　　　D. 成都市丁区人民法院

3. 人民法院裁定先予执行的,应当符合的条件有(　　)。

　　A. 被申请人有履行能力　　　B. 申请人确有困难并提出申请
　　C. 案件的诉讼请求属于给付之诉　D. 案件的诉讼请求属于确认之诉

4. 根据民事诉讼法的规定,法庭调查应按(　　)顺序进行。

　　A. 当事人陈述、宣读鉴定结论、证人出庭作证、出示书证物证和视听资料、宣读勘验笔录
　　B. 当事人陈述、证人出庭作证、出示书证物证和视听资料、宣读鉴定结论、宣读勘验笔录
　　C. 当事人陈述、证人出庭作证、出示书证物证和视听资料、宣读勘验笔录、宣读鉴定结论
　　D. 当事人陈述、证人出庭作证、宣读勘验笔录、宣读鉴定结论、出示书证物证和视听资料

5. 根据民事诉讼法的规定,法庭辩论一般包括以下程序:①被告及其诉讼代理人答辩;②互相辩论;③第三人及其诉讼代理人发言或者答辩;④原告及其诉讼代理人发言。它们的正确顺序是(　　)。

　　A. ①②③④　　B. ④①③②　　C. ④③①②　　D. ④①②③

第五章

刑　法

第一节　刑法概述

一、刑法的概念与任务

【思维导图】

法律事例 5-1：

孕妇谭某在街上遇到胡某（女），便以腹痛需要帮助为由，将胡某骗到谭某和其丈夫白某的住处。白某假装表示感谢，让胡某喝下掺入麻醉剂的酸奶，致胡某昏迷，并欲对其实施奸淫，但未得逞。两人因恐罪行败露，共同采用枕头捂压口鼻的方法致胡某窒息死亡。白某被判处死刑，谭某因属审判时怀孕的妇女，被判处无期徒刑。

思考：通过此案，分析刑法的任务。

资料来源：http://www.hljcourt.gov.cn/public/detail.php?id=7330 [2023-11-27]

刑法是规定犯罪、刑事责任和刑罚的法律。我国现行刑法是指全国人民代表大会于1979年7月1日通过、1997年3月14日修订的刑法。刑法颁行后，为适应经济社会发展变化的需要，国家立法机关主要以刑法修正案的方式对刑法进行补充修改。传统上，人们认为刑法是惩罚犯罪人的，离普通人的生活比较远，但是近年来多个刑法修正案增加了若干轻罪，使人们的一些常见生活陋习如醉酒驾车、高空抛物、滥捕滥食野生动物等，有可能构成犯罪。

刑法由总则、分则和附则三部分组成。总则规定犯罪、刑事责任和刑罚的一般原理；分则对具体犯罪的定罪和量刑做出规定；附则只有一个条文，规定刑法开始施行的日期，以及相关单行规范的废止与保留。

刑法保护的法益范围比较广泛，涉及社会生活的各个重要方面。刑法的制裁手段最为严厉，违反刑法的犯罪人，依法可被剥夺多种重要权利，如财产、自由甚至生命。我国刑法是根据宪法，结合我国的具体经验及实际情况而制定的，以保卫国家安全，保卫人民民主专政的政权和社会主义制度，保护国有财产和劳动群众集体所有财产，保护公民私人所有财产，保护公民的人身权利、民主权利和其他权利，维护社会秩序、经济秩序，保障社会主义建设事业的顺利进行。

法律事例 5-1 分析：

对孕妇谭某与丈夫白某强奸杀人案的刑事判决，体现了我国刑法惩罚犯罪、保护人民的任务，又体现了我国刑法保障孕妇和无辜胎儿权利的任务。

▶【沙场练兵】

2021年6月22日23时许，阮某酒后进入一KTV三楼杂物间内接听电话，并随手将门关闭，后发现杂物间门无法对外打开，在联系亲友无果后，将杂物间内平板手推车1辆、金属垃圾桶2个扔出窗外，砸到楼下停放的石某的轿车，造成车辆损坏。案发后阮某对石某的车辆损失进行赔偿，并额外支付了补偿费，获得石某的谅解。法院认定阮某犯高空抛物罪，判处拘役5个月，并处罚金人民币2000元。

思考：通过此案，分析刑法的任务。

二、刑法的解释

【思维导图】

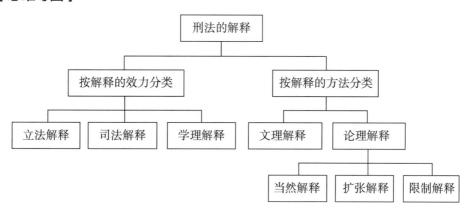

法律事例 5-2：

李某在其经营的酒吧内，将招聘至酒吧工作的多名青年男子，多次介绍给男性顾客，由男性顾客带至大酒店等处从事同性性交易。

对于李某是否构成组织卖淫罪，有刑法学教授认为，我国刑法第358条规定的是"组织、强迫他人卖淫的"，其中"他人"并不特指女性，应理解为包括男性。因此，李某构成组织卖淫罪。

思考：刑法学教授对于该案的解释，属于哪一类型的刑法解释？

刑法条文使用的是抽象、概括的语言，有的用语还具有多义性，难免使人们产生不同理解，而现实生活又千姿百态、复杂多变，因此，为了使抽象条文适用于具体案件，就需要对刑法条文进行解释。刑法的解释，就是指对刑法条文的规范含义进行阐明。

按解释的效力分类，刑法的解释可分为立法解释、司法解释和学理解释。立法解释，是由国家立法机关即全国人民代表大会及其常务委员会就刑法规范含义所作的解释。司法解释，是由最高人民法院、最高人民检察院就审判和检察工作中如何具体应用法律的问题所作的解释。学理解释，是由未经国家授权的社会组织、教学科研机构或者专家学者对刑法所作的解释。立法解释和司法解释具有法律效力；学理解释不具有法律效力，但对司法实践、立法工作具有参考价值。

按解释的方法分类，刑法的解释可分为文理解释和论理解释。文理解释，是对刑法条文的字义及其通常使用方式所作的解释。论理解释，是按照立法精神，从逻辑上所作的解释。

论理解释又分为当然解释、扩张解释和限制解释。当然解释，是指刑法规定虽未明示某一事项，但依规范目的、事物属性和形式逻辑，将该事项当然包含在该规范适用范围之内的解释。扩张解释，是指根据立法原意，对刑法规范作超出字面含义的解释。"扩张"不能超出刑法规范可能具有的含义，否则将成为违反罪刑法定原则的类推解释。限制解释，是指根据立法原意，对刑法规范作狭于字面含义的解释。

法律事例 5-2 分析：

刑法第 358 条虽未明文规定组织男性卖淫，但是男性包含在"他人"这一用语的文义范围之内，因此这一解释从解释方法看，属于文理解释；由于这一解释是由专家学者对刑法所作的解释，因此从解释效力看，属于学理解释。

【沙场练兵】

赵某等以普银公司的名义在未取得任何金融管理部门的相关许可下，进行公开宣传，声称该公司将价值人民币 10 亿元的普洱茶进行资产数字化运作，创立"普洱币"，吸引社会上不特定人进行投资，共非法吸收公众存款 8 亿余元。案发后，2.3 亿元投资款无法兑付。

G 省高级人民法院认为赵某已构成集资诈骗罪，依照刑法第 192 条、《最高人民法院关于审理非法集资刑事案件具体应用法律若干问题的解释》，以及刑事诉讼法相关规定，驳回上诉，维持 S 市中级人民法院原判。

思考：本案中适用的《最高人民法院关于审理非法集资刑事案件具体应用法律若干问题的解释》，属于哪一类型的刑法解释？

三、刑法的基本原则

【思维导图】

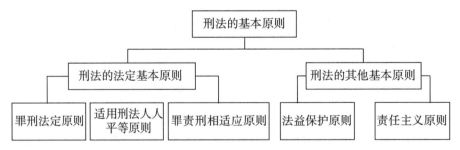

法律事例 5-3：

张某（男）明知李某（女）是现役军人贾某之妻，自 2020 年 5 月相识并发生性关系以后，两人一直保持不正当性关系。2021年10月李某向贾某提出离婚，经多次调解未果。贾某要求检察院以张某犯"破坏军婚罪"提出公诉并追究刑事责任。检察院对张某做出不起诉决定。

思考： 检察院对张某做出不起诉决定，是否符合罪刑法定原则？

刑法的基本原则，是具有指导和制约整个刑事立法和刑事司法并体现我国刑事法治精神的基本准则。我国刑法的基本原则有罪刑法定原则、适用刑法人人平等原则、罪责刑相适应原则、法益保护原则、责任主义原则。

（一）罪刑法定原则

罪刑法定原则的基本含义是：法律明文规定为犯罪行为的，依照法律定罪处刑；法律没有规定为犯罪行为的，不得定罪处刑。简而言之，法无明文规定不为罪、法无明文规定不处罚。罪刑法定原则的基本要求如下。

（1）罪刑法定化，即犯罪和刑罚必须由法律事先予以明文规定。
（2）罪刑实定化，即对构成犯罪的行为和犯罪的具体法律后果，刑法应作出实体性的规定。
（3）罪刑明确化，即刑法条文必须表达清楚而确切。
（4）司法机关应遵循罪刑法定原则定罪处刑，最高司法机关应依据罪刑法定原则的要求进行司法解释。

（二）适用刑法人人平等原则

适用刑法人人平等原则的基本含义是：对于任何人犯罪，在适用法律上一律平等。不允许任何人有超越法律的特权。

适用刑法人人平等原则的基本要求是：对于任何人犯罪，无论其家庭出身、社会地位、职业性质、财产状况、政治面貌、才能业绩等如何，无论是定罪、量刑还是行刑，在适用刑法上，一律平等。这是"法律面前人人平等"的宪法原则在刑法中的具体体现，是全面推进社会主义法治国家的基本要求。

（三）罪责刑相适应原则

罪责刑相适应原则的基本含义是：刑罚的轻重，应当与犯罪分子所犯罪行和承担的刑事责任相适应。

罪责刑相适应原则的基本要求是：犯多大的罪，就应承担多大的刑事责任，立法上应重罪重刑、轻罪轻刑；司法上应重罪重判、轻罪轻判，罚当其罪，罪刑相称。刑事责任的大小、刑罚的轻重应当与犯罪性质、犯罪情节和犯罪人的人身危险性相适应。分析罪重罪轻和刑事责任大小时，不仅应看到犯罪的客观社会危害性，还应看到行为人的主观恶性和人身危险性。

（四）法益保护原则

刑法的任务是保护法益，犯罪的本质是侵害法益。在刑事立法中，只有当某种行为具有法益侵害性时，对之设置刑事处罚规定才是正当的；在刑事司法中，法益保护原则要求，必须以法条的法益保护为指导对犯罪构成要件进行解释，不可仅止步于法条的字面含义。

（五）责任主义原则

责任主义，是指"没有责任就没有刑罚"。责任是犯罪成立条件，即使某种行为符合刑法条文规定的构成要件，给法益造成了侵害或者危险，但仅此并不能科处刑罚，科处刑罚还要求对行为人具有非难可能性。犯罪的成立除了具有构成要件符合性、违法性，行为人还必须具有责任。

法律事例 5-3 分析：

我国刑法第 259 条规定，明知是现役军人的配偶而与之同居或者结婚的，才构成破坏军婚罪。保持不正当性关系不属于法律上的同居或者结婚，因此，检察院对张某做出不起诉的决定，是符合罪刑法定原则的。

【沙场练兵】

2021 年 5 月 11 日 2 时许，米某酒后在道路上无证驾驶机动车，与道路维修设施发生碰撞，造成道路维修设施受损，被民警现场查获。米某每 100 毫升血液中含酒精 220 毫克，属醉酒驾驶机动车，其行为已构成危险驾驶罪，并具有以下从重处罚情节：无证驾驶，发生交通事故并负事故全部责任；每 100 毫升血液中酒精含量超过 200 毫克。同时米某又具有坦白的从轻处罚情节。综合考量其从重、从轻处罚情节，原审法院判处其拘役 5 个月 15 日，并处罚金人民币1.2 万元。二审法院维持原判。

思考：法院对米某做出的裁判，是否符合罪责刑相适应原则？

四、刑法的效力范围

【思维导图】

法律事例 5-4：

2011 年 10 月 5 日，中国商船"华平号"和"玉兴 8 号"在泰国湄公河金三角水域遭遇劫持枪击，两艘船上共 13 名中国籍船员全部遇难。公安部牵头组成联合专案组，抽调精兵强将全力破案。在中国与缅甸、老挝、泰国等国通力合作下，制造"10·5"惨案的糯康集团主犯全部落网。

对于糯康案件，存在中国、缅甸、泰国、老挝的刑事管辖权之争。案件发生地处于泰国，但发生劫持枪击行为的船舶有一艘是中国的船舶；主犯糯康具有缅甸国籍，但 13 名被害船员则全部是中国人；另外，案件还涉嫌贩卖毒品犯罪。

思考：对于此案主犯糯康，我国是否有刑事管辖权？

资料来源：https://www.chinacourt.org/article/detail/2013/01/id/809994.shtml [2023-11-27]

刑法的效力范围，是指刑法在什么地方、对什么人和在什么时间内具有适用的效力。刑法的效力范围，包括空间效力和时间效力。糯康案件就涉及刑法的空间效力。

（一）刑法的空间效力

刑法的空间效力，是指刑法对地域和对人的适用效力。它要解决的是一个国家的刑事管辖权问题，即对什么地方发生的犯罪、对什么人实施的犯罪适用本国刑法的问题。

1. 属地管辖权

属地管辖权要解决的是在我国领域内发生的犯罪，我国刑法如何管辖的问题。对此，刑法规定，凡在中华人民共和国领域内犯罪的，除法律有特别规定的，都适用本法。领域是指我国国境以内的全部区域，包括领陆、领水和领空。刑法还规定，凡在中华人民共和国船舶或者航空器内犯罪的，也适用本法。只要犯罪的行为或者结果有一项发生在中华人民共和国领域内的，就认为是在中华人民共和国领域内犯罪。

法律有特别规定是指以下内容。

（1）享有外交特权和豁免权的外国人的刑事责任，通过外交途径解决。

（2）发生在香港特别行政区、澳门特别行政区和台湾地区的犯罪，适用当地的刑法。

（3）民族自治地方根据刑法的规定，可以制定变通或补充的规定。

（4）刑法施行后国家立法机关制定的有关刑法的特别规定。

2. 属人管辖权

属人管辖权要解决的是我国公民在我国领域外实施的犯罪，我国刑法如何管辖的问题。对此，刑法规定，中华人民共和国公民在中华人民共和国领域外犯本法规定之罪的，适用本法，但是按本法规定的最高刑为3年以下有期徒刑的，可以不予追究。中华人民共和国国家工作人员和军人在中华人民共和国领域外犯本法规定之罪的，适用本法。凡在中华人民共和国领域外犯罪，依照本法应当负刑事责任的，虽然经过外国审判，仍然可以依照本法追究，但是在外国已经受过刑罚处罚的，可以免除或者减轻处罚。

依据我国刑法关于属人管辖权的规定，糯康案件主犯因全部属于外国国籍，因此，中国对糯康案件不具有属人管辖权。而根据属人管辖权原理，缅甸具有属人管辖权。

3. 保护管辖权

保护管辖权要解决的是外国人在我国领域外对我国国家或者公民犯我国刑法规定之罪的，我国刑法如何管辖的问题。对此，刑法规定，外国人在中华人民共和国领域外对中华人民共和国国家或者公民犯罪，而按本法规定的最低刑为3年以上有期徒刑的，可以适用本法，但是按照犯罪地的法律不受处罚的除外。

在糯康案件中，所有被害人都是中国公民，因此，中国对糯康案件具有保护管辖权。

4. 普遍管辖权

普遍管辖权要解决的是对我国缔结或者参加的国际条约所规定的犯罪，我国刑法如何管辖的问题。对此，刑法规定，对于中华人民共和国缔结或者参加的国际条约所规定的罪行，中华人民共和国在所承担的条约义务的范围内行使刑事管辖权的，适用本法。对于我国缔结或者参加的国际条约所规定的犯罪，不管犯罪人是谁、犯罪地在哪里，只要犯罪人在我国领域内被发现，我国就应在所承担的条约义务范围内行使刑事管辖权。

糯康案件涉嫌的贩卖毒品犯罪，属于联合国禁毒公约打击的犯罪，而我国是联合国禁毒公约的缔约国，因此，如果糯康在我国领域内被抓捕，我国具有普遍管辖权。但糯康是中国专案组与老挝军警协调以后在老挝境内抓捕的。因此,根据普遍管辖权原理,老挝具有刑事管辖权。

(二)刑法的时间效力

刑法的时间效力所要解决的是刑法从何时起至何时止具有适用效力,包括刑法的生效时间、失效时间和溯及力。

1. 刑法的生效时间

刑法的生效时间是指刑法在什么时间发生法律效力或施行。立法上通常的做法是从公布之日起生效或公布之后经过一定时间再施行。如我国刑法规定:"本法自1997年10月1日起施行"。

2. 刑法的失效时间

刑法的失效时间是指刑法在什么时间失去法律效力。刑法的失效,通常有两种情形:一是国家立法机关明确宣布其失效;二是自然失效,即新法代替内容相同的旧法或者原来特殊的立法条件消失而使旧法自然失效。

3. 刑法的溯及力

刑法的溯及力是指刑法生效后,对于其生效之前未经审判或者判决尚未确定的行为是否具有溯及既往的效力。如果具有适用效力,就是有溯及力;否则,就没有溯及力。

我国在溯及力上采取的是"从旧兼从轻"的原则,即"中华人民共和国成立以后本法施行以前的行为,如果当时的法律不认为是犯罪的,适用当时的法律;如果当时的法律认为是犯罪的,依照本法总则第四章第八节的规定应当追诉的,按照当时的法律追究刑事责任,但是如果本法不认为是犯罪或者处刑较轻的,适用本法。"例如,2011年4月20日,张某盗窃了某银行金库人民币100万元,2011年5月10日被抓获。依据2011年5月1日施行的刑法修正案(八)和1997年刑法,张某的行为都构成盗窃罪。刑法修正案(八)将盗窃金融机构,数额特别巨大处无期徒刑或者死刑,并处没收财产的规定删除了,废除了盗窃罪的死刑。因此,人民法院对张某判刑时就不能适用死刑。

如果依照当时的法律已经作出了生效判决,该判决继续有效。这主要是为了维护人民法院生效判决的稳定性与严肃性。

法律事例5-4分析:

对于本案,根据刑事管辖权原理,泰国、中国、缅甸、老挝都具有刑事管辖权,但是依据属地管辖权和保护管辖权由中国来行使刑事管辖权,审理糯康集团案件,最合理、最充分。首先,13名被害船员都是中国人。其次,糯康集团杀人行为发生在中国的船舶上,而凡在我国船舶内犯罪的,适用我国刑法。最后,糯康是中国和老挝合作抓获的。经过协调,缅甸人糯康从老挝被押解到中国,在中国进行刑事审判。

【沙场练兵】

2021年2月19日,仇某在新浪微博上使用其个人注册账号"辣笔小球",发布信息,贬低、嘲讽卫国戍边的英雄烈士。相关信息在微博等网络平台迅速扩散,造成恶劣社会影响。2月25日,公安机关以涉嫌寻衅滋事罪提请检察机关批准逮捕仇某。

检察机关认为，仇某利用信息网络贬低、嘲讽英雄烈士，侵害英雄烈士的名誉、荣誉，社会影响恶劣，情节严重。根据刑法第299条之一的规定，以侵害英雄烈士名誉、荣誉罪对仇某批准逮捕。

思考： 对于仇某适用的罪名，哪一个更为妥当？请根据刑法溯及力原则进行分析。

资料来源：https://www.spp.gov.cn/spp/xwfbh/wsfbh/202202/t20220221_545102.shtml [2023-11-23]

第二节 犯罪论

一、犯罪构成要件

【思维导图】

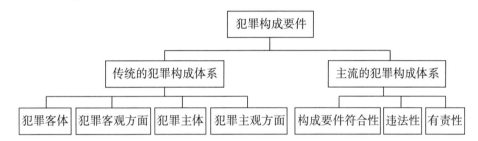

法律事例 5-5：

一日晚8时许，张某（15周岁）在某市街头，用水果刀威逼被害人，将被害人价值人民币4000元的苹果手机抢走后，夺路而逃。

思考： 张某的行为符合什么罪的构成要件？张某需要承担怎样的刑事责任？

（一）概述

犯罪是触犯刑法依法应受刑罚处罚的行为。一定的社会危害性、刑事违法性和应受刑罚惩罚性，是犯罪的三个基本特征。犯罪构成，是刑法规定的，决定某一行为的社会危害性及其程度而为该行为构成犯罪所必须具备的一切主观和客观要件的有机统一体。犯罪构成是区分罪与非罪、此罪与彼罪的重要界限。根据传统刑法理论，犯罪构成体系采取四要件犯罪构成理论，即：犯罪客体、犯罪客观方面、犯罪主体和犯罪主观方面。根据主流刑法理论，犯罪构成体系采取三阶层犯罪构成理论，即：构成要件符合性、违法性和有责性。

（二）犯罪构成四要件

（1）犯罪客体，是刑法所保护的而为犯罪行为所侵害的社会关系。被犯罪行为所侵害、为我国刑法所保护的社会关系是社会关系中最基本、最重要的一部分。我国刑法所保护的社会关系包括国家安全，公共安全，社会主义市场经济秩序，公民的人身权利、民主权利和其他权利，财产所有权，社会管理秩序，国防利益和军事利益。

（2）犯罪客观方面，是指刑法规定的构成犯罪的客观外在表现。危害行为是犯罪构成的必备条件，无行为即无犯罪。危害行为，是指在人的意识、意志支配下实施的危害社会并为刑法所禁止的身体动静。危害结果，是危害行为对犯罪直接客体造成的法定的实际损害或现实危险状态。刑法上的因果关系，是危害行为与危害结果之间的引起与被引起的关系。刑法上因果关系的确立，是行为人承担刑事责任的基础。

（3）犯罪主体，是指实施危害社会的行为依法应负刑事责任的自然人与单位。刑事责任年龄，是指行为人对自己实施的刑法所禁止的危害行为负刑事责任必须达到的年龄。依据刑法的规定，刑事责任年龄被划分为以下4个年龄阶段。

① 完全不负刑事责任年龄阶段，即实施危害行为时不满12周岁者，不管其所实施的危害行为的社会危害性程度大小，都不以犯罪论处、不追究刑事责任。

② 完全负刑事责任年龄阶段，即实施刑法上规定的危害行为时已满16周岁者，应当追究刑事责任。

③ 相对负刑事责任年龄阶段，即实施刑法上规定的危害行为时已满14周岁不满16周岁者，犯故意杀人、故意伤害致人重伤或者死亡、强奸、抢劫、贩卖毒品、放火、爆炸、投放危险物质罪的，应当负刑事责任。

④ 最低刑事责任年龄。已满12周岁不满14周岁的人，犯故意杀人、故意伤害罪，致人死亡或者以特别残忍手段致人重伤造成严重残疾，情节恶劣，经最高人民检察院核准追诉的，应当负刑事责任。对于依照刑法规定追究刑事责任的不满18周岁的人，应当从轻或者减轻处罚。

刑事责任能力，是指行为人构成犯罪和承担刑事责任所必需的辨认和控制自己行为的能力。刑事责任能力包括刑事责任年龄和精神状态。通常，当一个人达到一定的年龄并且精神健康，就具有相应的辨认和控制自己行为的能力。丧失辨认或控制自己行为能力且经法定程序鉴定确认的精神病人、病理性醉酒者，属于完全无刑事责任能力者。尚未完全丧失辨认或控制自己行为能力的精神病人犯罪的，应当负刑事责任，但是可以从轻或者减轻处罚。又聋又哑的人或者盲人犯罪，可以从轻、减轻或者免除处罚。

单位犯罪，是指由公司、企业、事业单位、机关、团体实施的触犯刑法，依法应当受到刑罚处罚的危害社会的行为。单位犯罪以刑法分则条文有明确规定为限。单位犯罪的处罚以双罚制为原则，以单罚制为例外。

（4）犯罪主观方面，指犯罪主体对自己实施的危害行为及其可能产生的结果所持的心理态度。犯罪故意，指行为人明知自己的行为会发生危害社会的结果，并且希望或放任该结果发生的心理态度。犯罪过失，指行为人应当预见自己的行为可能发生危害社会的结果，因为疏忽大意而没有预见，或已经预见而轻信能够避免的心理态度。犯罪故意与犯罪过失统称罪过，是行为人承担刑事责任的主观根据。无罪过即无犯罪。行为在客观上虽然造成了损害结果，但不是出于故意或者过失，而是由于不能抗拒或者不能预见的原因所引起的，属于意外事件，不是犯罪。

（三）三阶层犯罪构成

主流刑法理论的犯罪构成体系采取的是德日刑法理论中的三阶层递进式，犯罪构成体系由构成要件符合性、违法性和有责性组成。如果一个行为要成立犯罪，除了该行为符合某一具体犯罪的构成要件且违法，行为人还必须有责。

三阶层犯罪构成理论在判断一个行为是否构成犯罪时，首先判断该行为是否符合某一具体犯罪的构成要件。如果符合，再判断该行为是否具有违法性。通常，符合构成要件的行为就是具有违法性的行为，但有时也有例外，例如正当防卫行为、紧急避险行为就是违法阻却性的行为。如果该行为具有违法性，再进一步判断行为人是否具有有责性。通常，符合构成要件符合性和违法性两个要件的，就具有有责性，但是也有例外。例如 11 周岁的人故意杀害他人的，或者完全丧失辨认和控制能力的精神病人故意杀人的，就不具有有责性，不承担刑事责任。

法律事例 5-5 分析：

张某以非法占有为目的，故意以暴力、胁迫方法抢劫他人财物，符合抢劫罪的主观和客观构成要件。张某在实施该行为时 15 周岁，属于已满 14 周岁未满 16 周岁的相对有刑事责任能力人，对于抢劫罪，应当负刑事责任。但由于张某不满 18 周岁，对其追究刑事责任时，应当从轻或者减轻处罚。

【沙场练兵】

吴某因癌症疼痛，多次请求徐某驾车将其撞死，以解脱痛苦，但徐某未答应。后经不住吴某的哀求，徐某答应驾车撞死吴某。2017 年 6 月 15 日 20 时许，徐某驾车将吴某撞倒，随后拨打报警电话。吴某被送医院救治，但不配合治疗，主动要求出院，6 月 19 日死于家中。经鉴定：吴某系癌症转移致多脏器功能衰竭死亡，车辆撞击所致损伤对其死亡进程稍有影响；其被车辆撞击所致的损伤程度为轻伤二级。

思考：徐某的行为符合什么罪的构成要件？需要承担怎样的刑事责任？

二、违法阻却事由

【思维导图】

法律事例 5-6：

张某系某国有仓库保管员。一日晚张某值班时，李某到仓库偷东西，张某上前制止。李某见状操起木棍向张某打来，张某躲闪不及被打中倒在地上。当李某操起木棍想再次打向张某时,张某拿起手边的砖块向李某打去,将李某打昏过去。经法医鉴定,仓库保管员张某属于轻伤,李某属于重伤。一审法院认为张某属于防卫过当构成故意伤害罪,二审法院改判张某无罪,属于正当防卫。

思考:哪级法院的判决妥当?理由是什么?

(一)概述

正当防卫与紧急避险,是我国刑法明文规定的违法阻却事由,即行为人实施的行为在客观上虽然造成了某种损害,外观上也符合某种犯罪的构成要件,但在实质上不具有刑事违法性,而是对国家、社会、公民有益的正当行为。

(二)正当防卫

正当防卫,是指为了使国家、公共利益、本人或者他人的人身、财产和其他权利免受正在进行的不法侵害,而对不法侵害者实施的制止其不法侵害且没有明显超过必要限度造成重大损害的行为。

正当防卫的成立必须具备以下条件。

(1)正当防卫的起因条件,必须有不法侵害的实际发生。如果行为人误认为存在不法侵害而实行所谓防卫以致造成他人合法权益损害的,属于刑法理论上的假想防卫,不是正当防卫。

(2)正当防卫的时间条件,是不法侵害正在进行,即不法侵害已经开始,尚未结束。

(3)正当防卫的目的条件,是为了保护合法权益,即为了保护国家、公共利益、本人或者他人的人身、财产和其他权利免受正在进行的不法侵害。

(4)正当防卫的行为对象,只能针对不法侵害者本人实行,不能及于不法侵害者以外的第三者。

(5)正当防卫的限度条件,是防卫行为没有明显超过必要限度,且没有造成重大损害。

我国刑法规定了两种不同类型的正当防卫,即一般的正当防卫和特殊的正当防卫。一般正当防卫的限度是正当防卫不能明显超过必要限度并且造成重大损害。正当防卫的必要限度,一般采取相当说,即原则上以制止不法侵害所必需为标准,同时要求防卫行为与不法侵害行为在手段、强度等方面不存在过分悬殊的差异。如果防卫行为明显超过必要限度并且造成重大损害的,则属于防卫过当,对于防卫过当,应当负刑事责任,但是应当减轻或者免除处罚。

特殊的正当防卫,是指对正在进行行凶、杀人、抢劫、强奸、绑架以及其他严重危及人身安全的暴力犯罪,采取防卫行为,造成不法侵害人伤亡的,不是防卫过当。构成特殊的正当防卫时,防卫行为必须是在行凶、杀人等严重危及人身安全的暴力犯罪正在进行之时实施;此种防卫行为造成不法侵害人伤亡的,不是防卫过当,不负刑事责任。

(三)紧急避险

紧急避险,是指为了使国家、公共利益、本人或者他人的人身、财产和其他权利免受正在发生的危险,不得已而采取的损害另一较小的合法权益以保护较大合法权益的行为。紧急避险反映的是两害相权取其轻,当出现两个合法权益相冲突只能保全其一的紧急状态时,法律允许为了保全较大的合法权益而牺牲较小的合法权益。

紧急避险的成立条件如下。

(1)紧急避险的起因条件,是有合法权益遭受损害的现实危险。

(2)紧急避险的时间条件,是危险迫在眉睫或者危险已经开始、尚未结束,对合法权益造成了紧迫的、直接的危险。

(3)紧急避险的目的条件,是为了保护各种合法权益,包括国家、公共利益、本人或者他人的人身、财产或者其他权利。

(4)紧急避险的对象条件,是第三者的合法权益。避险行为所指向的对象不是危险本身,而是第三者的合法权益。被损害的第三者的合法权益,通常是财产权、住宅权、自由或健康权,不能是生命权。

(5)紧急避险的情势条件,是迫不得已。由于紧急避险是以损害无辜第三者的合法权益的方式实施的,因此,紧急避险只能在迫不得已的情况下才能实施。

(6)紧急避险的限度条件,是避险不能超过必要限度,造成不应有的损害。权衡权益大小的一般标准是:人身权利大于财产权利;人身权利中则以生命权为最高权利;财产权利的大小以财产的价值大小来衡量。

(7)紧急避险的主体限制条件,是指关于避免本人危险的规定,不适用于职务上、业务上负有特定责任的人。

紧急避险不能超过必要限度,造成不应有的损害。紧急避险超过必要限度造成不应有的损害的,属于避险过当,应当负刑事责任,但是应当减轻或者免除处罚。

法律事例5-6分析:

依照刑法第20条第3款的规定,对正在进行行凶、杀人、抢劫、强奸、绑架以及其他严重危及人身安全的暴力犯罪,采取防卫行为,造成不法侵害人伤亡的,不属于防卫过当,不负刑事责任。李某在盗窃中被张某发现,为了抗拒抓捕,李某使用暴力击打张某造成其轻伤,李某的行为已经构成转化型抢劫罪,张某为保护自己的生命健康权对正在对他行凶的李某采取防卫措施,造成李某重伤,不属于防卫过当,不负刑事责任。

【沙场练兵】

一日晚,冯某因失恋独自在家喝了3两白酒,当日23时50分许,因感身体不适,遂驾车去医院诊治,行驶途中与他人驾驶的轿车发生碰撞。经检测,冯某血液中的酒精含量为165毫克/100毫升;经认定,冯某负事故的全部责任。冯某提出,因身体不适,情急之下酒后驾车就医,应构成紧急避险。

思考: 冯某的行为是否构成紧急避险?理由是什么?

三、犯罪形态

【思维导图】

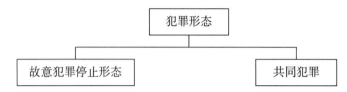

法律事例 5-7：

50岁的男子王某教唆17周岁的少年张某和李某入室盗窃甲某家里的财产。到了甲某家门口以后，张某很害怕，就对李某说："我在门口望风，不进去了。"李某撬开甲某家门以后窃得笔记本计算机一部，价值人民币5000元。将笔记本计算机出售以后，李某分得3000元，王某和张某各分得1000元。

思考：王某、张某、李某构成共同犯罪吗？如何承担刑事责任？

（一）故意犯罪停止形态

故意犯罪停止形态有完成形态与未完成形态之分。完成形态即犯罪既遂，是指行为人故意实施的行为已经具备了某种犯罪构成的全部要件。依据我国刑法分则的规定，犯罪既遂形态表现为以下4种类型。

（1）结果犯，即犯罪行为加法定犯罪结果的既遂类型，是指不仅要实施具体犯罪构成客观要件的行为，而且必须发生法定的犯罪结果才构成既遂的犯罪。如故意杀人罪的既遂就必须有被害人的死亡。

（2）危险犯，即犯罪行为加法定的客观危险状态的既遂类型，是指以行为人实施的危害行为造成法律规定的某种危险状态作为既遂标志。如爆炸罪的既遂，就以行为人实施的爆炸行为造成公共安全危险作为既遂标志。

（3）行为犯，即犯罪行为完成的既遂类型，是指以法定的犯罪行为的完成作为既遂标志。如脱逃罪的既遂就必须以脱逃成功为标准。

（4）举动犯，即犯罪行为的既遂类型，是指行为人一着手犯罪实行行为即告犯罪完成和完全符合构成要件，从而构成犯罪既遂。举动犯通常有两种类型：一是刑法将原本为预备性质的犯罪构成规定为独立的犯罪，如准备实施恐怖活动罪；二是教唆煽动性质的犯罪构成，如煽动分裂国家罪。

犯罪的未完成形态包括犯罪预备、犯罪未遂与犯罪中止。

犯罪预备，是指行为人为实施犯罪而准备工具、创造条件。对于预备犯，可以比照既遂犯从轻、减轻或免除处罚。

犯罪未遂，是指行为人已经着手实行犯罪的实行行为，因其意志以外的原因而未能完成犯罪的犯罪停止形态。犯罪人意志以外的原因，是指违背犯罪人意志的，客观上使犯罪不可能既遂或者使犯罪人认为不可能既遂从而被迫停止犯罪的原因，包括抑止犯罪意志的原因、抑止犯罪行为的原因和抑止犯罪结果的原因，行为人个人能力的原因、行为人认识错误的原因和行为人不能预料、不能控制的其他原因。对于未遂犯，可以比照既遂犯从轻或减轻处罚。

犯罪中止，是指在犯罪过程中自动放弃犯罪或自动有效地防止犯罪结果发生而未完成犯罪的犯罪停止形态。犯罪中止分为自动停止型和有效防止型两种类型。自动停止型，是指行为人在犯罪过程中，自动放弃已准备或者已着手犯罪行为的继续实施。有效防止型，是指自动有效地防止犯罪结果发生的犯罪中止。对于中止犯，没有造成损害的，应当免除处罚；造成损害的，应当减轻处罚。

（二）共同犯罪

共同犯罪，是指二人以上共同故意犯罪。构成共同犯罪必须同时具备以下条件。
（1）共同犯罪的主体，必须是有两个以上符合犯罪主体条件的自然人或单位。
（2）共同犯罪在客观方面，必须具有共同的犯罪行为。
（3）共同犯罪在主观方面，必须具有共同的犯罪故意。

我国刑法依据共同犯罪人在共同犯罪中的作用和分工，将共同犯罪人分为主犯、从犯、胁从犯和教唆犯，并规定了不同的处罚原则。

（1）主犯，是指组织、领导犯罪集团进行犯罪活动或者在共同犯罪中起主要作用的犯罪人。主犯包括两种。一是组织、领导犯罪集团进行犯罪活动的犯罪分子，即犯罪集团的首要分子。二是其他主犯，包括犯罪集团中首要分子以外起主要作用的犯罪分子；在一般共同犯罪中起主要作用的犯罪分子；以及在聚众犯罪中起组织、策划、指挥作用或其他主要作用的犯罪分子。对于主犯的刑事责任，刑法规定如下。

① 对组织、领导犯罪集团的首要分子，按照集团所犯的全部罪行处罚；而且，对于犯罪集团的首要分子，不适用缓刑。

② 对首要分子以外的其他主犯，应当按照其所参与或者组织、指挥的全部犯罪处罚。

（2）从犯，是指在共同犯罪中起次要或者辅助作用的犯罪人。从犯可以分为次要从犯和辅助从犯。次要从犯是在共同犯罪中起次要作用的实行犯。辅助从犯是没有直接实施犯罪构成要件的实行行为，只在实行犯罪的前、中、后，给其他共同犯罪人各种帮助的共同犯罪人。对于从犯，应当从轻、减轻或者免除处罚。

（3）胁从犯，是指被胁迫参加共同犯罪的犯罪人。对于胁从犯，应当按照他的犯罪情节减轻或者免除处罚。

（4）教唆犯，是指故意唆使他人实施犯罪的共同犯罪人。构成教唆犯，必须同时具有教唆他人犯罪的行为和教唆他人犯罪的故意。对于教唆犯，应当按照他在共同犯罪中所起的作用处罚。教唆犯多为主犯，但也可能是从犯。教唆不满18周岁的人犯罪的，对教唆犯应当从重处罚。如果被教唆的人没有犯被教唆的罪，对于教唆犯，可以从轻或者减轻处罚。

法律事例 5-7 分析：

50岁的男子王某因教唆17周岁的少年张某和李某入室盗窃，而构成共同盗窃罪。其中，王某属于教唆犯，因王某未到盗窃现场实施盗窃行为且分赃较少，因此王某承担从犯的刑事责任。李某因实施撬开被害人家门并窃得笔记本计算机一部的行为，且分赃最多，在共同犯罪中起主要作用，因而承担主犯的刑事责任。张某在李某实施入室盗窃行为的过程中在门口望风，没有进去实施盗窃行为，在共同犯罪中起辅助作用，因而张某承担从犯的刑事责任。

▶【沙场练兵】

被害人戈某欲离开刘某负责的传销窝点。在刘某指示下，李某、方某分别按压戈某四肢，彭某闷堵戈某口鼻，扼掐戈某颈部。刘某让赵某将毛巾塞进戈某嘴中后，让方某、彭某、赵某逐层叠压在戈某身上，致戈某机械性窒息死亡。

思考：刘某、李某、方某、彭某、赵某在共同故意伤害罪中应如何承担刑事责任？

第三节 刑罚论

法律事例 5-8：

一日 22 时 40 分许，李某聚餐饮酒后自行驾驶机动车离开，与正常驾驶机动车行驶的甲发生剐蹭事故。后甲报警，李某明知对方报警而在现场等待处理并归案。李某血液中酒精含量为每 100 毫升 208 毫克，负事故全部责任。案发后，李某赔偿甲人民币 2 万元，并取得甲的谅解。法院以危险驾驶罪判处李某拘役 3 个月，并处罚金人民币 4000 元。

思考：对李某判处的主刑与附加刑各是什么？李某是否构成自首？

一、刑罚的目的与体系

【思维导图】

（一）刑罚的目的

刑罚，是指人民法院依据刑法对犯罪人适用的限制或者剥夺其某种权益的强制措施。我国刑罚的目的是预防犯罪。依据预防的具体对象不同，可以将刑罚的目的分为特殊预防和一般预防。特殊预防，是指通过对犯罪分子适用刑罚，预防他们重新犯罪。一般预防，是指通过对犯罪分子适用刑罚，使想犯罪之人不敢犯罪。

（二）刑罚的体系

我国的刑罚体系分为主刑和附加刑两大类。主刑是只能独立适用、不能附加适用的刑罚方法。我国刑法规定的主刑有管制、拘役、有期徒刑、无期徒刑和死刑。附加刑是指既可以附加于主刑适用，也可以独立适用的刑罚方法，包括罚金、剥夺政治权利、没收财产，以及对外国人适用的驱逐出境。

1. 主刑

（1）管制，是一种开放刑，是指对犯罪分子不予关押，但限制其一定自由，依法实行社区矫正的刑罚方法。管制的期限为3个月以上2年以下，数罪并罚时不能超过3年。管制的刑期，从判决执行之日起计算，判决执行以前先行羁押的，羁押1日折抵刑期2日。判处管制，可以根据犯罪情况，同时禁止犯罪分子在执行期间从事特定活动，进入特定区域、场所，接触特定的人。对判处管制的犯罪分子，依法实行社区矫正。

（2）拘役，属于短期自由刑，是短期剥夺犯罪分子人身自由的刑罚方法。拘役的期限为1个月以上6个月以下，数罪并罚时不能超过1年。拘役的刑期从判决执行之日起计算；判决执行以前先行羁押的，羁押1日折抵刑期1日。拘役由公安机关在就近的看守所执行。

（3）有期徒刑，是指剥夺犯罪分子一定期限的人身自由的刑罚方法，适用最为广泛。有期徒刑的期限为6个月以上15年以下，数罪并罚时有期徒刑总和刑期不满35年的，不能超过20年；总和刑期在35年以上的，不能超过25年。有期徒刑的刑期从判决执行之日起计算；判决执行以前先行羁押的，羁押1日折抵刑期1日。

（4）无期徒刑，是剥夺犯罪分子终身自由的刑罚方法。对被判处无期徒刑的犯罪分子，可以减刑、假释和赦免。

（5）死刑，是剥夺犯罪分子生命的刑罚方法，包括死刑立即执行和死刑缓期2年执行两种执行方式。死刑只适用于罪行极其严重的犯罪分子，犯罪的时候不满18周岁的人和审判的时候怀孕的妇女，不适用死刑。审判的时候已满75周岁的人，不适用死刑，但以特别残忍手段致人死亡的除外。死刑案件只能由中级以上人民法院作为第一审法院。死刑除依法由最高人民法院判决的以外，都应当报请最高人民法院核准。对于应当判处死刑的犯罪分子，如果不是必须立即执行的，可以判处死刑同时宣告缓期2年执行。死刑缓期2年期满后，有如下法律后果：在死刑缓期执行期间，如果没有故意犯罪，2年期满以后，减为无期徒刑；如果确有重大立功表现，2年期满以后，减为25年有期徒刑；如果故意犯罪，情节恶劣的，报请最高人民法院核准后执行死刑；对于故意犯罪未执行死刑的，死刑缓期执行期间重新计算，并报最高人民法院备案。

2. 附加刑

（1）罚金，是指人民法院判处犯罪分子向国家缴纳一定数额金钱的刑罚方法。罚金应当根据案件具体情况、犯罪情节予以确定。罚金在判决指定的期限内一次或者分期缴纳。期满不缴纳的，强制缴纳。对于不能全部缴纳罚金的，人民法院在任何时候发现被执行人有可以执行的财产，应当随时追缴。由于遭遇不可抗拒的灾祸等原因缴纳确有困难的，经人民法院裁定，可以延期缴纳、酌情减少或者免除。

（2）剥夺政治权利，是指剥夺犯罪分子参加国家管理和政治活动的权利的刑罚方法。剥夺政治权利是剥夺下列权利：选举权与被选举权；言论、出版、集会、结社、游行、示威自由的权利；担任国家机关职务的权利；担任国有公司、国有企业、事业单位和人民团体领导职务的权利。被判处死刑、无期徒刑的犯罪分子，应当附加剥夺政治权利终身。在被判处死刑缓期2年执行届满后减为有期徒刑或者无期徒刑减为有期徒刑时，应当将附加剥夺政治权利的期限改为3年以上10年以下。独立适用剥夺政治权利或者被判处有期徒刑、拘役而附加剥夺政治权利的期限为1年以上5年以下。判处管制附加剥夺政治权利的期限与管制的期限相同，同时执行。

（3）没收财产，是指将犯罪分子个人所有财产的一部分或者全部强制无偿地收归国有的刑罚方法。没收全部财产的，应当对犯罪分子个人及其扶养的家属保留必需的生活费用。在判处没收财产的时候，不得没收属于犯罪分子家属所有或者应有的财产。没收财产以前犯罪分子所负的正当债务，需要以没收的财产偿还的，经债权人请求，应当偿还。

（4）驱逐出境，是指强制犯罪的外国人离开中国国（边）境的刑罚方法。驱逐出境仅适用于犯罪的外国人，包括具有外国国籍和无国籍的人，但不包括享有外交特权和豁免权的外国人。对于犯罪的外国人，可以独立适用或者附加适用驱逐出境。独立适用驱逐出境的，从判决确定之日起执行；附加适用驱逐出境的，从主刑执行完毕之日起执行。

3.非刑罚处罚措施

对于犯罪情节轻微不需要判处刑罚的，可以免予刑事处罚，但是可以根据案件的不同情况，予以训诫或者责令具结悔过、赔礼道歉、赔偿损失，或者由主管部门予以行政处罚或者行政处分。训诫，是指法院对犯罪分子当庭予以批评、责令其改正。责令具结悔过，是指法院责令犯罪分子用书面方式保证悔改、以后不再重新犯罪。责令赔礼道歉，是指法院责令犯罪分子公开向被害人当面承认错误和道歉。责令赔偿损失，是指法院对犯罪情节轻微不需要判处刑罚的犯罪分子，在免除其刑事处罚的同时，责令其向被害人支付一定数额金钱以赔偿被害人的经济损失。由主管部门予以行政处罚或者行政处分，是指法院向主管部门提出对犯罪分子予以行政处罚或者行政处分的建议，由主管部门给予犯罪分子行政处罚或行政处分。

从业禁止，是指因利用职业便利实施犯罪，或者实施违背职业要求的特定义务的犯罪被判处刑罚的，人民法院可以根据犯罪情况和预防再犯罪的需要，禁止其自刑罚执行完毕之日或者假释之日起从事相关职业。从业禁止的期限为3年至5年。

二、刑罚裁量制度

【思维导图】

刑罚裁量，又称量刑，是指法院依据行为人所犯罪行及其刑事责任的轻重，在定罪的基础上，依法决定对犯罪分子是否判处刑罚、判处何种刑罚、判处多重的刑罚或对所判刑罚是否立即执行的刑事审判活动。对于犯罪分子决定刑罚的时候，应当根据犯罪的事实、犯罪的性质、情节和对于社会的危害程度，依照刑法的有关规定判处。刑罚裁量制度包括以下内容。

（一）累犯

累犯，是指因犯罪受过一定的刑罚处罚，在刑罚执行完毕或者赦免后的法定期限内又犯一定之罪的犯罪人。累犯分为一般累犯和特殊累犯。一般累犯，是指年满18周岁因故意犯罪被判处有期徒刑以上刑罚，在刑罚执行完毕或者赦免后的5年内，再犯应当判处有期徒刑以上刑罚的犯罪分子。特殊累犯，是指危害国家安全犯罪、恐怖活动犯罪、黑社会性质的组织犯罪的犯罪分子，在刑罚执行完毕或者赦免，以后在任何时候再犯上述任何一类犯罪的犯罪分子。

对于累犯，应当从重处罚；累犯不能适用缓刑和不得假释；人民法院对被判处死缓的累犯可同时决定对其限制减刑。

（二）自首

自首分为一般自首和特别自首两种类型。一般自首，是指犯罪分子犯罪以后自动投案，如实供述自己罪行的行为。特别自首，是指被采取强制措施的犯罪嫌疑人、被告人和正在服刑的罪犯，如实供述司法机关还未掌握的本人其他罪行的行为。

对于自首的犯罪分子，可以从轻或者减轻处罚。其中，犯罪较轻的，可以免除处罚。

（三）坦白

坦白，是指犯罪分子被动归案后，如实交代犯罪事实的行为。坦白的本质是，犯罪分子被动归案后如实交代司法机关已掌握的本人的罪行的行为。

对于坦白的犯罪分子，可以从轻处罚；因坦白避免特别严重后果发生的，可以减轻处罚。

（四）立功

立功，是指犯罪分子到案后揭发他人犯罪行为，查证属实，或者提供重要线索，从而得以侦破其他案件等情况的行为。

立功分为一般立功和重大立功。一般立功的主要表现有：检举、揭发他人犯罪行为，查证属实的；提供重要线索，从而得以侦破其他案件的；协助司法机关抓捕其他犯罪嫌疑人的；在押期间制止他人犯罪活动的；具有其他有利于国家和社会的突出表现的。如果检举、揭发、提供重要线索的是重大犯罪、重大案件，或者协助抓捕的是重大犯罪嫌疑人等，构成重大立功。重大案件或者重大犯罪嫌疑人，一般是指其犯罪行为依法可能被判处无期徒刑以上刑罚或者案件在本省、自治区、直辖市或者全国范围内有重大影响等。

（五）数罪并罚

数罪并罚，是指法院对一人在法定期限内所犯数罪分别定罪量刑后，依照法定的并罚原则及刑期计算方法决定其执行刑的刑罚裁量制度。我国在数罪并罚上采取折中原则：数个判决中宣告数个死刑或者最重刑为死刑的，采用吸收原则，只决定执行一个死刑；数个判决中宣告数个无期徒刑或最重刑为无期徒刑的，采用吸收原则，只决定执行一个无期徒刑；数个判决中宣告的数个主刑均为数个有期徒刑、拘役、管制的，采取限制加重原则，即在数个宣告刑中的最高刑期以上，总和刑期以下决定应当执行的刑罚，但数罪并罚时管制最高不能超过3年，拘役最高不能超过1年，有期徒刑总和刑期不满35年的，最高不能超过20年，总和刑期在35年以上的，最高不能超过25年。

（六）缓刑

缓刑，是指对原判刑罚附条件不执行的一种刑罚裁量制度，分为一般缓刑和战时缓刑。

犯罪分子被判处拘役或者3年以下有期徒刑，不是累犯和犯罪集团的首要分子，并且犯罪情节较轻、有悔罪表现、没有再犯罪危险、宣告缓刑对所居住社区没有重大不良影响的，可以宣告缓刑。对判决宣告前不满18周岁、怀孕的妇女和已满75周岁的符合缓刑适用条件者，应当宣告缓刑。缓刑的考验期限，从判决确定之日起计算。拘役的缓刑考验期限为原判刑期以上1年以下，但不能少于2个月。有期徒刑的缓刑考验期限为原判刑期以上5年以下，但不能少于1年。对被宣告缓刑的犯罪分子，法院可以根据犯罪情况，同时适用禁止令，宣告禁止犯罪分子在缓刑考验期限内从事特定活动，进入特定区域、场所，接触特定的人。在缓刑考验期限内，违反法律、行政法规或者国务院有关部门关于缓刑的监督管理规定，或者违反人民法院判决中的禁止令，情节严重的，应当撤销缓刑，执行原判刑罚。

战时缓刑，是指在战时，对被判处3年以下有期徒刑没有现实危险宣告缓刑的犯罪军人，允许其戴罪立功，确有立功表现时，可以撤销原判刑罚，不以犯罪论处。

三、刑罚执行制度

【思维导图】

刑罚执行，是指法律规定的刑罚执行机关，依法将发生法律效力的刑事裁判所确定的刑罚付诸实施的活动，刑罚执行制度包括减刑和假释。

（一）减刑

减刑，是指对被判处管制、拘役、有期徒刑或无期徒刑的犯罪分子，在执行期间，如果认真遵守监规，接受教育改造，确有悔改或立功表现，可以适当减轻其原判刑罚。有重大立功表现的，应当减刑。经过一次或几次减刑后实际执行的刑期，判处管制、拘役、有期徒刑的，不能少于原判刑期的1/2；判处无期徒刑的，不能少于13年；限制减刑的死刑缓期执行的犯罪分子，缓期执行期满后减为无期徒刑的，不能少于25年，缓期执行期满后减为25年有期徒刑的，不能少于20年。

（二）假释

假释，是指对被判处有期徒刑、无期徒刑的犯罪分子，在执行一定刑期以后，因认真遵守监规，接受教育改造，确有悔改表现，没有再犯危险的，而将其附条件提前释放。在假释考验期内没有出现法定事由就认为其原判刑罚已执行完毕，并公开予以宣告。但对累犯以及因故意杀人、强奸、抢劫、绑架、放火、爆炸、投放危险物质或者有组织的暴力性犯罪被判处10年以上有期徒刑、无期徒刑的犯罪分子，不得假释。

假释的考验期限，有期徒刑为没有执行完毕的刑期；无期徒刑为10年。假释的考验期限，从假释之日起计算。在假释考验期限内，依法实行社区矫正。

被假释的犯罪分子在假释考验期限内，如果犯新罪或者发现漏罪没有判决的，应当撤销假释,实行数罪并罚;如果有违反法律、行政法规或者国务院有关部门关于假释的监督管理规定的行为,尚未构成新的犯罪的,应当依照法定程序撤销假释,收监执行未执行完毕的刑罚。

四、刑罚消灭制度

【思维导图】

刑罚消灭,是指由于法定的或者事实的原因,致使代表国家的司法机关不能对犯罪人适用刑罚。刑罚消灭的主要法定因素有:犯罪行为超过追诉时效;经特赦免除刑罚的;告诉才处理的犯罪,没有告诉或者撤回告诉的;被判处罚金的犯罪人由于遭遇不可抗拒的灾祸缴纳罚金确有困难的,减免缴纳的。

(一)时效

追诉时效,是指刑法规定的对犯罪分子追究刑事责任的有效期限。根据我国刑法的规定,犯罪经过下列期限才被发现的,不再追诉:法定最高刑为不满5年有期徒刑的,经过5年;法定最高刑为5年以上不满10年有期徒刑的,经过10年;法定最高刑为10年以上有期徒刑的,经过15年;法定最高刑为无期徒刑、死刑的,经过20年。如果20年以后认为必须追诉的,须报请最高人民检察院核准。

追诉期限从犯罪之日起计算;犯罪行为有连续或者继续状态的,从犯罪行为终了之日起计算。如果在追诉期限以内又犯罪的,前罪追诉的期限从犯后罪之日起计算,这被称为追诉期限的中断。如果在人民检察院、公安机关、国家安全机关立案侦查或者在人民法院受理案件后,逃避侦查或者审判的,不受追诉期限的限制,这被称为追诉期限的延长。如果被害人在追诉期限内提出控告,人民法院、人民检察院、公安机关应当立案而不予立案的,不受追诉期限的限制。

(二)赦免

赦免,是指国家宣告对犯罪人免除其罪、免除其刑的法律制度。赦免包括大赦和特赦。大赦,是国家对某一时期内犯有一定罪行的犯罪分子免予追诉和免除刑罚执行的制度。大赦的特点是:既赦其罪,又赦其刑。特赦,是指国家对特定的犯罪分子免除执行全部或者部分刑罚的制度。特赦的特点是:只赦其刑,不赦其罪,且被特赦的对象是特定的犯罪人。

法律事例 5-8 分析:

在本案例中,对李某判处的主刑是拘役,附加刑是罚金。

李某在交通事故发生后,自愿留在事故现场,等待交警过来,并自愿置于交警的控制之下,交代犯罪事实的行为,属于犯罪以后自动投案,如实供述自己罪行,构成自首。

▶【沙场练兵】

魏某冒充"库格铁路总指挥",长期实施诈骗。除案发前已归还的 600 余万元,共计骗取他人财物 2600 余万元。人民法院以诈骗罪判处魏某无期徒刑,剥夺政治权利终身,并处没收个人全部财产。

思考:对魏某判处的主刑与附加刑各是什么?

第四节　常见罪名

1. 为境外窃取、刺探、收买、非法提供国家秘密、情报罪

法律事例 5-9:

黄某曾在某涉密科研单位工作。被解职后,黄某将自己工作中复制下来的涉密内容,出卖给境外间谍组织。他又利用其妻子违规将涉密工作带回家完成的机会,从妻子的计算机里秘密复制涉密内容,出卖给境外间谍组织。数年间,黄某共向境外间谍组织提供绝密、秘密、情报 15 万余份。

思考:对黄某的行为如何认定?

为境外窃取、刺探、收买、非法提供国家秘密、情报罪,是指行为人故意为境外机构、组织、人员窃取、刺探、收买、非法提供国家秘密或者情报的行为。国家秘密,是指关系到我国国家安全和利益的,依照法定程序确定的,在一定时间内只限一定范围的人知悉的国家事项。国家秘密的密级分为绝密、机密、秘密三级。有关事项是否属于国家秘密或者属于何种密级是需要进行鉴定的,由国家保密工作部门或省、自治区、直辖市保密工作部门鉴定。情报,是指除了国家秘密关系国家安全和利益,涉及国家的政治、经济、军事、外交、科技等方面尚未公开或者依照有关规定不应公开的事项。

本罪在主观上是直接故意。即明知是国家秘密或情报仍窃取、刺探、收买、非法提供,以及明知是境外机构、组织、人员仍为他们窃取、刺探、收买、非法提供国家秘密、情报。如果行为人明知境外机构、组织、人员是间谍组织或间谍组织的代理人,则构成间谍罪。

法律事例 5-9 分析:

黄某的行为具有为境外组织窃取、刺探、收买、非法提供国家秘密、情报的性质,并且黄某明知境外组织是间谍组织,仍将涉密内容出卖给境外间谍组织,因此,黄某的行为属于接受间谍组织及其代理人的任务,符合间谍罪的构成要件,构成间谍罪。

2. 交通肇事罪

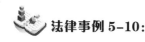

法律事例 5-10：

某日晚，温某与李某在 A 市一烤鱼店用餐，席间两人都大量饮用啤酒。次日凌晨 2 时，温某、李某商定前往 B 县玩耍。李某欲驾驶其轻型普通货车搭乘温某，温某提出自己驾车，李某在明知温某饮酒且无驾驶资格情况下同意温某驾车。行至 102 省道时，温某的车速为 90 公里/小时（该处限速 70 公里/小时），撞向陈某等 8 名菜农，导致四人死亡。

思考：温某与李某的行为如何认定？

交通肇事罪，是指违反交通运输管理法规，因而发生重大事故，致人重伤、死亡或者使公私财产遭受重大损失的行为，侵犯的是交通运输中不特定人或者多人的生命、健康和重大公私财产的安全。

交通肇事罪在客观方面表现为违反交通运输管理法规，发生重大事故，致人重伤、死亡或者使公私财产遭受重大损失的行为。首先，本罪在公共交通运输活动中违反了交通运输管理法规。其次，本罪发生的时空，是在公共的公路、水路交通管理的范围和公共的公路、水路交通运输过程中。最后，本罪在后果上必须造成重大事故，导致了重伤、死亡或者公私财产重大损失的严重后果。

交通肇事罪的主体为一般主体，主要是从事交通运输的人员，也包括非从事交通运输的人员，如无证驾驶者或偷开他人机动车辆者。单位主管人员、机动车辆所有人或者机动车辆承包人指使、强令他人违章驾驶造成重大交通事故的，以交通肇事罪论处。交通肇事后，单位主管人员、机动车辆所有人、机动车辆承包人或者乘车人指使肇事人逃逸，致使被害人因得不到救助而死亡的，以交通肇事（逃逸）罪的共犯论处。

交通肇事罪在主观方面表现为过失。过失，是指造成严重后果是出于行为人疏忽大意的过失或者过于自信的过失，但是违反交通运输管理法规，行为人可能是故意的。

3. 危险驾驶罪

危险驾驶罪，是指在道路上驾驶机动车追逐竞驶，情节恶劣的；在道路上醉酒驾驶机动车的；从事校车业务或者旅客运输，严重超过额定乘员载客，或者严重超过规定时速行驶的；违反危险化学品安全管理规定运输危险化学品，危及公共安全的行为。根据我国道路交通安全法的规定，道路，是指公路、城市道路或虽在单位管辖范围内但允许社会机动车辆通行的地方，包括广场、公共停车场等用于公众通行的场所。机动车，是指以动力装置驱动或者牵引，上道路行驶供人员乘用或者用于运送物品以及进行工程专项作业的轮式车辆。追逐竞驶即飙车，是指在道路上以同行的车辆为竞争目标，追逐行驶的危险行为。在道路上追逐竞驶的行为只有达到情节恶劣的，才能构成危险驾驶罪。情节恶劣可从追逐竞驶的道路、次数、时间、对正常交通秩序、社会和老百姓日常生活的危害程度等方面综合分析。

在道路上醉酒驾驶机动车的行为即醉驾，构成危险驾驶罪。一般地，在道路上驾驶机动车，血液酒精含量达到 80 毫克/100 毫升以上的，属于醉酒驾驶机动车。在公安机关依法检查时，驾车人为逃避法律追究，在呼气酒精含量检验或者抽取血样前又饮酒，经检验其血液酒精含量达到醉酒标准的，应认定为醉酒。

如果危险驾驶行为同时又构成其他犯罪的，依照处罚较重的规定定罪处罚。例如，醉酒驾驶机动车，由于过失而造成他人伤亡或者重大财产损失，构成交通肇事罪的，应以交通肇事罪定罪处罚。

法律事例5-10分析：

李某明知温某醉酒且无驾驶证的情况下仍将其机动车交予温某驾驶，系故意为温某危险驾驶提供帮助的行为，与温某构成危险驾驶罪的共犯。同时，温某酒后无证超速驾驶机动车，违反我国道路交通法规的规定，过失造成重大交通事故，发生了危险驾驶外的严重结果，且这一结果与李某的帮助行为存在因果联系。故李某与温某本应构成危险驾驶罪结果加重犯的共犯，只是对于危险驾驶罪的结果加重犯而言，我国刑法将其另设为交通肇事罪，因而，温某构成交通肇事罪，李某也构成交通肇事罪（危险驾驶罪的结果加重犯）。

4.走私普通货物、物品罪

法律事例5-11：

张某在网上开化妆品店，通过韩国一公司职员提供的韩国免税店账号进货。一日张某从韩国回国在首都国际机场入境时被海关查出6包已拆开总价约10万元的化妆品。法律规定，每位入境旅客可携带上限为5000元的自用品，超出部分需主动向海关报税，否则属走私。两年间张某多次在韩国免税店购买化妆品，从无申报通道携带进境并在网店销售牟利，偷逃应缴税额较大。

思考：张某的行为如何认定？

走私普通货物、物品罪，是指个人或者单位故意违反海关法规，逃避海关监管，通过各种方式运送违禁品以外的普通货物、物品进出口或者偷逃关税，数额较大的行为，侵犯的是国家对外贸易管制中关于普通货物、物品进出口的监督管理制度和征收关税的制度。本罪在客观方面表现为违反海关法规，逃避海关监管，非法运输、携带、邮寄普通货物、物品进出国（边）境，偷逃应缴税额较大或1年内曾因走私被给予2次行政处罚后又走私的行为。走私行为可分为直接走私行为、间接走私行为和准走私行为。

直接走私行为包括：从没有设立海关的地点非法运输、携带、邮寄普通货物、物品进出境即绕关的走私行为；从设立海关的地点采用欺骗、隐瞒方式运输、携带、邮寄普通货物、物品进出境即通关的走私行为。

间接走私行为包括：破坏保税管理制度的走私行为，即未经海关许可并且未补缴应缴税额，擅自将批准进口的来料加工、来件装配、补偿贸易的原材料、零件、制成品、设备等保税货物、在境内销售牟利的；破坏海关后续制度的后续走私行为，即未经海关许可并且未补缴应缴税额，擅自将特定减税、免税进口的货物、物品，在境内销售牟利的。

准走私行为包括：贩私行为，即直接向走私人非法收购国家禁止进口物品的，或者明知是走私行为人而直接向其非法收购走私进口的货物、物品，数额较大的；推定为走私的行为，即在内海、领海、界河、界湖运输、收购、贩卖国家禁止进出口物品的，或者运输、收购、贩卖国家限制进出口货物、物品，数额较大，没有合法证明的。

走私普通货物、物品罪的主体是一般主体，包括自然人和单位。如果与走私罪犯通谋，为其提供贷款、资金、账号、发票、证明，或者为其提供运输、保管、邮寄或者其他方便的，以走私罪的共犯论处。走私普通货物、物品罪在主观方面表现为故意，即行为人知道或应当知道所从事的行为是走私行为。

 法律事例 5-11 分析：

张某故意违反海关法规，逃避海关监管，走私普通货物、物品进境，偷逃关税数额较大，构成走私普通货物、物品罪。

5.非法吸收公众存款罪

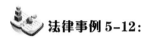 **法律事例 5-12：**

自 2013 年 9 月起，A 集团开始发展不特定社会公众为理财客户，根据理财产品的不同期限约定 7%～15% 的年化利率。截至 2016 年 4 月 20 日，A 集团通过线上、线下两个渠道非法吸收公众存款共计 64 亿余元，用于还本付息、生产经营等活动。后因资金链断裂，A 集团无法兑付资金共计 26 亿余元，涉及集资参与人 13400 余人。

思考：A 集团的行为如何认定？

非法吸收公众存款罪，是指违反金融管理法规，非法吸收公众存款或者变相吸收公众存款，扰乱金融秩序的行为。在我国只有依法设立并被特别授权的金融机构才有权以储蓄等方式吸收公众资金。因此，未经主管机关批准，面向社会公众吸收资金，出具凭证，承诺在一定期限内还本付息的活动，属于非法吸收公众存款的行为。

未经主管机关批准，不以吸收公众存款的名义，面向社会不特定对象吸收资金，但承诺履行的义务与吸收公众存款相同，属于变相吸收公众存款的行为。

非法吸收公众存款包括：不具有吸收存款的法定主体资格者而吸收公众存款；有吸收公众存款的法定主体资格者而采取非法的方法吸收公众存款。变相吸收公众存款，是指本罪的主观上不具有非法占有所吸收公众资金的目的，否则可能构成集资诈骗罪。

实践中，违法向社会公众（包括单位和个人）吸收资金同时符合下列条件的，除刑法另有规定的外，应认定为非法吸收公众存款或者变相吸收公众存款：未经有关部门依法批准或借用合法经营的形式吸收资金；通过媒体、推介会、传单、手机短信等途径向社会公开宣传；承诺在一定期限内以货币、实物、股权等方式还本付息或给付回报；向社会公众即社会不特定对象吸收资金。

 法律事例 5-12 分析：

A 集团以提供网络借贷信息中介服务为名，实际从事直接或间接募集资金，本质是吸收公众存款。A 集团未经有关部门依法批准，向社会不特定对象吸收资金，其行为已经扰乱金融秩序，破坏国家金融管理制度，构成非法吸收公众存款罪。

6.故意伤害罪

故意伤害罪，是指故意非法损害他人身体健康的行为，侵犯的是他人的健康权利。健康权利与生命权利一样，是公民的重要人身权利。侵犯公民身体健康权包括：对人体组织完整性的破坏（如砍断掉手、脚等），对人体器官正常机能的破坏（如造成视力、听力减退或丧失等），造成被害人精神失常等。本罪在客观方面表现为故意非法损害他人身体健康的行为。伤害行为的非法性是构成本罪的客观基础与前提。如果行为人的行为是合法的，不构成犯罪，如医生为给病人治疗而合理地截取其有严重病变的器官。构成犯罪的伤害结果，有轻伤、重伤、伤害致人死亡。轻微伤和一般的殴打行为，不构成本罪。

故意伤害罪的主体是一般主体，即年满16周岁以上具有刑事责任能力者。但14周岁以上具有刑事责任能力者应对故意伤害致人重伤或者死亡的故意伤害情形负刑事责任。12周岁以上不满14周岁犯故意伤害罪，致人死亡或者以特别残忍手段致人重伤造成严重残疾，情节恶劣，经最高人民检察院核准追诉的，应当负刑事责任。

故意伤害罪在主观方面表现为故意，即非法伤害他人身体健康的故意。

7. 虐待罪

虐待罪，是指对共同生活的家庭成员，从肉体上或精神上进行摧残迫害，情节恶劣的行为，侵害的是家庭成员在家庭生活中的平等权利以及被虐待者的人身权利。本罪在客观方面表现为经常对被害人进行肉体上与精神上的摧残、迫害。虐待的方式包括肉体虐待和侮辱人格等精神虐待，而且摧残、折磨行为需要具有经常性、一贯性、连续性的特点。本罪的对象是共同生活的家庭成员。虐待罪在主观方面表现为直接故意，即行为人对被害人实施的各种摧残、折磨手段及其危害结果是持希望的态度。

虐待罪的主体为特殊主体，是与被虐待人共同生活在同一家庭，相互之间具有一定亲属关系、收养关系的家庭成员。例如幼儿园的老师虐待幼儿，情节恶劣的，不构成虐待罪，而构成虐待被监护、看护人罪。

8. 抢劫罪

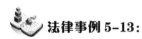

法律事例 5-13：

家住三层的贾某的室内空调机发生故障，张某与黄某甲上门检测后，决定将空调机搬回维修站修理，贾某同意。张某与黄某甲搬运空调机至一楼时，张某发现空调机内藏有一块约500克的金砖，遂悄悄将金砖塞入裤兜。

张某与黄某甲将空调机搬出屋门后不久，贾某突然想起自己曾将一小块金砖藏于其中，遂赶紧追赶出来，见张某神情可疑，便要其返还金砖。张某见事情败露气恼不已，一拳击倒贾某，致贾某倒地重伤不醒。张某遂拉起黄某甲赶紧离去。

到僻静场所，黄某甲见张某十分惊慌，就说："你惊慌什么，我有亲戚可以帮你把金砖售出。"黄某甲找到其在中国银行某分理处当主任的堂弟黄某乙，说自己好友家人重病急需现金，要卖金砖，于是黄某乙就帮张某将金砖售出。

思考：张某、黄某甲、黄某乙的行为如何认定？

抢劫罪，是指以非法占有为目的，以暴力、胁迫或者其他方法，当场强行劫取公私财物的行为，侵犯的是公私财产所有权和被害人的人身权利。抢劫罪在客观方面表现为对财物的所有人、保管人或者持有者当场使用暴力、胁迫或其他方法，迫使被害人当场交出财物或者当场夺走财物的行为。抢劫罪的主体是一般主体，年满14周岁以上具有刑事责任能力者即可成为抢劫罪的主体。抢劫罪在主观方面表现为直接故意，并且具有非法占有公私财物的目的。如行为人抢回自己被他人骗走或以其他方式非法占有的财物的，即不具有非法占有他人公私财物目的，不构成抢劫罪。

如果犯盗窃、诈骗、抢夺罪，为了窝藏赃物、抗拒抓捕或者毁灭罪证，而当场使用暴力或者以暴力相威胁的，依照抢劫罪定罪处罚。

9. 盗窃罪

盗窃罪，是指以非法占有为目的，秘密窃取公私财物数额较大的，或者多次盗窃、入户盗窃、携带凶器盗窃、扒窃公私财物的行为，侵犯的是公私财物所有权。犯罪对象是公私财物，包括有体物和电力、煤气、天然气等无体物。

所谓"秘密窃取"，是指行为人采取自以为不被财物所有人、保管人发觉的方法，将财物取走。所谓"数额较大"，是指个人盗窃公私财物价值1000元至3000元以上。所谓"多次盗窃"，是指2年内盗窃3次以上的。所谓"入户盗窃"，是指非法进入供他人家庭生活而与外界相对隔离的住所盗窃的。所谓"携带凶器盗窃"，是指携带枪支、爆炸物、管制刀具等国家禁止个人携带的器械或其他足以危害他人人身安全的器械盗窃的。所谓"扒窃"，是指在公共场所或者公共交通工具上盗窃他人随身携带的财物的。

盗窃罪的主体为一般主体，即年满16周岁以上具有刑事责任能力者。盗窃罪在主观方面表现为直接故意，并具有非法占有公私财物的目的。

10. 诈骗罪

诈骗罪，是指以非法占有为目的，用虚构事实或者隐瞒真相的方法，骗取数额较大的公私财物的行为。诈骗罪的基本构造为：行为人实施欺骗行为，被害人产生错误认识，被害人基于错误认识处分财产，行为人或第三者取得财产，被害人遭受财产损失。

诈骗罪侵犯的是公私财物的所有权，在客观方面表现为用各种虚构事实或隐瞒真相的方法蒙蔽被害人，使其产生错觉，信以为真，于是"自愿"地交出数额较大的公私财物。虚构事实，是指无中生有，捏造不存在的事实，骗取被害人的信任，既可以全部虚构，也可以部分虚构。隐瞒真相，是指对被害人掩盖客观存在的事实，以此哄骗被害人，使其交出财物。

诈骗公私财物达到数额较大的，才以本罪论处。数额较大，是指诈骗公私财物价值3000元至1万元以上的。诈骗罪的主体为一般主体，即年满16周岁以上具有刑事责任能力者。诈骗罪在主观方面表现为直接故意，并且具有非法占有公私财物的目的。

法律事例5-13分析：

张某从空调机中窃走金砖，数额较大，构成盗窃罪。张某一拳打倒贾某致其重伤的行为，属于张某实施盗窃罪以后，为了窝藏赃物、抗拒抓捕而使用暴力，根据刑法的规定，盗窃罪转化为抢劫罪。

黄某甲在张某盗窃他人金砖时并不知情，因此黄某甲不构成盗窃罪，而且，黄某甲在张某为了抗拒抓捕而对贾某使用暴力时，没有实施任何行为予以帮助，因此，黄某甲不构成抢劫罪。但黄某甲明知金砖是张某犯罪所得而帮助其出售，构成掩饰、隐瞒犯罪所得罪。

黄某乙虽然具有帮助张某将金砖售出的行为，但是他的堂哥黄某甲找到他说自己的好友家人病重急需现金只能将他家藏的金砖卖出，因此，黄某乙不具有帮助掩饰、隐瞒犯罪所得的主观故意，不构成掩饰、隐瞒犯罪所得罪。

【沙场练兵】

孙某系2019年3月30日出生的幼儿，其母经常出国在外。从2022年9月20日起，严某受孙母委托，以全托的方式照顾孙某，约定每月全托费用是人民币3000元。因孙母拖欠严某部分工资款等原因，严某在监护、看护孙某时，多次以殴打面部、臀部等体罚方式虐待孙某，造成孙某轻微伤。

思考：严某的行为如何认定？

11. 帮助信息网络犯罪活动罪

法律事例5-14：

2020年8月至2021年4月，李某在明知他人可能利用银行卡从事信息网络犯罪活动的情况下，到银行办理各类银行卡6张及U盾、手机卡等，出售给他人，获利人民币1.1万元。后他人实施网络诈骗，利用上述银行卡结算诈骗钱款金额达人民币35万元。

思考：李某的行为如何认定？

帮助信息网络犯罪活动罪，是指自然人或者单位明知他人利用信息网络实施犯罪，为其犯罪提供互联网接入、服务器托管、网络存储、通讯传输等技术支持，或者提供广告推广、支付结算等帮助，情节严重的行为。

本罪侵犯的是信息网络安全管理秩序，在客观方面表现为：为利用信息网络犯罪提供互联网接入、服务器托管、网络存储、通讯传输等技术支持，或者提供广告推广、支付结算等帮助的行为。常见情形有：明知他人违法进行赌博游戏，仍为其提供玩家充值通道和支付结算业务，并按比例收取手续费；明知开办的银行卡可能被他人用于实施电信网络诈骗等犯罪行为，仍帮助其开办银行卡；明知他人利用信息网络实施犯罪，仍为其犯罪提供支付结算的帮助；明知他人利用信息网络实施犯罪，仍为其犯罪提供互联网接入服务器托管、网络存储、通讯传输等技术支持。

构成本罪，需具备情节严重的要素。根据相关司法解释，明知他人利用信息网络实施犯罪，为其犯罪提供帮助，具有下列情形之一的，应当认定为情节严重：为3个以上对象提供帮助的；支付结算金额20万元以上的；以投放广告等方式提供资金5万元以上的；违法所得1万元以上的；2年内曾因非法利用信息网络、帮助信息网络犯罪活动、危害计算机信息系统安全受过行政处罚，又帮助信息网络犯罪活动的；被帮助对象实施的犯罪造成严重后果的；其他情节严重的情形。

本罪在主观方面表现为故意。在犯本罪的同时又构成其他犯罪的，依照处罚较重的规定定罪处罚。

法律事例 5-14 分析：

李某明知他人可能利用信息网络实施犯罪，仍为其提供支付结算等帮助，违法所得在1万元以上，他人利用其银行卡结算诈骗钱款金额达人民币35万元，属于情节严重，其行为构成帮助信息网络犯罪活动罪。

12. 走私、贩卖、运输、制造毒品罪

走私、贩卖、运输、制造毒品罪，是指自然人或者单位，违反国家对毒品的管理制度，走私、贩卖、运输、制造毒品的行为。毒品，是指鸦片、海洛因、甲基苯丙胺（冰毒）、吗啡、大麻、可卡因，以及国家规定管制的其他能够使人形成瘾癖的麻醉药品和精神药品。实践中，经政府主管部门批准为医疗、教学、科研等需要而从事麻醉药品、精神药品的经营、运输、制造行为，不是犯罪。

走私、贩卖、运输、制造毒品行为除情节显著轻微、危害不大，不认为是犯罪以外，无论数量多少，都应当追究刑事责任。这是因为，即使是微量的毒品，也具有显著的药理作用，连续使用会形成依赖性，损害使用者的健康。

利用、教唆未成年人走私、贩卖、运输、制造毒品，或者向未成年人出售毒品的，从重处罚；因走私、贩卖、运输、制造毒品罪和非法持有毒品罪被判过刑，又犯走私、贩卖、运输、制造毒品罪的，从重处罚。对多次走私、贩卖、运输、制造毒品，未经处理的，毒品数量累计计算，不以纯度计算。

13. 受贿罪

 法律事例 5-15：

2000年至2013年，白某在担任某省省委书记等职务时，利用职务上的便利，为他人在房地产开发、获取矿权、职务晋升等事项上谋取利益，非法收受他人财物，共计折合人民币2.46亿元。

思考： 白某的行为如何认定？

资料来源：https://www.court.gov.cn/fabu/xiangqing/27961.html [2023-11-23]

受贿罪，是指国家工作人员利用职务上的便利，索取他人财物的，或者非法收受他人财物，为他人谋取利益的行为。本罪在客观方面表现为利用职务上的便利，索取他人财物，或者非法收受他人财物，为他人谋取利益的行为。本罪的主体是特殊主体，只能是国家工作人员。在主观方面表现为明知索贿或受贿会损害国家工作人员的职务廉洁性，仍然实施。

国家工作人员在经济往来中，违反国家规定，收受各种名义的回扣、手续费，归个人所有的，以受贿论处。国家工作人员利用本人职权或地位形成的便利条件，通过其他国家工作人员职务上的行为，为请托人谋取不正当利益，索取请托人财物或者收受请托人财物的，以受贿论处。

国家工作人员，是指在国家机关中从事公务的人员，在国有公司、企业、事业单位、社会团体中从事公务的人员，受国家机关、国有公司、企业、事业单位委派到非国有单位中从事公务的人员，以及其他依照法律从事公务的人员。

14. 玩忽职守罪

玩忽职守罪，是指国家机关工作人员严重不负责任，不履行或者不认真履行职责，致使公共财产、国家和人民利益遭受重大损失的行为。玩忽职守，是指行为人严重不负责任，不履行职责、义务或者不正确履行职责、义务的行为。不履行职责，是指违背职责要求，不履行根据法定职责要求应当履行的职责。不正确履行职责，是指不按照法定的条件、程序和方式履行职责。

本罪在客观方面表现为玩忽职守，致使公共财产、国家和人民利益遭受重大损失的行为。本罪的主观方面是过失，即行为人应当预见自己对工作严重不负责任的行为可能造成国家和人民利益的重大损失，因疏忽大意而没有预见或虽已经预见但轻信能够避免的一种心理态度。构成本罪，还要求行为人因玩忽职守而造成公共财产、国家和人民利益重大损失的后果。

 法律事例 5-15 分析：

白某身为国家工作人员，利用职务上的便利，为他人谋取利益，并利用职权和地位形成的便利条件，通过其他国家工作人员职务上的行为，为他人谋取不正当利益，非法收受他人财物，数额特别巨大，其行为构成受贿罪。

【沙场练兵】

国家工作人员张某多次利用职权为企业主李某谋取利益。2018 年张某所在机关服务局开发一处房产，只有张某这样级别的干部才有资格购买，每套房产价格人民币 300 万元。张某只给李某 100 万元，就让李某代他去办理购房手续，李某便垫付 200 万元完成了张某的购房手续。一年以后，房价已经涨到 500 万元，张某让李某将房屋卖掉，李某扣除自己垫付的 200 万元以后，将 300 万元交给张某。

思考：对张某、李某的行为如何认定？

习　　题

判断题（请辨别下列表述的对错。对的请在括号中标√，错的请在括号中标 ×）

1. 三阶层犯罪构成体系是指犯罪客体、犯罪主体和犯罪主客观方面。（　　）
2. 对正在进行行凶、杀人、抢劫、强奸、绑架以及其他严重危及人身安全的暴力犯罪，采取防卫行为，造成不法侵害人伤亡的，属于防卫过当。（　　）
3. 我国刑法共规定了 483 个罪名。（　　）
4. 对于累犯，应当从重处罚。（　　）
5. 对自首的犯罪分子，应当从轻或者减轻处罚。（　　）
6. 对被宣告缓刑的罪犯，法院可以根据犯罪情况，同时适用"禁止令"。（　　）

7. 抢劫罪和盗窃罪的主体都是年满 16 周岁以上具有刑事责任能力者。（   ）
8. 醉酒驾驶机动车，由于过失而造成他人伤亡或者重大财产损失结果，构成交通肇事罪的，应以危险驾驶罪和交通肇事罪数罪并罚。（   ）
9. 明知他人利用信息网络实施犯罪，而为其犯罪提供帮助，不需要达到"情节严重"，就构成帮助信息网络犯罪活动罪。（   ）
10. 对多次走私、贩卖、运输、制造毒品，未经处理的，毒品数量累计计算，不以纯度计算。（   ）

第六章

刑事诉讼法

第一节 刑事诉讼的基本概念与制度

刑事诉讼法是国家制定或认可的调整刑事诉讼活动的法律规范的总称。它调整的对象包括公安机关、检察机关和自诉人为揭露、证实犯罪而实施的追诉活动,被追诉者实施的辩护与防御活动,法院对案件的审理、裁判活动,以及其他诉讼参与人参加刑事诉讼的诸多活动。

刑事诉讼法的性质是刑事程序法,是规定刑事案件应当如何处理、刑事诉讼应当如何进行的法律。《中华人民共和国刑事诉讼法》(以下简称刑事诉讼法)第1条规定,为了保证刑法的正确实施,惩罚犯罪,保护人民,保障国家安全和社会公共安全,维护社会主义社会秩序,根据宪法,制定本法。这条规定不仅确立了刑事诉讼法的立法根据,也确立了刑事诉讼法的立法宗旨。刑事诉讼法第2条规定,中华人民共和国刑事诉讼法的任务,是保证准确、及时地查明犯罪事实,正确适用法律,惩罚犯罪分子,保障无罪的人不受刑事追究,教育公民自觉遵守法律,积极同犯罪行为作斗争,维护社会主义法制,尊重和保障人权,保护公民的人身权利、财产权利、民主权利和其他权利,保障社会主义建设事业的顺利进行。

一、刑事诉讼中的国家机关与诉讼参与人

【思维导图】

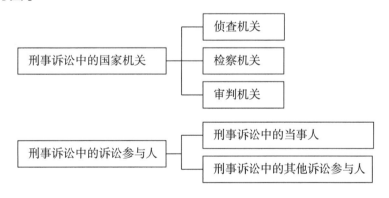

法律事例 6-1:

2018年3月5日,郭某使用伪造的"A市某公司住房制度改革办公室"印章,制作了一份自己对A市B区某处房屋具有永久居住权的虚假证明,与何某签订房屋租赁合同,骗取何某租金人民币36万元。2018年12月21日,郭某因涉嫌合同诈骗罪被A市B区公安分局立案侦查,同日被刑事拘留。2019年1月24日,经A市B区人民检察院批准逮捕,由B区公安分局执行逮捕。2019年3月11日,经A市B区人民检察院审查,指控被告人郭某犯合同诈骗罪,向A市B区人民法院提起公诉。A市B区人民法院依法组成合议庭,公开开庭审理了本案。A

市 B 区人民检察院指派代理检察员出庭支持公诉，被告人郭某及其辩护律师到庭参加了诉讼。2019 年 4 月 29 日，A 市 B 区人民法院依法作出一审判决，被告人郭某犯合同诈骗罪，判处有期徒刑 5 年，罚金人民币 10 万元。被告人郭某没有上诉。

思考：本案涉及哪些刑事诉讼中的国家机关及诉讼参与人？

（一）刑事诉讼中的国家机关

刑事诉讼中的国家机关就是在刑事诉讼活动中依法行使国家司法职权的机关，具体包括人民法院、人民检察院、公安机关、国家安全机关、军队保卫部门、监狱、海关缉私部门、中国海警局等，它们在刑事诉讼活动中起着主导作用，是主要的诉讼主体。这些机关在刑事诉讼中的性质、地位及其在刑事诉讼中的具体职权均有不同。

1. 人民法院

人民法院是国家审判机关，代表国家行使审判权。根据人民法院组织法的规定，我国人民法院的组织体系由最高人民法院、地方各级人民法院和专门人民法院组成。其中，地方各级人民法院又分为基层人民法院、中级人民法院、高级人民法院；专门人民法院包括军事法院、海事法院、知识产权法院、金融法院等。

2. 人民检察院

人民检察院是国家法律监督机关，代表国家行使检察权。人民检察院与人民法院均属司法机关。根据人民检察院组织法的规定，我国的人民检察院组织体系由最高人民检察院、地方各级人民检察院和军事检察院等专门人民检察院组成。其中，地方各级人民检察院包括省级人民检察院、设区的市级人民检察院、基层检察院；专门人民检察院有军事检察院等。

3. 公安机关

公安机关是国家的行政机关，是各级人民政府的组成部分，主要承担社会治安、保卫工作。在刑事诉讼中，公安机关是主要的侦查机关，负责对刑事案件的立案侦查工作。公安机关在刑事诉讼中的具体职权包括以下内容。

（1）立案侦查权。

（2）有权采取拘传、取保候审、监视居住、刑事拘留等强制措施，查询、冻结涉案的存款、汇款及债券、股票等有价证券。

（3）执行逮捕权。

（4）预审权。

（5）对部分生效裁判的执行权。

（二）刑事诉讼中的当事人

刑事诉讼中的当事人，是指在刑事诉讼中处于追诉或被追诉的地位，行使控诉或辩护职能，并与案件事实和诉讼结果有直接利害关系的诉讼参与人。根据刑事诉讼法的规定，当事人是指被害人、自诉人、犯罪嫌疑人、被告人、附带民事诉讼的原告人和被告人。

当事人是主要的诉讼主体，没有当事人就没有诉讼。在刑事公诉案件中，当事人包括被害人和犯罪嫌疑人、被告人；在自诉案件中，当事人包括自诉人和被告人；在附带民事诉讼案件中，当事人则包括附带民事诉讼的原告人和被告人。各当事人的诉讼地位、作用存在差异，所享有的诉讼权利和承担的诉讼义务也不尽相同。

1. 被害人

被害人,是指遭受犯罪行为侵害的人,包括自然人和单位。公诉案件的被害人在诉讼中处于控诉地位,与公诉机关一并行使控诉职能。

2. 自诉人

自诉人,是指在自诉案件中,以自己的名义向人民法院提起诉讼,要求依法追究被告人刑事责任的人。自诉人通常是自诉案件的被害人,但在被害人死亡的情况下,其法定代理人、近亲属可以提起自诉,成为自诉人。

3. 犯罪嫌疑人、被告人

犯罪嫌疑人、被告人是公诉案件被追诉方在不同诉讼阶段的称谓。在公诉案件中,被追诉方在被人民检察院提起公诉之前,被称为犯罪嫌疑人;被提起公诉之后,则被称为被告人。犯罪嫌疑人、被告人是辩护职能的基本承担者,享有较为广泛的诉讼权利,包括以下内容。

(1)获得法律帮助权。

(2)自行辩护和委托辩护权。

(3)申请回避权。

(4)使用本民族语言文字进行诉讼的权利。

(5)申请取保候审权。

(6)对与本案无关的问题的讯问,有拒绝回答的权利。

(7)要求解除强制措施权。

(8)对人民检察院作出的不起诉决定的申诉权。

(9)申请新的证人出庭、调取新的证据的权利。

(10)申请重新鉴定、勘验权。

(11)核对笔录和得到诉讼文书的权利。

(12)申请法院排除非法证据的权利。

(13)参加法庭调查和法庭辩论权。

(14)上诉权。

(15)对侵权行为的控告权。

4. 附带民事诉讼的当事人

附带民事诉讼的当事人包括附带民事诉讼原告人与被告人。附带民事诉讼原告人,是指以自己的名义向司法机关提起附带民事诉讼赔偿请求的人。附带民事诉讼被告人,是指对犯罪行为造成的物质损失依法负有赔偿责任并被司法机关通知应诉的人(包括公民、法人和其他组织)。

(三)其他诉讼参与人

其他诉讼参与人,是指当事人以外的诉讼参与人,具体包括法定代理人、诉讼代理人、辩护人、证人、鉴定人和翻译人员。其他诉讼参与人与诉讼结果无直接利害关系,不独立承担诉讼职能。

1. 法定代理人

法定代理人，是指依照法律规定对被代理人负有专门保护义务并代其进行诉讼的人。根据刑事诉讼法的规定，法定代理人可以是被代理人的父母、养父母、监护人和负有保护责任的机关、团体的代表。

2. 诉讼代理人

诉讼代理人，是指公诉案件的被害人及其法定代理人或者近亲属、自诉案件的自诉人及其法定代理人委托代为参加诉讼的人，以及附带民事诉讼的当事人及其法定代理人委托代为参加诉讼的人。

3. 辩护人

辩护人，是指受犯罪嫌疑人、被告人委托或法律援助机构的指派，帮助犯罪嫌疑人、被告人行使辩护权并依法维护其合法权益的诉讼参与人。辩护人具有独立的诉讼地位，以自己的意志开展辩护活动，依据事实和法律维护犯罪嫌疑人、被告人的合法权益。

4. 证人

证人，是指当事人以外的了解案件情况并向司法机关提供证言的诉讼参与人。证人参加刑事诉讼是由案件事实本身决定的，因此，证人具有人身不可替代性。凡是知道案件情况的人，都有作证的义务，但生理上、精神上有缺陷或者年幼，不能辨别是非、不能正确表达的人，不能作证人。证人只能是自然人。

5. 鉴定人

鉴定人，是指接受司法机关的指派或聘请，能够运用自己的专门知识和技能对案件中的专门性问题进行分析判断并提出书面鉴定意见的诉讼参与人。

6. 翻译人员

翻译人员，是指接受司法机关的指派或聘请，在刑事诉讼中进行语言、文字（包括盲文）、手势翻译工作的诉讼参与人。

  法律事例 6-1 分析：

本案是一起典型的刑事合同诈骗案件。就国家机关来说，既涉及公安机关、人民检察院，也涉及人民法院。就诉讼参与人来说，既涉及被害人、被告人，也涉及辩护人。

▶【沙场练兵】

2019年4月，某人民法院开庭审理一起故意伤害案。被告人李某及其辩护人参加了庭审。在辩护人发表完辩护意见后，被告人要求发表补充辩护意见，审判长拒绝了被告人的请求，说："辩护人已经帮你发表过了，你就不要再发表了。节省时间！"

思考：（1）审判长的做法是否正确？为什么？

（2）在刑事诉讼中，被告人依法享有哪些诉讼权利？

二、刑事案件的管辖

（一）立案管辖

【思维导图】

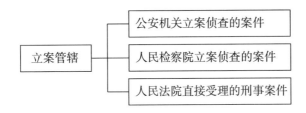

法律事例 6-2：

2018年5月8日，身为国家公务员的李某因养子王某考试不及格，使用皮带、跳绳抽打王某身体，造成王某体表大面积挫伤，经鉴定，挫伤面积超过体表面积的10%，属于轻伤一级。李某因涉嫌故意伤害罪被 A 市 B 区公安分局依法刑事拘留。期间，有人提出李某系国家公务员，本案应由检察机关受理。

思考：（1）本案公安机关能否受理立案？（2）如果公安机关对本案不予立案，人民法院能否立案受理？

立案管辖又称职能管辖或者部门管辖，是指公安机关、人民检察院、人民法院等国家专门机关在直接受理刑事案件上的权限划分。

1. 公安机关立案侦查的案件

刑事诉讼法第19条第1款规定，刑事案件的侦查由公安机关进行，法律另有规定的除外。这一规定说明，除法律另有规定的，所有刑事案件的侦查都由公安机关负责。

法律的另有规定主要包括以下几种情况。

（1）由人民检察院立案侦查的刑事案件。

（2）由人民法院直接受理的刑事案件。

（3）由国家安全机关立案侦查的危害国家安全的刑事案件。

（4）由军队保卫部门立案侦查的军队内部发生的刑事案件。

（5）由监狱立案侦查的罪犯在监狱内犯罪的刑事案件。

（6）由海关缉私部门立案侦查的涉税走私案件。

（7）由中国海警局立案侦查的海上发生的刑事案件。

2. 人民检察院立案侦查的案件

刑事诉讼法第19条第2款规定，人民检察院在对诉讼活动实行法律监督中发现的司法工作人员利用职权实施的非法拘禁、刑讯逼供、非法搜查等侵犯公民权利、损害司法公正的犯罪，可以由人民检察院立案侦查。对于公安机关管辖的国家机关工作人员利用职权实施的重大犯罪案件，需要由人民检察院直接受理的时候，经省级以上人民检察院决定，可以由人民检察院立案侦查。

可见，人民检察院可以立案侦查的案件包括以下两类。

（1）司法工作人员利用职权实施的侵犯公民权利、损害司法公正的犯罪案件，包括非法拘禁案、刑讯逼供案、非法搜查案等。

（2）国家机关工作人员利用职权实施的其他重大犯罪案件。此类案件本应当由公安机关管辖，只有当需要由人民检察院直接受理的时候，经过省级以上人民检察院决定，才可以由人民检察院立案侦查。

3. 人民法院直接受理的刑事案件

刑事诉讼法第19条第3款规定，自诉案件，由人民法院直接受理。

自诉案件，是指被害人及其法定代理人、近亲属，为了追究被告人的刑事责任，直接向人民法院提起诉讼的案件。根据刑事诉讼法第210条和相关司法解释的规定，自诉案件包括以下三类案件。

（1）告诉才处理的案件。告诉才处理的案件，是指只有被害人及其法定代理人提出控告和起诉，人民法院才予以受理的案件，被害人及其法定代理人没有告诉或者告诉后又撤回告诉的，人民法院不予追究。刑法第98条规定，如果被害人因受强制、威吓无法告诉的，人民检察院和被害人的近亲属也可以告诉。

根据我国刑法的相关规定，告诉才处理的案件包括以下几种：侮辱、诽谤案（刑法第246条第1款规定，但是危害严重社会秩序和国家利益的除外）；暴力干涉婚姻自由案（刑法第257条第1款规定，但是致使被害人死亡的除外）；侵占案（刑法第270条规定）。告诉才处理的案件案情比较简单，无须专门机关进行侦查就能查明事实，适合由人民法院直接受理。

（2）被害人有证据证明的轻微刑事案件。根据法律规定，被害人有证据证明的轻微刑事案件必须符合三个条件：一是诉讼主体必须是被害人；二是必须是轻微刑事案件；三是被害人自身必须有相应的证据证明被告人有罪。

（3）被害人有证据证明对被告人侵犯自己人身权利、财产权利的行为应当依法追究刑事责任，且有证据证明曾经提出控告，而公安机关或者人民检察院不予追究被告人刑事责任的案件。这类案件简称公诉转自诉的案件。

法律事例6-2分析：

本案是一起典型的刑事伤害案件。

李某因养子王某考试不及格使用皮带、跳绳抽打其身体，造成王某体表挫伤，其行为构成故意伤害（轻伤），属于公安机关可以立案管辖的案件。如果公安机关不予立案，被害人本人或者其亲生父母坚持追究养父李某的刑事责任，可以携带公安机关的不予立案决定书到人民法院提起自诉，人民法院可以立案受理。李某虽具有国家公务员身份，但是对养子实施的故意伤害行为与其作为国家工作人员所行使的职权无关，因此检察机关对本案没有管辖权。

▶【沙场练兵】

2020年9月8日晚8时许，某镇居民李某酒后到花园小区盗窃电动车，被该小区物业人员发现后当场抓获。物业人员报警后，李某被带到派出所。在审问李某的过程中，李某拒不交代盗窃事实，并辱骂办案人员，之后该派出所民警张某、刘某对李某采用殴打手段逼取口供，致李某胸部闭合性损伤，左侧多根肋骨骨折，左肺损伤，左侧胸腔积液，胸背部软组织损伤，经省级医院鉴定，李某的损伤程度为轻伤一级。

思考： 本案应当由哪个机关立案管辖？

（二）审判管辖

【思维导图】

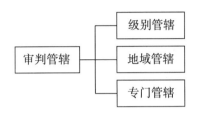

法律事例 6-3：

被告人李某在担任 A 市市委书记期间，利用职务便利，为他人在银行贷款、房地产开发项目的审批及职务晋升等事项上提供帮助，直接或通过家人先后多次收受他人财物，共计人民币 4000 余万元。A 市人民检察院认为被告人李某可能被判处无期徒刑或死刑，向 A 市中级人民法院提起公诉，A 市中级人民法院认为，被告人李某的行为构成受贿罪，数额特别巨大，应依法惩处。鉴于李某有自首、立功等情节，依法可从轻处罚，对被告人李某以受贿罪判处有期徒刑 14 年。

思考： 本案中，李某未被判处无期徒刑或死刑，A 市中级人民法院是否还有权管辖？

审判管辖，是指人民法院内部各级法院之间、同级法院之间以及普通法院与专门法院之间、各专门法院之间在审理第一审刑事案件上的权限分工。根据刑事诉讼法的规定，刑事审判管辖可以分为普通管辖和专门管辖，而普通管辖又分为级别管辖、地域管辖。

1. 级别管辖

级别管辖，是指上下级法院之间即最高人民法院和地方各级人民法院之间在审判第一审刑事案件上的权限分工。根据我国刑事诉讼法第 20 条、第 21 条、第 22 条、第 23 条的规定，普通刑事案件的一审原则上由基层人民法院管辖。中级人民法院管辖的第一审刑事案件包括两类。

（1）危害国家安全和恐怖活动案件。
（2）可能判处无期徒刑、死刑的案件。

高级人民法院管辖的第一审刑事案件，是全省（自治区、直辖市）性的重大刑事案件。最高人民法院管辖的第一审刑事案件，是全国性的重大刑事案件。所谓全国性的重大刑事案件，是指在全国范围内涉及面广、影响巨大的重大刑事案件。

根据相关司法解释的规定，人民检察院认为可能判处无期徒刑、死刑而向中级人民法院提起公诉的刑事案件，中级人民法院受理后，认为不需要判处无期徒刑以上刑罚的，应当依法审理，不再交基层人民法院审理。因此本节案例中，李某虽然没有被判处无期徒刑或死刑，还是应当继续由中级人民法院审理。

2. 地域管辖

地域管辖，是指同级人民法院之间在审判第一审刑事案件权限上的划分。级别管辖只解决了案件归哪一级人民法院管辖的问题，而同级各人民法院之间对案件是否有管辖权仍不明确，所以，只有规定了地域管辖，才能使各人民法院审判第一审刑事案件的权限得到最终确定。

刑事诉讼法第25条规定，刑事案件由犯罪地的人民法院管辖。如果由被告人居住地的人民法院审判更为适宜的，可以由被告人居住地的人民法院管辖。此处的犯罪地包括犯罪的行为发生地和结果发生地。被告人的户籍地为其居住地。经常居住地与户籍地不一致的，经常居住地为其居住地。经常居住地为被告人被追诉前已连续居住1年以上的地方，但住院就医的除外。被告单位登记的住所地为其居住地。主要营业地或者主要办事机构所在地与登记的住所地不一致的，主要营业地或者主要办事机构所在地为其居住地。

刑事诉讼法第26条规定，几个同级人民法院都有权管辖的案件，由最初受理的人民法院审判。在必要的时候，可以移送主要犯罪地的人民法院审判。

3. 专门管辖

专门管辖，是指专门人民法院之间、专门人民法院与普通人民法院之间在第一审刑事案件受理范围上的分工。专门管辖要解决的就是哪些案件由哪种专门人民法院审判的问题。目前我国已经建立的具有刑事管辖权的专门法院有军事法院和铁路运输法院。军事法院管辖的案件包括违反军人职责案件以及现役军人、军内在编职工、普通公民危害与破坏国防军事的犯罪案件。铁路运输法院管辖的案件是由铁路系统公安机关负责侦破的刑事案件，主要包括危害和破坏铁路运输和生产的案件、破坏铁路交通设施的案件、火车上发生的犯罪案件以及违反铁路运输法规、制度，造成重大事故或严重后果的案件。

法律事例 6-3 分析：

本案中，提起公诉的A市人民检察院认为被告人李某可能被判处无期徒刑或死刑，而A市中级人民法院虽经审理认为，被告人李某的行为构成受贿罪，数额特别巨大，应依法惩处，但鉴于李某有自首、立功等情节，依法可从轻处罚，对被告人李某以受贿罪判处有期徒刑。根据相关司法解释，人民检察院认为可能判处无期徒刑、死刑而向中级人民法院提起公诉的刑事案件，中级人民法院受理后，认为不需要判处无期徒刑以上刑罚的，应当依法审理，不再交基层人民法院审理。因此，李某虽然没有被判处无期徒刑或死刑，还是应当继续由中级人民法院审理。

【沙场练兵】

王某于2022年7月10日在其居住地甲县抢劫刘某钱财共计8000元，后又逃窜到邻县乙县抢劫作案3000元。刘某于2022年7月15日到甲县公安机关报案，甲县人民法院于2022年12月1日开庭审理此案，后乙县人民法院于2022年12月3日受理了乙县人民检察院提起公诉的赵某抢劫一案。

思考：本案应该由哪个法院管辖？

三、刑事辩护

【思维导图】

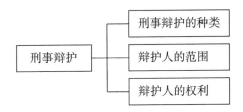

法律事例 6-4：

张某涉嫌抢劫罪，在检察院审查起诉阶段，张某委托自己的朋友孙某作为自己的辩护人，在孙某前去检察院与承办案件的检察官阅卷时，检察院发现孙某因犯交通肇事罪被法院判处有期徒刑3年，缓刑5年，正在缓刑考验期，遂告知孙某不具有担任辩护人的资格，拒绝了孙某的阅卷请求，并通知张某可另行委托辩护人。

思考：检察院的做法是否正确？

（一）刑事辩护的概念和意义

刑事辩护，是指在刑事诉讼过程中，犯罪嫌疑人、被告人及其辩护人，依据事实和法律，提出有利于犯罪嫌疑人、被告人的证据材料和意见，主张和论证犯罪嫌疑人、被告人无罪、罪轻或者应当减轻、免除处罚，维护犯罪嫌疑人、被告人的诉讼权利和其他合法权益的刑事诉讼活动。刑事辩护具有非常重要的意义，它有利于保障犯罪嫌疑人、被告人辩护权的实现，有利于促进控辩双方诉讼地位的实质平等，有利于加强犯罪嫌疑人和被告人的诉讼主体地位，有利于促进刑事诉讼目的的顺利实现。

（二）刑事辩护的种类

我国刑事诉讼中的辩护有三种：自行辩护、委托辩护和指定辩护。

自行辩护，是指犯罪嫌疑人、被告人针对指控进行辩解和反驳，自己为自己所作的辩护。自行辩护贯穿刑事诉讼活动的始终，是宪法和刑事诉讼法授予犯罪嫌疑人、被告人的权利。

委托辩护，是指犯罪嫌疑人、被告人或其法定代理人、监护人、近亲属依法委托律师或者其他公民担任辩护人，协助犯罪嫌疑人、被告人行使辩护权。犯罪嫌疑人自被侦查机关第一次讯问或者采取强制措施之日起，有权委托1至2人作为辩护人；被告人有权随时委托辩护人。

指定辩护，是指对于没有委托辩护人的犯罪嫌疑人、被告人，人民法院、人民检察院和公安机关在遇到法定情形时，通知法律援助机构为犯罪嫌疑人、被告人指派承担法律援助义务的律师担任其辩护人，协助其进行辩护。

（三）辩护人的概念

辩护人，是指在刑事诉讼中接受犯罪嫌疑人、被告人的委托或受法律援助机构的指派，协助犯罪嫌疑人、被告人行使辩护权，以维护其合法权益的人。我国刑事诉讼法对辩护人的范围作出了明确规定，辩护人并不局限于律师，能够担任辩护人的包括下列人员。

（1）律师。律师是取得律师执业证书，为社会提供法律服务的执业人员。

（2）人民团体或者犯罪嫌疑人、被告人所在单位推荐的人。人民团体，是指工会、妇联、共青团、学联等团体，不包含协会、学会等民间团体。

（3）犯罪嫌疑人、被告人的监护人、亲友。

但下列人员不能担任辩护人。

（1）正在被执行刑罚的人。正在被执行刑罚的人，是指依生效的法院判决、裁定被认定为罪犯，正在接受刑事处罚的人，包括被剥夺政治权利的人，被暂予监外执行的人，处于缓刑、假释考验期间的人。

（2）被依法剥夺、限制人身自由的人。

（3）无行为能力或者限制行为能力的人。

（4）人民法院、人民检察院、公安机关、国家安全机关、监狱的现职人员。

（5）人民陪审员。

（6）与本案审理结果有利害关系的人。

（7）外国人或者无国籍人。

（8）被开除公职和被吊销律师、公证员执业证的人。

（四）辩护人的权利

犯罪嫌疑人、被告人的辩护人具有以下权利。

（1）独立辩护权。辩护人在接受委托以后，在法律上享有独立的诉讼地位，根据对事实的掌握和对法律的理解，独立发表辩护意见，不受犯罪嫌疑人、被告人左右。

（2）通信、会见权。

（3）阅卷权。

（4）调查取证权。

（5）申请、解除或变更期限届满的强制措施的权利。

（6）提出辩护意见的权利。

（7）申请回避的权利。

（8）参加法庭调查和法庭辩论的权利。

（9）申诉、控告权。

（10）人身保障权。

（11）拒绝辩护权。

法律事例 6-4 分析：

本案涉及的问题是辩护人的范围问题，即哪些人可以担任犯罪嫌疑人、被告人的辩护人，哪些人不具有担任辩护人的资格，不能担任辩护人，对此，我国刑事诉讼法有明确的规定。孙某被宣告缓刑仍在考验期，属于正在被执行刑罚的人，依法不能担任辩护人，所以检察机关的做法是正确的。

【沙场练兵】

李某系某公司经理，任职期间先后垫付 20 余万元的个人资金用于公司业务。后公司的承包事项盈利 25 万元，李某将 20 万元交至公司，余下的 5 万元给自己买了汽车。后李某因涉嫌挪用资金罪被逮捕。其辩护人认为李某的行为没有侵犯该公司的资金安全，不符合挪用资金罪的构成要件；而李某则认为自己被调查是得罪了公司部分员工，当地有关部门很重视这个案件，认为李某无罪是不可能的。

思考：辩护人应当如何辩护？

四、刑事证据

【思维导图】

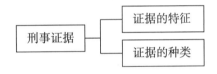

法律事例 6-5：

王某涉嫌强奸罪一案中，公安机关在侦查过程中收集到了以下两种材料：一是王某曾在几年前强奸邻村妇女，刑满释放未满 1 年，其犯罪手段与本案类似；二是王某平时品德败坏，经常调戏女性，偷窥女浴室。

思考：这两种材料能否作为证据使用？

刑事诉讼中的证据，是指以法律规定的形式表现出来的能够证明案件事实的材料。根据刑事诉讼法的规定，证据必须是与案件事实有关的事实，具有证明案件事实的作用，并且具备法定的形式和来源。

（一）证据的特征

刑事证据具有以下三个基本特征。

1. 客观性

证据的客观性，又称真实性、可信性，是指证据所表达的内容是客观存在的，不是主观臆想或捏造的，不以人的主观意志为转移。证据的客观性包括以下内容。

（1）证据本身即证据的表现形式是客观、真实存在的，而非虚假、伪造的，不能用主观想象、推测甚至怀疑来代替证据。

（2）证据所记录、反映的内容必须是真实可信、确凿无疑的，能够真实地反映案件事实。

2. 关联性

证据的关联性，又称相关性，是指证据必须与案件事实有客观联系，对案件的待证事实具有某种实际意义。如果某个证据对某一待证事实能够发挥或积极或消极的作用，就可以说该证据与此待证事实之间具有相关性。如某入室盗窃案，现场发现门把手、桌子上留有犯罪嫌疑人的指纹，这一证据能够证明犯罪嫌疑人到过犯罪现场，具有积极的相关性。反之，有监控录像显示犯罪嫌疑人在案发时间内一直在网吧上网，没有作案时间，这一证据就具有消极的相关性。

3. 合法性

证据的合法性，又称法律性，是指用于证明案件事实的证据必须是法定主体按照法定程序加以收集和运用的，并具备法定的表现形式。具体包括以下内容。

（1）证据的形式应当合法。

我国刑事诉讼法第50条第2款规定了8种证据种类：物证，书证，证人证言，被害人陈述，犯罪嫌疑人、被告人供述和辩解，鉴定意见，勘验、检查、辨认、侦查实验等笔录，视听资料、电子数据。同时，相关司法解释还对各种证据的形式作了明确的要求，比如据以定案的物证应当是原物，原物不便搬运，不易保存，可以拍摄、制作足以反映原物外形和特征的照片、录像、复制品；证人证言应以书面形式加以固定，核对无误后，由证人签名盖章。

（2）证据必须由法定主体按照法定程序收集。

我国刑事诉讼法第52条规定，审判人员、检察人员、侦查人员必须依照法定程序，收集能够证实犯罪嫌疑人、被告人有罪或无罪、犯罪情节轻重的各种证据。可见，证据必须由法定人员按照法定程序收集或提供，如勘验、检查、辨认、侦查实验等笔录必由法定的侦查人员和其他法定人员依法制作，否则不得作为定案的根据。

（3）证据必须经法定程序出示和查证。

根据刑事诉讼法的规定，物证必须当庭出示，让当事人辨认；证人证言必须在法庭上经过公诉人、被害人和被告人、辩护人双方询问、质证；未到庭的证人的证言笔录、鉴定意见、勘验检录和其他作为证据的文书，应当当庭宣读。审判人员应当听取公诉人、当事人和辩护人、诉讼代理人的意见。未经法庭查证属实的材料，均不得作为定案的根据。

（二）证据的种类

证据的种类是法律上对不同证据的划分，是证据的法定形式。

1. 物证

物证，是指以其外部特征、物质属性、存在状况等证明案件真实情况的一切物品或痕迹。物品，是指与案件事实有联系的实物，主要有犯罪工具、犯罪行为侵害的具体物、犯罪现场留下的物品，比如凶器、尸体、赃款、毛发、烟头等；痕迹，是指物体相互作用所产生的印痕和物体运动时所产生的轨迹，比如血迹、指纹、脚印、车胎痕迹等。

物证的客观性强，内容相对稳定，被称为"哑巴证据"。物证证明的范围相对狭窄，只能证明案件的某个环节或者部分事实，通常不能证明案件的主要或全部事实，必须与其他证明手段结合起来，才能证明案件事实。物证的证明作用往往要借助一定的科学技术手段才能实现。

2. 书证

书证，是指以其所表述的内容和思想来证明案件事实的书面文字或其他物品。书证的范围十分广泛，通常表现为书面文件，如信件、文件、日记等；有些实物，诸如记有符号、文字、图画、图表的衣物、墙体、金属物等，也是书证的载体。它们均以其所记载的内容或者所表达的思想发挥证明作用。

书证必须是以文字、符号、图画等记载或表达一定思想的物品，而且其所记载或表达的思想内容能够被人们所认知和理解。书证能够直接证明案件事实的真实情况。比如犯罪人记录自己杀人详细过程的日记本。

3. 证人证言

证人证言，是指当事人以外了解案件情况的人，就其所了解的案件情况向公安司法机关所作的陈述，不包含证人对案件情况的分析和判断。证人在法庭上所作的陈述是以口头的方式来证明案件事实的证据，证人书写的书面证言和侦查人员询问证人的谈话过程所作的记录，是以书面方式记录的证言，二者都属于证人证言。

我国刑事诉讼法第62条规定，凡是知道案件情况的人，都有作证的义务。生理上、精神上有缺陷或者年幼，不能辨别是非、不能正确表达的人，不能作证人。

4. 被害人陈述

被害人陈述，是指刑事被害人就其受害情况和其他与案件有关的情况向公安司法机关所作的陈述。自诉人和附带民事诉讼的原告人如果是被害人，则他们的陈述也是被害人陈述。被害人陈述通常包括被害人对案件事实的陈述、分析判断以及诉讼请求。

5. 犯罪嫌疑人、被告人供述和辩解

犯罪嫌疑人、被告人供述和辩解，是指犯罪嫌疑人、被告人就其被指控犯罪事实和其他有关情况，向公安司法机关所作的陈述，又称口供，主要包括以下三种情况：一是供述。犯罪嫌疑人、被告人对被指控的犯罪事实表示承认，并且如实陈述其实施犯罪的全部事实和情节。二是辩解。犯罪嫌疑人、被告人就自己不构成犯罪所作的辩解，或者承认犯罪，但就从轻、减轻或免除情节所作的辩解。三是攀供。犯罪嫌疑人、被告人为揭发、检举同案其他犯罪嫌疑人的犯罪行为所作的陈述。

根据我国刑事诉讼法的规定，只有同案犯罪嫌疑人、被告人的供述，没有其他证据的，不能定罪量刑。对待口供要采取特别谨慎的态度。

6. 鉴定意见

鉴定意见，是指公安司法机关或当事人聘请、指派或委托具有专门知识的人，对诉讼中所涉及的专门性问题进行鉴定后所形成的判断性意见。鉴定意见必须以规范的书面形式呈现，是一种科学证据。具体包括法医学鉴定、司法精神病学鉴定、物证技术鉴定、笔迹鉴定、司法化学鉴定、测谎鉴定、DNA鉴定等。

7. 勘验、检查、辨认、侦查实验等笔录

勘验、检查笔录是公安司法人员对于同案件有关的场所、物品、尸体、人身进行勘验、检查时就所观察、测量的情况所作的书面记录。

辨认，是指在侦查人员主持下，由犯罪嫌疑人或被告人、被害人、证人对于同案件有关的人员、物品、文件、场所等进行辨别、指认的一种侦查措施。侦查人员将辨认过程及结果制作成专门的笔录，经由侦查人员、辨认人、见证人签名盖章后，形成辨认笔录。

侦查实验是侦查机关在侦查办案过程中，采用模拟和重演的方法，证实在某种条件下案件

实施能否发生和怎样发生，以及发生何种结果的一项证据调查活动。侦查实验笔录是侦查机关对进行侦查实验的时间、地点、实验条件以及实验经过和结果等所作的客观记录，由进行实验的侦查人员、其他参加人员和见证人签名或盖章。

8. 视听资料、电子数据

视听资料，是指以录音、录像、计算机或其他高科技设备所存储的信息来证明案件真实情况的资料。一般以录音带、录像带、影视胶片等形式存在，其内容是与案件事实相关的声音、图像、影像等。例如，记录被告人勒索被害人的录音、交通肇事现场的监控视频等。

电子数据，主要是指计算机、移动电话等电子设备所记载的数据资料，包括电子邮件、电子数据交换、网上聊天记录、网络博客、手机短信、电子签名、域名、电子资金划拨记录、网页等多种证据形式。

法律事例 6-5 分析：

收集到的材料能否作为证据适用，要看材料是否具备证据的基本特征。王某几年前曾采用与本案类似的手段实施强奸行为的相关材料，与本案没有客观的联系，不能证明本案的犯罪行为就一定是王某所为，不具备证据的相关性特征。在我国刑事诉讼法中，品格的好坏、一贯表现属于酌定量刑情节，不是犯罪构成的必要条件，对认定王某构成强奸罪不具备证据的相关性。因此这两种材料不能作为证据使用。

【沙场练兵】

在一起谋杀案件的现场，侦查人员发现了一个日记本，日记本的内容显示，死者生前曾与情敌张某有过争执，张某扬言要给死者点颜色瞧瞧。同时，根据笔迹鉴定，推断出日记本的笔迹确实是死者所写。

思考：本案中的日记本属于何种证据？

五、强制措施

【思维导图】

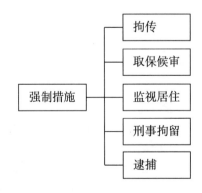

法律事例 6-6：

A县公安局接到王某报案，王某称自己被2名男子抢劫。经公安机关立案侦查，将犯罪嫌疑人刘某和孙某抓获。刘某称自己与王某系男女朋友关系，因王某对两人的订婚反悔，又拒绝返还礼金，因此把她的包抢过来补偿损失。孙某称自己与刘某系朋友关系，当时只是陪在刘某身边，并没有参与抢劫。A县公安局对刘某、孙某进行刑事拘留，后将两人的拘留期限延长至30日，期满后，向A县人民检察院提请批准逮捕，A县人民检察院作出了《不予批准逮捕决定书》，并建议A县公安局补充侦查。次日，A县公安局对刘某、孙某取保候审。

思考： 本案中，公安司法机关适用的强制措施有哪些？

刑事诉讼强制措施，是指公安机关、人民检察院和人民法院为了保证刑事诉讼的顺利进行，依法对犯罪嫌疑人、被告人的人身自由进行限制或者剥夺的各种强制性方法。

强制措施是一种重要的刑事诉讼制度，对于保证刑事诉讼的顺利进行具有重要的意义。它可以防止犯罪嫌疑人、被告人逃避侦查、起诉和审判，防止犯罪嫌疑人、被告人等发生自杀、自残或其他意外事件；可以有效防止犯罪嫌疑人、被告人继续进行犯罪活动和可能进行的妨碍迅速查明案情的活动；可以震慑犯罪分子，鼓励群众积极同犯罪行为作斗争，起到预防犯罪的作用。

根据刑事诉讼法的规定，强制措施由拘传、取保候审、监视居住、拘留和逮捕构成。这是一个由轻到重、层次分明、结构合理、互相衔接的体系，形成了一个有机联系的整体，能够适应刑事诉讼的不同情况。

（一）拘传

拘传，是指公安机关、人民检察院和人民法院根据案情需要，对未被羁押的犯罪嫌疑人、被告人，依法强制其到案接受讯问的一种强制方法。拘传是我国刑事诉讼强制措施体系中最轻的一种。

（二）取保候审

取保候审，是指刑事诉讼过程中，公安机关、人民检察院、人民法院责令犯罪嫌疑人、被告人提出保证人或者交纳保证金，保证犯罪嫌疑人、被告人不逃避或者不妨碍侦查、起诉和审判，并随传随到的一种强制措施。取保候审只是限制而不剥夺犯罪嫌疑人、被告人的人身自由，是一种强度仅重于拘传的强制措施。一般适用于犯罪较轻，可能判处的刑罚不重，或者虽然可能判处较重刑罚，但本人有特殊情况，采取取保候审不至于发生社会危险性的犯罪嫌疑人、被告人。

取保候审有保证人保证和保证金保证两种方式。被取保候审人应当遵守相关法律规定，违反法律规定应当承担相应的法律后果。有权提出取保候审申请的人员包括犯罪嫌疑人、被告人及其法定代理人、近亲属和辩护人。取保候审最长不得超过12个月。

（三）监视居住

监视居住，是指公安机关、人民检察院和人民法院在刑事诉讼过程中对犯罪嫌疑人、被告人采用的，命令其不得擅自离开住所或者居所并对其活动予以监视和控制的一种强制措施。

监视居住的适用包含两种情况：一是把监视居住作为逮捕的替代措施。人民法院、人民检察院和公安机关对于符合逮捕条件，有规定特殊情形的犯罪嫌疑人、被告人，可以监视居住。二是对符合取保候审条件，但犯罪嫌疑人、被告人不能提出保证人，也不交纳保证金的，可以监视居住。

监视居住的执行场所分两种：一是犯罪嫌疑人、被告人的住处；二是执行机关指定的居所。被监视居住人应遵守法律规定。人民法院、人民检察院和公安机关对犯罪嫌疑人、被告人监视居住最长不得超过6个月。

（四）刑事拘留

刑事拘留，是指公安机关、人民检察院在法定的紧急情况下，对现行犯或重大嫌疑分子采取的临时剥夺其人身自由的一种强制措施。有权决定采用刑事拘留的机关一般是侦查机关，它是一种临时性的、剥夺公民人身自由的强制措施，因此，只有在紧急情况下才能采用。

根据刑事诉讼法第82条的规定，公安机关对于现行犯或重大嫌疑分子，如果有下列情形之一的，可以先行拘留。

（1）正在预备犯罪、实行犯罪或者在犯罪后即时被发觉的。

（2）被害人或者在场亲眼看见的人指认他犯罪的。

（3）在身边或者住处发现有犯罪证据的。

（4）犯罪后企图自杀、逃跑或者在逃的。

（5）有毁灭、伪造证据或者串供可能的。

（6）不讲真实姓名、住址，身份不明的。

（7）有流窜作案、多次作案、结伙作案重大嫌疑的。

公安机关拘留犯罪嫌疑人，必须经县级以上公安机关负责人批准，并签发拘留证。人民检察院拘留犯罪嫌疑人，由检察长决定。拘留只能由公安机关执行。执行拘留的人员不得少于2人。刑事诉讼法第85条第2款规定，拘留后，应当立即将被拘留人送看守所羁押，至迟不得超过24小时。除无法通知或者涉嫌危害国家安全犯罪、恐怖活动犯罪通知可能有碍侦查的情形，应当在拘留后24小时以内，通知被拘留人的家属。有碍侦查的情形消失以后，应当立即通知被拘留人的家属。公安机关对被拘留的人，应当在拘留后的24小时以内进行讯问。在发现不应当拘留的时候，必须立即释放，发给释放证明。

根据刑事诉讼法第91条的规定，公安机关对被拘留的人，认为需要逮捕的，应当在拘留后的3日以内，提请人民检察院审查批准。在特殊情况下，提请审查批准的时间可以延长1日至4日。对于流窜作案、多次作案、结伙作案的重大嫌疑分子，提请审查批准的时间可以延长至30日。

（五）逮捕

逮捕，是指公安机关、人民检察院和人民法院，为了防止犯罪嫌疑人或者被告人实施妨碍刑事诉讼的行为，逃避侦查、起诉、审判或者发生社会危险，而依法暂时剥夺其人身自由的一种强制措施。逮捕是刑事诉讼强制措施中最严厉的一种。采取逮捕这种强制措施，必须由人民检察院（法院）批准或决定，由公安机关执行。

刑事诉讼法第81条规定，对有证据证明有犯罪事实，可能判处徒刑以上刑罚的犯罪嫌疑人、被告人，采取取保候审尚不足以防止发生下列社会危险性的，应当予以逮捕。

（1）可能实施新的犯罪的。

（2）有危害国家安全、公共安全或者社会秩序的现实危险的。

（3）可能毁灭、伪造证据，干扰证人作证或者串供的。

（4）可能对被害人、举报人、控告人实施打击报复的。

（5）企图自杀或者逃跑的。

对有证据证明有犯罪事实，可能判处10年有期徒刑以上刑罚的，或者有证据证明有犯罪事实，可能判处徒刑以上刑罚，曾经故意犯罪或者身份不明的，应当予以逮捕。被取保候审、监视居住的犯罪嫌疑人、被告人违反取保候审、监视居住规定，情节严重的，可以予以逮捕。

公安机关逮捕犯罪嫌疑人的时候，执行逮捕的人员不得少于2人。执行逮捕时，必须向被逮捕人出示逮捕证。逮捕后，应当立即将被逮捕人送看守所羁押。除无法通知的，应当在逮捕后24小时以内，将逮捕原因和羁押处所通知被逮捕人的家属。逮捕后，应当在24小时内进行讯问；如果发现不应当逮捕的，应当立即释放并发给释放证明。

法律事例6-6分析：

本案中，刘某、孙某涉嫌抢劫犯罪，为了保证案件能够顺利进行，公安机关对二人分别采取了刑事拘留和取保候审的强制措施。

【沙场练兵】

张某涉嫌故意伤害致人死亡，犯罪后企图逃跑被公安机关先行拘留。侦查人员拘留张某时，因情况紧急没有出示拘留证，在审讯室内对其进行了讯问，并在12小时内将其送至看守所羁押。

思考：公安机关的做法是否正确？

第二节　立案与侦查程序

一、立案的概述

【思维导图】

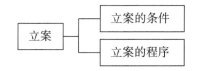

法律事例 6-7：

王某 2020 年取得驾照，有多年吸毒史。某日，王某吸毒后驾车外出，途经某岔路口时，与李某驾驶的车辆发生碰撞，王某与李某因责任认定问题发生争吵，王某感觉李某要害他，于是拿出随身携带的弹簧刀向李某胸部连续捅刺数刀，致李某当场倒地死亡，王某随即到公安机关自首。

思考： 公安机关能否立案？

刑事诉讼中的立案，是指国家法定机关对于报案、控告、举报、自首或自诉人起诉及自己发现的材料等，依法按照各自的管辖范围进行审查后，决定作为刑事案件进行侦查或者审判的一种诉讼活动。

立案是刑事诉讼的开始，是每一个刑事案件都必须经过的法定的独立阶段。立案作为刑事诉讼的开端程序，也是法定机关的专门活动。根据法律规定和司法实践，立案的材料来源主要有 3 类：一是公安机关、监察机关或者人民检察院等单位自行发现的犯罪事实或者犯罪嫌疑人；二是单位、个人的报案、举报和控告；三是犯罪嫌疑人的自首。

（一）立案的条件

刑事诉讼法第 112 条规定，人民法院、人民检察院或者公安机关对于报案、控告、举报和自首的材料，应当按照管辖范围，迅速进行审查，认为有犯罪事实需要追究刑事责任的时候，应当立案；认为没有犯罪事实，或者犯罪事实显著轻微，不需要追究刑事责任的时候，不予立案，并且将不立案的原因通知控告人。控告人如果不服，可以申请复议。根据这一规定，立案必须同时具备以下两个条件。

（1）有犯罪事实，是指客观上存在某种危害社会的犯罪行为。这是立案的首要条件。有犯罪事实，包含两个方面的内容：一是需要立案追究的，必须是依照刑法规定构成犯罪的行为。二是有证据证明犯罪事实确已发生。确已发生，是指犯罪事实确已存在，而不是出于主观想象或者猜测，也不是道听途说、捕风捉影甚至是凭空捏造的事实。

（2）需要追究刑事责任，是指依法应当追究犯罪行为人的刑事责任。这是立案必须具备的法律条件。根据刑事诉讼法的规定，虽有犯罪事实发生，但犯罪已过追诉时效期限的；经特赦令免除刑罚的；依照刑法告诉才处理的犯罪，没有告诉或者撤回告诉的；犯罪嫌疑人、被告人死亡的；其他法律规定免予追究刑事责任的，均不追究刑事责任。因此，具有上述法定不追究刑事责任的情形之一的，就不应当立案。

有犯罪事实，需要追究刑事责任，是刑事诉讼法规定的立案条件，这两个条件必须同时具备，缺一不可。

（二）立案的程序

立案的程序，是指立案阶段中各种诉讼活动的先后步骤和形式。根据刑事诉讼法的规定，立案程序主要包括对于立案材料的接受、审查和处理三个部分。

1. 对立案材料的接受

立案材料的接受，是指公安机关、监察机关、人民检察院和人民法院等单位对报案、控告、举报和自首材料的受理。对立案材料的接受是立案程序的开始。

2.对立案材料的审查

对立案材料的审查,是指公安机关、监察机关、人民检察院、人民法院等单位对自己发现的或者接受的立案材料进行核对、调查的活动。对立案材料的审查首先要审核该案是否属于自己管辖的范围,对于不属于自己管辖的,应当移送主管机关处理,并通知报案人、控告人和举报人。然后重点审查材料所反映的事件是否属于犯罪行为;如果属于犯罪行为,有无确实可靠的证据加以证明;依法是否需要追究行为人的刑事责任;有无法定不追究刑事责任的情形。

3.对立案材料的处理

对立案材料的处理,是指公安机关、监察机关、人民检察院、人民法院等单位通过对立案材料的审查,分别对不同情况作出立案或者不立案的决定。

  法律事例 6-7 分析:

本案中,王某吸毒是违法行为,目前对于吸毒后作案人的刑事责任能力的司法鉴定意见,通常评定为具有完全刑事责任能力。因此,王某吸毒后驾车因与李某驾驶的车辆发生碰撞而故意杀害李某,符合有犯罪事实、需要追究刑事责任的立案条件,应予以刑事立案。

【沙场练兵】

据某市公安局 A 区公安分局通报,2019 年 6 月 30 日晚,A 区公安分局接李女士报警,称其女儿遭到周某猥亵,并提供了监控录像等材料。

思考:结合刑事诉讼的立案条件分析本案能否立为刑事案件?

二、侦查程序

【思维导图】

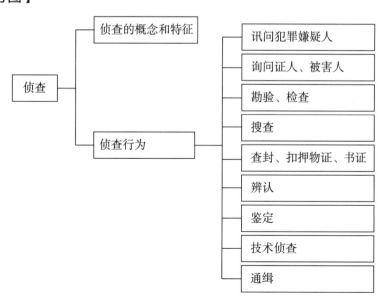

法律事例 6-8：

犯罪嫌疑人王某，男，32岁，公司职员，因涉嫌盗窃罪而潜逃。2020年8月4日，侦查人员李某在执行其他公务时，偶然撞见王某并将他拘留。8月6日，侦查人员李某一人开始讯问王某，讯问笔录如下。

李：你老实交代你的罪行，不准狡辩、抵赖。

王：我要请律师。

李：现在你不能请律师，侦查阶段律师不能介入。

王：我抗议，你拘留我到现在已经2天了，还没有向我出示拘留证。

李：对你这种在逃犯，可以不出示。现在你老实交代罪行。

王：我没罪。

李：你父亲是不是曾因为小偷小摸被公安机关处罚？

王：我拒绝回答这个问题。

李：你必须回答每一个问题。你得拿出充分的证据来，我们才能说你无罪。你若老实交代，说完了我们可以放你出去。

在讯问过程中，李某多次打王某的耳光，并罚王某跪在地上。

思考：本案的侦查过程中，侦查人员的行为存在哪些问题？

（一）侦查的概念和特征

我国刑事诉讼法第108条第1款规定，侦查是指公安机关、人民检察院等对于刑事案件，依照法律进行的收集证据、查明案情的工作和有关的强制性措施。侦查具有以下特征。

（1）侦查主体是特定的。我国享有侦查权的机关只有公安机关、国家安全机关、人民检察院、军队保卫部门、监狱、海关缉私部门、中国海警局等，其他任何机关、团体和个人都无权行使侦查权。

（2）各侦查主体负责侦查案件的范围是明确的。

（3）侦查行为的内容是特定的。在我国，侦查行为的方式包括专门的调查工作和有关的强制性措施。

侦查的任务就是收集证据，查明犯罪事实和查获犯罪嫌疑人，为打击和预防犯罪保证诉讼的顺利进行提供可靠的证据。为此，侦查行为必须遵守迅速及时、客观全面、深入细致、保守秘密、程序合法等原则。

（二）侦查行为

侦查行为，是指侦查机关在办理案件过程中，依照法律进行的各种专门调查活动。其包括讯问犯罪嫌疑人、询问证人、被害人、勘验、检查、搜查、查封、扣押物证、书证、辨认、鉴定，技术侦查，通缉等。

1. 讯问犯罪嫌疑人

讯问犯罪嫌疑人，是指侦查人员依照法定程序，以言词的方式，就案件事实对犯罪嫌疑人进行讯问的一种侦查行为。讯问犯罪嫌疑人对收集、核实证据，查明案件事实有重要的意义。刑事诉讼法及相关规定对讯问犯罪嫌疑人的程序作出了明确规定。

讯问犯罪嫌疑人必须由公安机关或者人民检察院的侦查人员负责进行。讯问时侦查人员不得少于2人。犯罪嫌疑人被送交看守所羁押以后，侦查人员对其进行讯问，应当在看守所进行。传唤、拘传持续的时间不得超过12小时。对于已经被拘留或者逮捕的犯罪嫌疑人，应当在拘留或逮捕后的24小时以内讯问，在发现不应当拘留或者逮捕的时候，必须立即释放。侦查人员在讯问犯罪嫌疑人的时候，应当告知犯罪嫌疑人享有的权利，以及如实供述自己罪刑可以从宽处理和认罪认罚的法律规定。讯问犯罪嫌疑人是否有犯罪行为，让他陈述有罪的情节或者无罪的辩解，然后向他提出问题。我国法律没有规定犯罪嫌疑人在接受讯问时有保持沉默的权利。对侦查人员的提问，犯罪嫌疑人应当如实回答。但是对于侦查人员提出的与本案无关的问题，犯罪嫌疑人可以拒绝回答。讯问犯罪嫌疑人应当制作讯问笔录。讯问犯罪嫌疑人，严禁刑讯逼供，也不准诱供、骗供、指名问供。讯问犯罪嫌疑人应当个别进行。

2. 询问证人、被害人

询问证人，是指侦查人员依照法定程序以言词方式向证人调查了解案件情况的一种侦查行为。

询问证人应由2名以上的侦查人员进行。询问证人应当个别进行。询问证人应当问明证人的身份，并告知其应当如实地提供证据、证言和有意作伪证或者隐匿罪证要负的法律责任，使其知晓如实作证是每个公民在法律上应尽的义务。询问不满18周岁的证人，应选择在他们所习惯的场所，如学校或家里。可以通知其法定代理人到场，询问最好用谈话的方式进行。侦查人员询问证人时，应当先让证人连续地详细叙述他所了解的案件情况，证人陈述的内容与案件无关时，侦查人员可以进行适当的引导，再就证人陈述中不清楚或者有矛盾的地方，以及其他需要通过询问查明的事实情节，向他提出问题，让证人作进一步的陈述。询问证人应当制作笔录，笔录要如实记载。

询问被害人，是指侦查人员依照法定程序，以言词的方式向直接遭受犯罪行为侵害的人就其遭受侵害的事实以及犯罪嫌疑人的有关情况进行调查询问的侦查行为。询问被害人，适用询问证人的程序。

3. 勘验、检查

勘验、检查，是指侦查人员对于与犯罪有关的场所、物品、尸体、人身进行勘查和检验的一种侦查行为。勘验和检查的性质是相同的，只是对象有所不同。勘验的对象是现场、物品和尸体，而检查的对象是活人的身体。

4. 搜查

搜查，是指侦查人员对犯罪嫌疑人以及能隐藏罪犯或者罪证的人的身体、物品、住处和其他有关的地方进行搜索、检查的一种侦查行为。搜查只能由公安机关或者人民检察院的侦查人员进行，其他任何机关、团体和个人无权对公民的人身或住宅进行搜查。搜查必须经县级以上公安机关负责人批准，开具"搜查证"，由2名以上侦查人员负责执行。在搜查的时候，应当有被搜查人或者其家属、邻居或者其他见证人在场，以证明搜查程序的合法性。搜查妇女的身体，应当由女工作人员进行。搜查的情况应当写成笔录。

5. 查封、扣押物证、书证

查封、扣押物证、书证，是指侦查机关依法强制扣留某人或某单位持有的与案件有关的物品、文件的一种侦查行为。根据刑事诉讼法的规定，查封、扣押的对象只能是可用以证明犯罪嫌疑人有罪或者无罪的各种物证、书证、视听资料，与案件无关的财物、文件不得查封、扣押。

6. 辨认

辨认，是指侦查机关在办理刑事案件的过程中，为了查明案情，必要时让被害人、证人或者犯罪嫌疑人对与犯罪有关的物品、文件、尸体、场所或者犯罪嫌疑人进行辨别、确认的一种侦查行为。

7. 鉴定

鉴定，是指公安机关、人民检察院为了查明案情，指派或者聘请具有专门知识的人对案件中的某些专门性问题进行鉴别和判断的一种侦查行为。在侦查实践中，鉴定适用范围十分广泛。凡是与案件有关的物品、文件、痕迹、人身、尸体，都可以进行鉴定。侦查机关常用的鉴定有：法医鉴定，司法精神病鉴定，毒性鉴定，刑事科学技术鉴定，会计鉴定，一般技术鉴定等。鉴定具有较强的科学性，且鉴定意见本身就是一种证据。

8. 技术侦查

技术侦查，是指国家安全机关和公安机关为了侦查犯罪而采取的特殊侦查措施，包括电子侦听、电话监听、电子监控、秘密拍照或录像、秘密获取某些物证等专门技术手段。

9. 通缉

通缉，是指公安机关对依法应当逮捕而在逃的犯罪嫌疑人，以发布通缉令的方式，通报有关地区的公安机关和广大群众，缉拿其归案的一种侦查行为。

通缉的对象必须具备两个条件：一是犯罪嫌疑人应当被依法逮捕，二是犯罪嫌疑人已经在逃。司法实践中，公安机关对通缉的使用是比较慎重的，一般仅对罪行比较严重的在逃犯罪嫌疑人适用，对应该逮捕但罪行不太严重的在逃犯罪嫌疑人则发出协查通报，要求其他公安机关协助查获缉拿。

法律事例 6-8 分析：

本案呈现的是侦查过程中侦查人员对犯罪嫌疑人的讯问过程，就要对照刑事诉讼法针对侦查行为和讯问犯罪嫌疑人的规范要求来审查。在本案中，侦查人员在讯问人的人数、讯问的程序、对犯罪嫌疑人提出需要律师介入问题的回答、提问的内容、出示拘留证、讯问的方法、行为等，都没有遵守刑事诉讼法对侦查行为、讯问程序、方法、原则的具体规定，侵犯了犯罪嫌疑人的合法权益。

▶【沙场练兵】

2020年9月8日晚上8点10分左右，上海市A区一家超市底楼的金饰店内发生一起抢劫案，3名蒙面歹徒在1分50多秒时间内抢走了价值数十万元的黄金首饰。案发后，侦查人员调取了案发时的监控录像，画面显示当天晚上8点07分，3名蒙着面罩、身着迷彩服的男子从后门进入超市，随后快速接近金饰店柜台。其中一人用铁锤敲碎柜台玻璃，另一人随后抢夺项链、戒指等黄金饰品，还有一人则手持枪状物体将呼救的营业员逼开。

经过细致的现场勘查和调查走访，侦查人员很快获取了犯罪嫌疑人的有关犯罪信息，歹徒在砸玻璃时留下了血迹，逃跑时又在小树林里扔下一只蒙面头套。在与公安部有关信息系统比对后，侦查人员发现有一名犯罪嫌疑人曾参与了2019年7月发生在贵州省B县的一起抢劫案（未侦破）。侦查人员随即与当年遭抢的女出租车司机取得了联系，从而找到了本案的突破口。女司机表示犯罪嫌疑人当时曾经问她"每个月的板板费是多少",而"板板费"是重庆市C区的方言,即每个月必须向公司上交多少费用。C区与B县相邻,这为侦查工作明确了方向。

2020年9月14日,专案组在重庆市C区发现了42岁的犯罪嫌疑人张某,通过攻心战使张某认罪服法。通过张某提供的线索,侦查人员分别抓获了另外2名犯罪嫌疑人,并缴获部分被盗的黄金饰品。之后,3名犯罪嫌疑人被押解回沪。

思考: 本案中体现了哪些侦查行为的运用?

第三节 起诉程序

【思维导图】

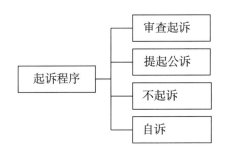

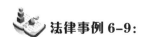

法律事例 6-9:

2019年9月至2020年6月,李某利用金钱、物质引诱的方式多次诱骗男童小杰到其住所进行猥亵。2020年6月10日,受害人小杰及其家属向A区公安机关报案。公安机关经审查后,将李某刑事拘留。同年8月9日,A区人民检察院以涉嫌猥亵儿童罪依法批捕李某。审查起诉期间,由于对案件中的部分事实证据需要作进一步调查,A区人民检察院根据刑事诉讼法的规定,两次退回公安机关,要求对相关证据进行补充侦查。经过二次补充侦查,各个证据之间形成了完整的证据链条,A区人民检察院依法对犯罪嫌疑人李某提起公诉。

思考: A区人民检察院的做法是否合法?

刑事起诉,是指享有控诉权的国家机关和公民,依法向法院提起诉讼,请求法院对指控的内容进行审判,以确定被告人刑事责任并依法予以刑事裁判的诉讼行为。起诉是刑事诉讼的重要程序之一。

按照行使追诉权的主体不同,刑事起诉可分为公诉和自诉两种方式。公诉,是指依法享有刑事追诉权的国家专门机关(检察机关),代表国家和公众向法院起诉,要求审判机关追究被告人的刑事责任的行为;自诉,是指刑事被害人及其法定代理人、近亲属等,以个人的名义向法院起诉,要求保护被害人的合法权益,追究被告人刑事责任的行为。

起诉在刑事诉讼中具有重要意义,起诉是引起审判程序的必经程序,起诉对于有效地惩罚犯罪，维护社会和公民权益与保证正确惩罚犯罪，保护无辜，实现程序公正具有重要意义。

一、审查起诉

审查起诉，是指人民检察院在提起公诉阶段，为了确定对经侦查终结的刑事案件是否应当提起公诉，而对公安机关和监察机关确认的犯罪事实和证据、犯罪性质和罪名进行审查核实，并作出处理决定的一项诉讼活动。

审查起诉内容包括：对公安机关和监察机关移送的案件或者自侦终结的案件，从事实和法律两个方面进行全面审查；根据审查情况依法分别作出起诉或者不起诉的决定，并制作相应的法律文书；根据作出的决定，按照法律规定对案件作出程序上的处理。

二、提起公诉

提起公诉，是指人民检察院代表国家以国家公诉机关身份向人民法院提起诉讼，要求人民法院对指控的犯罪进行审判，确定被告人刑事责任并予以刑事处罚的诉讼活动。提起公诉必须同时满足以下三个条件。

1. 犯罪事实已经查清

犯罪事实清楚是提起公诉的首要条件。根据《人民检察院刑事诉讼规则》的规定，具有下列情形之一的，可以认为犯罪事实已经查清。

（1）属于单一罪行的案件，查清的事实足以定罪量刑或者与定罪量刑有关的事实已经查清，不影响定罪量刑的事实无法查清的。

（2）属于数个罪行的案件，部分罪行已经查清并符合起诉条件，其他罪行无法查清的。

（3）无法查清作案工具、赃物去向，但有其他证据足以对被告人定罪量刑的。

（4）证人证言、犯罪嫌疑人供述和辩解、被害人陈述的内容中主要情节一致，个别情节不一致，但不影响定罪的。

2. 证据确实、充分

证据确实，是对证据质的要求，是指用以证明犯罪事实的每一项证据必须是客观真实存在的，同时又与犯罪事实有内在的联系，能够证明案件的事实真相；证据充分，是对证据量的要求，据以起诉的证据在量上达到使犯罪事实构成的每一部分都有相应的具有说服力和证明效力的证据得以证明，形成完整的证据链。

3. 依法应当追究刑事责任

人民检察院决定起诉的案件，不但认定犯罪嫌疑人的行为已经构成犯罪，而且依法应追究刑事责任，否则就不能对其作出起诉决定。被告人所实施的行为必须符合刑法所规定的应当追究刑事责任的法定条件，而且排除不追究刑事责任的法定情形，这是提起公诉的必备条件。

三、不起诉

不起诉，是指人民检察院对公安机关侦查终结移送起诉的案件和自己侦查终结的案件进行审查后，认为犯罪嫌疑人的行为不构成犯罪或者依法不应追究刑事责任，或者犯罪情节轻微，依照刑法规定不需要判处刑罚或者免除刑罚，以及对于补充侦查的案件，认为证据不足，不符合起诉条件，从而作出不将犯罪嫌疑人交付人民法院审判的一种处理决定。不起诉决定具有终止刑事诉讼的效力。

根据刑事诉讼法的规定，不起诉可以分为法定不起诉、酌定不起诉、证据不足不起诉和附条件不起诉四种。

1. 法定不起诉

法定不起诉又称绝对不起诉，是指法律明确规定应当不起诉的情形。刑事诉讼法第177条第1款规定，犯罪嫌疑人没有犯罪事实，或者有本法第16条规定的情形之一的，人民检察院应当作出不起诉决定。对于法定不起诉的案件，人民检察院没有自由裁量权，只能作出不起诉决定。

2. 酌定不起诉

酌定不起诉又称相对不起诉，是指人民检察院可以根据案件的具体情况有选择地决定起诉或者不起诉的情形。刑事诉讼法第177条第2款规定，对于犯罪情节轻微，依照刑法规定不需要判处刑罚或者免除刑罚的，人民检察院可以作出不起诉决定。酌定不起诉是人民检察院行使起诉裁量权的表现。

3. 证据不足不起诉

证据不足不起诉又称存疑不起诉。刑事诉讼法第175条第4款规定，对于二次补充侦查的案件，人民检察院仍然认为证据不足，不符合起诉条件的，应当作出不起诉的决定。

4. 附条件不起诉

人民检察院在办理未成年人刑事案件时，坚持以教育为主、惩罚为辅的原则，可以对部分未成年人刑事案件作出附条件不起诉的决定。刑事诉讼法第282条第1款规定，对于未成年人涉嫌刑法分则第四章、第五章、第六章规定的犯罪，可能判处1年有期徒刑以下刑罚，符合起诉条件，但有悔罪表现的，人民检察院可以作出附条件不起诉的决定。人民检察院在作出附条件不起诉的决定以前，应当听取公安机关、被害人的意见。

四、自诉

刑事诉讼中的自诉，是指法律规定的享有自诉权的人直接向有管辖权的人民法院提起的刑事诉讼。在我国，自诉案件，是指法律规定的可以由被害人或者其法定代理人、近亲属直接向人民法院起诉，要求追究被告人刑事责任，人民法院能够直接受理的刑事案件。自诉案件的范围包括以下内容。

（1）告诉才处理的案件。

（2）被害人有证据证明的轻微刑事案件。

（3）被害人有证据证明对被告人侵犯自己人身、财产权利的行为应当依法追究刑事责任，而公安机关或者人民检察院不予追究被告人刑事责任的案件。此类案件又被称为公诉转自诉的案件。这里的公安机关、人民检察院不予追究被告人刑事责任，是指公安机关、人民检察院已经作出不予追究的书面决定，如不起诉决定、不予立案决定等。

法律事例6-9分析：

审查起诉阶段通过对公安机关移送审查起诉的案件进行审查，检察机关发现部分事实证据不清，两次退回公安机关补充侦查，最后证据之间形成了完整的链条，作出了提起公诉的决定。因此，A区人民检察院的做法是合法的。如果经过二次退回补充侦查仍然无法获得足够的证据，检察机关就必须作出不起诉的决定。

【沙场练兵】

2019年12月27日零时，赵某下楼见李某正在殴打邹某，便上前制止拉拽李某，赵某和李某一同倒地。两人起身后，李某打了赵某两拳，赵某随即将李某推倒在地，接着上前打了李某两拳，并朝倒地的李某腹部踹了一脚，随后赵某被自己的女友劝离现场。李某被踢中腹部后横结肠破裂，经法医鉴定为重伤二级。经A县公安分局侦查，赵某涉嫌故意伤害罪被刑事拘留，后转为取保候审，经过进一步侦查，A县公安分局以赵某涉嫌过失致人重伤罪将此案移送A县人民检察院审查起诉。A县人民检察院经审查认为，赵某的行为属正当防卫，不应当追究刑事责任，依据刑事诉讼法的规定，对赵某作出无罪的不起诉决定。

思考：A县人民检察院作出不起诉决定是否正确？理由是什么？

第四节　审判程序

【思维导图】

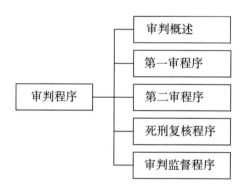

一、审判概述

法律事例6-10：

某区人民法院审判王某故意伤害案，由审判员张凯和人民陪审员李伟、赵江组成合议庭，张凯担任审判长。法庭上，控辩双方因为证据复杂，辩论异常激烈。庭审结束后合议庭进行了长时间评议，最后表决同意被告人王某构成故意伤害罪，因案情复杂，合议庭决定就案件的法律适用问题请示法院院长，提交本院审判委员会研究。第二天，法院院长听取庭审情况汇报后，随即召开审判委员会。会上，张凯汇报案件情况后，审判委员会进行了讨论，同意合议庭所定罪名成立，并作出对被告人王某判处10年有期徒刑的决定，然后，通知张凯按照审判委员会的决定制作判决书。

思考：合议庭与法院的做法是否正确？

审判,是指人民法院依法对案件事实进行审理,并根据已经查清的案件事实和有关法律规定,对案件作出裁决的诉讼活动。审判既是刑事诉讼的中心环节,也是对刑事诉讼具有决定性作用的诉讼阶段。它最终决定犯罪嫌疑人、被告人是否构成犯罪、构成何种罪以及应否判处刑罚、判处何种刑罚等问题。

(一)审判组织

审判组织,是法院内部设立的直接从事审判工作的机构。根据刑事诉讼法和人民法院组织法的规定,审判组织有独任庭、合议庭和审判委员会三种。

1. 独任庭

独任庭,是指基层人民法院适用简易程序、速裁程序审判第一审刑事案件时设立的由审判员(或助理审判员)一人组成的审判机构。独任庭审判案件称独任制审判。独任庭只设立于基层人民法院,只能由审判员或助理审判员组成,独任庭主要适用简易程序、速裁程序审理一审刑事案件。

2. 合议庭

合议庭,是指人民法院内部设立的由审判员或审判员、陪审员数人组成的审判机构。合议庭是人民法院审判刑事案件的基本组织形式,合议庭承担下列职责。

(1)根据当事人的申请或者案件的具体情况,可以作出财产保全、证据保全、先予执行等裁定。

(2)确定案件委托评估、委托鉴定等事项。

(3)依法开庭审理第一审、第二审和再审案件。

(4)评议案件。

(5)提请院长决定将案件提交审判委员会讨论决定。

(6)按照权限对案件及其有关程序性事项作出裁判或者提出裁判意见。

(7)制作裁判文书。

(8)执行审判委员会决定。

(9)办理有关审判的其他事项。

3. 审判委员会

审判委员会,是人民法院内部设立的由院长、庭长和资深法官组成的对审判工作实行集体领导的组织机构。根据人民法院组织法的规定,各级人民法院均设立审判委员会。参加审判委员会的成员称为审判委员会委员。审判委员会的任务是总结审判经验,讨论重大或者疑难的案件和其他有关审判工作问题。

(二)判决、裁定和决定

(1)判决,人民法院在案件审理完毕后对案件实体问题所作出的处理决定。刑事判决是人民法院根据法庭审理所查明的事实和证据,依据有关法律规定对被告人是否构成犯罪、构成何种犯罪、应否判处刑罚以及判处何种刑罚所作的处理决定。

(2)裁定,是人民法院对案件审理后,针对诉讼程序问题或者某些实体问题所作的处理决定。裁定可用书面的形式作出,即裁定书,也可用口头的形式作出,口头裁定的,应当制作笔录。裁定适用于解决诉讼中的某些程序问题,也可以适用于解决案件的部分实体问题。

(3)决定,是人民法院用以解决某些诉讼程序问题所作的处理决定。例如用以解决是否准予回避的问题,是否同意当事人提出的通知新的证人到庭作证的问题,是否同意当事人申请重新鉴定的问题等。

 法律事例6-10分析:

本案的焦点问题是合议庭、审判委员会的职责及二者之间的关系。合议庭的主要职责是对案件进行审判、合议并作出裁判。当遇到疑难复杂或者符合相关规定的案件,可以提交审判委员会讨论决定。审判委员会的决定,合议庭应该执行。本案中,合议庭在对案件审理并合议后,因案情复杂,就案件的法律适用问题请示院长,提交本院审判委员会研究决定,符合法律规定,合议庭的做法是正确的。审判委员会对案件进行了讨论,同意合议庭所定罪名,并作出对被告人王某判处10年有期徒刑的决定,通知张凯按照审判委员会的决定制作判决书,合议庭应该执行,法院的做法也是正确的。

> **【沙场练兵】**

某市A区人民法院在开庭审理被告人姚某抢劫一案时,被告人姚某提出审判员冯某与本案被害人有亲属关系,可能影响本案的公正处理,请求其回避。审判长对有关情况进行了询问了解,当庭作出审判员冯某不予回避的决定。法庭继续开庭审理,合议庭最终作出了被告人姚某构成抢劫罪,判处其有期徒刑7年的一审判决。上诉期内,被告人姚某不服一审判决,以一审法院审理违反法律规定的诉讼程序为由向某市中级人民法院提起上诉。某市中级人民法院经审理认为一审法院违反法律规定的回避制度,依法裁定撤销原判,发回原审人民法院重新审判。

思考: 本案一审法院作出的决定和判决是否有错?二审法院作出撤销原判、发回原审人民法院重新审判的裁定是否正确?

二、第一审程序

(一)第一审普通程序

 法律事例6-11:

某市中级人民法院准备开庭审理一起贪污案件,被告人李某为某国有公司总经理。庭前会议阶段,某市检察机关提出本案涉及的两名证人都不愿出庭作证,一人为该国有公司财务人员郝某,系被告人李某的下属;另一人为被告人李某的妻子王某。经审查,合议庭认为公诉机关和被告人李某对证人郝某、王某的证言都有意见分歧,二人的证言对案件的定罪量刑均有重大影响,都有出庭作证的必要,遂向二人分别送达了出庭通知。但送达时证人郝某、王某均当场表示拒绝出庭作证。鉴于此,开庭当天早上上班时,法院指派工作人员和法警到证人郝某所在单位，按照规定程序强制传唤其到法院，等待开庭。而对于被告人孙某的妻子王某，法院则没有强制其到庭作证。

思考：法院的做法是否正确？

第一审程序，是指人民法院对人民检察院提起公诉、自诉人提起自诉的案件进行审判时所适用的程序。第一审刑事案件，是指人民法院按照第一审程序审判的公诉案件和自诉案件。第一审程序的任务是人民法院通过开庭审理，在公诉人、当事人及其他诉讼参与人等的参加下，客观、全面地审查证据，查明案件事实，并根据刑法规定，对被告人是否有罪、应否处刑以及处以何种刑罚，作出正确判决，从而使犯罪分子得到应有的法律制裁，无罪的人不受刑事惩罚，并使公众受到法治教育。第一审程序是人民法院审判刑事案件的基本程序。

人民法院对人民检察院提起公诉的案件需要进行庭前审查，决定是否开庭审判，或者要求补充材料，或者决定不予受理。对于决定开庭审理的案件，开庭前必须做好必要的准备工作。主要包括确定审判组织、组成合议庭，送达起诉书副本，通知开庭、传唤当事人，通知其他诉讼参与人，先期公告，召开庭前会议，拟订法庭审理提纲等活动。

法庭审判是审判人员通过开庭的方式，在公诉人、当事人以及其他诉讼参与人的参加下，调查核实证据，弄清案件事实，全面听取各方对案件事实和定罪量刑的意见，依法确定被告人是否有罪，应否受到刑事惩罚的诉讼活动。根据刑事诉讼法的规定，法庭审判程序可以分为开庭、法庭调查、法庭辩论、被告人最后陈述、评议和宣判5个步骤。刑事诉讼法第208条规定，人民法院审理公诉案件，应当在受理后2个月以内宣判，至迟不得超过3个月。

法律事例 6-11 分析：

本案涉及的主要问题是强制证人出庭作证的法律问题。根据刑事诉讼法的规定，本案涉及的两名证人均应当出庭作证。证人郝某无正当理由拒绝作证，证人王某身为被告人孙某的妻子，享有拒绝出庭作证的特权。刑事诉讼法第193条第1款规定，经人民法院通知，证人没有正当理由不出庭作证的，人民法院可以强制其到庭，但是被告人的配偶、父母、子女除外。因此，人民法院可以强制证人郝某出庭作证，而对证人王某却不能强制的做法是正确的。

【沙场练兵】

王某系被告人张某受贿一案的辩护人。在某县人民法院审理被告人张某受贿一案的过程中，王某对控方证人李某进行询问时情绪激动，先是斥责其瞎了眼和胡言乱语，又大声辱骂其是条疯狗乱咬一通，因而受到审判长的多次制止和警告。被告人张某鉴于辩护人王某在法庭辩论阶段不能从法律和事实方面为自己进行有效辩护，而是偏离问题焦点，反复强调一些与案件无关的事实，更不满意之前辩护人不太冷静和理性的表现，当庭向审判长提出拒绝辩护人王某继续为其辩护，要求另行委托辩护人。合议庭当庭同意了被告人张某的请求，宣布案件延期审理。

思考：本案中审判长和合议庭的做法是否正确？

（二）简易程序

法律事例6-12：

被告人A、B、C均为某技校的女生，因长期、多次对同一寝室的同学D实施侮辱、打骂，致使D出现严重精神疾病和身体伤害，不得不休学并住院治疗，最终A、B、C三人被公安机关以涉嫌故意伤害罪、侮辱罪立案侦查，并被检察机关起诉至某区人民法院。庭审前，虽然被告人C及其辩护人对检察机关针对其在实施共同犯罪中的作用和证据有异议，认为C不构成犯罪，但某区人民法院认为该案事实清楚，证据确实充分，为快速结案，仍决定适用简易程序审理本案。

思考： 某区人民法院的决定是否正确？

简易程序，是指基层人民法院审理某些事实清楚、证据充分的被告人认罪刑事案件所适用的比普通程序相对简化的第一审程序。根据刑事诉讼法第214条的规定，基层人民法院管辖的案件，符合下列条件的，可以适用简易程序审判：一是案件事实清楚、证据充分的；二是被告人承认自己所犯罪行，对指控的犯罪事实没有异议的；三是被告人对适用简易程序没有异议的。只有同时具备上述三个条件的基层人民法院管辖的案件，才能适用简易程序。

根据刑事诉讼法第215条的规定，有下列情形之一的，不适用简易程序：一是被告人是盲、聋、哑人，或者是尚未完全丧失辨认或者控制自己行为能力的精神病人的；二是有重大社会影响的；三是共同犯罪案件中部分被告人不认罪或者对适用简易程序有异议的；四是其他不宜适用简易程序审理的。

适用简易程序审理案件，人民法院应当在受理后20日以内审结；对可能判处的有期徒刑超过3年的，可以延长至一个半月。

法律事例6-12分析：

本案涉及的关键问题是简易程序的适用范围。校园欺凌案件频发且为社会广泛关注，属于有重大社会影响的案件，另外案件中被告人C及其辩护人对检察机关针对C在实施共同犯罪中的作用和证据有异议，并不认为C构成犯罪，根据刑事诉讼法第215条的规定，如果案件有重大社会影响、共同犯罪案件中部分被告人不认罪的，不适用简易程序，因此，某区人民法院适用简易程序审理本案的决定是错误的。

（三）速裁程序

法律事例6-13：

2019年8月7日，某区人民法院适用速裁程序集中审理了一批认罪认罚案件。这10名被告人均因危险驾驶罪当庭分别被判处2至5个月不等的拘役，均处缓刑，并处以罚金。法庭上，被告人均表示认识到了自己的错误，对指控的犯罪事实没有异议，并同意检察机关提出的法律适用意见和量刑意见，认罪服判。这10件适用速裁程序的案件审查起诉期限仅4天，审判期限仅5天，大大缩短了案件办理期限。

思考： 某区人民法院审理这批刑事案件适用速裁程序是否正确？适用速裁程序有何意义？

根据刑事诉讼法第222条的规定，基层人民法院管辖的可能判处3年有期徒刑以下刑罚的案件，案件事实清楚，证据确实、充分，被告人认罪认罚并同意适用速裁程序的，可以适用速裁程序，由审判员一人独任审判。

有下列情形之一的，不适用速裁程序。

（1）被告人是盲、聋、哑人，或者是尚未完全丧失辨认或者控制自己行为能力的精神病人的。

（2）被告人是未成年人的。

（3）案件有重大社会影响的。

（4）共同犯罪案件中部分被告人对指控的犯罪事实、罪名、量刑建议或者适用速裁程序有异议的。

（5）被告人与被害人或者其法定代理人没有就附带民事诉讼赔偿等事项达成调解或者和解协议的。

（6）其他不宜适用速裁程序审理的。

适用速裁程序审理案件，不受刑事诉讼法规定的第一审普通程序公诉案件送达期限的限制，一般不进行法庭调查、法庭辩论，但在判决宣告前应当听取辩护人的意见和被告人的最后陈述意见。适用速裁程序审理案件，应当当庭宣判。人民法院应当在受理后10日以内审结，对可能判处的有期徒刑超过1年的，可以延长至15日。

法律事例6-13分析：

本案涉及的问题是速裁程序适用的案件范围。本案中，10起案件集中由基层人民法院独任审判，案件事实清楚，证据确实、充分，10名被告人在法庭上对检察机关指控的犯罪事实没有异议，同意检察机关提出的法律适用意见和量刑意见，对人民法院当庭的定罪处罚认罪服判，符合速裁程序的适用条件和要求。某区人民法院的做法是正确的。速裁程序的适用不仅可以有效提升案件质量效果，规范量刑幅度，增强权利保障，还能进一步合理配置司法资源，促进司法公正。

（四）自诉案件的第一审程序

法律事例6-14：

曹某为抢出租车生意，将摩的司机董某左眼打伤后便弃之而去。后董某被人送入医院治疗，共花去医疗费1万余元。董某住院期间，曹某一直未曾露面。出院后，董某左眼视力严重下降，后经法医鉴定为轻微伤。当地公安机关和检察机关认为曹某的行为不构成犯罪，不作公诉案件处理，并建议董某通过刑事自诉或民事赔偿途径解决。董某无可奈何之下，便向案发地某区人民法院对曹某提起刑事自诉。该区法院虽然受理了董某的自诉案，但是要求董某寻找曹某的下落，并且保证能让曹某按时出庭，否则，法院将以曹某下落不明为由，裁定驳回董某的自诉请求。

思考：法院的做法正确吗？

刑事自诉案件，是指被害人或其法定代理人、近亲属为追究被告人的刑事责任，直接向人民法院提起诉讼，由人民法院受理的刑事案件。自诉案件的第一审程序，是指人民法院在自诉人、被告人及其他诉讼参与人的参加下，依法审理自诉案件的方式、方法和步骤。自诉案件的第一审程序有以下特点。

（1）参加诉讼的国家机关一般来说只有法院，公安机关、检察机关不予介入。

（2）诉讼阶段的步骤较少，没有侦查和提起公诉阶段。

（3）当事人对于诉讼程序的开始和终止，具有一定的决定作用。没有自诉人提起自诉，自诉案件的诉讼程序就不会开始；自诉人撤诉或自诉人与被告人达成了和解协议，案件的审理就可以终止。

自诉案件与公诉案件相比，有一定的特殊性。一是自诉案件可以进行调解。二是自诉人在判决宣告以前，可以同被告人自行和解，撤回起诉。三是自诉案件中的被告人或者他们的法定代理人在诉讼过程中，可以对自诉人提起反诉。刑事诉讼法第212条第2款规定，人民法院审理自诉案件的期限，被告人被羁押的，适用本法第208条第1款、第2款的规定；未被羁押的，应当在受理后6个月以内宣判。

法律事例 6-14 分析：

本案属于人民法院受理自诉案件的第三种类型，即被害人有证据证明对被告人侵犯自己人身、财产权利的行为应当依法追究刑事责任，而公安机关或者人民检察院不予追究刑事责任的案件。但人民法院受理后，如果被告人一直下落不明的，应当说服自诉人撤回自诉，或者裁定驳回起诉。因此，本案中法院的做法是正确的。

三、第二审程序

法律事例 6-15：

2019年8月5日，A区法院对刘某抢劫一案作出一审判决。刘某不服，于第二日口头向A区法院提出上诉，但A区法院认为，刘某口头上诉不符合法律规定，要求刘某提交书面上诉状，于是刘某次日又将书面上诉状提交A区法院，A区法院告诉刘某，上诉应当向上一级法院提出，本院无权受理。且刘某的上诉状中，对于上诉的具体理由含糊其词，不符合刑事诉讼法关于上诉的规定，最终没有受理刘某的上诉。

思考：A区法院的做法正确吗？如果不正确，存在哪些问题？

第二审程序又称上诉审程序，是指一审法院的上一级法院根据上诉权人的上诉或人民检察院的抗诉，对一审法院未生效的判决或裁定进行重新审理的方式、方法。

我国刑事诉讼法第10条规定，人民法院审判案件，实行两审终审制。经第二审人民法院审理所作出的判决或裁定是终审的判决、裁定，一经作出，便立即发生法律效力，必须无条件予以执行，有上诉权或抗诉权的人或机关不得再提出上诉或者抗诉。

第二审程序有利于维护正确的判决、裁定，保护当事人的合法权益；有利于纠正错误的判决、裁定，从而准确地打击犯罪；有利于上级人民法院对下级人民法院的审判工作进行监督和指导，从而充分发挥第二审程序的作用，确保办案质量。

（一）第二审程序的提起

第二审程序的提起共有两种方式，分别是上诉和抗诉。上诉由享有上诉权的人提起，抗诉则由人民检察院提起。

1. 上诉

上诉，是指有权提起上诉的人员不服第一审未生效的判决、裁定，依照法定程序和期限，要求上一级人民法院重新审判案件的诉讼行为。有权提起上诉的人员有：自诉人及其法定代理人，被告人及其法定代理人，经被告人同意的辩护人、近亲属；附带民事诉讼的当事人及其法定代理人。

刑事诉讼法第230条规定，不服判决的上诉和抗诉的期限为10日，不服裁定的上诉和抗诉的期限为5日，从接到判决书、裁定书的第2日起算。上诉可以采用书面或口头的形式提出。口头上诉的，人民法院应当制作笔录。上诉可以通过原审人民法院提出，也可以直接向第二审人民法院提出。只要是有上诉权的人员在法定期限内提出上诉的，不论是何理由，上诉都具有法律效力，人民法院都应当受理，并引起第二审程序。

2. 抗诉

抗诉，是指人民检察院发现或者认为人民法院的判决、裁定确有错误时，提请审判机关依法重新审理并予以纠正的行为。

抗诉包括两种：一是上诉审程序的抗诉，即对第一审未生效裁判的抗诉；二是再审程序的抗诉，即对生效裁判的抗诉。有权对第一审未生效判决、裁定提出抗诉的机关，是一审人民法院的同级人民检察院。无论是对被告人有利还是不利的判决、裁定，人民检察院都可以提起抗诉。刑事诉讼法第230条规定，不服判决的上诉和抗诉的期限为10日，不服裁定的上诉和抗诉的期限为5日，从接到判决书、裁定书的第2日起算。抗诉只能由地方各级人民检察院以抗诉书的形式提出，不能采用口头形式。抗诉应当向原审人民法院提出，不能直接向第二审人民法院提出抗诉。人民检察院对第一审未生效的判决提出抗诉，必须有明确的理由，即只有当同级人民法院第一审的判决、裁定确有错误时才可以提出。刑事诉讼法第229条规定，被害人及其法定代理人不服地方各级人民法院第一审的判决的，自收到判决书后5日以内，有权请求人民检察院提出抗诉。

（二）第二审程序的审判

1. 第二审程序的特有原则

（1）全面审查原则。第二审人民法院应当就第一审判决认定的事实和适用法律进行全面审查，不受上诉或者抗诉范围的限制。共同犯罪的案件只有部分被告人上诉的，应当对全案进行审查，一并处理。

（2）上诉不加刑原则。第二审人民法院审理被告人或者他的法定代理人、辩护人、近亲属上诉的案件，不得加重被告人的刑罚。第二审人民法院发回原审人民法院重新审判的案件，除有新的犯罪事实，人民检察院补充起诉的，原审人民法院不得加重被告人的刑罚。上诉不加刑原则仅适用于只有被告人一方提出上诉的案件。如果是人民检察院提出抗诉或者自诉人提出上诉的案件，或者在被告人一方提出上诉的同时，人民检察院和自诉人也提出抗诉、上诉的，则不受上诉不加刑原则的限制。

2. 第二审案件审理的方式

第二审案件审理的方式有两种，即开庭审理和不开庭审理，这两种审理方式又有着不同的程序。

开庭审理又称直接审理，是指在合议庭的主持下，由检察人员和诉讼参与人参加，通过法庭调查和辩论、评议、宣判等步骤审理案件的审理方式。开庭审理的地点，可以在第二审人民法院所在地进行，也可以在案件发生地或者原审人民法院所在地进行。开庭审理的第二审案件由于有当事人和其他诉讼参与人的参加，能够当庭调查事实，核实证据，进行辩论，便于彻底查清案件的真实情况，保护当事人的合法权益。

不开庭审理，是指第二审人民法院的合议庭对上诉案件通过调查讯问的方式审理而不开庭审理的审理方式。第二审人民法院可以采用不开庭审理的方式进行审判的案件，应当是犯罪事实清楚的案件，即在犯罪事实和证据方面，一审法院的认定没有错误，或者控辩双方基本没有分歧，当事人的上诉理由主要集中在适用法律、裁量刑罚或诉讼程序上。

（三）对第二审案件的处理

第二审人民法院对不服第一审判决的上诉、抗诉案件，经过审理后，应当按照下列情形分别处理：一是维持原判，原判决认定事实和适用法律正确、量刑适当的，应当裁定驳回上诉或者抗诉，维持原判；二是依法改判，原判决认定事实没有错误，但适用法律有错误，或量刑不当的，应当依法改判；三是改判或发回重审，原判决事实不清楚或者证据不足的，可以在查清事实后改判，也可以裁定撤销原判，发回原审人民法院重新审判；四是裁定撤销原判，发回重审，第二审人民法院发现第一审人民法院的审理有违反法律规定的诉讼程序的，应当裁定撤销原判，发回原审人民法院重新审判。

（四）第二审程序的审理期限

第二审人民法院受理上诉、抗诉案件，应当在2个月以内审结。对于可能判处死刑的案件或者附带民事诉讼的案件，以及有下列情形之一的，经省、自治区、直辖市高级人民法院批准或者决定，可以延长2个月。

（1）交通十分不便的边远地区的重大复杂案件。
（2）重大的犯罪集团案件。
（3）流窜作案的重大复杂案件。
（4）犯罪涉及面广，取证困难的重大复杂案件。

因特殊情况还需要延长的，报请最高人民法院批准。最高人民法院受理上诉、抗诉案件的审理期限，由最高人民法院决定。

法律事例 6-15 分析：

本案涉及上诉的方式和上诉的理由问题。其中，上诉的方式包括上诉的形式和向哪一级法院提出上诉两个方面。首先，上诉可以采用书面或口头任一形式，口头形式的上诉同样符合法律规定，A区法院不能强行要求杨某提交书面上诉状；其次，上诉既可以向原审法院提出，也可以向第二审法院提出，而不是只能向第二审法院提出，A区法院不得以此为理由拒绝受理；最后，我国刑事诉讼法对于上诉的理由并未作出明确规定，因此A区法院不得以杨某上诉理由含糊为由不接受上诉。综上，A区法院的做法是错误的。

▶【沙场练兵】

某县人民法院对崔某故意毁坏财物一案进行了不公开审判。一审判决作出后，被告人崔某不服提出上诉。二审中，市中级人民法院认为一审事实清楚，证据确实、充分，适用法律正确，量刑适当，被告人崔某已满18周岁，且案件未涉及国家秘密及个人隐私，该案中并没有应当不公开审判的情形。因此，市中级人民法院裁定撤销原判，发回县人民法院重新审判。

思考：二审法院的做法是否符合法律规定？为什么？

四、死刑复核程序

 法律事例 6-16：

2019年4月1日，林某因与黄某不和，采用投毒方法故意杀害黄某并致其死亡。2020年2月18日上午，S市第二中级人民法院一审判决林某犯故意杀人罪，判处死刑，剥夺政治权利终身。2020年2月25日，林某的律师正式受林某委托向法院提起上诉。2021年1月8日上午S市高级人民法院宣布林某投毒案二审维持原判，对林某的死刑判决依法报请最高人民法院核准。2021年12月11日，经最高人民法院核准，林某被依法执行死刑。

思考：上述案件中人民法院对被告人林某的审判程序是否正确？

死刑是剥夺犯罪分子生命的刑罚，是我国刑罚方法中最严厉的一种。死刑复核程序作为一种特别审判程序，是我国坚持少杀、慎杀原则的体现，对于正确适用死刑，保证死刑案件质量，切实维护公民的合法权益，保障社会稳定、和谐具有十分重要的意义。

（一）死刑立即执行案件的复核程序

我国刑事诉讼法第246条规定，死刑由最高人民法院核准。人民法院组织法第17条规定，死刑除依法由最高人民法院判决的以外，应当报请最高人民法院核准。也就是说，在我国依法判处死刑立即执行的案件，只有最高人民法院才有核准权。

最高人民法院复核死刑案件，应当全面审查以下内容。

（1）被告人的年龄，被告人有无刑事责任能力，是否系怀孕的妇女。

（2）原判认定的事实是否清楚，证据是否确实、充分。

（3）犯罪情节、后果及危害程度。

（4）原判适用法律是否正确，是否必须判处死刑，是否必须立即执行。

（5）有无法定、酌定从重、从轻或者减轻处罚情节。

（6）诉讼程序是否合法。

（7）应当审查的其他情况。

最高人民法院复核死刑案件，应当讯问被告人。复核时，应当由审判员3人组成合议庭进行。复核期间，辩护律师提出要求的，应当听取辩护律师的意见。

刑事诉讼法第250条规定，最高人民法院复核死刑案件，应当作出核准或者不核准死刑的裁定。对于不核准死刑的，最高人民法院可以发回重新审判或者予以改判。

（二）死刑缓期执行案件的复核程序

我国刑事诉讼法第248条规定，中级人民法院判处死刑缓期二年执行的案件，由高级人民法院核准。也就是说，高级人民法院有对死刑缓期执行案件的核准权。

高级人民法院复核死刑缓期执行案件，应当审查的内容与最高人民法院复核死刑案件审查的内容一致。高级人民法院复核死刑缓期执行案件，应当讯问被告人，且不得加重被告人的刑罚。复核时，应当由审判员3人组成合议庭进行。复核期间，辩护律师提出要求的，应当听取辩护律师的意见。高级人民法院复核死刑缓期执行案件，可能有核准、不予核准、直接改判三种结果。

 法律事例6-16分析：

本案涉及的是死刑案件的审理程序问题。本案中，S市高级人民法院作出的终审判决中，对被告人判处的虽是死刑，但该判决并不能立即生效，必须经过死刑复核这一特殊程序的核准才能予以执行。死刑立即执行的核准只能由最高人民法院进行，故该判决须报请最高人民法院核准后方可依法执行。因此，本案人民法院对被告人林某的审判程序是正确的。

▶ 【沙场练兵】

L市中级人民法院2019年8月4日就邢某故意杀人案作出一审判决，判处邢某死刑缓期二年执行，邢某表示服从法院的判决，未在上诉期内提起上诉。检察院也未提出抗诉。

思考：L市中级人民法院的判决是否立即生效？

五、审判监督程序

 法律事例6-17：

甲、乙系叔侄关系，因涉及2003年发生在A市的一起强奸致死案，分别被B省高级人民法院判处死刑缓期二年执行和有期徒刑15年。在监狱中，甲本人及家属持续不断申诉。2012年2月27日，B省高级人民法院对该案立案复查。2013年3月26日，B省高级人民法院依法对甲、乙强奸再审案公开宣判，认为有新的证据证明，本案不能排除他人作案的可能，撤销原审判决，宣告甲、乙无罪。

思考：本案中B省高级人民法院能否依据甲本人及家属的申诉对该案立案复查进行再审？

审判监督程序又称再审程序，是指人民法院、人民检察院对于已经发生法律效力的判决和裁定，发现在认定事实或者适用法律上确有错误，依法提起并由人民法院对该案重新审判的一种特殊审判程序。审判监督程序有利于实现裁判的稳定性和有错必纠的辩证统一，有利于加强对刑事审判的监督。

提起审判监督程序的材料来源主要有当事人及其法定代理人、近亲属的申诉，公安司法机关通过办案或复查案件对错案的发现，各级人民代表大会代表提出的纠正错案的议案，机关、团体、企事业单位、新闻媒介、人民群众等对生效判决、裁定提出的质疑、意见和情况反映等。其中，最为重要的材料来源为当事人及其法定代理人、近亲属的申诉。

（一）审判监督程序的提起

根据刑事诉讼法的规定，有权提起审判监督程序的主体有各级人民法院院长和审判委员会、最高人民法院和上级人民法院、最高人民检察院和上级人民检察院。

刑事诉讼法对提起审判监督程序的理由，作了严格的限制性规定。只有在发现已经生效的判决、裁定在认定事实上或者适用法律上确有错误时才可以提起审判监督程序。具体而言，提起审判监督程序的理由有以下几种：一是原判决、裁定在认定事实上确有错误，二是原判决、裁定在适用法律上确有错误，三是严重违反法律规定的诉讼程序，影响了对案件的正确裁判。提起审判监督程序的方式有决定或指令再审、提审和抗诉。

（二）依照审判监督程序对案件的重新审判

按照法律规定，各级人民法院都可以依照审判监督程序对案件重新审判。依照审判监督程序重新审判的法院，既可以是原来的第一审法院，也可以是第二审法院；既可以是提审的上级人民法院，也可以是被指令再审的人民法院。依照审判监督程序对案件重新审判的方式主要有三种：开庭审理、书面审理、书面审理和调查讯问相结合的方式。

再审案件的程序一般根据原审结案件的审级确定。如果原来是第一审案件，应当依照第一审程序进行审判，所作的判决、裁定，可以上诉、抗诉；如果原来是第二审案件，或者是上级人民法院提审的案件，应当依照第二审程序进行审判，所作的判决、裁定，是终审的判决、裁定。人民法院按照审判监督程序重新审判的案件，由原审人民法院审理的，应当另行组成合议庭进行。人民法院开庭审理再审案件，同级人民检察院应当派员出席法庭。

人民法院依照审判监督程序对案件重新审理后，应当按照下列情形分别处理：一是裁定驳回申诉或者抗诉；二是改判；三是撤销原判决、裁定，重新定罪量刑，并决定执行的刑罚；四是按照第二审程序审理的案件，原判决、裁定认定事实不清，证据不足，经再审查清事实的，应当依法作出判决；经审理仍无法查清，证据不足，不能认定原审被告人有罪的，应当以证据不足，指控的犯罪不能成立，判决宣告被告人无罪。

人民法院按照审判监督程序重新审判的案件，应当在作出提审、再审决定之日起3个月以内审结，需要延长期限的，不得超过6个月。

📰 法律事例6-17分析：

本案涉及审判监督程序启动的重要来源，即当事人及其法定代理人、近亲属。本案中，在监狱中服刑的甲发现了自己案件的若干疑点，经过他本人及家属持续不断地申诉，B 省高级人民法院对该案决定立案复查进行再审。可见，申诉是启动审判监督程序的重要来源。

【沙场练兵】

李某因涉嫌杀妻被起诉，某县人民法院一审判处其有期徒刑 13 年，李某未上诉。人民检察院抗诉后，某市中级人民法院终审判处李某有期徒刑 15 年。李某之父以李某没有杀妻为由向某市中级人民法院提出申诉，某市中级人民法院一年多未予以答复。无奈，李父又向某省人民检察院提出申诉。此时，杀害李某妻子的真凶已经被公安机关抓获。某省人民检察院认为原判确有错误，遂按审判监督程序向某市中级人民法院提起抗诉。

思考：本案中审判监督程序的运行有何错误？

第五节　执行程序

【思维导图】

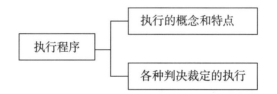

法律事例 6-18：

刘某（女），2018 年 10 月至 2019 年 3 月在担任某市口岸市场监督管理局办公室副主任期间，利用职务之便贪污敛财达 800 余万元。2019 年 9 月 13 日，某市中级人民法院以贪污罪、受贿罪判处刘某有期徒刑 16 年。判决宣告后，刘某没有上诉，检察机关也没有抗诉。法定上诉、抗诉期满后，人民法院将判决书、起诉书副本、执行通知书、罪犯结案登记表送达看守所，由公安机关将刘某交付某省女子监狱服刑。刘某在服刑期间，某省女子监狱向某市中级人民法院提出减刑意见，称刘某入狱后确有悔改表现，建议对其减刑。某市中级人民法院依法裁定对刘某减刑 9 个月，并将减刑裁定书送达某省女子监狱、某市人民检察院以及犯罪人刘某。

思考：本案中有哪些执行机关？有哪些执行活动？

一、执行的概念和特点

刑事诉讼中的执行，是指法定执行机关为实现人民法院已经发生法律效力的判决、裁定所确定的内容而依法进行的活动。执行是我国刑事诉讼活动中的最后一个阶段和环节。

刑事诉讼中的执行具有如下特点。

1. 合法性

执行是一种刑事司法活动，执行的依据是人民法院已经发生法律效力的判决、裁定，必须严格依照法律的有关规定进行。

2. 及时性

人民法院的判决、裁定一经发生法律效力应当立即交付执行，不得以任何借口拖延执行。

3. 强制性

已经发生法律效力的判决、裁定，对一切机关和个人都具有约束力，必须无条件执行，对于不执行的人，应当运用强制手段迫使其执行。

按照执行职能的不同，我国刑事诉讼法将执行的主体分为交付执行机关、执行机关、执行的指挥机关和执行的监督机关。执行的客体主要是人民法院做出的生效的判决和裁定。执行的内容包括两个方面：一是交付执行，即按照法律规定的程序，将生效的判决或裁定交付给相应的执行机关付诸实施的活动；二是变更执行，即在生效的判决、裁定执行过程中，由于出现法定情况，人民法院将原判决、裁定依法予以变更的活动。

二、各种判决裁定的执行

执行程序，是指法定执行机关在执行活动中应遵循的步骤、方式和方法。具体可以概括为以下类型。

（1）死刑立即执行裁判的执行程序。
（2）死刑缓期二年执行、无期徒刑、有期徒刑和拘役裁判的执行程序。
（3）管制、缓刑、剥夺政治权利裁判的执行程序。
（4）财产刑和附带民事诉讼裁判的执行程序。
（5）宣告无罪、免除刑罚裁判的执行程序。

此外，还包括暂予监外执行、减刑和假释的执行程序。

根据我国刑事诉讼法的规定，各种执行程序的执行机关包括人民法院、监狱、未成年犯管教所、公安机关和社区矫正机构。

（1）死刑立即执行裁判的执行程序，罚金、没收财产裁判的执行程序，附带民事诉讼裁判的执行程序和宣告无罪、免除刑罚裁判的执行程序，其执行机关为人民法院。

（2）死刑缓期二年执行、无期徒刑、有期徒刑和拘役裁判的执行程序，其执行机关为监狱、未成年犯管教所、公安机关。其中，对被判处死刑缓期二年执行、无期徒刑、有期徒刑的罪犯，由公安机关依法将该罪犯送交监狱执行刑罚。对被判处有期徒刑的罪犯，在被交付执行刑罚前，剩余刑期在3个月以下的，由看守所代为执行。对被判处拘役的罪犯，由公安机关执行。对未成年犯应当在未成年犯管教所执行刑罚。

（3）管制、缓刑、剥夺政治权利裁判的执行程序和假释、暂予监外执行的执行程序，其执行机关是社区矫正机构和公安机关。其中，对被判处管制、宣告缓刑、假释或者暂予监外执行的罪犯，依法实行社区矫正，由社区矫正机构负责执行。对被判处剥夺政治权利的罪犯，由公安机关执行。

法律事例 6-18 分析：

本案涉及执行的主体、执行的客体、执行的内容。本案中，在法定上诉、抗诉期满，人民法院的判决在发生法律效力后，某市中级人民法院、公安机关、监狱等相关国家机关依次进行了下列活动。

（1）某市中级人民法院将判决书、起诉书副本、执行通知书、罪犯结案登记表送达看守所。

（2）公安机关将刘某交付某省女子监狱服刑。

（3）某省女子监狱向某市中级人民法院提出减刑建议。

（4）某市中级人民法院依法裁定对刘某减刑9个月，并将减刑裁定书送达某省女子监狱、某市人民检察院以及罪犯刘某。

某市中级人民法院、公安机关、监狱就是执行的主体，上述活动都是执行。

【沙场练兵】

2018年8月至10月，某市某区人民法院、某市中级人民法院分别审理了多起刑事案件，判决结果如下：被告人陆某犯故意杀人罪，判处死刑，剥夺政治权利终身；被告人苗某犯故意杀人罪，判处死刑，缓期二年执行，剥夺政治权利终身；被告人孙某犯故意杀人罪，判处无期徒刑，剥夺政治权利终身；被告人朱某犯绑架罪，判处有期徒刑15年，剥夺政治权利5年，并处没收财产人民币10万元；被告人王某犯盗窃罪，判处有期徒刑10个月，并处罚金人民币4000元，责令赔偿被害人经济损失费人民币6000元；被告人方某犯强迫交易罪，判处有期徒刑2年，缓刑3年，并处罚金人民币1万元；被告人杜某犯寻衅滋事罪，判处拘役2个月；被告人马某，犯寻衅滋事罪，判处拘役2个月，缓刑2个月；被告人肖某犯寻衅滋事罪，判处管制3个月；被告人董某犯寻衅滋事罪，免予刑事处罚；被告人高某无罪。宣判后，被告人陆某、苗某、孙某、朱某、杜某不服，提出上诉。二审法院均裁定：驳回上诉，维持原判。在陆某故意杀人案、苗某故意杀人案经死刑复核程序后，全部判决、裁定都已经先后交付执行。

思考： 本案中涉及的判决、裁定分别由哪些执行机关执行？

第六节　特别程序

【思维导图】

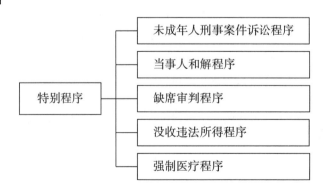

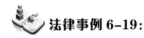

法律事例 6-19：

林某为某国有高压开关厂厂长，因涉嫌受贿罪被逮捕，在检察机关审查起诉期间林某死亡。检察院向法院提出了没收林某违法所得的申请。法院受理后，依法组成合议庭，不开庭进行了审理。法院认为，林某身为国家工作人员，利用职务之便实施受贿、贪污犯罪，违法所得共计 200 万元，事实清楚，证据充分。法院裁定没收林某违法所得，上缴国库。一审宣判后，在法定期限内，林某的近亲属未提出上诉，检察院亦未抗诉，裁定发生法律效力。

思考：法院作出的裁定是否正确？

一、未成年人刑事案件诉讼程序

在我国，未成年人犯罪是指不满 18 周岁的未成年人实施的犯罪行为。未成年人刑事案件诉讼程序，是指司法机关办理未成年人犯罪案件，应遵循的法定原则、次序和方式。因为生理发育和心理成长的特点不同，我国未成年人保护法第 113 条规定，对违法犯罪的未成年人，实行教育、感化、挽救的方针，坚持教育为主、惩罚为辅的原则。预防未成年人犯罪法第 2 条规定，预防未成年人犯罪，立足于教育和保护未成年人相结合，坚持预防为主、提前干预，对未成年人的不良行为和严重不良行为及时进行分级预防、干预和矫治。在刑事诉讼法中，我国也正式确立了教育、感化、挽救的方针。

（一）未成年人刑事案件诉讼程序的原则

作为刑事诉讼程序的一部分，未成年人刑事案件的办理必然要遵守刑事诉讼的一般原则，还要遵守更适合未成年人特点、体现对未成年人保护的特有原则。这些特有原则包括：教育为主、惩罚为辅原则，分案处理原则，不公开审理原则，权利特别保护原则，全面调查原则，和缓原则。

（二）未成年人刑事案件诉讼程序的特别规定

1. 案件由专业机构和人员承办

中级人民法院和基层人民法院可以设立独立建制的未成年人案件审判庭。尚不具备条件的，应当在刑事审判庭内设立未成年人刑事案件合议庭，或者由专人负责审理未成年人刑事案件。高级人民法院应当在刑事审判庭内设立未成年人刑事案件合议庭，具备条件的，可以设立独立建制的未成年人案件审判庭。

刑事诉讼法第 277 条第 2 款规定，人民法院、人民检察院和公安机关办理未成年人刑事案件，应当保障未成年人行使其诉讼权利，保障未成年人得到法律帮助，并由熟悉未成年人身心特点的审判人员、检察人员、侦查人员承办。

2. 严格限制强制措施的使用

对未成年犯罪嫌疑人、被告人应当严格限制适用逮捕措施。人民检察院审查批准逮捕和人民法院决定逮捕，应当讯问未成年犯罪嫌疑人、被告人，听取辩护律师的意见。人民检察院审查批准逮捕未成年犯罪嫌疑人，应当根据未成年犯罪嫌疑人涉嫌犯罪的事实、主观恶性、有无监护与社会帮教条件等，综合衡量其社会危险性，确定是否有逮捕必要，慎用逮捕措施，可捕可不捕的不捕。

3. 附条件不起诉制度

根据刑事诉讼法第282条、第283条的规定，对于未成年人涉嫌刑法分则第四章、第五章、第六章规定的犯罪，可能判处1年有期徒刑以下刑罚，符合起诉条件，但有悔罪表现的，人民检察院可以作出附条件不起诉的决定。在附条件不起诉的考验期内，由人民检察院对被附条件不起诉的未成年犯罪嫌疑人进行监督考察。

4. 犯罪记录封存制度

为挽救未成年犯罪人，其犯罪记录原则上应当封存。根据刑事诉讼法第286条的规定，犯罪的时候不满18周岁，被判处5年有期徒刑以下刑罚的，应当对相关犯罪记录予以封存。犯罪记录被封存的，不得向任何单位和个人提供，但司法机关为办案需要或者有关单位根据国家规定进行查询的除外。依法进行查询的单位，应当对被封存的犯罪记录的情况予以保密。

二、当事人和解程序

当事人和解的公诉案件诉讼程序，是指在特定的公诉案件中，犯罪嫌疑人、被告人自愿真诚悔罪，通过赔偿损失、赔礼道歉等方式获得被害人谅解，且双方自愿达成和解协议，公安机关、人民检察院、人民法院对和解协议确认后，据此对犯罪嫌疑人、被告人进行从宽处理的一种刑事诉讼特别程序。刑事诉讼法对当事人和解的适用范围、程序、法律后果作出了原则性规定。

当事人和解程序是一种刑事诉讼特殊程序，它不是直接对刑事责任的和解和处分，而是有其适用条件和适用范围，经过公安机关确认的当事人和解协议，才能作为公安机关对犯罪嫌疑人、被告人从轻、减轻处罚或者免除刑事责任的依据。依照刑事诉讼法的规定，当事人和解程序的适用条件主要有以下几项：一是犯罪嫌疑人、被告人认罪并真诚悔过，获得被害人谅解；二是案件事实清楚，证据确实、充分；三是双方自愿达成和解协议；四是属于刑事诉讼法规定的当事人和解程序的案件范围。

当事人和解程序主要包括以下内容：一是和解既可以由当事人主动提出，也可以由有关机关建议后，当事人提出。二是犯罪嫌疑人、被告人自愿真诚悔罪，通过向被害人赔偿损失、赔礼道歉等方式获得被害人谅解，被害人自愿和解的，双方可以达成和解协议。三是和解协议需要公安机关、人民检察院和人民法院进行审查，以确定其是否有效。公安机关审查后，认为和解符合自愿性和合法性的，应当主持制作和解协议书。对于达成和解协议的案件，公安机关可以向人民检察院提出从宽处理的建议。人民检察院可以向人民法院提出从宽处罚的建议；对于犯罪情节轻微，不需要判处刑罚的，可以作出不起诉的决定。人民法院可以依法对被告人从宽处罚。

三、缺席审判程序

缺席审判程序，是指在刑事诉讼中，针对贪污贿赂案件，以及需要及时进行审判由最高人民检察院核准的严重危害国家安全、恐怖活动犯罪案件，如果犯罪嫌疑人、被告人在境外，经过人民检察院提起公诉，人民法院认为符合缺席审判程序的，可以在犯罪嫌疑人、被告人未出席的情况下进行公开审理并作出判决的审判程序。

缺席审判程序适用案件范围特定，犯罪嫌疑人、被告人在境外，有明确的指控犯罪事实。

适用缺席审判程序的案件，由犯罪地、被告人离境前居住地或者最高人民法院指定的中级人民法院合议庭进行审理，审理时要最大限度保障被告人的诉讼权利。

四、没收违法所得程序

没收违法所得程序，是指在贪污贿赂犯罪、恐怖活动犯罪等重大犯罪案件中，在犯罪嫌疑人、被告人逃匿或者死亡的情形下，由人民检察院提出申请，人民法院进行审理并且作出是否没收违法所得裁定的特别诉讼程序。

该程序适用案件范围特定，具体包括占有、挪用型犯罪，贿赂类犯罪，恐怖活动犯罪，洗钱罪及其上游犯罪，新型特殊诈骗犯罪五类犯罪。这五类案件的被追诉人不能到案，适用对象仅限财物，有追缴财产的必要。该程序由人民检察院申请启动，是否适用该程序由中级人民法院裁定。

刑事诉讼法第299条规定，没收违法所得的申请，由犯罪地或者犯罪嫌疑人、被告人居住地的中级人民法院组成合议庭进行审理。审判案件必须采取合议庭的组织形式，不可采用独任制。

五、强制医疗程序

强制医疗程序，是指在危害公共安全或者严重危害公民人身安全的暴力犯罪案件中，如果犯罪嫌疑人、被告人为经法定程序鉴定为依法不负刑事责任的精神病人，如存在继续危害社会可能性的，经人民检察院申请，人民法院依法决定对其强制医疗的刑事诉讼特别程序。

该程序要求首先由人民检察院向人民法院提出申请，再由人民法院审查后决定。其是规范强制医疗的特别程序，既有助于防止精神病人继续实施危害社会的行为，也能通过司法审查切实保障精神病人的诉讼权利，防止"被精神病"现象。

法律事例 6-19 分析：

本案涉及违法所得没收程序的适用条件。本案中，被告人林某受贿、贪污的事实有充分证据证明，其违法所得已经被检察机关扣押，且林某已经死亡，检察院依法提出了没收违法所得的申请，法院依法作出了没收被告人违法所得、上缴国库的裁定，符合刑法、刑事诉讼法以及相关司法解释的规定。因此，法院作出的裁定正确。

【沙场练兵】

2015年7月15日凌晨，苏某、陈某（都是未成年人）与王某等人，在某连锁酒店内，因琐事逼迫朱某道歉，并采取反锁房门的方式限制朱某的人身自由，直至同日17时许，才让朱某离开酒店。案发后，陈某、苏某到派出所投案自首，如实供述了犯罪事实。两人归案后积极赔偿朱某损失，并取得了朱某的谅解。

思考：该案可否适用附条件不起诉制度？

习 题

填空题

1. 回避的适用对象有六类：审判人员、检察人员、侦查人员、（　　）、翻译人员和鉴定人。

2. 我国刑事诉讼中的辩护有三种：自行辩护、委托辩护和（　　）。

3. 刑事证据具有以下三个基本特征：客观性、关联性、（　　）。

4. 执行拘传的公安司法工作人员不得少于（　　）人。一次拘传的时间不得超过（　　）小时，案情特别重大、复杂，需要采取拘留、逮捕措施的，拘传持续的时间不得超过（　　）小时。

5. 取保候审最长不得超过（　　）个月，对犯罪嫌疑人、被告人监视居住最长不得超过（　　）个月。

6. 公安机关对被拘留的人，认为需要逮捕的，应当在拘留后的（　　）日以内，提请人民检察院审查批准。在特殊情况下，提请审查批准的时间可以延长（　　）日至（　　）日。对于流窜作案、多次作案、结伙作案的重大嫌疑分子，提请审查批准的时间可以延长至（　　）日。人民检察院应当自接到公安机关提请批准逮捕书后的（　　）日以内，作出批准逮捕或者不批准逮捕的决定。

7. 讯问时侦查人员不得少于（　　）人。

8. 人民法院应当将人民检察院的起诉书副本至迟在开庭（　　）日以前送达被告人及其辩护人。

9. 人民法院应当将开庭的时间、地点在开庭（　　）日以前通知人民检察院，以便人民检察院按时派员出庭支持公诉。

10. 人民法院审理公诉案件，应当在受理后（　　）个月以内宣判，至迟不得超过（　　）个月。

第七章

行政法与行政诉讼法

第一节 行政法概述

一、行政法的基本概念

【思维导图】

法律事例 7-1：

张某上班时间违反安全生产纪律，在车间吸烟，烟头点燃了塑胶原料。经同事们积极抢救扑灭了明火。张某被工厂处以罚款 2000 元的行政处分。三天后，公安机关接到举报后对这次火灾开展调查，根据治安管理处罚法的规定对张某作出警告的行政处罚。

思考：张某受到工厂的行政处分后，公安机关还能对他进行行政处罚吗？

（一）行政的含义

行政分为公共行政与私人行政两种，公共行政表示国家与公共事务的行政，私人行政表示私人企业和组织的行政。行政法上的行政通常指公共行政，即国家行政机关或者法律法规授权的社会组织，为了公共利益，依法对国家和公共事务进行管理的活动。行政法上的行政有以下特征。

（1）国家意志性。行政是行政主体以国家的名义对国家事务和公共事务进行管理的活动，体现和实现国家的意志。

（2）法律性。行政主体必须依法行政，遵循法律所规定的条件、程序和方式，受法律的规制。

（3）执行性。行政是把国家立法机关依人民意志制定的法律法规付诸实施。

（4）国家强制性。对于行政主体的行政活动，相对人有服从、接受和协助的义务。相对人若不依法履行义务，行政主体则可强制相对人服从和履行。

（二）行政法的含义

行政法是有关公共行政的法，是调整在公共行政的组织、活动、程序、监督和救济等方面所产生的各种社会关系的法律规范的总称。法律是社会关系的调节器，不同的部门法调整不同的社会关系。行政法调整对象是行政关系，即行政主体在行政权力的获得、行使和受监督过程中与相关各方所产生的各种关系,如获得过程中与权力机关的关系、行使过程中与行政管理相对方的关系。

(三)行政法律关系

1. 行政法律关系的概念及特点

行政法律关系,是指行政关系经行政法调整后形成的行政法上的权利义务关系。行政法律关系的特征如下。

(1)主体上的恒定性,行政法律关系当事人中必有一方是行政主体。

(2)意思表示上的单方性,主体可以单方面地设定或变更行政法律关系,无须双方当事人的合意。

(3)内容上的法定性,双方的权利与义务大多是法定的,由行政法律规范预先明确规定,不得任意处分。

2. 行政法律关系的构成要素

行政法律关系由行政法律关系主体、客体和内容三大要素组成。行政法律关系的主体即行政法律关系当事人,主要包括行政主体与行政相对人。行政法律关系的客体即当事人的权利义务所指向的对象,包括物(有体物和无体物)、行为和精神财富等。行政法律关系的内容即行政法律关系主体所享有的权利和所承担的义务的总和。行政法律关系主体之间产生的权利和义务都是相对应的。在行政法律关系主体的权利中,行政主体的权利义务也是它的职权和职责,两者合二为一。行政主体对自己所享有的行政职权不能放弃,必须依法行使,若有违法或失职,要承担相应的法律责任。

法律事例 7-1 分析:

本案中,对张某违反安全生产纪律在车间吸烟并引发火灾的行为有两个处理决定:一个是工厂的行政处分,另一个是公安机关的行政处罚。这两个处理决定,都带有行政二字,如何理解这两个含义不同的行政是本案的关键。工厂对张某的行政处分与公安机关对张某的行政处罚是两种不同性质的行为,前者为私人行政,后者是公共行政。私人行政不能代替公共行政,在工厂对张某作出行政处分后,公安机关仍然可以依据治安管理处罚法对其实施行政处罚。

公安机关在对张某进行行政处罚时,所依据的治安管理处罚法是一部行政法律规范。公安机关对张某实施行政处罚时,公安机关与张某之间就形成了行政法律关系。在这个行政法律关系中,公安机关是行政主体,张某是行政相对人,行政法律关系的内容就是他们二者在这个法律关系中所享有的权利和所承担的义务的总和。

【沙场练兵】

某物业公司在小区门口放置了一块牌子,写着"快递员不能进入,否则罚款100元"。某日,快递员何某非要进入小区,与保安发生争执。保安随即扣留何某,并罚了他100元。事后何某不服,向人民法院提起行政诉讼。人民法院依法裁定不予受理,并告知其应向人民法院提起民事诉讼。何某认为,行政处罚法明确规定罚款是行政处罚种类中的一种,物业公司也对其作出了罚款，为什么法院不受理他对罚款提起的行政诉讼？

思考：请用行政法的知识来解答何某的困惑。

二、行政法的基本原则

【思维导图】

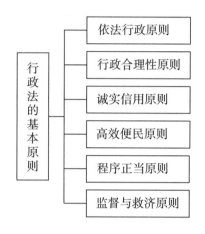

法律事例 7-2：

刘某与杨某的房屋相邻，两家因通行权问题发生纠纷。某日，刘某将杨某家门口悬挂的灯笼（价值 150 元）破坏，杨某向公安机关报案后，刘某道歉并购买新灯笼。公安机关认为，刘某曾因故意伤害罪被判刑两年刚出狱，因此要重罚，作出对刘某行政拘留 5 天的处罚决定。刘某认为处罚过重，向法院提起行政诉讼。法院经审理，判决变更公安机关行政拘留 5 天的处罚为罚款。

思考：本案中法院的变更判决是否合理？

（一）行政法的基本原则概述

行政法的基本原则，是指导和规范行政法的制定、实施以及处理争议的基本准则，它贯穿于行政立法、行政执法、行政司法等各个环节。基本原则是对行政法规范的价值和精神实质的高度概括，体现着价值取向和目标，反映现代民主法治国家的宪法精神。主要特征包括以下内容。

（1）普遍性，基本原则贯穿于行政法治的整个过程，对全过程都具有指导和规范作用。

（2）法律适用性，基本原则本身是行政法的构成部分，具有法律的适用性和约束力，当缺乏具体规则时，可以通过解释来弥补规则的漏洞。

（3）价值性，基本原则体现行政法的本质和根本价值，是行政法规则或规范的本源性依据，具体的规则和规范必须反映和服从行政法的基本原则。

（二）依法行政原则

依法行政原则是行政法治的核心，是指行政机关和履行公共职能的组织必须依法行使行政权和从事公共事务的管理活动。依法行政原则要求如下。

（1）职权法定。行政机关以及其他组织的行政职权，必须基于法律的设定或授予才能存在。

（2）法律优先。行政活动不得与制定的法律相抵触，即法律优先于行政。

（3）法律保留。行政机关的行为必须有明确的法律授权，法无授权即禁止。

（三）行政合理性原则

行政合理性原则的产生主要源于行政机关享有的自由裁量权。行政合理性原则要求，即使是自由裁量权，也不可恣意妄为，应当符合理性的要求。这意味着行政主体应当按照法律所规定的权限、条件和种类作出行政行为，并且行政行为的内容符合立法精神和目的，符合公平正义等法律理性。其内涵主要表现为公正平等对待原则、考虑相关因素原则和比例原则。

（1）公正平等对待原则，是指行政机关要平等对待行政相对人，不偏私，不歧视。同等情况同等对待，不同情况区别对待。

（2）考虑相关因素原则，是指行政机关在作出行政决定和进行行政裁量时，只能考虑符合立法授权目的的相关因素，不得考虑不相关因素。

（3）比例原则，包含三个子原则，即合目的性、适当性和损害最小原则。行政权尤其是行政裁量权的行使，应当全面衡量公共利益和公民、法人和其他组织的个人利益，应尽量采取对行政相对人权益损害最小的方式，并使其与所追求的行政目的之间保持平衡。合目的性，是指行政机关行使裁量权所采取的具体措施必须符合法律的目的。适当性，是指行政机关所选择的具体措施和手段，应当为法律所必须，结果和手段之间存在正当性。损害最小原则，是指行政机关在可以采取多种方式实现某一行政目的的情况下，应当采用对当事人权益损害最小的方式。

（四）诚实信用原则

诚实信用原则，又称信赖保护原则，主要包括诚实守信和信赖保护两个方面。诚实信用原则要求行政主体的行政行为必须真实并且有诚意，行政主体必须本着诚实信用的精神和真实的意思表示作出行政行为。行政决定一旦作出，就具有确定力、拘束力和执行力，即受法律调整和规制，行政相对人也会予以信赖。非因法定事由并经法定程序，行政机关不得撤销、变更已经生效的行政决定。确因国家利益、公共利益或者其他法定事由需要撤回或者变更行政决定的，应当依照法定权限和程序进行，并对行政相对人因此受到的损失依法予以补偿。当行政相对人对行政主体作出的行政行为已产生信赖利益，并且这种信赖利益因其具有正当性而应当得到保护时，行政主体不得撤销这种信赖利益，或者如果撤销必须补偿其信赖损失。

（五）高效便民原则

高效便民原则，是指行政机关应当积极履行法定职责，提高效率，并减轻当事人负担，最大限度地便利群众，从而更好地实现行政管理的目标和服务人民。

（六）程序正当原则

作为行政法的基本原则，程序正当原则主要体现在行政公开、程序公正和公众参与三个方面。

（七）监督与救济原则

有权力必有监督和有权利必有救济是法律的基本原理。

法律事例 7-2 分析：

本案中，刘某破坏杨某灯笼的行为，属于故意损坏他人财物的违法行为，但刘某损坏他人财物的数额不大，社会危害性较小，对刘某处以行政拘留 5 日的处罚，与其社会危害程度相比，处罚畸重。行政机关依据刘某曾因伤害罪被判过刑作出重罚，违背合理性原则。对刘某进行处罚，实现教育和惩戒的目的，可以采取的处罚手段有很多，公安机关利用其自由裁量权，采取的是对权益侵害最大的措施，即限制其人身自由。公安机关完全可以采取罚款的措施来取代拘留，即采取侵害相对较小的措施来达到目的。公安机关采取的拘留措施缺少必要性和正当性，所造成的损害远远大过行政管理目的所产生的价值，在措施与目的之间不成比例。因此，法院的变更判决具有合理性。

【沙场练兵】

某市在新区建设开发过程中，市政府就乙块土地向甲开发公司发出国有土地使用权证。后因法规、规章的修改和城市规划的变动等，许可所依据的客观情况发生了重大变化，为了公共利益，该市政府撤回已生效的许可。

思考：该市政府的行为是否符合信赖保护原则？

第二节　行政法主体

行政法主体，也称行政法律关系主体，是指参加到行政法律关系中享有行政法上的权利，承担行政法上的义务的主体。行政法主体包括行政主体和行政相对人。

一、行政主体与行政相对人

【思维导图】

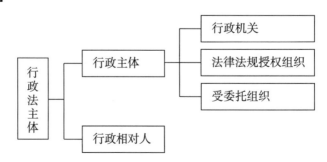

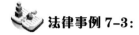 **法律事例 7-3：**

2020年某日凌晨2时，某商店老板在家中用手机App通过店里安装的监控，看到有人正在自己店里盗窃，他立即拨打商店附近派出所的电话报警，30分钟后派出所警察才姗姗到达，小偷已经逃离了现场。经查，被盗商店是摄影器材商店，被盗物品约2万元。案发后，区公安分局对未及时出警的派出所民警给了行政处分，并责令相关部门尽快破案。两个月后，案件依然没有侦破，商店老板欲对派出所未及时出警的作为提起行政诉讼。

思考： 商店老板对派出所提起行政诉讼是否正确？

（一）行政主体

所谓行政主体，是指享有国家行政权力，能以自己的名义从事行政管理活动，并独立承担由此产生的法律责任的组织。

1. 行政机关

行政机关，是指依照宪法和有关组织法的规定，行使国家行政权力，组织管理各项国家行政事务的机关。行政主体主要由行政机关来充当，但行政机关并不是唯一的行政主体，其他社会组织如果得到法律法规的授权，拥有了一定的行政职权，也享有与行政机关同样的法律地位。也不是所有的行政机关都能成为行政主体，如行政机关内部的办公室，只负责管理内部事务，不对外行使职权，不承担相应责任，不能成为行政主体。

2. 法律法规授权组织

法律法规授权组织，是指依照具体法律法规的授权而行使特定行政职能的非国家机关组织。主要有以下几类。

（1）企事业单位，如中国银行属于国有企业，根据商业银行法的授权可以发行外币债券，当从事上述活动时中国银行就成为行政主体；如普通高等学校，根据教育法的授权颁发学位证书和毕业证书行为时，即成为行政主体。

（2）社会团体、社会组织和群众性自治组织，如工会、妇联、律协、居委会、村委会等，在行政管理活动中，经法律法规授权，可以履行一定的行政职能，成为行政主体。

（3）行政机构，依照法律法规授权而直接设立的具有行政职能的事业单位，如证监会；行政机关的某些内设部门或者政府职能部门的某些派出机构，如根据治安管理处罚法的规定，在处以"警告、五百元以下的罚款"的行政处罚事项范围内，公安机关的派出所被赋予了行政主体资格。

3. 受委托组织

受委托组织，是指行政机关依据法律法规和规章的明确规定，将自身职权范围内的某一行政管理权委托给具有管理公共事务职能的组织行使，受委托组织只能以委托的行政机关的名义行使职权，也由委托的行政机关承担由此产生的法律后果。

（二）行政相对人

行政相对人，是指在行政法律关系中与行政主体相对应的另一方当事人，是其权益受行政主体的行政行为影响的个人或组织。行政相对人是被管理的一方，不具有行政管理职权，但它具有行政法律关系上的主体地位，承担义务也享有权利。

法律事例 7-3 分析：

本案中，派出所能否成为被告，关键看其是否具有行政主体的地位。派出所属于公安机关的派出机构，行政机关的派出机构除有法律法规的授权外，一般不具有行政主体地位。治安管理处罚法第 91 条规定，治安管理处罚由县级以上人民政府公安机关决定；其中警告、五百元以下的罚款可以由公安派出所决定。这明确了派出所拥有"警告、五百元以下的罚款"的行政处罚权，也就是说，当派出所作出"警告、五百元以下的罚款"的处罚决定时，是具有行政主体地位的。本案中，派出所的行为已经超越法律法规的授权范围，所以派出所没有了行政主体资格，商店老板应对区公安分局提起行政诉讼。

【沙场练兵】

某液化气公司的液化气站发生泄漏，旁边的自来水公司向区生态环境局环境监测处提出申请，要求监测液化气泄漏情况，并要求液化气公司赔偿其因受到污染而导致的损失。经查证，环境监测处作出关于该液化气站确实发生泄漏的认定，并对液化气公司做出罚款 3000 元，以及赔偿自来水公司损失 5000 元的决定。液化气公司不服，向法院提起行政诉讼。

思考： 液化气公司对区生态环境局环境监测处提起行政诉讼，是否正确？

二、公务员的双重身份与公务行为

【思维导图】

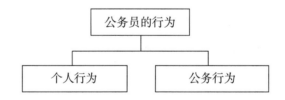

法律事例 7-4：

春节假期，民政局工作人员刘某在市区驾驶着有"公务用车"标识的公车，逆向超车时与正常行驶的出租车发生刮蹭。刘某自称在执行公务，出租车司机应当让道。出租车司机认为刘某的说法没有道理，哪有在春节假期执行公务的，并且自己是正常行驶，应当由刘某赔偿其损失，双方发生争执。第二天出租车司机到该民政局寻求赔偿。经调查，刘某当天是开着公车去朋友处吃饭，不是执行公务。因此，民政局给予刘某记大过处分，责令刘某自行赔偿出租车司机的损失。出租车司机不服，认为民政局是在推诿，肇事的是民政局的公务用车，就应当由民政局来承担赔偿责任。

思考： 本案中应当由谁来承担出租车司机的损失？

（一）公务员的双重身份

公务员，是指依法履行公职、纳入国家行政编制、由国家财政负担工资福利的工作人员。

每个公务员都有公民与公务员的双重法律身份。公务员是公民的一部分，公民经法定程序进入公务员队伍后，其公民身份并未丧失。作为公民，其享有宪法、法律法规所赋予的各项权利，同时承担各项义务，能够以民事主体的身份参与各种民事法律关系。与此同时，作为一名公务员又不同于一般的公民，公务员担任了公职，具有了代表国家以行政机关的名义从事公务活动的资格。当行政机关在对外管理时，其实是通过具体的公务员来实施行政行为的。因此，公务员就具有"公"与"私"双重身份，即执行公务的公务员身份和非职务行为的普通公民身份，双重身份就会产生公务行为和个人行为。公务员作为行政机关的代表，以行政机关的名义行使职权和履行职责，产生的法律后果由所在的行政机关承担。当行政相对人对行政机关的行政行为不服，提起行政复议或行政诉讼时，公务员不是被申请人或被告，其所在的行政机关才是被申请人或被告。

（二）公务行为与个人行为的区分

与公务员的双重身份相对应的是公务员的双重行为。当公务员以公民的身份、个人的身份进行活动时，其实施的行为属于个人行为，行为的法律后果由其个人来承担。当他以行政机关的名义进行行政管理，履行行政职权时，该行政行为属于公务行为，行为的法律后果归属于其所代表的行政机关。个人行为是个人意志的反映，而公务行为则是国家意志的体现。

现实中，公务员的个人行为和公务行为有时非常难以分辨。一般而言，有以下因素值得考虑。

（1）时间要素。公务员在上班和执行任务期间实施的行为，通常视为公务行为，而在下班和非执行任务期间的行为，视为个人行为。

（2）公益要素。公务员的行为涉及公共利益或者以公共利益为目的，或与公共事务有关，一般视为公务行为；不涉及公共利益，与公共事务无关的，视为个人行为。

（3）职责要素。公务员的行为属于执行其职权，在其职责范围内的，通常视为公务行为；反之则属于个人行为。

（4）名义要素。公务员的行为是以其所属的行政主体的名义作出的，一般视为公务行为；不以其所属的行政主体的名义作出的，视为个人行为。

（5）公务标志要素。公务员出示能表明其身份的公务标志所实施的行为，通常视为公务行为；反之则属于个人行为。

（6）命令要素。公务员根据其主管领导的命令、指示所实施的行为，一般视为公务行为；反之则属于个人行为。

当然，在实践中判断公务员的某一行为究竟属于个人行为，还是公务行为，则需要综合考虑各种要素。

法律事例 7-4 分析：

本案究竟是由刘某个人来承担责任，还是由民政局来承担责任，关键在于公务行为的认定。刘某的行为如果认定为个人行为，那么就由其个人来承担责任；如果是属于公务行为，那么就由民政局来承担责任。本案中，刘某的行为虽然从公务标志要素出发，外观上符合公务行为的标准。但是从时间要素看，是在春节假期期间，不是上班期间；从公益要素看，去朋友处吃饭与公共事务无关,不是为了公共利益;从职责和名义要素看,也不是以民政局的名义,履行民政局工作职责范围内的行为;从命令要素看,没有领导的指示。因此,综合各个要素判断标准,刘某的行为应当是个人行为,刘某应当对出租车司机承担赔偿责任。

▶【沙场练兵】

市场监督管理局的副局长郭某在一次私人酒宴上与酒店老板何某发生争执,郭某将酒店内的酒柜和酒砸碎,并扬言要吊销何某酒店的营业执照。何某与郭某就赔偿问题多次交涉无果后,以郭某是市场监督管理局领导为由,向市场监督管理局主张赔偿。被拒绝后,何某以市场监督管理局和郭某为被告提起行政诉讼,要求市场监督管理局和郭某赔偿自己的损失。

思考:郭某的行为是否属于公务行为?法院是否应当受理何某的行政诉讼?

第三节 行政行为

一、行政行为概述

【思维导图】

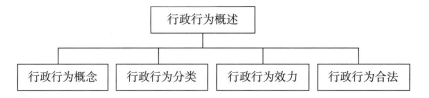

法律事例 7-5:

2019年9月,钱某与村委会签订了承包荒地从事鱼塘养殖的协议,每年向村委会缴纳一定费用。2020年8月,县规划与自然资源局接到举报称,钱某正在承包地中建造1000平方米的钢筋混凝土建筑物。2020年9月,经调查,县规划与自然资源局确认钱某未取得合法有效的批准手续就擅自建房的行为违法,向钱某送达了违章拆除通知书,责令其在一定期限内自行拆除违章建筑。履行期限届满,钱某未主动执行。2021年6月,县规划与自然资源局强制执行,将钱某在建的房屋拆除。钱某不服县规划与自然资源局的强制拆除行为,向县人民法院提起行政诉讼。

思考:(1)县规划与自然资源局作出的违章拆除通知书是行政行为吗?(2)违章拆除通知书是抽象行政行为还是具体行政行为?(3)县规划与自然资源局的强制拆除行为是否合法?

（一）行政行为的概念

行政主体对社会公共事务进行管理，必须通过一定的行为，然而不是行政主体的所有行为都具有行政法上的意义，有的具有民事法律意义。行政法只研究行政主体具有行政法意义的行为，即行政行为。那什么是行政行为呢？行政行为，是指行政主体行使行政职权所作出的能够产生行政法律效果的行为。一个行为要成为行政行为，需要符合四个要素。

（1）主体要素，行政行为是行政主体作出的。

（2）职权要素，行政行为是行政主体行使行政职权而作出的行为。

（3）法律要素，行政行为是对他人的权利义务产生影响的行为，是发生行政法律效果的行为，具有法律意义。

（4）对外要素，行政行为是行政主体对外作出的行为，不是对内部事务的管理。

（二）行政行为的分类

1. 抽象行政行为与具体行政行为

以行政相对人是否特定为标准，可以将行政行为分为抽象行政行为和具体行政行为。抽象行政行为，是指行政主体针对非特定的对象制定可以反复适用的法规、规章及其他具有普遍约束力的规范性文件的行为。具体行政行为，是指行政主体依法行使职权，针对特定人就特定事项所实施的影响其权利义务的一次性行为。二者的区别主要表现在以下方面。

（1）相对人范围不同。抽象行政行为的相对人，范围不明确，是不特定的多数人或事；而具体行政行为的相对人，范围明确，是特定的人或具体事项。

（2）法律效力不同。抽象行政行为一般针对将要发生的事项，面向未来，可反复适用，没有次数限制；而具体行政行为多数是就已经发生的事产生效力，针对过去，不能反复适用。

（3）表现形式不同。抽象行政行为的外在表现形式通常是行政法规、行政规章及决定决议等具有普遍约束力的规范性文件，对相对人权利义务的影响通常是间接的，需要通过具体行政行为；而具体行政行为的表现形式是包含有具体的权利义务处理内容的通知书、决定书、资格证书等，对相对人权利义务的影响是直接的。

2. 羁束行政行为和裁量行政行为

以受法律规范拘束的程度为标准，行政行为分为羁束行政行为和裁量行政行为。羁束行政行为，是指法律对行政行为的范围、条件、形式、程序等都作了明确具体的规定，行政主体只能依照法律规定作出行政行为，不能自行选择裁量。裁量行政行为，是指法律对行政行为没有作出具体明确的规定，行政主体可以在法律规定的范围或幅度内，或在符合立法目的原则的前提下，根据具体情况自行裁量所作出的行政行为。

3. 内部行政行为与外部行政行为

以行政行为作用的对象为标准，行政行为分为内部行政行为和外部行政行为。内部行政行为，是指行政主体对其内部事务实施管理所作的行政行为，如行政机关对其工作人员的行政处分以及行政机关系统内部上级对下级的命令指示，只在内部产生影响不能直接对外部行政相对人产生法律效力。外部行政行为，又称公共行政行为，是指行政主体对行政主体之外的被管理的公民、法人及其他组织所作出的影响其权利义务的行政行为，如行政许可和行政处罚。

4. 行政立法行为、行政执法行为与行政司法行为

以行政行为的性质为标准，行政行为分为行政立法行为、行政执法行为与行政司法行为。行政立法行为，是指行政主体制定、发布普遍性行为规则的行为，是抽象行政行为的一部分。行政执法行为，是指行政主体将法律法规的一般规定适用于具体的行政相对人，并与行政相对人发生行政法律关系的行为。行政司法行为，是指行政主体以第三人的身份受理和裁决发生在特定双方当事人之间的争议纠纷的行为。

（三）行政行为的效力

行政行为一旦成立，即具有法律效力，主要包括公定力、确定力、拘束力和执行力。

（1）公定力，是指行政行为一经作出，除非有重大、明显的违法情形，就假定、推定其合法有效。这是为了确保公共行政的权威性和有效性，而提出的一种特殊效力假定，是出于维护公共行政的效率和保护公民合法权益之间的权衡考虑，其实质是公信力。但这只是一种推定，并不意味着所有成立的行政行为都一定是合法有效的，可以依法经有关机关对行政行为进行变更或撤销。

（2）确定力，是指行政行为成立后具有不可变更力，非经法定程序，不得任意变更或撤销。

（3）拘束力，是指行政行为成立后即对相关主体产生法律上的约束效力，不能再作出与该行为相抵触或违反该行为的相关要求的行为。

（4）执行力，是指行政行为成立后，行政相对人必须自觉履行行政行为所设定的义务，否则，行政主体或者法院有权依法采取一定的手段，使行政行为的内容得以实现。

（四）行政行为的合法

已经成立的行政行为，并不一定具备合法要件。也就是说，行政行为的成立，并不意味着该行政行为必然合法有效。只有具备合法要件，才能认定行政行为是合法的。一般来说，行政行为的合法要件包括以下三个方面。

1. 行政行为主体合法

（1）主体资格合法。作出行政行为的主体必须依法成立，并享有行政主体的资格，非行政主体作出的行为不属于行政行为，其行为无效。

（2）身份合法。必须是与国家建立了职务关系或行政委托关系的，才能够对外行使行政权力。

（3）权限合法。行政主体必须在自己法定的职权范围内作出行政行为，超出自己权限范围所实施的行为属于越权行为，其行为无效。行政主体不能超越的限度，主要包括事项管辖权的限制、地域管辖权的限制、方法手段上的限制、时间管辖权的限制和时效的限制等。

2. 行政行为内容合法

（1）行政行为的内容必须有充分的事实根据，有确凿的证据证明。

（2）行政行为有明确的法律依据，正确适用了法律法规、规章以及其他规范性文件。

（3）行政行为公正合理，且符合立法目的和公共利益。

行政行为内容合法除了上述的事实和法律的客观性要求，还有主观性要求。行政行为的实施应当是为了实现相应的立法目的，维护公共利益，而不是以权谋私，滥用职权，不正当行使

权力,主要表现为不一致解释、反复无常、故意拖延和不作为等。

3. 行政行为程序合法

行政程序与行政实体之间有着密不可分的关系,行政行为必须依照法定程序作出才能有效。程序合法要件主要包括行政行为符合法定的步骤和顺序、法定的时限、法定的方式。

一个具备了法定的成立要件,但不符合合法性要求的行政行为,仍然可能具有法律效力,这就是合法性与有效性之间出现了脱节,这正是行政行为效力规则复杂性的一种表现。在把握行政行为的效力时,需要注意的是,成立与合法是两个不同的概念。成立的着眼点是行政行为的外在形式,而合法的着眼点是行政行为的内在实质,行政机关作出一个行为,只要具备了法定的外观表现形式,即意味着行政行为成立了,就具备了法律效力,可以作为执行的依据;但成立并不意味着合法,成立的行政行为在复议或者诉讼程序中,也可能会因违法被撤销。

法律事例 7-5 分析:

(1)本案中,县规划与自然资源局作出违章拆除通知书的行为是行政行为。首先,县规划与自然资源局是行政机关,具备行政主体的资格;其次,此行为是县规划与自然资源局履行其职责的行为;再次,此行为对钱某产生权利义务上的影响,具备法律要素;最后,此行为不是县规划与自然资源局对内部事务的管理,与钱某之间形成的是外部管理与被管理的关系。

(2)本案中,违章拆除通知书是具体行政行为。第一,违章拆除通知书的行政相对人是明确的、特定的,即钱某。第二,行政主体作出的行政行为,不能反复适用,针对的是钱某之前实施的违章搭建的这一特定的违法行为。第三,通知书的内容是直接影响相对人的权利义务,直接产生法律效果。

(3)本案中,县规划与自然资源局强制拆除违章建筑的行政行为违法,其无强制执行权,属于超越职权。我国在行政行为强制执行问题上建立的是以行政机关申请人民法院执行为原则,行政机关自行执行为例外的制度。行政强制法第13条规定,行政强制执行由法律设定。法律没有规定行政机关强制执行的,作出行政决定的行政机关应当申请人民法院强制执行。根据土地管理法第83条的规定,此种情况下,由作出处罚决定的机关依法申请人民法院强制执行,即县规划与自然资源局并无强制执行权。本案中,县规划与自然资源局没有申请人民法院强制执行,而是自行强制拆除了非法建筑,显然其强制执行的行为是违法的。县规划与自然资源局强制拆除违章建筑的行政行为属于超越职权,应当予以撤销。依据行政诉讼法的规定,该行为已经实施,违章建筑已被拆除,已经没有可撤销的内容,可以确认其行为违法。

▶【沙场练兵】

林某系甲市残疾居民,经过甲市城市管理委员会的批准,林某可以在河沿步行街的路旁一角摆摊售卖报刊和冷饮。河沿步行街所在的乙区政府为庆祝设区20周年,成立道路美化办公室,对河沿步行街在内的道路进行美化提升。林某的摊位属于被清理对象,道路美化办公室责令林某停止营业。林某了解到,河沿步行街的主管部门是甲市城市管理委员会,于是针对乙区政府道路美化办公室的行为向法院提起行政诉讼。

思考: 乙区政府道路美化办公室责令林某停止营业的行为是否合法?

二、行政立法

【思维导图】

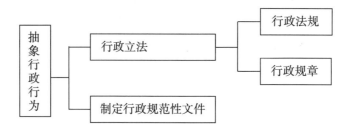

法律事例 7-6：

国务院根据道路交通安全法的规定，制定《道路交通安全法实施条例》（以下简称实施条例）。实施条例规定"小型、微型非营运载客汽车 6 年以内每 2 年检验 1 次"。假设甲省政府制定的《甲省〈道路交通安全法实施条例〉具体办法》（以下简称具体办法）规定"小型、微型非营运载客汽车 6 年以内每 1 年检验 1 次"。甲省公安部门和质量技术监督部门发布了《关于甲省小型非营运载客汽车检验标准的通知》（以下简称通知）。

思考：（1）实施条例、具体办法以及通知是否属于行政立法？（2）具体办法规定，小型、微型非营运载客汽车 6 年以内每 1 年检验 1 次，是否允许？

（一）行政立法的概念与特征

立法是专门行使立法权的机关制定、颁布法律的行为。根据我国宪法和法律的有关规定，行政主体在某些情况下，对某些特定的管理领域，依照法定的程序，也可以制定某些规范性法律文件。行政立法，是指国家行政机关依法定权限和法定程序，制定行政法规和规章的活动。行政立法属于抽象行政行为。

行政立法的行政性主要表现在以下方面。

（1）行政立法的主体是特定的国家行政机关。

（2）行政立法调整的对象主要是行政管理事务。

（3）行政立法目的是执行权力机关制定的法律，实现行政管理职能。

行政立法的立法性主要表现在以下方面。

（1）行政立法是以国家名义制定社会规范，制定的行政法规和规章，体现国家意志，为社会设定行为规则。

（2）行政立法制定的行为规则属于法的范畴，具有法的基本特征，即普遍性、规范性和强制性。

（3）行政机关制定行政法规和规章必须经过立项、起草、征求和听取意见、审查、决定与公布等法定程序。

（二）行政立法的分类

1. 职权立法与授权立法

依其权力来源不同，行政立法可以分为职权立法与授权立法。职权立法，是指行政机关直接依照宪法和组织法赋予的立法权，在法定范围内进行的行政立法。授权立法，是指依据宪法和组织法以外的特定法律法规的授权或者依据国家权力机关或上级行政机关专门决议的特别授权，而进行的行政立法活动。

2. 执行性立法与创制性立法

依据内容和功能的不同，行政立法可以分为执行性立法与创制性立法。执行性立法，是指行政机关为了执行法律法规以及上级机关的规范性文件所作出的具体规定。一般称为"实施条例""实施办法"。执行性立法不能创设新的权利义务，不能任意增加或减少执行的内容。创制性立法，是指行政机关为了填补法律法规的空白，或者补充、变通法律法规的个别规定，以实现行政职能而进行的立法。

3. 中央行政立法和地方行政立法

依据行使行政立法权的主体不同，行政立法可分为中央行政立法和地方行政立法。国务院制定行政法规和国务院各部门制定部门规章称为中央行政立法。省、自治区、直辖市和设区的市、自治州的人民政府，制定行政规章称为地方行政立法。中央行政立法调整全国范围内的普遍性问题和须由中央作出统一规定的重大问题，如全国治安管理问题、资源问题、环境保护问题、国家安全问题等。

（三）行政立法的主体

1. 国务院

国务院既有职权立法，又有授权立法的权限。依职权制定的行政法规，其形式一般为"条例""规定""办法"等。依授权立法的行政法规，一般称为"暂行条例""暂行办法"。

2. 国务院各部门

国务院各部门可以根据法律和国务院的行政法规、决定、命令，在本部门权限范围内制定规章。部门规章通常为执行性立法。

3. 省、自治区、直辖市人民政府和设区的市以上的人民政府

省、自治区、直辖市人民政府和设区的市以上的人民政府可以根据法律、行政法规和地方性法规，制定规章。地方政府规章，主要包含执行性、地方性以及城乡建设与管理、环境保护、历史文化保护等方面的事项。

（四）行政立法的效力等级

行政立法的效力等级，是指行政法规和规章在我国的法律规范体系中所处的地位。在我国的法律规范体系中，宪法具有最高的效力；法律的效力仅次于宪法，高于行政法规和规章；行政法规的效力高于地方性法规和规章；地方性法规的效力高于本级和下级地方政府规章。省、自治区的人民政府制定的规章的效力高于本行政区域内设区的市、自治州的人民政府制定的规章。部门规章之间、部门规章和地方政府规章之间具有同等效力，在各自的权限范围内施行。

行政法规之间对同一事项的新的一般规定与旧的特别规定不一致,不能确定如何适用时,由国务院裁决。地方性法规、规章之间不一致时,由有关机关依照下列规定的权限作出裁决。

(1)地方性法规与部门规章之间对同一事项的规定不一致,不能确定如何适用时,由国务院提出意见,国务院认为应当适用地方性法规的,应当决定在该地方适用地方性法规的规定;认为应当适用部门规章的,应当提请全国人民代表大会常务委员会裁决。

(2)部门规章之间、部门规章与地方政府规章之间对同一事项的规定不一致时,由国务院裁决。

法律、行政法规、地方性法规和规章,有超越权限、下位法违反上位法规定、规章之间对同一事项的规定不一致经裁决应当改变或者撤销一方的规定、规章的规定被认为不适当应当予以改变或者撤销、违背法定程序等情形的,由有关机关依法予以改变或者撤销。

(五)行政规范性文件

行政规范性文件,是指除行政法规和规章之外,行政机关为了执行法律、法规和规章以及实现行政管理目的,制定发布的具有普遍约束力的决定、命令和行政措施等规范性文件。行政规范性文件虽然不属于行政立法的范畴,但同样是抽象行政行为,而且在我国行政管理中具有非常重要的地位。国家行政机关中有权发布行政法规、规章的,只占少数,而有权发布行政规范性文件的为绝大多数,包括各级人民政府和政府的所有工作部门。

制定行政规范性文件和行政立法从本质上都属于抽象行政行为,但二者在制定主体、法律效力、规范内容以及创设程序等方面存在明显区别。第一,制定主体不同。行政规范性文件的制定主体非常宽泛,几乎所有行政机关都可以成为行政规范性文件的制定主体。第二,效率高低不同。行政法规和规章的效力高,行政规范性文件以它们为依据,并且不能与之相抵触,除非法律法规另有规定。第三,规范的权利义务内容不同。行政立法可以在法定权限内创设行政主体和行政相对人的某些权利义务,行政规范性文件只能对行政法规和规章规定的内容加以具体化、明确化。第四,制定程序不同。行政立法程序相对严格,遵循正式的立法程序,行政规范性文件的制定程序相对简单、灵活和高效。第五,监督方式不同。虽然两者的监督方式都包括权力机关的监督、行政机关的监督以及司法机关的监督,但对行政规范性文件,行政复议法还规定了附带审查。

法律事例 7-6 分析:

(1)本案中,实施条例是国务院制定的行政法规,具体办法是省政府制定的行政规章,它们属于行政立法。通知不属于行政立法,是行政规范性文件。规范性文件是行政机关为了执行法律法规、规章和实现行政目的而制定发布的,除行政法规和规章之外,具有普遍约束力的决定、命令。制定行政规范性文件不属于行政立法的范畴,但也是抽象行政行为。

(2)不同的法律规范之间发生冲突,掌握它们的性质以及冲突规范是关键。道路交通安全法是法律,效力仅次于宪法,高于行政法规和规章。实施条例是根据法律制定的行政法规,具体办法是为了执行法律和行政法规而制定的行政规章。行政法规的效力要高于行政规章。上位法已经对某一事项进行了规定,下位法就不得与之相抵触。具体办法的相关规定属于下位法违反上位法规定,是不允许的,有权机关可依法改变或者撤销。

【沙场练兵】

国务院根据城市房地产管理法的有关规定，制定《城市房地产开发经营管理条例》。《城市房地产开发经营管理条例》第9条规定，房地产开发主管部门应当对备案的房地产开发企业核定资质等级。房地产开发企业应当按照核定的资质等级，承担相应的房地产开发项目。具体办法由国务院建设行政主管部门制定。

思考：《城市房地产开发经营管理条例》是行政法规还是行政规章？"具体办法由国务院建设行政主管部门制定"体现的是职权立法还是授权立法？

三、行政许可

【思维导图】

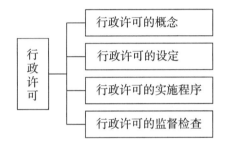

法律事例7-7：

甲省人民政府下发文件规定，销售省外酒类的，经销商需持卫生和质量技术监督部门的检验合格证明文件，到酒类行政主管部门办理有关手续后，方可在本省范围内销售。经销商乙公司四次前往酒类行政主管部门办理手续，每次都被要求提交新的申请材料。按照该文件的规定，销售省外酒还需再加贴每箱1元的质量检验标识费，乙公司缴纳了该批次省外酒的质量检验标识费。

思考：（1）甲省人民政府下发文件中规定"办理有关手续后方可在本省销售"，是否合法？

（2）经销商乙公司四次都被要求提交新的申请材料，这是否符合法律规定？

（3）假如该文件被依法撤销，乙公司已经支付的质量检验标识费，能否主张退赔？

（一）行政许可的概念

行政许可，是指行政主体根据行政相对人的申请，经依法审查，通过颁发证书的形式，允许申请人从事某种特定活动或授予其某种资格的一种行政行为。行政许可以一般禁止为前提，个别解禁为例外。行政许可对本由行政相对人自由为之的事项规定一般禁止，只允许符合条件的相对人经申请与审查后才能解禁，是因为对某些事项若不加控制，就可能给国家和社会公共利益带来严重损害，对某些事项实行一定程度的限制，以达到公民个人自由与社会公共利益的相对均衡。

（二）行政许可的设定

1. 行政许可的设定事项

行政许可具有均衡公民个人自由与社会公共利益的功能，但这并不是说行政许可的范围越宽越好，必须对行政许可的范围设立明确的边界。行政许可法规定了可以设定行政许可的事项。

（1）直接涉及国家安全、公共安全、经济宏观调控、生态环境保护以及直接关系人身健康、生命财产安全等特定活动，需要按照法定条件予以批准的事项。

（2）有限自然资源开发利用、公共资源配置以及直接关系公共利益的特定行业的市场准入等，需要赋予特定权利的事项。

（3）提供公众服务并且直接关系公共利益的职业、行业，需要确定具备特殊信誉、特殊条件或者特殊技能等资格、资质的事项。

（4）直接关系公共安全、人身健康、生命财产安全的重要设备、设施、产品、物品，需要按照技术标准、技术规范，通过检验、检测、检疫等方式进行审定的事项。

（5）企业或者其他组织的设立等，需要确定主体资格的事项。

（6）法律、行政法规规定可以设定行政许可的其他事项。

同时还规定了，公民、法人或者其他组织能够自主决定的、市场竞争机制能够有效调节的、行业组织或者中介机构能够自律管理的、行政机关采用事后监督等其他行政管理方式能够解决的，可以不设行政许可。

2. 行政许可设定权的分配

法律可以设定行政许可。

尚未制定法律的，国务院的行政法规可以设定行政许可。必要时，国务院可以采用发布决定的方式设定行政许可。实施后，除临时性行政许可事项外，国务院应当及时提请全国人民代表大会及其常务委员会制定法律，或者自行制定行政法规。行政法规可以在法律设定的行政许可事项范围内，对实施该行政许可作出具体规定。

尚未制定法律、行政法规的，地方性法规可以设定行政许可。地方性法规可以在法律、行政法规设定的行政许可事项范围内，对实施该行政许可作出具体规定。

尚未制定法律、行政法规和地方性法规的，因行政管理的需要，确实需要立即实施行政许可的，省、自治区、直辖市人民政府规章可以设定临时性的行政许可。临时性的行政许可实施满1年需要继续实施的，应当提请本级人民代表大会及其常务委员会制定地方性法规。规章可以在上位法设定的行政许可事项范围内，对实施该行政许可作出具体规定。

地方性法规和省、自治区、直辖市人民政府规章，不得设定应当由国家统一确定的公民、法人或者其他组织的资格、资质的行政许可；不得设定企业或者其他组织的设立登记及其前置性行政许可。其设定的行政许可，不得限制其他地区的个人或者企业到本地区从事生产经营和提供服务，不得限制其他地区的商品进入本地区市场。法规、规章对实施上位法设定的行政许可作出的具体规定，不得增设行政许可；对行政许可条件作出的具体规定，不得增设违反上位法的其他条件。

（三）行政许可的实施程序

行政许可的实施程序，主要是申请与受理、审查与决定等，还包括期限、听证、变更与延续以及特别规定等相关内容。

行政机关应当将法律法规、规章规定的有关行政许可的事项、依据、条件、数量、程序、期限以及需要提交的全部材料的目录和申请书示范文本等在办公场所公示。申请人要求行政机关对公示内容予以说明、解释的，行政机关应当说明、解释，提供准确、可靠的信息。

行政机关对申请人提出的行政许可申请，应当根据下列情况分别作出处理。

（1）申请事项依法不需要取得行政许可的，应当即时告知申请人不受理。

（2）申请事项依法不属于本行政机关职权范围的，应当即时作出不予受理的决定，并告知申请人向有关行政机关申请。

（3）申请材料存在可以当场更正的错误的，应当允许申请人当场更正。

（4）申请材料不齐全或者不符合法定形式的，应当当场或者在5日内一次告知申请人需要补正的全部内容，逾期不告知的，自收到申请材料之日起即为受理。

（5）申请事项属于本行政机关职权范围，申请材料齐全、符合法定形式，或者申请人按照本行政机关的要求提交全部补正申请材料的，应当受理行政许可申请。行政机关受理或者不予受理行政许可申请，应当出具加盖本行政机关专用印章和注明日期的书面凭证。

行政机关对行政许可申请进行审查时，发现行政许可事项直接关系他人重大利益的，应当告知该利害关系人。申请人、利害关系人有权进行陈述和申辩。行政机关应当听取申请人、利害关系人的意见。

法律法规、规章规定实施行政许可应当听证的事项，或者行政机关认为需要听证的其他涉及公共利益的重大行政许可事项，行政机关应当向社会公告，并举行听证。行政许可直接涉及申请人与他人之间重大利益关系的，行政机关在作出行政许可决定前，应当告知申请人、利害关系人享有要求听证的权利；申请人、利害关系人在被告知听证权利之日起5日内提出听证申请的，行政机关应当在20日内组织听证。

（四）行政许可的监督检查

行政许可监督主要包括行政机关内部的层级监督和行政机关对被许可人的监督。除法律、行政法规、地方性法规和规章外，其他规范性文件一律不得设定行政许可；有违反规定设定行政许可的，有关机关应当责令设定该行政许可的机关改正，或者依法予以撤销。另外，作出行政许可决定的行政机关或者其上级行政机关，根据利害关系人的请求或者依据职权，可以撤销下列行政许可。

（1）行政机关工作人员滥用职权、玩忽职守作出准予行政许可决定的。

（2）超越法定职权作出准予行政许可决定的。

（3）违反法定程序作出准予行政许可决定的。

（4）对不具备申请资格或者不符合法定条件的申请人准予行政许可的。

（5）依法可以撤销行政许可的其他情形。

被许可人以欺骗、贿赂等不正当手段取得行政许可的，应当予以撤销。撤销行政许可，可能对公共利益造成重大损害的，不予撤销。撤销行政许可，被许可人的合法权益受到损害的，行政机关应当依法给予赔偿，但被许可人以欺骗、贿赂等不正当手段取得行政许可的，被许可人基于行政许可取得的利益不受保护。

法律事例 7-7 分析：

（1）本案甲省人民政府下发的文件虽然没有使用"许可"字样，但"办理有关手续后方可在本省销售"的要求已表明需要经过批准和许可程序，实质上是设定了行政许可。这是增加了行政许可的事项，而行政许可法只规定了六类事项可以设定许可，不包括本案的情形。另外，甲省人民政府的文件，没有行政许可的设定权，省法规和规章才能设定，且不得增设违反上位法的其他条件。因此，甲省人民政府通过下发文件的方式设定行政许可是违法的，既违反行政许可设定事项的规定，又违反了行政许可设定权的权限。同时，地方性法规和规章，不得限制其他地区的商品进入本地区市场。

（2）这不符合行政许可法的规定。如果乙公司申请的事项依法不需要取得行政许可的，酒类行政主管部门应当即时告知申请人不受理。如果是需要取得行政许可的，应当将需提交的全部材料的目录和申请书示范文本等在办公场所公示并予以说明解释。申请材料存在可以当场更正的错误的，应当允许申请人当场更正；申请材料不齐全或者不符合法定形式的，应当当场或者在 5 日内一次性告知申请人需要补正的全部内容，逾期不告知的，自收到申请材料之日起即为受理。

（3）本案中，甲省人民政府下发的文件所设定的行政许可是违法的，上级行政机关或者本机关应当予以撤销。撤销行政许可，被许可人的合法权益受到损害的，行政机关应当依法给予赔偿。乙公司可以主张赔偿。

【沙场练兵】

市生态环境局作出《关于欣欣小区下沉广场健身游泳会所环境影响评估报告的审批意见》，同意健身游泳会所项目，报告包含了废水与污水的处理、降低噪声对周边环境影响及固体废物处置等具体要求。欣欣小区居民李某等 10 户居民认为，本审批项目直接关系他们重大利益，生态环境局在没有召开座谈会、论证会以及征询公众意见的情况下作出审批意见，侵犯了他们陈述、申辩和听证等权益，故提起行政诉讼。

思考：（1）市生态环境局的行政许可程序是否合法？
（2）法院应当作出什么判决？

四、行政处罚

【思维导图】

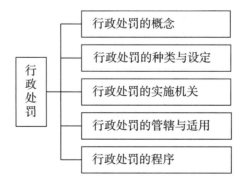

 **法律事例 7-8：**

某村村委会接到举报称，位于该村的一家企业正在生产伪劣化妆品。依据《村民公约》的规定，村委会组织工作人员上门暂扣了该企业的营业执照，并责令其停产停业。在整个过程中，村委会工作人员拒绝企业负责人的沟通请求，也未告知其任何权利。

思考：（1）《村民公约》能否作为行政处罚的执法依据？
（2）对于企业生产伪劣化妆品的行为，村委会是否具有管辖权？
（3）本案中的执法过程是否存在问题？

（一）行政处罚的概念

行政处罚，是指行政机关依法对违反行政管理秩序的公民、法人或者其他组织，以减损权益或者增加义务的方式予以惩戒的行为。行政处罚适用于违反行政管理秩序，但尚未构成犯罪的行为。行政处罚的对象是行政相对人，属于外部行政行为。

（二）行政处罚的种类与设定

根据行政处罚法的规定，行政处罚的种类包括以下内容。
（1）警告、通报批评。
（2）罚款、没收违法所得、没收非法财物。
（3）暂扣许可证件、降低资质等级、吊销许可证件。
（4）限制开展生产经营活动、责令停产停业、责令关闭、限制从业。
（5）行政拘留。
（6）法律、行政法规规定的其他行政处罚。

行政处罚的设定规则包括以下内容。
（1）法律可以设定各种行政处罚，但限制人身自由的行政处罚，只能由法律设定。
（2）行政法规可以设定除限制人身自由以外的行政处罚。法律对违法行为已经作出行政处罚规定，行政法规必须在法律规定的给予行政处罚的行为、种类和幅度的范围内作出具体规定。法律对违法行为未作出行政处罚规定，行政法规为实施法律，可以补充设定行政处罚。
（3）地方性法规可设定除限制人身自由和吊销企业营业执照以外的行政处罚。法律、行政法规已作出规定的，地方性法规可在规定的行为、种类和幅度内作出具体规定。法律、行政法规未作出规定的，地方性法规为实施法律、行政法规，可以补充设定行政处罚。
（4）规章可以在法律、法规规定的给予行政处罚的行为、种类、幅度的范围内作出具体规定。尚未制定法律、行政法规的，规章可以设定警告、通报批评或者一定数额罚款的行政处罚。除法律法规、规章外，其他规范性文件不得设定行政处罚。

（三）行政处罚的实施机关

行政处罚由具有行政处罚权的行政机关在法定职权范围内实施。行政处罚的实施机关主要包括：行政机关，法律法规授权的组织，以及依照法律法规和规章规定的受委托实施行政处罚的组织。受委托组织必须符合以下条件。

（1）依法成立并具有管理公共事务职能。

（2）有熟悉相关法律法规、规章和业务并取得行政执法资格的工作人员。

（3）需要进行技术检查或者技术鉴定的，应当有条件组织相应的技术检查或者技术鉴定。

国家在城市管理、市场监管、生态环境、文化市场、交通运输、应急管理、农业等领域推行建立综合行政执法制度，相对集中行政处罚权。国务院或者省、自治区、直辖市人民政府可以决定一个行政机关行使有关行政机关的行政处罚权。限制人身自由的行政处罚权只能由公安机关和法律规定的其他机关行使。

（四）行政处罚的管辖与适用

行政处罚由违法行为发生地的行政机关管辖。行政处罚由县级以上地方人民政府具有行政处罚权的行政机关管辖。省、自治区、直辖市根据当地实际情况，可以决定将基层管理迫切需要的县级人民政府部门的行政处罚权交由能够有效承接的乡镇人民政府、街道办事处行使，并定期组织评估。

对当事人的同一个违法行为，不得给予两次以上罚款的行政处罚。同一个违法行为违反多个法律规范应当给予罚款处罚的，按照罚款数额高的规定处罚。

不满14周岁的未成年人有违法行为的，不予行政处罚，责令监护人加以管教；已满14周岁不满18周岁的未成年人有违法行为的，应当从轻或者减轻行政处罚。精神病人、智力残疾人在不能辨认或者不能控制自己行为时有违法行为的，不予行政处罚，但应当责令其监护人严加看管和治疗。

当事人有下列情形之一，应当从轻或者减轻行政处罚。

（1）主动消除或者减轻违法行为危害后果的。

（2）受他人胁迫或者诱骗实施违法行为的。

（3）主动供述行政机关尚未掌握的违法行为的。

（4）配合行政机关查处违法行为有立功表现的。

（5）法律法规、规章规定其他应当从轻或者减轻行政处罚的。

违法行为轻微并及时改正，没有造成危害后果的，不予行政处罚。初次违法且危害后果轻微并及时改正的，可以不予行政处罚。当事人有证据足以证明没有主观过错的，不予行政处罚。法律、行政法规另有规定的，从其规定。对当事人的违法行为依法不予行政处罚的，行政机关应当对当事人进行教育。

违法行为在2年内未被发现的，不再给予行政处罚；涉及公民生命健康安全、金融安全且有危害后果的，上述期限延长至5年。法律另有规定的除外。期限从违法行为发生之日起计算；违法行为有连续或者继续状态的，从行为终了之日起计算。

行政处罚没有依据或者实施主体不具有行政主体资格的，行政处罚无效。违反法定程序构成重大且明显违法的，行政处罚无效。

（五）行政处罚的程序

行政处罚的普通程序包括立案、调查、告知处罚内容及事实理由依据和有关权利、听取陈述和申辩、作出处罚决定以及送达决定书。行政机关拟作出下列行政处罚决定的，应当告知当事人有要求听证的权利，当事人要求听证的，行政机关应当组织听证。

（1）较大数额罚款。
（2）没收较大数额违法所得、没收较大价值非法财物。
（3）降低资质等级、吊销许可证件。
（4）责令停产停业、责令关闭、限制从业。
（5）其他较重的行政处罚。
（6）法律法规、规章规定的其他情形。当事人不承担行政机关组织听证的费用。

法律事例7-8分析：

（1）行政处罚是侵益行为，其实施必然对相对人造成不利影响，行政处罚的设定权需遵守行政处罚法定原则。根据行政处罚法的规定，只有法律法规、规章才能设定行政处罚。本案中，《村民公约》是村民通过村民会议自主制定的村规民约，不是法律法规、规章等规范性法律文件，无权擅自设定处罚，不具备创设暂扣营业执照、责令停产停业等处罚权限，因此不能成为执法依据。

（2）对于企业生产伪劣化妆品的行为，村委会不具有管辖权。行政处罚法规定，行政处罚由违法行为发生地的县级以上地方人民政府具有行政处罚权的行政机关管辖。省、自治区、直辖市根据当地实际情况，可以决定将基层管理迫切需要的县级人民政府部门的行政处罚权交由能够有效承接的乡镇人民政府、街道办事处行使。

（3）本案的执法过程存在违法的情形。行政机关在作出行政处罚决定之前，应当告知当事人拟作出的行政处罚内容及事实、理由、依据，并告知当事人依法享有的陈述、申辩、要求听证等权利。当事人有权进行陈述和申辩。行政机关必须充分听取当事人的意见，对当事人提出的事实、理由和证据，应当进行复核；当事人提出的事实、理由或者证据成立的，行政机关应当采纳。

【沙场练兵】

吴某驾驶私家车（无营运资格）在某路口接载了两名乘客，双方约定按导航地图每公里2元价格将他们送到目的地。汽车行驶途中，被乙市交通行政执法大队的执法人员查获。执法人员扣押了该车辆。10天后，乙市交通行政执法大队依据《乙市营运汽车管理条例》授予的职权依法对吴某处以2000元罚款。吴某不服，向法院提起了行政诉讼。

思考：乙市执法大队对吴某作出的行政处罚是否合法？

五、行政强制

【思维导图】

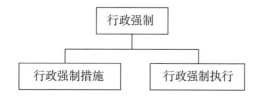

法律事例 7-9：

某市生态环境局接到举报称，某炼钢厂在生产过程中存在违规排放的行为，两名工作人员来到该炼钢厂调查取证，并依法对相关的场所、设施和物品等予以查封和扣押。5天后，市生态环境局对该炼钢厂作出罚款的行政处罚决定。履行期限届满后，该炼钢公司拒不缴纳罚款。

思考：（1）查封和扣押属于什么行为？
（2）该炼钢公司拒不缴纳罚款，可以采取什么措施？

（一）行政强制措施

1. 行政强制措施的概念

行政强制措施，是指行政机关在行政管理过程中，为制止违法行为、防止证据损毁、避免危害发生、控制危险扩大等情形，依法对公民的人身自由实施暂时性限制，或者对公民、法人或者其他组织的财物实施暂时性控制的行为。行政强制措施的种类有限制公民人身自由，查封场所、设施或者财物，扣押财物，冻结存款、汇款，其他行政强制措施。

2. 行政强制措施的设定

行政强制措施由法律设定。尚未制定法律，且属于国务院行政管理职权事项的，行政法规可以设定限制公民人身自由，冻结存款、汇款等行政强制措施。尚未制定法律、行政法规，且属于地方性事务的，地方性法规可以设定查封场所、设施或者财物，扣押财物的行政强制措施。法律、法规以外的其他规范性文件不得设定行政强制措施。

3. 行政强制措施的实施

（1）实施主体。行政机关履行行政管理职责，依照法律法规的规定，实施行政强制措施。违法行为情节显著轻微或者没有明显社会危害的，可以不采取行政强制措施。行政强制措施由法律法规规定的行政机关在法定职权范围内实施。行政强制措施权不得委托。

（2）实施程序。行政机关实施行政强制措施应当遵守下列规定。

① 实施前须向行政机关负责人报告并经批准。
② 由2名以上行政执法人员实施。
③ 出示执法身份证件。
④ 通知当事人到场。
⑤ 当场告知当事人采取行政强制措施的理由、依据以及当事人依法享有的权利、救济途径。
⑥ 听取当事人的陈述和申辩。
⑦ 制作现场笔录。
⑧ 现场笔录由当事人和行政执法人员签名或者盖章，当事人拒绝的，在笔录中予以注明。
⑨ 当事人不到场的，邀请见证人到场，由见证人和行政执法人员在现场笔录上签名或者盖章。
⑩ 法律法规规定的其他程序。

情况紧急，需要当场实施行政强制措施的，行政执法人员应当在24小时内向行政机关负责人报告，并补办批准手续。行政机关负责人认为不应当采取行政强制措施的，应当立即解除。

如果行政机关在执法过程中要实施限制公民人身自由的行政强制措施，还应当遵守下列规定。

① 当场告知或者实施行政强制措施后立即通知当事人家属实施行政强制措施的行政机关、地点和期限。

② 在紧急情况下当场实施行政强制措施的，在返回行政机关后，立即向行政机关负责人报告并补办批准手续。

③ 法律规定的其他程序。实施限制人身自由的行政强制措施不得超过法定期限。实施行政强制措施的目的已经达到或者条件已经消失，应当立即解除。

（二）行政强制执行

1. 行政强制执行的概念

行政强制执行，是指行政机关或者行政机关申请人民法院，对不履行行政决定的公民、法人或者其他组织，依法强制履行义务的行为。行政强制执行以行政相对人逾期不履行发生法律效力的行政决定为前提。行政强制执行的依据是已生效的行政决定，行政强制执行并不为相对人设定新的义务，其目的在于迫使当事人履行义务或者达到与履行义务相同的状态，从而实现行政管理的目的。

2. 行政强制措施和行政强制执行的主要区别

（1）前提不同。行政强制措施不以相对人存在法定义务为前提；而行政强制执行的前提是相对人不履行行政行为所确定的义务，从而构成义务的不履行。

（2）目的不同。行政强制措施的目的在于预防、制止危害行为，防止证据损毁，避免、预防危害和危险的发生与扩大；而行政强制执行的目的是通过进一步的强制力强迫义务人履行其应当履行的义务，或者达到与履行义务相同的状态。

（3）实施的主体不同。行政强制措施的主体为行政主体；而行政强制执行的主体包括具有强制执行权的行政主体和没有强制执行权而申请人民法院强制执行的行政主体。

3. 行政强制执行的方式与设定

行政强制执行只能由法律设定，此处的法律是指狭义的法律，是由全国人民代表大会及其常务委员会制定的法律。行政强制执行的方式有以下内容。

（1）加处罚款或者滞纳金。

（2）划拨存款、汇款。

（3）拍卖或者依法处理查封、扣押的场所、设施或者财物。

（4）排除妨碍、恢复原状。

（5）代履行。

（6）其他强制执行方式。

行政机关依法作出金钱给付义务的行政决定，当事人逾期不履行的，行政机关可以依法加处罚款或者滞纳金。加处罚款或者滞纳金的数额不得超出金钱给付义务的数额。行政机关依法作出要求当事人履行排除妨碍、恢复原状等义务的行政决定，当事人逾期不履行，经催告仍不履行，其后果已经或者将危害交通安全、造成环境污染或者破坏自然资源的，行政机关可以代履行，或者委托没有利害关系的第三人代履行。

4. 行政强制执行的程序

（1）催告。行政机关作出强制执行决定前，应当事先催告当事人履行义务。催告应当以书面形式作出。

（2）陈述和申辩。当事人收到催告书后有权进行陈述和申辩。行政机关应当充分听取当事人的意见，对当事人提出的事实、理由和证据，应当进行记录、复核。当事人提出的事实、理由或者证据成立的，行政机关应当采纳。

（3）作出强制执行决定。经催告，当事人逾期仍不履行行政决定，且无正当理由的，行政机关可以作出强制执行决定。强制执行决定应当以书面形式作出。在催告期间，对有证据证明有转移或者隐匿财物迹象的，行政机关可以作出立即强制执行决定。

（4）送达。催告书、行政强制执行决定书应当直接送达当事人。

法律事例 7-9 分析：

（1）本案的关键在于区分行政强制措施和行政强制执行。本案中，市生态环境局在调查取证过程中，为制止违法行为、防止证据损毁、避免危害发生、控制危险，依法对炼钢厂涉案的相关场所、设施和物品采取查封与扣押的行为，属于行政强制措施。

（2）本案中，针对炼钢厂在履行期限届满后不缴纳罚款的行为，可以采取行政强制执行。市生态环境局可以加处罚款或者滞纳金，督促炼钢厂履行缴纳罚款的义务，超过30天，经催告依然不履行，具有行政强制执行权的行政主体可以强制执行，无强制执行权的可申请人民法院强制执行，采取将查封、扣押的财物依法拍卖折抵罚款，或者划拨存款、汇款等行政强制执行的方式。

【沙场练兵】

某农家乐老板张某，为扩大经营新建一排平房，但平房非法占用公路用地。交通局发现后，要求张某停止施工，7日内自行拆除违法建筑物。期限届满，张某未履行决定。3日后，交通局下达了强制执行催告书，催告张某于10日内自行拆除未建完的平房。逾期张某仍不执行，并在夜间继续施工。随后，交通局向其下达了强制执行决定书和代履行决定书。3天后，交通局在建筑队的协助下，强行拆除了违法建筑物，并于3天后，向张某征收拆除费用。张某起诉，请求确认代履行行为违法并主张赔偿。

思考：法院应当如何判决？

第四节　行政复议

【思维导图】

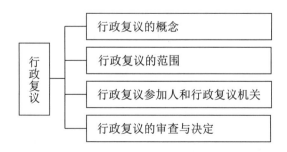

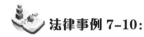

法律事例 7-10：

甲省乙市一家造纸厂，擅自将未经处理的污水向 A 河流排放。乙市生态环境局河流治理办公室依据乙市生态环境局颁布的《A 河流水污染防治办法》对造纸厂罚款 2 万元。造纸厂认为罚款数额太大，提出行政复议。

思考：（1）造纸厂可否就罚款提起行政复议？如果造纸厂对《A 河流水污染防治办法》规定的内容有异议，可否对《A 河流水污染防治办法》也一并提起行政复议？

（2）该行政复议案中，谁是被申请人，谁是复议机关？

（3）造纸厂认为同流域的其他造纸厂也向 A 河流进行同样的排污，只被罚款 1 万元，而自己被罚 2 万元，不合理，请求复议机关变更罚款，复议机关是否有权处理？

（一）行政复议的概念

行政复议是指公民、法人或者其他组织认为具体行政行为侵犯其合法权益，向行政机关提出复议申请，由受理申请的复议机关依法进行审理并作出决定的一种法律制度。行政复议是具有司法性因素的特殊行政行为，是行政机关内部监督和纠错机制，也是国家行政救济制度的重要组成。除非法律、法规规定必须先申请行政复议，当事人可以自由选择行政复议还是行政诉讼。当事人对行政复议决定不服的，除法律规定的例外情况外，均可以向人民法院提起行政诉讼。

（二）行政复议的范围

行政复议的范围，是指行政相对人认为行政主体作出的行政行为侵犯其合法权益，依法可以向行政复议机关请求重新审查的行政行为的范围。行政复议的范围决定了哪些行政行为可以成为行政复议的对象。行政复议法采用列举加概括的方式规定了行政复议的范围，主要包括行政处罚、行政强制措施、变更中止撤销行政许可、行政确认、侵犯经营自主权、变更废止农业承包合同、违法要求行政相对人履行义务、不依法办理行政许可、不履行法定职责、行政给付以及侵犯其合法权益的其他具体行政行为。不服行政机关作出的内部行政行为和对民事纠纷作出的调解，不能申请复议。

行政复议的范围除了上述的具体行政行为，还包括部分抽象行政行为。行政复议法规定，公民、法人或者其他组织认为行政机关的具体行政行为所依据的国务院部门的规定、县级以上地方各级人民政府及其工作部门的规定、乡镇人民政府的规定不合法的，在对具体行政行为申请行政复议时，可以一并向行政复议机关提出对该规定的审查申请。国务院规章和地方人民政府规章不包含在内，规章的审查依照法律、行政法规办理。除此之外，复议机关在对被申请人作出的具体行政行为进行审查时，认为其依据不合法，本机关有权处理的，应当在 30 日内依法处理；无权处理的，应当在 7 日内按照法定程序转送有权处理的国家机关依法处理。处理期间，中止对具体行政行为的审查。

（三）行政复议参加人和行政复议机关

行政复议申请人，是指认为具体行政行为侵犯其合法权益，以自己的名义向复议机关提出申请，要求依法对该行政行为复查并作出裁决的公民、法人或者其他组织。

行政复议被申请人，是指所作出的具体行政行为，被行政复议申请人指控侵犯其合法权益，并由复议机关通知参加行政复议的行政主体。

行政复议机关，是指依照法律规定有权受理行政复议的申请，依法对被申请的行政行为进行合法性、适当性审查并作出复议决定的行政机关。

行政复议第三人，是指同申请复议的具体行政行为有利害关系，经复议机关批准参加复议的公民、法人或其他组织。

根据行政复议法和行政复议法实施条例的规定，复议被申请人和复议机关的对应关系见表7-1。

表7-1　复议申请人和复议机关的对应关系

复议被申请人	复议机关
对县级以上地方各级人民政府工作部门的具体行政行为不服的，该行政机关是被申请人	被申请人的本级政府或上一级主管部门
对海关、金融、国税、外汇管理等实行垂直领导的行政机关和国家安全机关的具体行政行为不服的，该行政机关是被申请人	被申请人的上一级主管部门
对省级以下（不含省级）的地方各级人民政府的具体行政行为不服的，该行政机关是被申请人	被申请人的上一级地方人民政府
对国务院部门或者省级人民政府的具体行政行为不服的，该行政机关是被申请人	原单位复议。对行政复议决定不服的，可以向人民法院提起行政诉讼；也可以向国务院申请裁决，国务院作出最终裁决
对派出机关的具体行政行为不服的，该行政机关是被申请人	设立该派出机关的人民政府
对政府工作部门依法设立的派出机构依照法律法规或规章规定，以自己的名义作出的具体行政行为不服的，该行政机关是被申请人	设立该派出机构的部门或者该部门的本级地方人民政府
行政机关设立的派出机构、内设机构或者其他组织，未经法律法规授权，对外以自己名义作出具体行政行为的，该行政机关为被申请人	被申请人的本级政府或上一级主管部门
对法律、法规授权的组织的具体行政行为不服的，该组织是被申请人	直接管理该组织的地方人民政府、地方人民政府工作部门或者国务院部门
对两个或者两个以上行政机关以共同的名义作出的具体行政行为不服的，共同作出具体行政行为的行政机关是被申请人	共同上一级行政机关
对被撤销的行政机关在撤销前所作出的具体行政行为不服的，继续行使其职权的行政机关是被申请人	继续行使其职权的行政机关的上一级行政机关

（四）行政复议的审查与决定

行政复议机关应从合法性和适当性两方面对被申请的具体行政行为进行审查。合法性审查，是指审查一个被提起行政复议的具体行政行为，是不是符合法律的规定，或者说是不是有违反法律规定的情形。适当性审查，是指行政复议机关审查被申请的具体行政行为在行为的幅度、方式等方面，在一般情况下是不是被人们认为是合理的，是否公正地行使了裁量权。具体行政行为的不适当，主要有以下几种表现方式。

（1）同种情况不同对待。
（2）不同情况相同对待。
（3）行政处罚的畸轻畸重。
（4）具体行政行为没有必要的节制。
（5）行政行为反复无常。

行政复议决定，是指行政复议机关受理行政复议申请后，对被申请的具体行政行为进行审查，在查清案件事实真相的基础上，根据事实和法律对被申请的具体行政行为作出的具有法律效力的判断和处理。根据行政复议法和行政复议法实施条例的规定，行政复议决定分为维持决定、履行决定、撤销或者确认违法决定、变更决定、驳回复议申请决定、行政赔偿决定、行政复议调解决定等。行政复议法实施条例第47条规定，具体行政行为有下列情形之一，行政复议机关可以决定变更：认定事实清楚，证据确凿，程序合法，但是明显不当或者适用依据错误的；认定事实不清，证据不足，但是经行政复议机关审理查明事实清楚，证据确凿的。

法律事例 7-10 分析：

（1）本案中，造纸厂可以就对其作出的罚款的行政处罚提起行政复议。根据行政复议法关于复议范围的规定，公民、法人或者其他组织对行政处罚不服的，可以依法提起行政复议。本案中《A河流水污染防治办法》是乙市生态环境局发布的规定，属于"县级以上地方各级人民政府及其工作部门的规定"，不是规章，因此造纸厂在对行政处罚提出复议申请时，可以一并向行政复议机关提出对该规定的审查申请。针对《A河流水污染防治办法》只能提出附带复议申请，即只能在对具体行政行为提出复议申请时，一并提出对该具体行政行为所依据的规定的审查申请，不能单独提出对规范性文件的复议申请。

（2）河流治理办公室是乙市生态环境局的内设机构，未经法律法规授权，对外以自己名义作出具体行政行为，该行政机关为被申请人，即乙市生态环境局是被申请人。依据行政复议法的规定，对县级以上地方各级人民政府工作部门的具体行政行为不服的，由申请人选择，可以向该部门的本级人民政府或上一级主管部门申请复议。可见，对乙市生态环境局的行政行为不服申请复议的，乙市政府或者甲省生态环境厅是复议机关。

（3）本案中，对造纸厂处以2万元罚款，存在同种情况不同对待的情况，违反适当性，是不合理的。行政复议机关不仅要审查被申请的具体行政行为的合法性，还要审查合理性。具体行政行为认定事实清楚，证据确凿，程序合法，但是明显不当的，复议机关可以作出变更该具体行政行为的决定。

【沙场练兵】

某房地产开发公司对自然资源部的具体行政行为不服，提起行政复议。复议机关作出维持原行政行为的决定。

思考：本案中复议机关是谁？若房地产开发公司对复议决定仍然不服，还有什么救济方式？

第五节　行政诉讼的受案范围与管辖

一、行政诉讼的受案范围

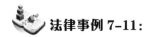**法律事例 7-11：**

甲省公务员局发布了《甲省各级机关 2020 年度考试录用公务员公告》（以下简称公告），规定了公务员报考条件之一为 18 周岁以上、35 周岁以下。

思考：（1）刘某认为报考年龄限制 35 周岁不合理，应当放宽到 45 岁。刘某对甲省公务员局公告提起行政诉讼，法院是否受理？

（2）刘某 36 岁，报考了甲省司法厅的职位，在资格审查时，收到申报系统中公务员局回复"对不起，您已经超龄"。刘某对未获得报考资格，公务员局不同意其参加本次考试不服，提起行政诉讼时，可否一并请求法院审查公告？

行政诉讼，是指公民、法人或者其他组织认为行政行为侵犯其合法权益，依法向人民法院提起诉讼，由人民法院主持审理行政争议并作出裁判的诉讼制度。

行政诉讼的受案范围，是指法院受理并审理行政争议的范围。从法院与行政机关的关系而言，受案范围，是指法院对行政机关的哪些行政行为拥有司法审查权；从行政相对人的角度出发，受案范围，是指对行政机关的哪些行政行为不服时可以向法院起诉。

我国行政诉讼受案范围的确定方式采用的是混合式。第一，行政诉讼法以概括的方式确立了，行政相对人认为行政行为侵犯其合法利益，就有权提起行政诉讼。第二，以肯定列举的方式明确了属于受案范围的情形，主要包括行政处罚、行政强制、行政许可、自然资源确认、征收征用、不作为、侵犯经营自主权和土地承包经营权、排除限制竞争、"三乱"行为、行政给付、行政补偿以及行政机关侵犯其他人身权、财产权等合法权益的行为。第三，以否定列举的方式列出了国防、外交等国家行为，行政法规、规章或者行政机关制定、发布的具有普遍约束力的决定、命令，行政机关对行政机关工作人员的奖惩、任免等决定，法律规定由行政机关最终裁决的行政行为不属于受案范围的事项。第四，行政诉讼法第 12 条第 2 款作了兜底规定，人民法院受理法律法规规定可以提起诉讼的其他行政案件。

此外，行政诉讼法还规定了，对规范性文件的一并审查。公民、法人或者其他组织认为行政行为所依据的国务院部门和地方人民政府及其部门制定的规范性文件不合法，在对行政行为提起诉讼时，可以一并请求对该规范性文件进行审查。规范性文件不包含规章。人民法院经审查认为规范性文件不合法的，不作为认定行政行为合法的依据，并向制定机关提出处理建议。

法律事例 7-11 分析：

（1）本案的关键在于判断甲省公务员局发布公告是具体行政行为还是抽象行政行为。具体行政行为属于行政诉讼的受案范围,而抽象行政行为则不属于行政诉讼的受案范围。本案中,甲省公务员局发布的公告,针对的是不特定多数人,是在发布之后一定时期内能反复适用的规范性文件,其规定的报考资格针对的也是不特定多数人。因此,发布的公告是抽象行政行为,法院不予受理。

(2)刘某可以请求法院对公告进行一并审查。规范性文件一并审查的启动主体只能是受依据该规范性文件作出的具体行政行为影响的公民、法人或者组织,并且已经对该行政行为提起诉讼的原告。要想实现对规范性文件的审查,需依托具体行政行为,只有起诉具体行政行为才能提起对该具体行政行为所依据的规范性文件的一并审查。甲省公务员局依据公告,作出不同意刘某参加考试的决定,致使刘某权益受到影响,刘某对该具体行政行为提起行政诉讼,因而可以一并请求法院对具体行政行为所依据的公告的合法性进行审查。

【沙场练兵】

某市人力资源和社会保障局对某处级职位人选进行内部考察,候选人为张某与李某,最终确定李某担任此职务。张某不服,表示自己资历更老,学历更高,向法院提起了行政诉讼。

思考:法院是否受理张某提起的行政诉讼?

二、行政诉讼的管辖

【思维导图】

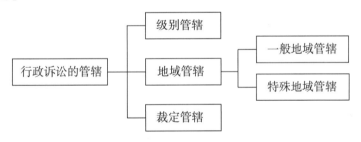

法律事例 7-12:

杭州市人林某在上海出境时,其携带的行李中有我国禁止出境的物品。上海海关作出处罚决定:没收该物品,并对林某处以罚款。林某向海关总署申请复议,请求撤销该处罚决定。海关总署经复议,维持处罚决定。

思考:(1)林某仍然不服,提起行政诉讼,哪个法院有管辖权?(2)如果林某同时被采取限制人身自由的行政强制措施,应如何认定管辖权?

行政诉讼管辖,是指人民法院之间受理第一审行政案件的分工和权限。行政诉讼管辖主要包括级别管辖、地域管辖和裁定管辖三类,其中级别管辖和地域管辖,由法律明确规定。

(一)级别管辖

级别管辖,是指上下级人民法院之间受理第一审行政案件的分工和权限。我国设有四级人民法院,即最高人民法院、高级人民法院、中级人民法院和基层人民法院。基层人民法院管辖第一审行政案件。中级人民法院管辖的第一审行政案件主要包括:对国务院部门或者县级以上地方人民政府所作的行政行为提起诉讼的案件,海关处理的案件,本辖区内重大、复杂的案件以及其他法律规定由中级人民法院管辖的案件。高级人民法院、最高人民法院分别管辖全省、全国范围内重大、复杂的第一审行政案件。

（二）地域管辖

地域管辖,是指同级人民法院之间受理第一审行政案件的分工和权限。

1. 一般地域管辖

一般地域管辖,是指按照最初作出行政行为的行政机关所在地为标准来确定行政案件的管辖法院。行政诉讼法第18条规定,行政案件由最初作出行政行为的行政机关所在地人民法院管辖。经复议的案件,也可以由复议机关所在地人民法院管辖。根据这一规定,凡是未经复议机关复议而直接向人民法院起诉的行政案件,都采用一般地域管辖的原则,由最初作出行政行为的行政机关所在地的人民法院管辖。如果经过复议的,也可以由复议机关所在地的人民法院管辖。

2. 特殊地域管辖

特殊地域管辖,是指根据行政行为的特殊性或者标的物所在地来确定管辖的人民法院,又分为共同管辖、专属管辖和跨区域管辖。

（1）共同管辖,是指两个或者两个以上的人民法院对同一行政案件都有管辖权。共同管辖有以下两种情况。

① 经过行政复议的案件,可以由最初作出行政行为的行政机关所在地或者复议机关所在地的人民法院管辖。原告可以选择其中一个人民法院提起诉讼。原告向两个以上有管辖权的人民法院提起诉讼的,由最先立案的人民法院管辖。

② 对限制人身自由的行政强制措施不服提起的诉讼,由被告所在地或者原告所在地人民法院管辖。原告所在地包括原告的户籍所在地、经常居住地和被限制人身自由地。

（2）专属管辖,是指因不动产提起的行政诉讼,由不动产所在地人民法院管辖。

（3）跨区域管辖,是指经最高人民法院批准,高级人民法院可以根据审判工作的实际情况,确定若干人民法院跨行政区域管辖行政案件。

（三）裁定管辖

裁定管辖,是指根据法院作出的裁定或者决定,而不是法律的直接规定,来确定行政案件的管辖,主要包括移送管辖、指定管辖和管辖权转移。

法律事例 7-12 分析:

（1）本案属于海关处理的案件,级别管辖上属于中级人民法院管辖。依据一般地域管辖,行政案件由最初作出行政行为的行政机关所在地人民法院管辖,上海海关所在地的中级人民法院有管辖权。本案经过复议,依据特殊地域管辖原则,也可以由复议机关所在地的法院管辖,海关总署所在地的中级人民法院也具有管辖权。因此,上海海关所在地中级人民法院和海关总署所在地的中级人民法院都具有管辖权。

（2）林某对限制人身自由的行政强制措施不服提起诉讼，属于特殊地域管辖，除了被告所在地人民法院，原告所在地人民法院也有管辖权。原告所在地包括原告的户籍所在地、经常居住地和被限制人身自由地。本案中，杭州市中级人民法院、上海海关所在地中级人民法院和海关总署所在地的中级人民法院都有管辖权。根据《行政诉讼法》第21条规定，两个以上人民法院都有管辖权的案件，原告可以选择其中一个人民法院提起诉讼。原告向两个以上有管辖权的人民法院提起诉讼的，由最先立案的人民法院管辖。

【沙场练兵】

李某因闯红灯被交警罚款200元并扣3分，李某对处罚不服，提起行政复议，复议机关维持原处罚决定。李某提起行政诉讼。

思考：李某可以向哪个法院起诉？

第六节 行政诉讼当事人

【思维导图】

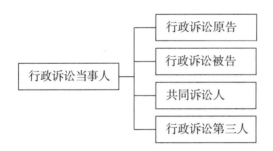

法律事例 7-13：

赵某与钱某在某日上班期间发生争吵。钱某回到家后越想越生气，就叫上好友孙某一起到赵某家，殴打赵某。随后赵某报警，经鉴定赵某伤情属于轻微伤。双方调解无效。甲市乙区公安分局对钱某作出行政拘留5日的处罚，对孙某作出行政拘留3日的处罚。

思考：（1）如果赵某认为公安机关对钱某和孙某行政处罚较轻，可否提起行政诉讼？

（2）如果赵某在向法院起诉前，已提出行政复议且复议机关维持原行政行为，那么行政诉讼的被告是谁？

（3）如果赵某提起诉讼的同时，钱某和孙某也起诉，本案是否属于共同诉讼？

（4）如果赵某提起诉讼，钱某和孙某没有起诉，钱某和孙某能否作为第三人参加诉讼？

行政诉讼中的当事人，是指因发生行政争议，以自己的名义进行诉讼，案件审理结果与其有法律上的利害关系，并受人民法院裁判拘束的人。当事人主要包括原告、被告、共同诉讼人、行政诉讼第三人。

(一)行政诉讼原告

行政诉讼原告,是指认为自己的合法权益受到行政行为侵犯或者实质影响而向人民法院提起诉讼的公民、法人或者其他组织。行政诉讼原告具有如下特征:第一,是行政相对人或者利害关系人,是行政管理相对一方;第二,与行政行为有利害关系,承担行政行为法律后果或者受其影响;第三,认为被诉行政行为侵害其合法权益,以自己的名义向法院起诉。

相关司法解释对"与行政行为有利害关系"的情形列举如下。

(1)被诉的行政行为涉及其相邻权或者公平竞争权的。

(2)在行政复议等行政程序中被追加为第三人的。

(3)要求行政机关依法追究加害人法律责任的。

(4)撤销或者变更行政行为涉及其合法权益的。

(5)为维护自身合法权益向行政机关投诉,具有处理投诉职责的行政机关作出或者未作出处理的。

(6)其他与行政行为有利害关系的情形。

(二)行政诉讼被告

行政诉讼被告,是指其实施的行政行为被原告指控侵犯其合法权益,并经人民法院通知应诉的行政主体。行政诉讼被告应符合以下三项条件:第一,必须是行政主体;第二,必须实施原告认为侵犯其合法权益的行政行为;第三,人民法院通知其应诉。

行政诉讼法和司法解释规定了确定行政诉讼被告的几种情形如下。

(1)公民、法人或者其他组织直接向人民法院提起诉讼的,作出行政行为的行政机关是被告。

(2)经复议的案件,复议机关决定维持原行政行为的,作出原行政行为的行政机关和复议机关是共同被告;复议机关改变原行政行为的,复议机关是被告。

(3)复议机关在法定期限内未作出复议决定,公民、法人或者其他组织起诉原行政行为的,作出原行政行为的行政机关是被告;起诉复议机关不作为的,复议机关是被告。

(4)两个以上行政机关作出同一行政行为的,共同作出行政行为的行政机关是共同被告。

(5)行政机关委托的组织所作的行政行为,委托的行政机关是被告。

(6)行政机关被撤销或者职权变更的,继续行使其职权的行政机关是被告。

(7)行政机关组建并赋予行政管理职能但不具有独立承担法律责任能力的机构,以自己的名义作出行政行为,当事人不服提起诉讼的,应当以组建该机构的行政机关为被告;法律法规或者规章授权行使行政职权的行政机关内设机构、派出机构或者其他组织,超出法定授权范围实施行政行为,当事人不服提起诉讼的,应当以实施该行为的机构或者组织为被告;没有法律法规或者规章规定,行政机关授权其内设机构、派出机构或者其他组织行使行政职权的,行政机关委托的组织所作的行政行为,委托的行政机关是被告。

(三)共同诉讼人

一般情况下,行政诉讼原告、被告双方都是单一的。但在某些行政案件中,会出现当事人一方或双方为二人以上，称为共同诉讼人。行政诉讼法第27条规定，当事人一方或者双方为二人以上，因同一行政行为发生的行政案件，或者因同类行政行为发生的行政案件、人民法院认为可以合并审理并经当事人同意的，为共同诉讼。共同诉讼可分为必要的共同诉讼和普通的共同诉讼。必要的共同诉讼，是指因同一行政行为而发生的行政案件，共同原告或者共同被告有着共同的权利和义务，人民法院必须合并审理。普通的共同诉讼，是指因同类的行政行为而发生的行政案件，并不必然导致法院的合并审理，是人民法院认为可以合并审理并经当事人同意的，才能合并审理。

（四）行政诉讼第三人

行政诉讼第三人，是指与提起诉讼的行政行为有利害关系，为了维护自己的合法权益而参加诉讼的公民、法人或者其他组织及行政机关。行政诉讼法第29条规定，公民、法人或者其他组织同被诉行政行为有利害关系但没有提起诉讼，或者同案件处理结果有利害关系的，可以作为第三人申请参加诉讼，或者由人民法院通知参加诉讼。人民法院判决第三人承担义务或者减损第三人权益的，第三人有权依法提起上诉。行政诉讼中的第三人有以下特征。

（1）与被诉行政行为有利害关系，或者与案件处理结果有利害关系的。
（2）没有作为原告起诉，或者被告应诉。
（3）拥有独立的诉讼地位。
（4）参加诉讼的时间是在诉讼开始之后，审结之前。
（5）既可以主动申请参加诉讼，也可以由人民法院依职权通知参加诉讼。

法律事例 7-13 分析：

（1）赵某具有原告资格，可以起诉。原告不仅包括具体行政行为的相对人，即行政决定书上明确载明享有权利或者负担义务的当事人；而且还包括与行政行为有利害关系的人，即由于该行政行为其合法权益受到实际影响的人，该行政行为的客观存在使其权利义务得失或者增减的人，也称行政相关人或者间接相对人。行政处罚中受害人资格的确定，就属于后一种情况，受害人的利益也属于应当保护的利益，因此有权要求依法追究加害人法律责任。

（2）如果赵某未经复议，直接向人民法院提起行政诉讼，那么作出行政行为的行政机关是被告，即被告是甲市乙区公安分局。经行政复议的案件，复议机关决定维持原行政行为的，作出原行政行为的行政机关和复议机关是共同被告；复议机关改变原行政行为的，复议机关是被告。本案中，作出原行政行为的行政机关是乙区公安局分局，复议机关是甲市公安局或者乙区人民政府。复议机关维持原行政行为，那么作出原行政行为的行政机关和复议机关是共同被告，即乙区公安局分局，和甲市公安局或者乙区人民政府是共同被告。

（3）本案属于共同诉讼中的必要共同诉讼。被处罚人和受害人双方都不服行政机关的处罚决定，也就是双方对公安机关的同一个行政行为提起行政诉讼，诉讼标的是同一的，即引起争议的是同一行政行为的合法性，而非同类行政行为。因同一具体行为有着共同的权利和义务，不可分割，人民法院必须合并审理。

（4）依据行政诉讼法的规定，行政处罚案件中的被处罚人和受害人均有权起诉行政处罚行为，如果只有一方起诉，因另一方与行政处罚行为有利害关系，因而可以以第三人的身份参加诉讼。本案中，受害人赵某提起行政诉讼，加害人钱某和孙某可以第三人的身份参加诉讼。并且，行政诉讼第三人是诉讼当事人，在诉讼中的基本法律地位与原告、被告大体相似，人民法院判决第三人承担义务或者减损第三人权益的，第三人有权依法提起上诉。

【沙场练兵】

区教育局批准在未来小区成立未来幼儿园。后经调查发现，小区及周边多为新建楼房，入住率不高，原有的幼儿园足以满足需求，又设立一个新园不仅资源配置不合理且影响原有幼儿园的入学率，因此区教育局取消了未来幼儿园的办学许可。未来小区10名小班学生的家长表达了不同看法，经与区教育局协商无果，他们向法院提起行政诉讼。

思考：本案的诉讼当事人有哪些？

第七节　行政诉讼程序

【思维导图】

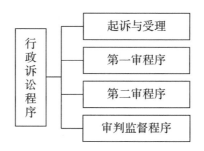

法律事例7-14：

2020年5月，区民政局公示的本月城市低保人员名单中没有郭某，而上次的名单中有郭某，郭某对此不服，认为自己的收入、生活没有变化，低保评审条件也没有变化，民政局将自己从低保人员名单中移除没有道理。因此，郭某对区民政局提起行政诉讼。

思考：（1）诉讼过程中，郭某没有其他收入，缺少最低生活保障金会导致生活困难，郭某申请先行发放保障金，是否允许？

（2）民政局一审败诉提起上诉，二审法院审理的对象是什么？二审中民政局撤销原名单，重新发布一份包含郭某在内的低保人员名单，是否允许？

一、起诉与受理

起诉，是指公民、法人或者其他组织认为自己的合法权益受到行政机关行政行为的侵害，而向人民法院提出诉讼请求，要求人民法院通过行使审判权，依法保护自己合法权益的诉讼行为。提起诉讼应当符合下列条件。

（1）原告是行政相对人或者利害关系人。
（2）有明确的被告。
（3）有具体的诉讼请求和事实根据。
（4）属于人民法院受案范围和受诉人民法院管辖。
（5）符合诉讼时效的规定。公民、法人或者其他组织直接向人民法院提起诉讼的，应当自知道或者应当知道作出行政行为之日起 6 个月内提出。公民、法人或者其他组织不服复议决定的，可以在收到复议决定书之日起 15 日内向人民法院提起诉讼；复议机关逾期不作决定的，申请人可以在复议期满之日起 15 日内向人民法院提起诉讼。

人民法院在接到起诉状时对符合起诉条件的，应当登记立案。对当场不能判定是否起诉条件的，应当接收起诉状，出具注明收到日期的书面凭证，并在 7 日内决定是否立案。不符合起诉条件的，作出不予立案的裁定。裁定书应当载明不予立案的理由。原告对裁定不服的，可以提起上诉。起诉状内容欠缺或者有其他错误的，应当给予指导和释明，并一次性告知当事人需要补正的内容。不得未经指导和释明即以起诉不符合条件为由不接收起诉状。对于不接收起诉状、接收起诉状后不出具书面凭证，以及不一次性告知当事人需要补正的起诉状内容的，当事人可以向上级人民法院投诉，上级人民法院应当责令改正，并对直接负责的主管人员和其他直接责任人员依法给予处分。

二、第一审程序

（一）审理前的准备

审理前的准备是合议庭开庭审理行政案件之前必须经过的诉讼阶段。人民法院审理前的准备工作包括以下内容。
（1）向被告发送起诉状副本，将答辩状副本发送原告。
（2）依法组成合议庭。
（3）审查诉讼文书和证据材料，调查收集证据。
（4）确认、追加或更换当事人。
（5）决定有关事项，如是否停止执行，是否合并审理等，为开庭做好准备。

人民法院对起诉行政机关没有依法支付抚恤金、最低生活保障金和工伤、医疗社会保险金的案件，权利义务关系明确、不先予执行将严重影响原告生活的，可以根据原告的申请，裁定先予执行。当事人对先予执行裁定不服的，可以申请复议一次。复议期间不停止裁定的执行。

（二）庭审程序

1. 开庭前准备

召开合议庭准备会议。法院应在开庭审理 3 天前，以传票或者通知书通知当事人和其他诉讼参与人开庭的时间、地点和案由。公开审理的案件，还应公告。

人民法院审理下列第一审行政案件，认为事实清楚、权利义务关系明确、争议不大的，可以适用简易程序：被诉行政行为是依法当场作出的；案件涉及款额 2000 元以下的；属于政府信息公开案件的。除此以外的第一审行政案件，当事人各方同意适用简易程序的，可以适用简易程序。发回重审、按照审判监督程序再审的案件,不适用简易程序。

2. 宣布开庭

书记员查明当事人和其他诉讼参与人是否到庭,宣布法庭纪律,宣布诉讼主体入席。审判长宣布开庭,宣布案由,告知当事人的诉讼权利和义务。

当事人申请回避,应当说明理由,在案件开始审理时提出;回避事由在案件开始审理后知道的,应当在法庭辩论终结前提出。被申请回避的人员,在人民法院作出是否回避的决定前,应当暂停参与本案的工作,但案件需要采取紧急措施的除外。对当事人提出的回避申请,人民法院应当在3日内以口头或者书面形式作出决定。对当事人提出的明显不属于法定回避事由的申请,法庭可以依法当庭驳回。申请人对驳回回避申请决定不服的,可以向作出决定的人民法院申请复议一次。复议期间,被申请回避的人员不停止参与本案的工作。对申请人的复议申请,人民法院应当在3日内作出复议决定,并通知复议申请人。

3. 法庭调查

法庭调查,是指在当事人和诉讼参与人的参加下,核实和审查证据,查明案件真相。其主要包括:原告宣读起诉状,被告宣读答辩状;当事人陈述和询问当事人;询问证人,审查证人证言材料;询问鉴定人、勘验人,审查鉴定结论、勘验笔录;审查书证、物证及视听资料。当事人在法庭上有权提出新的证据,还可以要求重新鉴定、调查或者勘验,是否准许由人民法院决定。如果合议庭认为案件事实已经查清,审判长即可宣布法庭调查结束。

4. 法庭辩论

法庭辩论的顺序是先由原告及其诉讼代理人发言,再由被告及其诉讼代理人答辩,然后双方相互辩论。第三人参加诉讼的,应在原告、被告发言后再发言。法庭辩论由审判长主持,任何人发言须经审判长许可。辩论中提出与案件有关的新的事实、证据的,由合议庭决定,停止辩论,恢复法庭调查。审判长认为应当查明的事实已经辩论清楚,即可宣布结束辩论。

5. 合议庭评议

辩论结束后,合议庭全体成员退庭进行评议。评议时合议庭成员可以平等地就事实认定和法律适用表明意见。意见不一致时,适用少数服从多数的原则,按照多数意见作出裁决。评议过程制成评议笔录,评议中的不同意见必须如实记入笔录,由合议庭全体成员签字。

6. 公开宣判

行政案件无论是否公开审理,都应当公开宣判。能够当庭宣判的,恢复开庭后当庭宣判,并在一定期日内向当事人发送判决书。定期宣判的,宣判后立即发给当事人判决书。宣告判决时,必须告知当事人上诉权利、期限和法院。

三、第二审程序

第二审程序,是指上一级人民法院依照法律规定,根据当事人在法定期限内提起的上诉,对下一级人民法院作出的尚未生效的行政判决或者裁定进行重新审理的程序。当事人不服第一审判决的,有权在判决书送达之日起15日内向上一级人民法院提起上诉。当事人不服人民法院第一审裁定的,有权在判决书送达之日起10日内向上一级人民法院提起上诉。逾期不提起上诉的,人民法院的第一审判决或者裁定发生法律效力。

二审开庭审理是原则,书面审理是例外。人民法院对上诉案件,应当组成合议庭,开庭审理。经过阅卷、调查和询问当事人，对没有提出新的事实、证据或者理由，合议庭认为不需要开庭审理的，也可以不开庭审理。

人民法院审理上诉案件，不受上诉范围的限制，进行全面审查。既要对原审法院的裁判是否合法进行审查，又要对被诉行政行为的合法性进行审查。在二审程序中，行政机关不得改变原行政行为。行政行为是行政机关实施的能产生法律效果的行为，一经作出，即具有确定力。在第一审程序中，行政机关的行政行为已经人民法院审查，无论合法还是违法，均已经国家审判权的确认，行政机关对此完全丧失处分权。在二审程序中，行政机关无论是作为上诉人还是被上诉人，均不得改变原行政行为。

四、审判监督程序

审判监督程序，是指人民法院发现已经发生法律效力的判决、裁定违反法律法规规定，依法对案件再次进行审理的程序。审判监督程序不是必经的审理程序，不具有审级的性质，是第一审、第二审以外的检验法院已结案件办案质量的一种监督程序。

当事人对已经发生法律效力的判决、裁定，认为确有错误的，可以向上一级人民法院申请再审，但判决、裁定不停止执行。当事人的申请符合下列情形之一的，人民法院应当再审：不予立案或者驳回起诉确有错误的；有新的证据，足以推翻原判决、裁定的；原判决、裁定认定事实的主要证据不足、未经质证或者系伪造的；原判决、裁定适用法律法规确有错误的；违反法律规定的诉讼程序，可能影响公正审判的；原判决、裁定遗漏诉讼请求的；据以作出原判决、裁定的法律文书被撤销或者变更的；审判人员在审理该案件时有贪污受贿、徇私舞弊、枉法裁判行为的。

 法律事例 7-14 分析：

（1）法院可以裁定先行发放郭某的最低生活保障金。起诉被告依法支付最低生活保障金，权利义务关系明确，并且不先予执行将严重影响郭某生活，经郭某提出申请，法院可以裁定先予执行。如果当事人对先予执行裁定不服的，可以申请复议一次，但复议期间不停止裁定的执行。

（2）二审法院对一审法院裁判和被诉行政行为的合法性进行全面审查，不受上诉范围的限制。民政局在二审程序中撤销原名单，发布了新名单，这是作出新的行政行为，改变原行政行为，这是不允许的。在第一审程序中，行政机关的行政行为已经人民法院审查，无论是合法还是违法，均已经国家审判权的确认，行政机关对此完全丧失处分权。如果第二审程序允许行政机关行使改变权，那么第一审法院的权威就会受到损害。

▶【沙场练兵】

王某对吊销营业执照的行政处罚不服提起行政诉讼，一审法院判决驳回王某的诉讼请求。王某在 20 日后发现新的证据。

思考：王某通过第二审程序还是审判监督程序进行权益的救济？

第八节　行政诉讼的证据、法律适用及其他制度

一、行政诉讼的证据

【思维导图】

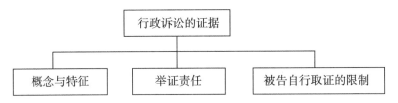

法律事例 7-15：

沿海某市一海鲜餐厅发生食物中毒，接到报案后，市食品药品监督管理局（以下简称市食药监局）执法人员张某和李某前往该餐厅和医院了解情况，并对海鲜进行检验后，认定该餐厅因使用了已经变质的海鲜而引起食物中毒，但没有制作现场笔录。市食药监局对该餐厅作出罚款决定。餐厅不服处罚决定向人民法院提起行政诉讼。

思考：(1) 行政案件中谁承担举证责任？(2) 在诉讼开始后，市食药监局找到当事人补充制作现场笔录等证据，是否合法？

（一）行政诉讼证据的概念与特征

行政诉讼证据，是指当事人用于主张或反驳对方主张的事实和诉讼请求时所提供的事实依据，也是人民法院裁判案件的依据。行政诉讼证据具有客观性、相关性和合法性的特征。

（二）举证责任

举证责任是法律假定的一种诉讼上的后果，即承担举证责任的一方当事人应当对自己的主张，举出主要的事实根据以证明其确实存在，否则将承担败诉的法律后果。行政诉讼法规定，被告对作出的行政行为负有举证责任。在行政诉讼中，人民法院根据原告的起诉，审查行政机关行政行为的合法性。被告须向法庭提供其作出行政行为的证据和所依据的规范性文件，被告不提供或者无正当理由逾期提供证据，则视为没有相应的证据，将承担败诉的法律后果。原告在行政诉讼中可以向法庭提供证明行政行为违法的证据，原告提供证据不成立的，不免除被告的举证责任。

(三)被告自行取证的限制

在证据种类方面,现场笔录是行政诉讼证据所特有的一种类型。现场笔录是行政执法机关及其工作人员在实施具体行政行为时对现场情况所做的笔录。原告提起行政诉讼后由被告向法院提供现场笔录。现场笔录通常是行政执法机关及其工作人员对违反行政法律法规的行为进行处罚时所进行的当场记录,或者对公民、法人、其他组织申请不予批准或不予许可时进行当场记录。记录现场笔录有双重意义,一方面,它是具体行政行为的真实记载,反映了行政执法活动中的事实根据和程序档案,认真制作现场笔录是严格依法办事、依法行政的表现;另一方面,当提起行政诉讼后,它又成为人民法院审查行政行为是否合法和有无根据的重要证据,是对行政行为进行司法审查的重要依据。

行政诉讼法第35条规定,在诉讼过程中,被告及其诉讼代理人不得自行向原告、第三人和证人收集证据。当然也有例外情况,行政诉讼法第36条规定,被告在作出行政行为时已经收集了证据,但因不可抗力等正当事由不能提供的,经人民法院准许,可以延期提供。原告或者第三人提出了其在行政处理程序中没有提出的理由或者证据的,经人民法院准许,被告可以补充证据。行政诉讼法第40条还规定,人民法院有权向有关行政机关以及其他组织、公民调取证据。但是,不得为证明行政行为的合法性调取被告作出行政行为时未收集的证据。

法律事例7-15分析:

(1)由被告市食药监局承担举证责任。法院对行政处罚的合法性进行审查时,作为被告的市食药监局应当提供作出该行政处罚的证据和所依据的规范性文件。如果被告不能提供证据,则要承担败诉的法律后果。餐厅可以提供证明被告的行政行为违法的证据,但这是权利不是义务,如果餐厅不能提供证据,也不能免除被告的举证责任。

(2)诉讼开始后被告市食药监局才开始补充制作现场笔录,这是违法的。行政诉讼法第35条规定,在诉讼过程中,被告及其诉讼代理人不得自行向原告、第三人和证人收集证据。本案在诉讼开始后,作为被告的行政主体才开始收集、补充和完善证据,这恰恰说明,此前被告在作出行政处罚时,并未取得现场笔录等证据,是在无事实根据或者没有充分证据的情况下作出的。行政行为要有确凿的证据证明,有充分的事实根据,这是行政行为合法要件中内容合法的要求,否则行政行为是违法的。

【沙场练兵】

白某因寻衅滋事被公安分局行政拘留5天,白某不服,提起行政诉讼。法院受理此案后,要求公安分局提供作出行政处罚的证据,公安分局一直未予提供。于是,法院法官走访违法行为地,与受害人和证人见面,收集公安分局作出行政拘留的证据。

思考:本案中是否存在违法行为?

二、行政诉讼的法律适用

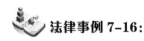

法律事例 7-16:

国务院的行政法规《盐业管理条例》没有设定工业盐准运证的行政许可,也没有对盐业公司之外的其他企业经营盐的批发业务设定行政处罚。甲省政府的规章《〈盐业管理条例〉实施办法》对工业盐的经营、运输设定了行政许可,对未取得行政许可经营工业盐的行为设定了行政处罚。甲省乙市盐业管理局根据《〈盐业管理条例〉实施办法》认定丙公司未经批准购买、运输工业盐违法,对丙公司进行处罚。丙公司以行政行为适用法律错误为由提起行政诉讼。

思考: 法院审理行政案件应以什么为依据?

资料来源:https://www.court.gov.cn/shenpan-xiangqing-4218.html[2023-07-02]

行政诉讼的法律适用,是指人民法院按照法定程序,将法律法规具体运用于各种行政案件,从而对行政机关行政行为的合法性进行审查的专门活动。

人民法院审理行政案件,以法律和行政法规、地方性法规为依据。法律和行政法规是人民法院直接适用的依据,人民法院无权拒绝适用。地方性法规适用于本行政区域内发生的行政案件。人民法院审理民族自治地方的行政案件,并以该民族自治地方的自治条例和单行条例为依据。

人民法院审理行政案件,参照规章。参照与依据的含义不同,规章不能作为人民法院行政审判的依据。参照规章是人民法院审理行政案件,对规章进行斟酌和鉴定后,对符合法律法规规定的规章予以适用,作为审查行政行为合法性的依据;对不符合或不完全符合法律法规原则精神的规章,人民法院可以不予适用,有灵活处理的余地。实际上,参照规章变相地赋权了人民法院对规章的审查,只有经过审查才能知道规章是否符合法律法规规定,才能决定是否予以适用。人民法院对规章有选择适用权。

规范性文件是作为附带性审查的对象。人民法院在审理行政案件中,经审查认为行政行为所依据的规范性文件合法,应当作为认定行政行为合法的依据;经审查认为规范性文件不合法,可以不作为人民法院认定行政行为合法的依据,并在裁判理由中予以阐明。作出生效裁判的人民法院应当向规范性文件的制定机关提出处理建议,并可以抄送制定机关的同级人民政府、上一级行政机关、监察机关以及规范性文件的备案机关。规范性文件不合法的,人民法院可以在裁判生效之日起3个月内,向规范性文件制定机关提出修改或者废止该规范性文件的司法建议。接收司法建议的行政机关应当在收到司法建议之日起60日内予以书面答复。情况紧急的,人民法院可以建议制定机关或者其上一级行政机关立即停止执行该规范性文件。

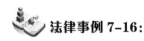

法律事例 7-16 分析:

行政诉讼法规定,人民法院审理行政案件,以法律和行政法规、地方性法规为依据,参照规章。本案法院在审理时,应以行政许可法、行政处罚法、《盐业管理条例》为依据。盐业管理领域虽没有专门制定法律,但有国务院制定的《盐业管理条例》。根据行政许可法的规定,在已经制定了法律、行政法规的情况下,地方政府规章不得创设行政许可,只能在法律、法规设定的行政许可事项范围内作出具体规定。《盐业管理条例》没有设定工业盐准运证这一行政许可,地方政府规章不能设定该许可。行政处罚法规定,在已经制定法律、行政法规的情况下,地方政府规章可以在法律、行政法规规定的给予行政处罚的行为、种类和幅度的范围内作出具体规定。《盐业管理条例》没有对盐业公司之外的其他企业经营盐的批发业务设定行政处罚,地方政府规章就不能对该行为设定行政处罚。作为地方政府规章的《〈盐业管理条例〉实施办法》违反法律、行政法规的规定设定许可、处罚,人民法院在行政审判中不予适用。

> 【沙场练兵】

中国人民银行下发了《关于加强对农村信用社有关问题监督的通知》(以下简称《通知》),明确农村信用合作社不再与证券公司、投资公司等机构进行委托债权投资活动。某市农村信用合作社,仍委托证券公司买卖国债。该情况被中国银保监会地方局查证属实,对某市农村信用合作社作出行政处罚。该农村信用合作社不服,提起诉讼。

思考:法院能否以《通知》作为判断具体行政行为合法的依据?

三、行政诉讼的其他制度

【思维导图】

(一)撤诉制度

法律事例7-17:

市规划与自然资源局将一块使用权有争议的土地的使用权证颁发了给蓝天公司。黑土公司认为,市规划与自然资源局的做法侵犯了其合法权益,向人民法院提起行政诉讼,要求撤销市规划与自然资源局作出的行政行为。诉讼中,被告市规划与自然资源局在原告黑土公司和第三人蓝天公司的共同参与下进行协调,多次召开办公会议,形成了会议纪要和方案。在此情况下,原告黑土公司申请撤回起诉。人民法院作出裁定,不准许原告黑土公司撤诉。

思考:法院不准许原告撤诉是否正确?

撤诉,是指原告在人民法院宣告判决或者裁定前,按照法律规定的程序,放弃其起诉权的诉讼行为。撤诉经人民法院批准将导致诉讼终结。行政诉讼法中的撤诉分为两种。

(1)申请撤诉,即原告自愿放弃起诉权的行为,包括在被告改变被诉行政行为后原告同意并申请撤诉和在被告未改变被诉行政行为的情况下原告自愿申请撤诉。

(2)视为申请撤诉,有三种情况:第一,经人民法院传票传唤,原告无正当理由拒不到庭;第二,在开庭审理期间,原告未经法庭许可中途退庭,拒不返回;第三,原告在法定期间内未预交诉讼费用,又没有提出缓交诉讼费用申请。

行政诉讼法中是否准许撤诉,由人民法院裁定。被告改变被诉具体行政行为,原告申请撤诉，符合下列条件的，人民法院应当裁定准许。

（1）申请撤诉是当事人真实意思表示。

（2）被告改变被诉具体行政行为，不违反法律法规的禁止性规定，不超越或者放弃职权，不损害公共利益和他人合法权益。

（3）被告已经改变或者决定改变被诉具体行政行为，并书面告知人民法院。

申请撤诉不符合法定条件，或者被告改变被诉具体行政行为后当事人不撤诉的，人民法院应当及时作出裁判。

行政诉讼法中的撤诉，之所以增加法院审查的环节，主要出于以下考虑：第一，防止行政机关在被诉之后对原告采取威胁手段，迫使原告放弃通过行政诉讼得到权利救济；第二，行政诉讼具有监督行政行为合法性的功能，通过审查可以发现被诉行政行为是否存在违法之处；第三，防止原告的行为对公共利益造成不利的影响。

法律事例 7-17 分析：

行政诉讼法中的原告撤诉需要法院准许。本案中，黑土公司申请撤诉，即便是其真实意思表示，但是被告市规划与自然资源局并未改变其行政行为，只是召开会议，形成会议纪要和方案，且相关内容尚未付诸实施，不属于改变被诉具体行政行为或者视为改变的情形。在这种情况下，出于保护原告利益的角度，法院不应当准许原告撤诉，需继续审理。

【沙场练兵】

行政诉讼过程中，被告作出新的行政处罚，减轻对原告的罚款数额，原告提出撤回起诉，法院准许。事后原告还是觉得罚款数额较大，又向法院提起行政诉讼。

思考：法院是否应当受理原告的再次起诉？

（二）行政附带民事诉讼制度

法律事例 7-18：

张某退休后一人在家，因为子女不在身边，故从人才市场聘请了保姆李某照顾其日常生活。日久生情，张某与李某登记结婚。张某因病去世，留下一套房子。李某与张某子女因房屋继承问题发生纠纷，李某提起民事诉讼，以张某子女为被告要求分割张某的房屋。民事诉讼受理后审判前，张某子女向法院提起行政诉讼，要求法院确认婚姻登记机关对张某与李某的结婚登记行为无效。

思考：法院如何处理此案？

行政附带民事诉讼，是指人民法院在审理行政案件的同时附带审理对与行政案件相关联的民事案件，并作出裁判的诉讼活动。行政附带民事诉讼是两个不同性质的诉的合并，可分可合。合并的目的主要是减少诉讼，降低诉讼成本，提高审判效率，避免作出行政与民事相矛盾的裁判。行政附带民事诉讼的特征包括：第一，民事诉讼请求与行政诉讼的行政行为有密切的关联性，才可在提起行政诉讼时附带提起民事诉讼；第二，行政诉讼成立是民事诉讼成立的前提，如果行政诉讼不被受理也不会有附带的民事诉讼；第三，附带民事诉讼中的第三人是与民事争议有利害关系的人；第四，附带民事诉讼不同于行政诉讼中原告同时提起的赔偿诉讼，也不同于共同诉讼。

目前，我国行政附带民事诉讼主要限制在涉及行政许可、登记、征收、征用和行政机关对民事争议所作的裁决的行政诉讼。当事人申请一并解决相关民事争议的，人民法院可以一并审理。法院决定在行政诉讼中一并审理相关民事争议，或者案件当事人一致同意相关民事争议在行政诉讼中一并解决，法院允许的，由受理行政案件的法院管辖。人民法院在行政诉讼中一并审理相关民事争议的，民事争议应当单独立案，由同一审判组织审理。人民法院审理行政机关对民事争议所作裁决的案件，一并审理民事争议的，不另行立案。

对行政争议和民事争议应当分别裁判，当事人仅对行政裁判或者民事裁判提起上诉的，未上诉的裁判在上诉期满后即发生法律效力，第一审人民法院应当将全部案卷一并移送，第二审人民法院由行政审判庭审理，第二审人民法院发现未上诉的生效裁判确有错误的，应当按审判监督程序再审。

法律事例 7-18 分析：

本案中，法院应当受理该行政诉讼案件，并且应当裁定中止民事诉讼的审理，可以按照行政诉讼附带民事诉讼的方式审理。首先，本案民事诉讼的审理需要以行政诉讼的判决为依据，行政诉讼中结婚登记行政行为的合法与否关系到李某是不是张某的合法妻子，这关系到民事诉讼中李某是否具有原告资格。如果李某不是张某的合法妻子，那么李某就不能参与民事诉讼。其次，行政诉讼中，因为张某已经去世，张某的子女对张某与李某的结婚登记行政行为的效力有利害关系，张某的子女具有行政诉讼的原告资格；确认婚姻登记行政行为是婚姻登记机关作出的具体行政行为，婚姻登记机关是行政诉讼的被告；李某与被诉行政行为有利害关系，可以以第三人参加诉讼。本案中，行政诉讼与其附带的民事诉讼之间具有密切的关联性，是因继承张某的遗产而引起的纠纷，民事诉讼的被告是行政诉讼的原告，民事诉讼的原告是行政诉讼第三人。

▶【沙场练兵】

县规划和自然资源局许可赵某在自家的宅基地上建造房屋，乙得知后认为甲建造房屋的行为将影响其通行权，提出行政诉讼。在乙提起行政诉讼的同时，甲以排除妨碍为由，向法院提起民事诉讼。

思考：法院可以将两案合并审理吗？

（三）行政公益诉讼制度

法律事例 7-19：

某公司在未取得林地使用权证的情况下，非法占用国家和省级生态公益林开采建筑石料。林业局对该公司作出行政处罚，罚款 5 万元，责令其停止违法行为，恢复所毁林地原状。履行期限内，该公司缴纳了罚款，但没有将所毁公益林恢复原状。林业局既未催告该公司履行义务，也没有向法院申请强制执行。检察院向林业局发出检察建议，建议林业局规范执法，认真落实处罚决定，恢复林地。林业局收到检察建议后，在法定期限内既未按照检察建议落实，也没有书面回复。检察院提起行政公益诉讼。

思考：（1）检察院能否在一发现林业局不作为后就直接向法院提起行政公益诉讼？
（2）本案中法院的审理对象是什么？
（3）法院应当如何判决？

资料来源：https://www.chinacourt.org/article/detail/2020/01/id/4772043.shtml［2023-07-02］

行政公益诉讼，是指特定的主体为了维护公共利益，针对侵犯公共利益的行为，以行政主体为被告而向人民法院提起诉讼的制度。公益诉讼的启动主体具有其特殊性，目前我国行政公益诉讼制度的启动主体仅限于各级人民检察院。

人民检察院在履行职责中发现生态环境和资源保护、食品药品安全、国有财产保护、国有土地使用权出让等领域负有监督管理职责的行政机关违法行使职权或者不作为，致使国家利益或者社会公共利益受到侵害的，应当向行政机关提出检察建议，督促其依法履行职责。行政机关应当在收到检察建议书之日起2个月内依法履行职责，并书面回复人民检察院。出现国家利益或者社会公共利益损害继续扩大等紧急情形的，行政机关应当在15日内书面回复。行政机关不依法履行职责的，人民检察院依法向人民法院提起诉讼。

人民检察院提起行政公益诉讼应当提交的材料如下。
（1）行政公益诉讼起诉书，并按照被告人数提出副本。
（2）被告违法行使职权或者不作为，致使国家利益或者社会公共利益受到侵害的证明材料。
（3）检察机关已经履行诉前程序，行政机关仍不依法履行职责或者纠正违法行为的证明材料。市（分、州）人民检察院提起的第一审民事公益诉讼案件，由侵权行为地或者被告住所地中级人民法院管辖。基层人民检察院提起的第一审行政公益诉讼案件，由被诉行政机关所在地基层人民法院管辖。

法律事例 7-19 分析：

（1）不可以直接向法院提起行政公益诉讼。本案中，检察院必须先向林业局发出检察建议，督促其履行职责。如果林业局履行职责，采取有效措施落实处罚决定，恢复林地，那么检察建议的目的就达到了，无须启动行政公益诉讼；只有当林业局仍不依法履行职责，检察院才向法院提起行政公益诉讼。

（2）行政公益诉讼的本质仍然是行政诉讼，审理对象依然是行政机关行政行为的合法性。本案中，法院的审理对象是林业局既未催告公司履行义务，也没有向法院申请强制执行的行为的合法性。

（3）法院应当支持检察院的请求，判决林业局在一定期限内履行职责。根据相关法律规定，人民法院经过审理，查明被诉行政机关不履行法定职责的，判决在一定期限内履行。林业局不履行职责，法院应当判决其在一定期限内履行职责。

【沙场练兵】

某市5家石料厂和砂矿违反文物保护禁止性规定，作业过程中对该市的生态环境、景观形象和文物安全造成危害隐患，同时对周边居民生活环境和身体健康也造成极大困扰。该市检察院于2020年1月15日采取公开宣告的方式分别向负有直接监管责任的文体广电和旅游局、自然资源局、应急管理局、生态环境分局等4家行政单位发出诉前检察建议。

思考：在什么情况下，该市检察院可以提起行政公益诉讼？

资料来源：https://www.spp.gov.cn/spp/xwfbh/wsfbt/202012/t20201202_487926.shtml#2 ［2023-07-02］

第九节　行政诉讼的裁判与执行

一、行政诉讼的判决、裁定与决定

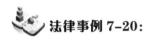

法律事例 7-20：

某房地产开发公司经市规划与自然资源局批准，在老居民区旁盖了一栋高层住宅楼。由于高层住宅楼结构设计违反了国家的有关法律规定，入住后发现高层住宅楼与老居民区距离过近，导致老居民区房屋采光受到一定影响。于是，老居民区最东侧居民楼1单元的7户居民将市规划与自然资源局诉至人民法院。人民法院经审查认为市规划与自然资源局的批准行为违法。

思考：人民法院应如何判决？

（一）行政诉讼判决

行政诉讼判决，是指人民法院根据已经查明的案件事实和法律法规的有关规定，对行政案件的实体性问题作出的结论性判定。行政诉讼判决按照审级标准可以分为一审判决、二审判决和再审判决。

第一审人民法院经过审理，根据不同情况可以作出六种类型的判决，即驳回诉讼请求判决、撤销判决、限期履行判决、变更判决、确认违法判决和确认无效判决。

1. 驳回诉讼请求判决

该判决是法院对原告的诉讼请求直接予以否定的判决，也就是对被诉行政行为的肯定。主要适用于被诉行政行为证据确凿，适用法律法规正确，符合法定程序的；或者原告申请被告履行法定职责或者给付义务理由不成立的。

2. 撤销判决

该判决是法院对被诉行政行为进行否定性的判决。判决撤销分为全部撤销、部分撤销、判决撤销并责成被告重新作出行政行为三种情况。被诉行政行为有下列情形之一的，法院应作出撤销判决。

（1）主要证据不足的。

（2）适用法律法规错误的。

（3）违反法定程序的。
（4）超越职权的。
（5）滥用职权的。
（6）明显不当的。

3. 限期履行判决

该判决是法院认定被告有不履行或拖延履行法定职责的情形，要求被告在一定期限内履行其法定职责的判决。限期履行判决主要适用于下列情况。

（1）申请被告履行保护人身权、财产权的法定职责，被告拒绝履行或不予答复的。

（2）被告不履行法定职责或者给付义务。

（3）符合法定条件，向被告申请颁发许可证和执照，被告拒绝颁发或不予答复的。

4. 变更判决

该判决是法院对被诉行政行为直接予以改判的判决。变更判决适用于行政处罚明显不当，或者其他行政行为涉及对款额的确定、认定确有错误的。人民法院判决变更，不得加重原告的义务或者减损原告的权益。但利害关系人同为原告，且诉讼请求相反的除外。

5. 确认违法判决

该判决是法院对被诉行政行为的合法性作出确认的判决。行政行为有下列情形之一的，人民法院判决确认违法，但不撤销行政行为。

（1）行政行为依法应当撤销，但撤销会给国家利益、社会公共利益造成重大损害的。

（2）行政行为程序轻微违法，但对原告权利不产生实际影响的。

行政行为有下列情形之一，不需要撤销或者判决履行的，人民法院判决确认违法。

（1）行政行为违法，但不具有可撤销内容的。

（2）被告改变原违法行政行为，原告仍要求确认原行政行为违法的。

（3）被告不履行或者拖延履行法定职责，判决履行没有意义的。

6. 确认无效判决

该判决是法院对被诉行政行为的效力作出确认的判决。行政行为有实施主体不具有行政主体资格或者没有依据等重大且明显违法情形，原告申请确认行政行为无效的，人民法院判决确认无效。

（二）行政诉讼裁定

行政诉讼裁定，是指在行政诉讼过程中，人民法院针对行政诉讼程序问题作出的裁决。裁定与判决具有同等的法律效力。行政诉讼裁定适用于下列范围。

（1）不予受理。
（2）驳回起诉。
（3）管辖异议。
（4）终结诉讼。
（5）中止诉讼。
（6）移送或者指定管辖。
（7）诉讼期间停止行政行为的执行，或者驳回停止执行的申请。
（8）财产保全。

（9）先行执行。
（10）准许或者不准许撤诉。
（11）补正裁判文书中的笔误。
（12）中止或者终结执行。
（13）提审、指令再审或者发回重审。
（14）准许或者不准许执行行政机关的行政行为。
（15）其他需要裁定的事项。

对于前三项的裁定，当事人不服时，有权在裁定书送达之日起10日内向上一级人民法院提起上诉。不准上诉的裁定，一经送达即发生法律效力。

（三）行政诉讼决定

行政诉讼决定，是指人民法院在诉讼期间，对诉讼中遇到的特殊事项作出的决定。决定一经送达即发生法律效力。行政诉讼决定适用于下列范围。
（1）指定管辖。
（2）管辖权的转移。
（3）是否回避。
（4）确定第三人。
（5）指定法定代理人。
（6）许可律师以外的当事人和其他诉讼代理人查阅庭审材料。
（7）指定鉴定。
（8）确定不公开审理。
（9）处理妨碍诉讼行为。
（10）案件的移送。
（11）强制执行生效的判决和裁定。
（12）确定诉讼费用的承担。
（13）其他次要的程序问题或者人民法院在行政审判过程中发生的内部问题。

法律事例7-20分析：

本案中，人民法院应当作出确认违法的判决，并责令被诉行政机关采取相应的补救措施；造成损害的，依法承担赔偿责任。人民法院通过对行政行为的审查，确认行政行为违法，依法应当撤销，但高层住宅楼已经建成并交付使用，撤销批准建设的行政行为，会导致高层住宅楼被拆除，这会给社会公共利益造成重大损失。人民法院判决确认违法，但不撤销行政行为，对原告承担赔偿责任，采取相应的补救措施。

▶【沙场练兵】

李某受到他人人身威胁，向公安机关报案寻求保护。公安机关不予理睬。3天后，李某被林某殴打，导致轻微伤。李某起诉公安机关没有履行保护其人身安全的职责。

思考： 法院应当如何判决？

二、行政诉讼中的执行与非诉行政案件的执行

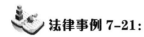 **法律事例 7-21：**

某造纸厂因超标排污影响了周围环境，区生态环境局对造纸厂作出罚款的处罚决定。法定期限内，造纸厂既不履行行政处罚决定，也未向人民法院提起诉讼。区生态环境局向人民法院申请强制执行。

思考：没有经过行政诉讼，区生态环境局也可以申请法院强制执行吗？

行政诉讼中的执行，是指人民法院按照法定程序，对已经生效的法律文书，在负有义务的一方当事人拒不履行义务时，强制其履行义务，保证生效法律文书的内容得到实现的活动。其主要情形包括以下内容。

（1）公民、法人或者其他组织拒绝履行人民法院的生效裁判，行政机关或者第三人向人民法院申请强制执行，或者由行政机关强制执行。

（2）行政机关拒绝履行人民法院的生效裁判，公民、法人或者其他组织可以申请人民法院强制执行。

非诉行政案件的执行，是指公民、法人或其他组织既不向人民法院提起行政诉讼，又不履行行政机关作出的行政行为，行政机关向人民法院提出执行申请，由人民法院采取强制措施，使行政行为得以实现的制度。非诉行政案件的执行有如下特点。

（1）不具有强制执行权的行政机关，要使作出的行政行为得到实现，需要借助于人民法院的强制执行权。

（2）非诉行政案件的执行的根据是行政机关作出的行政处理决定，执行标的是行政机关所作出的行政行为。这不同于人民法院对经过行政诉讼判决维持行政行为的执行，此时执行的根据已是司法判决。这是非诉行政案件的执行与行政诉讼中的执行的本质区别。

（3）非诉行政案件的执行申请人是行政机关，被执行人只能是公民、法人或者其他组织。特定情况下，申请人也可能是生效行为确定的权利人。

（4）非诉行政案件的执行前提是公民、法人或者其他组织在法定期限内，既不提起行政诉讼，也不履行行政行为所确定的义务。

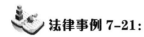 **法律事例 7-21 分析：**

本案是非诉行政案件的执行。造纸厂在法定期限内，既不提起行政诉讼，也不履行行政处罚决定所确定的义务，区生态环境局没有强制执行权，需要向人民法院提出执行申请，由人民法院采取强制措施，使行政行为得以实现。非诉行政案件的执行标的是行政机关所作出的行政行为，执行的依据是行政机关作出的行政处理决定。

▶ **【沙场练兵】**

某造纸厂因超标排污影响了周围环境，区生态环境局对造纸厂作出罚款的处罚决定。造纸

厂提起行政诉讼，法院判决驳回原告的诉讼请求。履行期限届满，造纸厂依然不缴纳罚款。

思考： 区生态环境局可以采取什么措施？

第十节　行政赔偿概述

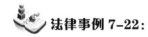

法律事例 7-22：

张某入室盗窃被东区公安分局某派出所抓获。在讯问过程中，张某遭到警察的殴打，造成张某头部、肩部和腿部受伤。经法医鉴定，张某属重伤。后张某向法院提起诉讼，要求确认东区公安分局的行为违法，并要求赔钱。

思考： 张某应主张行政赔偿还是行政补偿？

一、行政赔偿

行政赔偿，是指行政主体及其行政工作人员在行使行政职权过程中，因有违反《中华人民共和国国家赔偿法》（以下简称国家赔偿法）规定的侵犯公民、法人或其他组织的合法权益的情形，并造成了损害，由国家给予赔偿的法律制度。行政赔偿具有以下特征。

（1）行政赔偿是一种国家赔偿，行政主体及其工作人员行使职权所实施的职务活动，是代表国家进行的。

（2）行政赔偿的起因是行政侵权行为，行政侵权行为损害了公民、法人和其他组织的合法权益。

（3）行政赔偿的义务主体只能是行政主体。

（4）行政赔偿范围以行政行为造成的侵权损害为限，行政机关工作人员与行使职权无关的个人行为以及因公民、法人或者其他组织的行为致使损害发生的，国家不承担赔偿责任。

（5）行政赔偿的责任形式是损害赔偿。

（6）行政赔偿的法律责任主体是行政主体。

行政赔偿责任有以下构成要件。

（1）行政侵权行为。实施行政侵权行为的人必须是国家行政机关的公职人员；行政侵权行为必须是执行行政职务的行为；行政侵权行为必须是侵犯公民、法人或其他组织的合法权益的行为。

（2）损害事实。当事人的合法权益受到了行政侵权行为的客观损害。

（3）侵权行为与损害结果之间有因果关系。

国家赔偿法第3条规定，行政机关及其工作人员在行使行政职权时有下列侵犯人身权情形之一的，受害人有取得赔偿的权利：违法拘留或者违法采取限制公民人身自由的行政强制措施的；非法拘禁或者以其他方法非法剥夺公民人身自由的；以殴打、虐待等行为或者唆使、放纵他人以殴打、虐待等行为造成公民身体伤害或者死亡的；违法使用武器、警械造成公民身体伤害或者死亡的；造成公民身体伤害或者死亡的其他违法行为。国家赔偿法第4条规定，行政机关及其工作人员在行使行政职权时有下列侵犯财产权情形之一的，受害人有取得赔偿的权利：违法实施罚款、吊销许可证和执照、责令停产停业、没收财物等行政处罚的；违法对财产采取查封、扣押、冻结等行政强制措施的；违法征收、征用财产的；造成财产损害的其他违法行为。

二、行政补偿

行政补偿，是指行政主体及其行政工作人员在行使行政职权过程中，因其合法行为给公民、法人或其他组织的合法权益造成损失，依法给予补偿的法律制度。行政补偿具有以下特征。

（1）行政补偿是对因合法行使行政职权而给公民、法人或其他组织造成的损失所给予的补救。

（2）行政补偿是为了公共利益不得已而损害了公民、法人或其他组织的合法权益，是对无义务的特定人所作出的特别牺牲而给予的补偿，作为遭受损害的相对人并没有特别的义务要承受这一负担。

（3）行政补偿主要是一种财产上的补偿。

（4）行政补偿一般为事先补偿，而行政赔偿只能是在违法行为发生之后才产生，并依照法律的规定进行。

行政补偿责任有以下构成要件。

（1）造成损害的行为必须是合法的行政行为。

（2）必须存在直接的物质损失。

（3）受到损害的必须是无法定义务的特定人。

 法律事例 7-22 分析：

本案中，张某应当主张行政赔偿，而不是行政补偿。东区公安分局某派出所的警察在执行职务过程中暴力执法致张某重伤，侵犯了张某的权益，东区公安分局对其工作人员在执行公务中侵犯他人生命健康权的行为负责，并承担赔偿责任。本案法院应当确认东区公安分局侵犯林某生命健康权的行为违法，判决东区公安分局对林某承担行政赔偿责任。

【沙场练兵】

民警便衣蹲守涉黄足疗保健店，发现有嫖娼行为的嫌疑人赵某。民警表明警察身份后进行拦截盘查，赵某试图逃跑，民警立即追赶，实施抱摔等控制行为。押送过程中，赵某试图跳车，民警对其进行制服，期间实施摁、压、踩、拖、拽等压制行为，致使赵某体位多次出现变化，出现身体瘫软、呼吸停止等情形，送医抢救后死亡。

思考：赵某家属是否可以要求公安机关承担赔偿责任？

习 题

多项选择题

1.下列做法体现了行政性合理原则的是（　　）。

A. 行政机关在作出重要决定时充分听取公众的意见
B. 行政机关要平等对待行政管理相对人
C. 行政机关行使裁量权所采取的措施符合法律目的
D. 非因法定事由并经法定程序，行政机关不得撤销已生效的行政决定

2. 行政主体的特征包括（　　）。
A. 独立对外承担法律责任　　　B. 以自己的名义行使职权
C. 能够拥有独立的人事权　　　D. 享有国家行政权力

3. 下列属于行政行为的是（　　）。
A. 民政局通过网络平台购买办公设备的行为
B. 公安机关对违法行为人实施行政拘留的行为
C. 税务机关向某人收取个人所得税的行为
D. 生态环境局给予工作人员记大过处分的行为

4. 下列属于行政立法的是（　　）。
A. 行政法规　　　　　　　　　B. 地方性法规
C. 行政规章　　　　　　　　　D. 行政措施、决定和命令

5. 下列关于行政许可的说法，错误的是（　　）。
A. 申请人提交的材料不齐全的，行政机关可以多次告知申请人需要补正的全部内容，直至全部补齐为止
B. 结婚登记属于行政许可
C. 地方政府规章设定的行政许可，为了保护本地企业的利益，可以限制其他地区的商品进入本地市场
D. 行政许可，以一般禁止为前提，以个别解禁为内容

6. 下列关于行政处罚的设定，说法正确的是（　　）。
A. 限制人身自由的行政处罚，只能由法律设定
B. 法律对违法行为已经作出行政处罚规定，行政法规必须在法律规定的给予行政处罚的行为、种类和幅度的范围内作出具体的规定
C. 地方性法规有权设定除限制人身自由以外的行政处罚
D. 地方政府规章可以设定警告、通报批评或者一定数量罚款的行政处罚

7. 下列关于行政强制，说法正确的是（　　）。
A. 行政强制执行和行政强制措施都只能由法律和法规设定
B. 行政强制措施是一种暂时性行为，是临时采取的措施
C. 加处罚款或者滞纳金的目的是对义务主体进行金钱处罚
D. 只有经催告，当事人逾期仍不履行行政决定，且无正当理由的，行政机关才可以作出强制执行决定

8. 某市交通管理局发布规范性文件，规定对过往车辆征收过路费。徐某驾车路过被征收，认为这属于乱收费，欲提起复议申请。下列选项中正确的是（　　）。
A. 认为征收行为不合法，徐某可以直接对征收行为提起行政复议
B. 认为规范性文件不合法，徐某可以直接向复议机关提出对该文件的审查申请
C. 徐某可以在对征收行为申请复议时，附带要求审查规范性文件
D. 针对征收行为，徐某可以不经复议，直接向人民法院提起行政诉讼

9.下列情形不属于行政诉讼受案范围的是( )。
  A.张某符合法定条件申请颁发许可证,但行政机关不予答复
  B.郭某认为省政府制定的地方政府规章侵犯自己的合法权益
  C.王某认为行政机关违法征收其房屋,对征收决定不服的
  D.赵某认为单位免除自己行政职务的处理决定不合理

10.张某是A市D区人,其位于A市B区的小卖部因超范围经营,被A市B区市场监督管理局处以罚款1000元。张某不服,向位于A市C区的市场监督管理局提起复议,复议机关维持原处罚决定。张某提起行政诉讼,谁有管辖权?( )
  A.A市B区人民法院　　　　　B.A市C区人民法院
  C.A市D区人民法院　　　　　D.A市中级人民法院

11.李某不服公安分局行政拘留5天的处罚,向市公安局提起复议,市公安局变更为罚款500元。李某仍然不服,提起行政诉讼。关于谁是被告,说法错误的是( )。
  A.公安分局　　　　　　　　B.市公安局
  C.公安分局或者市公安局　　D.公安分局和市公安局

12.下列说法正确的是( )。
  A.行政诉讼中原告撤诉需要法院准许
  B.人民法院经审查认为规范性文件不合法的,依法予以撤销
  C.行政审判以法律、法规和规章为依据
  D.二审法院审查一审法院裁判的合法性和被诉行政行为的合法性

13.下列关于行政诉讼的证据,说法正确的是( )。
  A.原告可以提供证明行政行为违法的证据。原告提供的证据不成立的,不免除被告的举证责任
  B.在行政赔偿、行政补偿的案件中,原告应当对行政行为造成的损害提供证据
  C.在起诉被告不履行法定职责的案件中,原告应当提供其向被告提出申请的证据
  D.被告对作出的行政行为负有举证责任,应当提供作出该行政行为的证据和所依据的规范性文件

14.关于行政公益诉讼的启动主体,说法不正确的是( )。
  A.公安机关　　　　　　　　B.人民检察院
  C.人民法院　　　　　　　　D.监察委员会

15.下列关于行政诉讼的裁判与执行,说法正确的是( )。
  A.行政行为依法应当撤销,但撤销会给国家利益、社会公共利益造成重大损害的,人民法院应判决确认违法,但不撤销行政行为
  B.变更判决适用于行政处罚明显不当,或者其他行政行为涉及对款额的确定、认定确有错误的
  C.当事人不服驳回起诉裁定,有权在接到裁定书之次日起15日内向上一级人民法院提起上诉
  D.非诉行政案件的执行的根据是行政机关作出的行政处理决定,执行标的是行政机关所做出的行政行为

参考文献

舒国滢，2022. 法理学 [M]. 6 版. 北京：中国人民大学出版社.
胡锦光，2013. 宪法学原理与案例教程 [M]. 3 版. 北京：中国人民大学出版社.
薄振峰，于泓 .2014. 法理学教学案例研析 [M]. 北京：中国公安大学出版社.
焦洪昌，2020. 宪法学 [M]. 6 版. 北京：北京大学出版社.
黄京平，2021. 刑法 [M]. 8 版. 北京：中国人民大学出版社.
刘昂，2020. 刑事诉讼法原理与实务 [M]. 北京：中国政法大学出版社.
马怀德，2019. 行政法学 [M]. 3 版. 北京：中国政法大学出版社.
姜明安，2019. 行政法与行政诉讼法 [M]. 7 版. 北京：北京大学出版社.
胡锦光，刘飞宇，2020. 行政法与行政诉讼法 [M]. 8 版. 北京：中国人民大学出版社.